会计专业技术资格考试考点采分（初级）
——经济法基础

主编　张　彤

中国人民大学出版社
·北京·

编委会

前 言

为了进一步完善会计专业职务聘任制，使会计专业职务评聘工作转入经常化、正常化轨道，从 1992 年 8 月 1 日起在全国范围内实施会计专业技术资格统一考试办法。会计专业职务任职资格的确认由参加评审改变为全国统考，由弹性确认改变为硬性考核，实现了会计职称评聘工作的重大改革。

全国会计专业技术资格考试是财政部、人力资源和社会保障部共同组织的全国统一考试，共分中级和初级两个级别，答题形式为客观题与主观题结合的形式。

时至今日，考生人数一直在持续不断增多。鉴于考生多为在职考试，工作繁忙、时间零散的特点，我们编写了这套“会计专业技术资格考试考点采分（初级）”系列图书。本套图书特点如下：

（1）知识考点化：考点是大纲要求知识的基本元素，对考点逐个讲解，全面突破。

（2）考点习题化：选择题贯穿于考点之中，让考生了解出题的要点，准确把握考试精髓，一目了然，节省时间，提高效率。

（3）结合考试真题：提供部分历年考试真题，目的是帮助考生尽快熟悉考试形式、特点及方法，提高应试能力和考试技巧。

（4）紧密围绕大纲：考点依据考试大纲，对应相应习题，以点推题等特点。

（5）区分重点等级：每个考点均附有重点等级，重点等级的星数表示考试大纲要求掌握的程度，星数越多，考点重要程度越高，考生越应给予重视。对提高广大考生应试水平，提高应试合格率，有较强的适用性。

在此特别感谢大连天维理工信息研究所在本书编写过程中给予的大力支持。

由于本书涉及内容广泛，虽经全体编者反复修改，但由于时间和水平有限，书中难免有疏漏和不当之处，敬请指正。

编者

2009 年 12 月

全国会计专业技术资格考试基本情况及题型说明

（初级、中级）会计专业技术资格实行全国统一组织、统一考试时间、统一考试大纲、统一考试命题、统一合格标准的考试制度。（初级、中级）会计专业技术资格考试原则上每年举行一次。

在国家机关、社会团体、企业、事业单位和其他组织中从事会计工作并符合报名条件的人员，均可报考。

会计专业技术资格考试合格者，颁发人力资源和社会保障部统一印制，人力资源和社会保障部、财政部用印的《会计专业技术资格证书》，该证书在全国范围内有效。用人单位可根据工作需要和德才兼备的原则，从获得会计专业技术资格的会计人员中择优聘任。

一、考试级别

考试共分两个级别，即会计专业技术初级资格、会计专业技术中级资格。

二、考试科目

会计专业技术初级资格考试设《经济法基础》、《初级会计实务》两个科目。初级资格考试分两个半天进行，《会计实务》科目为3小时，《经济法基础》科目为2.5小时。

会计专业技术中级资格考试设《财务管理》、《经济法》、《中级会计实务》三个科目。中级资格考试分三个半天进行，《财务管理》、《经济法》为2.5小时，《中级会计实务》科目为3小时。

三、报名条件

（1）报名参加会计专业技术资格考试的人员，应具备下列基本条件：

① 坚持原则，具备良好的职业道德品质；

② 认真执行《中华人民共和国会计法》和国家统一的会计制度，以及有关财经法律、法规、规章制度，无严重违反财经纪律的行为；

③ 履行岗位职责，热爱本职工作；

④ 具备会计从业资格，持有会计从业资格证书。

（2）报名参加会计专业技术初级资格考试的人员，除具备以上基本条件外，还必须具备教育部门认可的高中毕业以上学历。

(3) 报名参加会计专业技术中级资格考试的人员，除具备以上基本条件外，还必须具备下列条件之一：

① 取得大学专科学历，从事会计工作满5年。

② 取得大学本科学历，从事会计工作满4年。

③ 取得双学士学位或研究生班毕业，从事会计工作满2年。

④ 取得硕士学位，从事会计工作满1年。

⑤ 取得博士学位。

(4) 通过全国统一的考试，取得经济、统计、审计专业技术中、初级资格的人员，并具备以上基本条件，均可报名参加相应级别的会计专业技术资格考试。

(5) 报名条件中所规定的从事会计工作年限是指取得规定学历前、后从事会计工作的合计年限，其截止日期为考试报名年度当年年底前。

四、成绩管理

参加初级资格考试的人员必须在一个考试年度内通过全部科目的考试。

会计专业技术中级资格考试以两年为一个周期，参加考试的人员必须在连续的两个考试年度内通过全部科目的考试。

五、考试时间

考试时间一般安排在考试年度的5月第三个星期六、星期天。

2010年全国会计专业技术资格（初级会计职称、中级会计职称）考试时间定于2010年5月15日和16日举行。

六、题型说明

考试题型有五种，分别是单项选择题、多选项选择题、判断题、计算分析题和综合题。其中，单项选择题25道，每题1分；多项选择题20道，每题2分；判断题10道，每题1分（每小题答题正确的得1分，答题错误的倒扣0.5分，不答题的不得分也不倒扣分，本类题最低得分为零分）；计算分析题3道，每题5分；综合题1道，10分。

(一) 单项选择题

1. 题型说明

每小题备选答案中，只有一个符合题意的正确答案。

2. 试题举例

[例题1] 根据消费税法律制度的规定，下列消费品中，不属于消费税征税范围的是(　　)。

A. 汽车轮胎

B. 网球及球具

C. 烟丝

D. 实木地板

答案 B

（二）多项选择题

1. 题型说明

每小题备选答案中，有两个或两个以上符合题意的正确答案。

2. 试题举例

[例题 2] 根据《会计法》的规定，下列单位中，适合采用国家统一的会计制度的有（　　）。

A. 国家机关

B. 事业单位

C. 国有企业

D. 中外合资经营企业

答案 ABCD

（三）判断题

1. 题型说明

请判断每小题的表述是否正确，认为表述正确的，填涂答题卡中信息点［√］；认为表述错误的，填涂答题卡中信息点［×］。

2. 试题举例

[例题 3] 税收的固定性既包括时间上的连续性，又包括征收比例的固定性。（　　）

答案 √

（四）计算分析题

1. 题型说明

凡要求计算的项目，均需列出计算过程；计算结果出现小数的，均保留小数点后两位小数。

2. 试题举例

[例题 4] 某酒厂为增值税一般纳税人，主要从事粮食白酒的生产和销售业务。2008 年 8 月该酒厂发生以下经济业务：

（1）5 日向农户购进免税粮食，开具的农业品收购发票上注明的价款为 50 000 元，货款以现金支付。

（2）10 日外购一批包装材料，取得的增值税专用发票上注明的价款为 150 000 元，增值税税额为 25 500 元，货款已付。

（3）26 日销售粮食白酒 5 吨，不含增值税的销售价格为 60 元/斤，另外向购货方收取包装物租金 23 400 元，款项已收讫。

已知：粮食白酒适用的增值税税率为17%；粮食白酒适用的消费税比例税率为20%，定额税率为0.5元/斤；免税粮食增值税的扣除率为13%；7月末该酒厂增值税留抵税额为零；农场品收购发票和增值税专用发票已经向税务机关认定；1吨＝2 000斤。

要求：

(1) 计算该酒厂当月应缴纳的消费税税额。

(2) 计算该酒厂当月可抵扣的增值税进项税额。

(3) 计算该酒厂当月增值税销项税额。

(4) 计算该酒厂当月应缴纳的增值税税额。

答案

(1) 当月应缴纳的消费税＝5×2 000×60×20%＋23 400÷（1＋17%）×20%＋5×2 000×0.5＝129 000（元）；

(2) 当月可抵扣的增值税进项税额＝50 000×13%＋25 500＝32 000（元）；

(3) 当月增值税销项税额＝5×2 000×60×17%＋23 400÷（1＋17%）×17%＝105 400（元）；

(4) 当月应缴纳的增值税税额＝105 400－32 000＝73 400（元）。

(五) 综合题

1. 题型说明

本类题共1题，10分。

2. 试题举例

[例题5] 汇明公司在甲银行开立基本存款账户。2008年7月，汇明公司发生的结算业务如下：

(1) 7月3日，汇明公司与乙银行签订短期借款合同后，持相关开户资料向乙银行申请开立了一般存款账户。

(2) 7月8日，汇明公司派出出纳王某到乙银行购买现金支票并办理提取现金业务。

(3) 7月10日，汇明公司出纳王某填写一张金额为420 000元的转账支票（以下简称A支票）交采购员李某支付洪鑫公司货款。由于粗心，王某误将收款人“洪鑫公司”写为“洪金公司”；李某发现后，要求王某更正；王某随即将支票上的“金”改为“鑫”，并在更正处盖章。李某将该支票交给了洪鑫公司。

(4) 7月14日，洪鑫公司将A支票退回，要求汇明公司重新签发一张转账支票。出纳王某重新填写一张转账支票（以下简称B支票）交给洪鑫公司。当日，洪鑫公司持B支票到甲银行办理支票转账，甲银行审核B支票时发现汇明公司银行存款账户余额不足支付支票金额，遂将B支票退还给洪鑫公司，并提请中国人民银行对汇明公司予以处罚。洪鑫公司持退回的B支票要求汇明公司付款并予以赔偿，汇明公司承诺在7月17日前支付洪鑫公司货款。

(5) 7月15日，为筹集资金，汇明公司将一张银行承兑汇票向甲银行申请办理贴现。该汇票出票日期为 2008 年 4 月 25 日，到期日为 2008 年 7 月 25 日，金额 100 000元。汇明公司将实际获得的贴现票据款存入其在甲银行的基本存款账户。

（6）7 月 17 日，洪鑫公司持 B 支票到甲银行办理支票转账，取得了货款。

已知：甲银行年贴现利率为 2.16%；经计算并确定的贴现天数为 10 天；一年按 360 天计算。

要求：根据支付结算法律制度的规定，回答下列问题：

（1）汇明公司在乙银行开立一般存款账户是否符合法律规定？并说明理由。

（2）汇明公司到乙银行购买现金支票并办理提取现金业务是否符合法律规定？并说明理由。

（3）汇明公司出纳王某更改 A 支票收款人“洪金公司”为“洪鑫公司”的做法是否符合法律规定？并说明理由。

（4）汇明公司银行存款账户余额不足，仍然签发 B 支票给洪鑫公司导致洪鑫公司不能如期取得 B 支票款项，属于什么行为？中国人民银行可以对其予以何种处罚？洪鑫公司是否有权要求汇明公司予以赔偿？并说明理由。

（5）计算汇明公司办理银行承兑汇票贴现时，向银行支付的贴现利息和实际获得的贴现金额，列出计算过程。

答案

（1）汇明公司在乙银行开立一般存款账户符合法律规定。根据规定，一般存款账户是指存款人因借款或者其他结算需要，在基本存款账户开户银行以外的银行营业机构开立的银行结算账户。本题中，汇明公司在甲银行已经开立了基本存款账户，因借款合同在乙银行开立一般存款账户是符合规定的。

（2）汇明公司到乙银行购买现金支票并办理提取现金业务不符合法律规定。根据规定，一般存款账户可以办理现金缴存，但是不得办理现金支取。本题中汇明公司不能在乙银行支取现金。

（3）汇明公司出纳王某更改 A 支票收款人“洪金公司”为“洪鑫公司”的做法不符合法律规定。根据规定，票据的出票金额、出票日期和收款人名称不得更改，更改的票据无效；对票据上其他记载事项，原记载人可以更改，更改时应在更改处签章证明。本题中，汇明公司出纳将收款人名称填写错误，按照规定，是不得在票据上直接修改的，其做法不符合法律规定。

（4）汇明公司银行存款账户余额不足，仍然签发 B 支票给洪鑫公司导致洪鑫公司不能如期取得 B 支票款项，属于签发空头支票的行为。根据规定，单位和个人签发空头支票，不以骗取财物为目的的，由中国人民银行处以票面金额 5%但不低于 1 000元的罚款；持票人有权要求出票人赔偿支票金额 2%的赔偿金。所以，洪鑫公司有权要求汇明公司给予赔偿。

（5）支付给银行的贴现利息＝100 000×2.16%÷360×10＝60（元）；

汇明公司实际获得的贴现金额＝100 000－60＝99 940（元）。

目录

1 第一章　经济法概论

第一节 法和经济法的概念

考点 1：法的本质与特征

重点等级：☆☆☆☆

1. 法与法律的概念

法是由国家制定或认可，并由国家强制力保证实施的，反映统治阶级意志的规范体系。这一意志的内容由Ⅰ【○* A. 统治阶级的物质生活条件 B. 统治阶级与被统治阶级之间的矛盾 C. 阶级社会的生产方式 D. 人们在社会生产关系中的权利和义务】所决定，它通过规定人们在社会关系中的权利和义务，确认、保护和发展有利于统治阶级的社会关系和社会秩序。

2. 法的本质

法是统治阶级意志的体现。法不是超阶级的产物，不是社会各阶级的意志都能体现为法，法只能是统治阶级意志的体现。法所体现的统治阶级的意志，是由统治阶级的物质生活条件决定的，是社会客观需要的反映。它体现的是统治阶级的整体意志和根本利益，而不是统治阶级每个成员个人意志的简单相加。法体现的也不是一般的统治阶级意志，而是被奉为法律的统治阶级意志，即统治阶级的国家意志。所以，法的本质表现为：Ⅱ【○ A. 法是统治阶级的国家意志的体现 B. 法是国家制定或认可的规范 C. 法凭借国家强制力而获得遵行 D. 法是明确而普遍适用的规范】。

3. 法的特征

法的特征主要有：Ⅲ【□ ** A. 法是经过国家制定或认可才得以形成的规范 B. 法是确定人们在社会关系中的权利和义务的行为规范 C. 法凭借国家强制力的保证而获得普遍遵行的效力 D. 法是明确而普遍适用的规范】。

参考答案：Ⅰ. A Ⅱ. A（2002 年考试真题） Ⅲ. ABCD（2009 年考试真题）

【经典试题】

（多项选择题）1. 关于法的本质与特征，下列表述中正确的是(　　)。

A. 法由统治阶级的物质生活条件所决定

* ○表示本题为单项选择题，全书同。

** □表示本题为多项选择题，全书同。

B. 法体现的是统治阶级的整体意志和根本利益

C. 法是由国家制定或认可的行为规范

D. 法由国家强制力保障其实施

（判断题）2. 法是超阶级的产物，社会各阶层的意志都能体现为法。（　）

参考答案：1. ABCD　2. ×

考点2：法的形式

重点等级：☆☆☆☆☆

我国法的形式主要包括：Ⅰ【□A. 宪法　B. 法律　C. 行政法规　D. 部门规章】。

1. 宪法

宪法是由Ⅱ【○A. 全国人民代表大会　B. 国务院　C. 国务院直属机构　D. 国务院部委】制定的。Ⅲ【○A. 宪法　B. 民族自治地方条例　C. 国际条约　D. 特别行政区基本法】具有最高的法律效力。我国现行宪法是Ⅳ【○A. 1952年12月4日第三届　B. 1962年12月4日第五届　C. 1972年12月4日第三届　D. 1982年12月4日第五届】全国人民代表大会第五次会议通过的《中华人民共和国宪法》，全国人民代表大会于1988年、1993年、1999年和2004年先后四次以宪法修正案的形式对现行宪法作了修改和补充。

2. 法律

法律是由全国人民代表大会及其常务委员会经一定立法程序制定的规范性文件。Ⅴ【○A. 行政规章　B. 法律　C. 行政法规　D. 地方性法规】的法律效力和地位仅次于宪法，是制定其他规范性文件的依据。法律分为基本法律和基本法律以外的法律两种。

（1）基本法律由全国人民代表大会制定和修改，在全国人民代表大会闭会期间，全国人民代表大会常务委员会也有权对其进行部分补充和修改，但不得同其基本原则相抵触。基本法律规定国家、社会和公民生活中具有重大意义的基本问题，如《中华人民共和国刑法》、《中华人民共和国民事诉讼法》等。

（2）基本法律以外的法律由Ⅵ【○A. 全国人民代表大会　B. 全国人民代表大会常务委员会　C. 国务院　D. 国务院部委】制定和修改，规定国家、社会和公民生活中某一方面的基本问题，如《中华人民共和国会计法》、《中华人民共和国公司法》、《中华人民共和国税收征收管理法》等。另外，全国人民代表大会及其常务委员会还有权就有关问题作出规范性决议或决定，它们与法律具有同等地位和效力。

3. 行政法规

行政法规是由Ⅶ【○A. 国务院部委　B. 国务院直属机构　C. 全国人民代表大会常务委员会　D. 国务院】制定、发布的规范性文件，如Ⅷ【○A.《中华人民共和国会计法》 B.《企业财务会计报告条例》 C.《会计从业资格管理办法》 D.《北京市招标投标条例》】。其地位次于宪法和法律，高于地方性法规，是一种重要的法的形式。

4. 地方性法规

省、自治区、直辖市的人民代表大会及其常务委员会在与宪法、法律和行政法规不相抵触的前提下，可以根据本地区情况制定、发布规范性文件，即地方性法规。省、自治区人民政府所在地的市、经国务院批准的较大的市和某些经济特区市的人民代表大会及其常务委员会在宪法、法律和行政法规允许范围内制定的适用于本地方的规范性文件，也属于地方性法规。如《上海市市容环境卫生管理条例》、《北京市招标投标条例》等。

5. 自治法规

民族自治地方（自治区、自治州、自治县）的人民代表大会有权依照当地民族的政治、经济和文化特点，制定自治条例和单行条例。

6. 特别行政区法

全国人民代表大会制定的特别行政区基本法以及特别行政区依法制定并报全国人民代表大会常务委员会备案，在该特别行政区内有效的规范性法律文件，属于特别行政区法。

7. 行政规章

行政规章是国务院各部委，省、自治区、直辖市人民政府，省、自治区人民政府所在地的市和国务院批准的较大的市以及某些经济特区市的人民政府，在其职权范围内依法制定、发布的规范性文件。行政规章分为部门规章和政府规章两种：

（1）部门规章是国务院所属部委根据法律和国务院行政法规、决定、命令，在本部门的权限内发布的各种行政性的规范性法律文件，也称部委规章。国务院所属的具有行政职能的直属机构发布的具有行政职能的规范性法律文件，也属于部门规章的范围。如Ⅸ【○ A. 全国人民代表大会常务委员会制定的《中华人民共和国会计法》 B. 国务院制定的《总会计师条例》 C. 财政部发布的《会计从业资格管理办法》 D. 北京市人大常委会制定的《北京市招标投标条例》】、国家税务总局发布的《企业所得税税前扣除办法》等。部门规章的地位低于宪法、法律、行政法规，不得与它们相抵触。

（2）政府规章是有权制定地方性法规的地方人民政府根据法律、行政法规制定的规范性法律文件，也称地方政府规章。政府规章不得与宪法、法律和行政法规相抵触，且Ⅹ【○ A. 宪法 B. 同级政府规章 C. 法律 D. 行政法规】的效力低于地方性法规。

8. 国际条约

国际条约不属于国内法的范畴，但我国签订和加入的国际条约对于国内的国家机关、社会团体、企业、事业单位和公民也有约束力，因此，这些条约也是我国法的形式之一。

参考答案：Ⅰ.ABCD Ⅱ.A Ⅲ.A（2004 年考试真题） Ⅳ.D Ⅴ.B Ⅵ.B Ⅶ.D Ⅷ.B Ⅸ.C Ⅹ.B（2005 年考试真题）

【经典试题】

（单项选择题）1. 全国人民代表大会颁布的《中华人民共和国刑法》属于（ ）。

A. 行政法规　B. 法律　C. 地方性法规　D. 行政规章

（单项选择题）2. 下列各项中，（ ）不属于法的形式。

A.《中华人民共和国刑法》　B. 某单位的工作规范

C.《上海市市容环境卫生管理条例》　D.《企业所得税税前扣除办法》

（多项选择题）3. 下列规范性文件中，（ ）不属于行政法规。

A. 全国人民代表大会常务委员会制定的《中华人民共和国证券法》

B. 国务院制定的《中华人民共和国外汇管理条例》

C. 中国人民银行制定的《人民币银行结算账户管理办法》

D. 深圳市人民代表大会制定的《深圳经济特区注册会计师条例》

（判断题）4. 在我国，最高法院所作的判决书属于法的形式。（ ）

（判断题）5. 基本法律由全国人民代表大会制定和修改，全国人民代表大会常务委员会无权对其进行补充和修改。（ ）

参考答案：1. B 2. B 3. ACD 4. × 5. ×

考点 3：法的分类

重点等级：☆☆☆☆☆

根据不同的标准，可以对法作出不同的分类：

1. 成文法和不成文法

根据法的创制方式和发布形式可将法分为Ⅰ【○ A. 成文法和不成文法 B. 根本法和普通法 C. 实体法和程序法 D. 一般法和特别法】。

（1）成文法是指有权制定法律的国家机关，依照法定程序所制定的具有条文形式的规范性文件。

（2）不成文法是指国家机关认可的、不具有条文形式的习惯。

2. 根本法和普通法

根据法的内容、效力和制定程序可将法分为Ⅱ【○ A. 成文法和不成文法 B. 根本法和普通法 C. 实体法和程序法 D. 一般法和特别法】。

(1) 根本法就是宪法，它规定国家制度和社会制度的基本原则，具有最高的法律效力，Ⅲ【○ A. 根本法 B. 普通法 C. 成文法 D. 不成文法】是普通法立法的依据。

(2) 普通法泛指宪法以外的所有法律，它根据宪法确认的原则就某个方面或某些方面的问题作出具体规定，效力低于宪法。

3. 实体法和程序法

根据法的内容可将法分为Ⅳ【○ A. 成文法和不成文法 B. 根本法和普通法 C. 实体法和程序法 D. 一般法和特别法】。

(1) 实体法是指从实际内容上规定主体的权利和义务的法律。如民法、刑法。

(2) 程序法是指为了保障实体权利和义务的实现而制定的关于程序方面的法律。如民事诉讼法、刑事诉讼法、行政诉讼法。

4. 一般法和特别法

根据法的空间效力、时间效力或对人的效力可将法分为Ⅴ【○ A. 成文法和不成文法 B. 根本法和普通法 C. 一般法和特别法 D. 实体法和程序法】。

(1) 一般法是指在一国领域内对全体居民和所有的社会组织普遍适用，而且在它被废除前始终有效的法律。如民法、刑法。

(2) 特别法是指只在一国的特定地域内（如某个行政区域）或只对特定主体（如公职人员、军人）或在特定时期内（如战争时期）有效的法律。

5. 国际法和国内法

根据法的主体、调整对象和形式可将法分为国际法和国内法。

(1) 国际法的主体主要是国家，其调整的对象是国家间的相互关系，其形式主要是Ⅵ【□ A. 国际条约 B. 行政规章 C. 各国公认的国际惯例 D. 特别行政区法】，其实施则以国家单独或集体的强制措施加以保证。

(2) 国内法的主体主要是该国的公民和社会组织，其调整对象是一国内部的社会关系，其形式主要是制定国立法机关颁布的规范性文件，其实施则以该国的强制力为保证。

6. 公法和私法

普遍认为以法律运用的目的为划分公法和私法的依据，即凡是以保护公共利益为目的的法律为公法，如宪法、刑法、行政法、诉讼法等；凡是以保护私人利益为目的的法律为私法，如民法、商法等。

参考答案：Ⅰ. A（2007 年考试真题） Ⅱ. B Ⅲ. A Ⅳ. C Ⅴ. C（2008 年考试真题） Ⅵ. AC

【经典试题】

（单项选择题）下列关于民法按不同标准划分的表述中，不正确的是（　　）。

A. 根据法的内容、效力和制定程序分类，民法属于普通法

B. 根据法的内容分类，民法属于实体法

C. 根据法的空间效力、时间效力或对人的效力分类，民法属于一般法

D. 根据法的内容分类，民法属于程序法

参考答案：D

考点 4：法律规范的种类

重点等级：☆☆☆☆☆

法律规范可按照不同的标准进行分类：

1. 按照法律规范的性质和调整方式分类

按照法律规范的性质和调整方式不同可将法律规范分为Ⅰ【□ A. 义务性规范　B. 非强制性规范　C. 授权性规范　D. 禁止性规范】。

（1）义务性规范是要求人们必须作出一定行为，承担一定积极作为义务的法律规范。

（2）禁止性规范是禁止人们作出一定行为的法律规范。

（3）授权性规范是授予人们可以作出某种行为，或要求他人作出或不作出某种行为的法律规范。

2. 按照法律规范的强制性程度的不同分类

按照法律规范的强制性程度的不同可将法律规范分为Ⅱ【□ A. 义务性规范　B. 任意性规范　C. 授权性规范　D. 强制性规范】。

（1）Ⅲ【○ A. 允许性规范　B. 任意性规范　C. 授权性规范　D. 强制性规范】又称命令性规范，是指权利和义务的规定十分明确，不允许人们以任何方式变更或违反的法律规范。强制性规范一般表现为前述的义务性规范和禁止性规范两种形式。

（2）任意性规范又称允许性规范，是指允许人们在法定的范围内自行确定其权利和义务的法律规范。如，"从事会计工作的人员，必须取得会计从业资格证书"，Ⅳ【□ A. 该法律规范属于义务性规范　B. 该法律规范属于禁止性规范　C. 该法律规范属于授权性规范　D. 该法律规范属于强制性规范】；"董事、监事、高级管理人员不得利用职权收受贿赂或者其他非法收入，不得侵占公司的财产"是禁止性规范，也是强制性规范；"公司可以设立子公司"则为授权性规范，也是任意性规范。

参考答案：Ⅰ. ACD　Ⅱ. BD　Ⅲ. D　Ⅳ. AD（2007 年考试真题）

【经典试题】

（单项选择题）1.《会计法》第9条第1款规定“各单位必须根据实际发生的经济业务事项进行会计核算，填制会计凭证，登记会计账簿，编制财务会计报告”。按照法律规范的性质和调整方式分类，该法律规范属于(　　)。

A. 义务性规范　　B. 禁止性规范

C. 授权性规范　　D. 任意性规范

（单项选择题）2. 按照法律规范的性质和调整方式分类，我国《会计法》关于“任何单位不得以虚假的经济业务事项或者资料进行会计核算”的规定属于(　　)。

A. 义务性规范　　B. 禁止性规范

C. 授权性规范　　D. 任意性规范

（单项选择题）3. 按照法律规范的性质和调整方式分类，《公司法》中“两个以上的国有企业投资设立的有限责任公司，董事会中应当包括职工代表”的规定属于(　　)。

A. 任意性规范　　B. 禁止性规范

C. 授权性规范　　D. 义务性规范

参考答案：1. A（2006年考试真题）　2. B（2001年考试真题）　3. D

考点5：法律体系

重点等级：☆☆☆

1. 法律体系与法律部门的概念

一个国家的现行法律规范划分为若干法律部门，由这些法律部门组成的具有内在联系的、互相协调的统一整体即为法律体系。

法律部门又称部门法，是根据一定标准和原则所划定的同类法律规范的总称。

2. 我国法律体系的部门划分

根据第九届全国人民代表大会常务委员会的意见，我国现行法律体系划分为以下七个主要的法律部门：

（1）宪法及宪法相关法法律部门。如《宪法》、《全国人民代表大会组织法》、《国务院组织法》、《民族区域自治法》、《香港特别行政区基本法》等。

（2）民商法法律部门。如《民法通则》、《合同法》、《公司法》、《合伙企业法》、《证券法》、《保险法》、《票据法》、《企业破产法》等。

（3）行政法法律部门。如《行政处罚法》、《行政监察法》、《行政复议法》、《政府采购法》、《义务教育法》、《环境保护法》等。

（4）经济法法律部门。如《预算法》、《审计法》、《会计法》、《中国人民银行法》、

《价格法》、《税收征收管理法》、《个人所得税法》等。

（5）社会法法律部门。如《劳动法》、《矿山安全法》、《残疾人保障法》、《未成年人保护法》、《妇女权益保障法》、《老年人权益保障法》、《工会法》、《红十字会法》、《公益事业捐赠法》等。

（6）刑法法律部门。如《刑法》等。

（7）诉讼与非诉讼程序法法律部门。如《刑事诉讼法》、《民事诉讼法》、《行政诉讼法》、《海事诉讼特别程序法》、《引渡法》、《仲裁法》等。

【经典试题】

（单项选择题）1. 根据我国法律体系的部门划分，《税收征收管理法》属于（　　）。

A. 行政法法律部门　　B. 社会法法律部门

C. 经济法法律部门　　D. 民商法法律部门

（判断题）2. 一个国家的现行法律规范分为若干个法律部门，由这些法律部门组成的具有内在联系的、互相协调的统一整体构成一国的法律体系。（　　）

（判断题）3. 根据第六届全国人民代表大会常务委员会的意见，我国现行法律体系划分为八个主要的法律部门。（　　）

参考答案：1. C　2. √（2008 年考试真题）　3. ×

考点 6：法律关系的要素

重点等级：☆☆☆☆

法律关系的要素包括法律关系的主体、法律关系的内容和法律关系的客体。

1. 法律关系的主体

（1）法律关系主体的概念。法律关系的主体，又称权利主体或义务主体，是指参加法律关系，依法享有权利和承担义务的当事人。

（2）法律关系主体的种类。根据我国法律规定，法律关系主体包括：

①公民（自然人）。公民是最常见的法律关系主体。在我国，还有一类由公民组成的特定主体，如个体户、农户、合伙人等。

②机构和组织（法人）。主要包括Ⅰ【□ A. 国家机关　B. 各种企业　C. 事业组织　D. 各政党和社会团体】。

③国家。在特殊情况下，国家可以作为一个整体成为法律关系主体。

④外国人和外国社会组织。

2. 法律关系的内容

法律关系的内容是指法律关系主体所享有的权利和承担的义务。

3. 法律关系的客体

(1) 法律关系客体的概念。法律关系的客体，又称权利客体或义务客体，是指法律关系主体的权利和义务所共同指向的对象。

(2) 法律关系客体的种类。法律关系的客体主要包括以下四类：

①物。物可以是自然物，如Ⅱ【□A. 土地 B. 矿藏 C. 空气 D. 森林】、水流等；也可以是人造物，如建筑物、机器、各种产品等；还可以是财产物品的一般价值表现形式，如货币及有价证券。

②精神产品。精神产品也称精神财富或者非物质财富，包括知识产品和道德产品。知识产品如著作、发现、发明、设计等；道德产品如荣誉称号、嘉奖表彰等。

③行为。行为作为法律关系的客体是指法律关系的主体为达到一定目的所进行的作为（积极行为）或不作为（消极行为），是人的有意识的活动。如生产经营行为、经济管理行为、完成一定工作的行为和提供一定劳务的行为等。

④人身。人身是由各个生理器官组成的生理整体（有机体）。它是人的物质形态，也是人的精神利益的物质体现。

参考答案：Ⅰ. ABCD Ⅱ. ABD

【经典试题】

(单项选择题) 1. 下列选项中，(　　)不能作为法律关系客体。

A. 荣誉称号　　B. 经济管理行为

C. 商品　　D. 非营利组织

(多项选择题) 2. 下列各项中，能够成为法律关系主体的有(　　)。

A. 公民　　B. 企业

C. 物　　D. 非物质财富

(多项选择题) 3. 下列各项中，属于经济法律关系的有(　　)。

A. 税务机关与纳税人之间发生的征纳关系

B. 消费者因商品质量问题与商家发生的赔偿与被赔偿关系

C. 企业厂长与企业职工在生产经营管理活动中发生的经济关系

D. 税务局长与税务干部发生的领导与被领导关系

参考答案：1. D 2. AB (2007 年考试真题) 3. ABC

考点 7：法律事实

重点等级：☆☆☆☆

法律事实，是指由法律规范所确定的，能够产生法律后果，即能够直接引起法律关系发生、变更或者消灭的情况。以是否以人们的意志为转移为标准，法律事实可以划分为法律事件和法律行为。

1. 法律事件

法律事件，是指不以人的主观意志为转移的能够引起法律关系发生、变更和消灭的法定情况或者现象。

法律事件包括【○ A. 发行股票　B. 签订合同　C. 地震　D. 承兑汇票】、洪水、台风、森林大火等自然现象；还包括爆发战争、重大政策的改变等社会现象。

2. 法律行为

法律行为，是指以法律关系主体意志为转移，能够引起法律后果，即引起法律关系发生、变更和消灭的人们有意识的活动。

根据不同标准，可以对法律行为作多种分类，如合法行为与违法行为；积极行为（作为）与消极行为（不作为）；（意思）表示行为与非表示行为；单方行为与多方行为；要式行为与非要式行为；自主行为与代理行为等。

参考答案：C

【经典试题】

（单项选择题）1. 下列各项中，（　　）不能直接引起经济法律关系的发生、变更和终止。

A. 公司法　　　　B. 法律事实

C. 法律行为　　　　D. 法律事件

（多项选择题）2. 下列各项中，属于法律行为的有（　　）。

A. 订立合伙协议　　　　B. 签订合同

C. 签订和解协议　　　　D. 签发汇票

（多项选择题）3. 下列各项法律事实中，（　　）属于法律行为。

A. 经济决策行为　　　　B. 签发发票

C. 发行股票　　　　D. 发动战争

（判断题）4. 法律规范和法律主体能直接引起法律关系的变化。（　　）

参考答案：1. A　2. ABCD（2005 年考试真题）　3. ABC　4. ×

考点 8：经济法律关系

重点等级：☆☆☆☆☆

一般认为，经济法是调整一定范围经济关系的法律规范的总称。国家制定经济法的目的主要是克服市场调节的盲目性和局限性，对具有全局性、社会公共性、需要由国家干预的经济关系进行规范。简单地说，经济法是调整国家对经济活动的管理所产生的社会经济关系的法律规范的总称。

经济法律关系由Ⅰ【□ A. 经济法律关系的主体 B. 经济法律关系的内容 C. 经济法律关系的客体 D. 经济法律关系的行为】三个要素构成。

1. 经济法律关系的主体

经济法律关系的主体也称经济法的主体，是指参加经济法律关系，依法享有经济权利和承担经济义务的当事人。

根据我国法律规定，经济法律关系主体的种类包括：

(1) 国家机关。包括国家权力机关、国家行政机关和国家司法机关。

(2) 经济组织和社会团体。经济组织包括企业法人和非法人经济组织。社会团体包括Ⅱ【□ A. 群众团体 B. 公益组织 C. 文化团体 D. 学术团体】等。

(3) 经济组织的内部机构和有关人员。

(4) 个人。包括个体工商户、农村承包经营户和公民。

2. 经济法律关系的内容

经济法律关系的内容是指经济法律关系主体所享有的经济权利和承担的经济义务。

(1) 经济权利。不同的经济法主体享有不同的经济权利，如经营管理权、经济职权等。

(2) 经济义务。如按时纳税的义务、不得拒绝国家机关依法检查的义务等。

3. 经济法律关系的客体

经济法律关系的客体是指经济法律关系主体的权利和义务所共同指向的对象。

经济法律关系的客体包括三种：

(1) 物。它包括自然物，如土地、矿藏、水流、森林；也包括人造物，如建筑、机器、各种产品等；还包括财产物品的一般价值表现形式——货币及有价证券。

(2) 非物质财富。它包括知识产品和道德产品。知识产品也称智力成果，如著作、发现、发明、设计等。道德产品如荣誉称号、嘉奖表彰等。

(3) 行为。它是指法律关系的主体为达到一定目的所进行的作为（积极行为）或不作为（消极行为）。如生产经营行为、经济管理行为、完成一定工作的行为和提供一定劳务的行为等。

参考答案：Ⅰ. ABC Ⅱ. ABCD

【经典试题】

(单项选择题) 1. 下列各项中，(　　)不能作为经济法律关系客体。

A. 智力成果　　B. 房屋

C. 自然灾害　　D. 荣誉称号

（单项选择题）2. 甲、乙双方签订一份房屋装修合同，由此形成的经济法律关系客体是（　　）。

A. 乙方承揽的装修劳务行为　　B. 被装修的房屋

C. 甲、乙双方应当收付的款项　　D. 甲、乙双方承担的权利和义务

（多项选择题）3. 下列各项中，可以成为我国经济法律关系客体的有（　　）。

A. 自然人　　B. 发明专利

C. 劳务　　D. 物质资料

（多项选择题）4. 下列权利义务中，属于经济法律关系内容的有（　　）。

A. 所有权　　B. 纳税义务

C. 经营管理权　　D. 服兵役义务

（多项选择题）5. 下列各项中，能够作为经济法律关系客体的有（　　）

A. 商品　　B. 商标

C. 公民　　D. 组织

（多项选择题）6. 下列各项中，（　　）属于经济法律关系。

A. 某个体户与学校间发生的买卖合同的关系

B. 税务局长与税务干部发生的领导与被领导的关系

C. 审计局长与子女发生的财产继承与被继承关系

D. 某公司与银行发生的贷款合同的关系

（判断题）7. 经济组织的内部机构不能成为经济法律关系的主体。（　　）

（判断题）8. 由于行政机关行使的是国家的职能，所以它不是经济法律关系的主体。（　　）

（判断题）9. 个人只能是民事法律关系的主体，而不能成为经济法律关系的主体。（　　）

（判断题）10. 专利权可以作为经济法律关系的内容，但不可以作为经济法律关系的客体。（　　）

（判断题）11. 甲、乙双方签订一份加工承揽合同，由甲为乙加工一批零部件，由此形成的经济法律关系客体就是甲加工的零部件。（　　）

（判断题）12. 某个体工商户为顾客提供有偿劳务服务的行为不可作为经济法律关系的客体。（　　）

（判断题）13. 经济法律关系的内容，包括经济法律关系主体所享有的经济权利以及所承担的经济义务。（　　）

参考答案： 1. C　2. A　3. BCD（2009 年考试真题）　4. BC（2008 年考试真题）
5. AB　6. AD　7. ×　8. ×　9. ×　10. ×　11. ×　12. ×　13. √

考点 9：经济法的调整对象

重点等级：☆☆

经济法的调整对象是国家在对经济活动进行管理过程中所发生的法律关系。

1. 市场主体组织关系

它是指国家在对市场主体的活动进行管理以及市场主体在自身运行过程中所发生的社会关系。

2. 市场运行调控关系

它是指国家为了建立社会主义市场经济秩序，维护国家、生产经营者和消费者的合法权益而干预市场所发生的经济关系。

3. 宏观经济调控关系

它是指国家从长远利益和社会公共利益出发，对关系国计民生的重大经济因素实行全局性的管理过程中与其他社会组织所发生的具有隶属性或指导性的社会经济关系。

4. 社会保障关系

它是指对作为劳动力资源的劳动者实行社会保障过程中发生的经济关系。

【经典试题】

（多项选择题）1. 下列各项中，（　　）属于经济法调整对象。

A. 市场主体组织关系　　B. 市场运行调控关系

C. 宏观经济调控关系　　D. 财产继承关系

（判断题）2. 市场运行调控关系是指国家为了建立社会主义市场经济秩序，维护国家、生产经营者和消费者的合法权益而干预市场所发生的经济关系。（　　）

参考答案：1. ABC　2. √

第二节　经济纠纷的解决途径

考点 1：经济纠纷解决途径的选择

重点等级：☆☆☆☆

经济纠纷是指经济法律关系主体之间因经济权利和经济义务的矛盾而引起的争议。

在我国，解决经济纠纷的途径和方式主要有Ⅰ【□ A. 仲裁　B. 民事诉讼　C. 行政复议　D. 行政诉讼】。

仲裁、民事诉讼、行政复议与行政诉讼都是解决当事人争议的方式，但适用的范围不同。作为平等民事主体的当事人之间发生的经济纠纷适用Ⅱ【□ A. 仲裁　B. 民事诉讼　C. 行政复议　D. 行政诉讼】解决；当公民、法人或者其他组织认为行政机关的具体行政行为侵犯其合法权益时，可采取申请行政复议或者提起行政诉讼的方式解决。

仲裁与民事诉讼是两种不同的争议解决方式。作为平等民事主体的当事人发生争议只能在仲裁或者民事诉讼两种方式中选择一种解决方式。只有在Ⅲ【□ A. 有仲裁协议　B. 没有仲裁协议　C. 仲裁协议无效　D. 当事人放弃仲裁协议】的情况下，法院才可以行使管辖权。这在法律上称为或裁或审原则。

行政复议与行政诉讼方式的选择则与纠纷的性质有关。根据法律的不同规定，有的可以直接向法院起诉，也可以先申请行政复议，对行政复议决定不服时再起诉；有的则只能先申请行政复议，对行政复议决定不服时才能提起行政诉讼；还有的则只能通过行政复议的方式解决，由行政机关对纠纷作出最终裁决。

参考答案：Ⅰ. ABCD　Ⅱ. AB（2009 年考试真题）　Ⅲ. BCD

【经典试题】

（判断题）1. 某县工商局对 A 企业进行罚款，如果该企业不服，可以申请行政复议或提起行政诉讼。（　）

（判断题）2. 当事人发生争议时可以同时选择仲裁和民事诉讼两种解决方式。（　）。

参考答案：1. √　2. ×

考点 2：仲裁的概念

重点等级：☆☆

仲裁是指由经济纠纷的各方当事人共同选定仲裁机构，对纠纷依法定程序作出具有约束力的裁决的活动。

从仲裁的概念可以看出，仲裁具有三个要素，包括：【□ A. 以双方当事人自愿协商为基础　B. 由执行机关选择的中立第三者进行裁判　C. 由双方当事人自愿选择的中立第三者进行裁判　D. 裁决对双方当事人都具有约束力】。

1994 年 8 月 31 日第八届全国人民代表大会常务委员会第九次会议通过、1995 年

9月1日起施行的《中华人民共和国仲裁法》是仲裁活动进行的基本法律依据。

参考答案：ACD

【经典试题】

（判断题）如果经济纠纷的一方当事人首先选择采取仲裁方式，那么即使另一方不同意，仲裁组织也应当受理。（　　）

参考答案：×

考点3：仲裁的适用范围

重点等级：☆☆☆☆

仲裁是指由经济纠纷的各方当事人共同选定仲裁机构，对纠纷依法定程序作出具有约束力的裁决的活动。

根据《仲裁法》的规定，平等主体的公民、法人和其他组织之间发生的合同纠纷和其他财产权益纠纷可以仲裁。

婚姻纠纷、收养纠纷、扶养纠纷、Ⅰ【□A. 企业间的财产产权纠纷　B. 合同纠纷　C. 继承纠纷　D. 监护纠纷】和依法应当由行政机关处理的行政争议则不适用仲裁。

Ⅱ【□A. 农业集体经济组织内部的农业承包合同纠纷　B. 货物买卖合同纠纷　C. 劳动争议纠纷　D. 遗产继承纠纷】的仲裁由其他的法律予以调整，不适用《仲裁法》。

参考答案：Ⅰ.CD　Ⅱ.AC

【经典试题】

（单项选择题）1. 下列各项中，（　　）符合我国《仲裁法》规定，可以申请仲裁解决。

A. 甲某与村民委员会签订的土地承包合同纠纷

B. 甲、乙两对夫妇间的收养合同纠纷

C. 甲、乙两企业间的货物买卖合同纠纷

D. 甲、乙两人的继承遗产纠纷

（多项选择题）2. 下列各项中，（　　）可以适用《仲裁法》仲裁解决。

A. 土地承包合同纠纷　　　　B. 财产继承纠纷

C. 财产租赁纠纷　　　　D. 房地产转让纠纷

（判断题）3. 企业与税务机关就税收担保财产发生的纠纷，因为是属于财产权益的纠纷，因此可以适用仲裁。（　　）

（判断题）4. 除平等主体之间的合同纠纷外，其他财产权益方面的纠纷均不能采用仲裁方式解决。（　　）

参考答案：1. C　2. CD　3. ×　4. ×

考点 4：仲裁的基本制度

重点等级：☆☆☆☆☆

1. 协议仲裁

当事人采用仲裁方式解决纠纷，应当由双方自愿达成仲裁协议。没有仲裁协议，一方申请仲裁的，仲裁委员会不予受理。

2. 一裁终局

仲裁实行【○ A. 自愿　B. 一裁终局　C. 两审终审制　D. 仲裁组织依法独立行使仲裁权】的原则，即裁决作出后，当事人就同一纠纷再申请仲裁或者向法院起诉的，仲裁委员会或者法院不予受理。仲裁庭作出的仲裁裁决为终局裁决。

参考答案：B

【经典试题】

（单项选择题）1. 下列关于仲裁的说法中，正确的是（　　）。

A. 当事人的仲裁员是由仲裁委员会主席指定的

B. 仲裁实行一裁终局的制度

C. 仲裁实行级别管辖和地域管辖

D. 仲裁实行强制性原则

（多项选择题）2. 下列关于我国仲裁制度的表述中，符合《仲裁法》规定的有（　　）。

A. 仲裁庭作出的仲裁裁决为终局裁决

B. 当事人不服仲裁裁决可以向法院起诉

C. 当事人协议不开庭的，仲裁可以不开庭进行

D. 仲裁的进行以双方当事人自愿达成的书面仲裁协议为条件

（多项选择题）3. 下列各项中，符合我国《仲裁法》规定的有（　　）。

A. 仲裁实行自愿原则

B. 仲裁一律公开进行

C. 仲裁不实行级别管辖和地域管辖

D. 当事人不服仲裁裁决可以向人民法院起诉

（判断题）4. 当事人采用仲裁方式解决纠纷，应当由双方自愿达成仲裁协议。（　　）

（判断题）5. 仲裁实行一裁终局制度，诉讼实行两审终审制度。（　　）

（判断题）6. 仲裁裁决后，当事人就同一纠纷再申请仲裁或向法院起诉，仲裁委员会不受理，人民法院可以受理。（　　）

参考答案：1. B　2. ACD（2009 年考试真题）　3. AC（2000 年考试真题）
4. √（2008 年考试真题）　5. √（2000 年考试真题）　6. ×

考点 5：仲裁机构

重点等级：☆☆☆☆

仲裁机构包括仲裁协会和仲裁委员会。

1. 仲裁协会

中国仲裁协会是社会团体法人。中国仲裁协会实行会员制。中国仲裁协会是仲裁委员会的自律性组织，根据由全国会员大会制定的章程对仲裁委员会及其组成人员、仲裁员的违纪行为进行监督；根据《仲裁法》和《民事诉讼法》的有关规定制定仲裁规则和其他仲裁规范性文件。

2. 仲裁委员会

仲裁委员会可以在直辖市和省、自治区人民政府所在地的市设立，也可以根据需要在其他设区的市设立，不按行政区划层层设立。仲裁委员会独立于行政机关，与行政机关没有隶属关系。仲裁委员会之间也没有隶属关系。

【经典试题】

（多项选择题）1. 根据《仲裁法》的规定，下列关于仲裁委员会的表述中，正确的有(　　)。

A. 仲裁委员会是行政机关

B. 仲裁委员会不按行政区划层层设立

C. 仲裁委员会独立于行政机关

D. 仲裁委员会之间没有隶属关系

（判断题）2. 当事人申请仲裁，必须按照级别管辖和地域管辖的规定选择仲裁委员会。（　　）

（判断题）3. 仲裁委员会独立于行政机关，与行政机关没有隶属关系；但仲裁委员会之间有隶属关系。（　　）

（判断题）4. 仲裁委员会必须在直辖市和省、自治区人民政府所在地的市设立。（　）

（判断题）5. 中国仲裁协会是仲裁委员会的自律性组织，根据由全国会员大会制定的章程对仲裁委员会及其组成人员、仲裁员的违纪行为进行监督。（　　）

参考答案：1. BCD（2008 年考试真题）　2. ×（2009 年考试真题）　3. ×　4. ×　5. √

考点 6：仲裁协议

重点等级：☆☆☆☆☆

1. 仲裁协议的概念

仲裁协议是指双方当事人自愿把他们之间可能发生或者已经发生的经济纠纷提交仲裁机构裁决的书面约定。仲裁协议应当以书面形式订立。口头达成仲裁的意思表示无效。

2. 仲裁协议的内容

仲裁协议包括合同中订立的仲裁条款和以其他书面形式在纠纷发生前或者纠纷发生后达成的请求仲裁的协议。这里的其他书面形式，包括以Ⅰ【□ A. 合同书　B. 电报　C. 信件　D. 数据电文】等形式达成的请求仲裁的协议。

仲裁协议的内容包括：Ⅱ【□ A. 请求仲裁的意思表示　B. 仲裁事项　C. 选定的解决争议所适用的法律　D. 选定的仲裁委员会】。

3. 仲裁协议的效力

仲裁协议一经依法成立，即具有法律约束力。仲裁协议独立存在，合同的变更、解除、终止或者无效，不影响仲裁协议的效力。

仲裁庭有权确认合同的效力。当事人对仲裁协议的效力有异议的，可以请求仲裁委员会作出决定或者请求法院作出裁定。一方请求仲裁委员会作出决定，另一方请求法院作出裁定的，由法院裁定。当事人对仲裁协议的效力有异议，应当在Ⅲ【○ A. 一方起诉的同时　B. 人民法院受理后　C. 首次开庭前　D. 一审判决前】提出。

当事人达成仲裁协议，一方向法院起诉未声明有仲裁协议，法院受理后，另一方在首次开庭前提交仲裁协议的，法院应当驳回起诉，但仲裁协议无效的除外；另一方在首次开庭前未对法院受理该案提出异议的，视为放弃仲裁协议，法院应当继续审理。

参考答案：Ⅰ. ABCD　Ⅱ. ABD　Ⅲ. C

【经典试题】

（单项选择题）1. 甲、乙因买卖货物发生合同纠纷，甲向法庭提出诉讼。开庭审理时，乙提出双方签有仲裁协议，应通过仲裁方式解决。对该案件的下列处理方式中，符合法律规定的是(　　)。

A. 仲裁协议有效，法院驳回甲的起诉

B. 仲裁协议无效，法院继续审理

C. 由甲、乙协商确定纠纷的解决方式

D. 视为甲、乙已放弃仲裁协议，法院继续审理

（多项选择题）2. 下列关于仲裁协议效力的表述正确的是(　　)。

A. 在当事人双方发生协议约定的争议时，任何一方都可以向法院起诉

B. 仲裁协议中为当事人设定的一定义务，不能任意更改、终止或撤销

C. 合同的变更、解除、终止或无效，不影响仲裁协议的效力

D. 对于仲裁组织来说，仲裁协议具有排除诉讼管辖权的作用

（判断题）3. 有效的仲裁协议可排除法院的管辖权。(　　)

（判断题）4. 甲公司与乙公司解除合同关系，则合同中的仲裁条款也随之失效。(　　)

（判断题）5. 甲公司与乙公司变更合同关系，那么合同中的仲裁条款也随之失效。(　　)

（判断题）6. 当事人对仲裁协议的效力有异议的，可以请求仲裁委员会作出决定或者请求法院作出裁定。一方请求仲裁委员会作出决定，另一方请求法院作出裁定的，由法院裁定。(　　)

（判断题）7. 仲裁协议可以口头形式订立。(　　)

（判断题）8. 仲裁协议是指双方当事人自愿把他们之间可能发生或者已经发生的经济纠纷提交仲裁机构裁决的口头约定。(　　)

（综合题）9. 南方工业公司与国华机械厂签订合同，约定由国华机械厂为南方工业公司生产10台符合一定标准的机床；并约定南方工业公司预付货款3万元，机床安装使用后，如无质量问题，再支付其余货款；同时双方签订仲裁协议，约定合同履行过程中如发生纠纷，则向某仲裁委员会申请仲裁。

南方工业公司将机床安装投入生产后，加工的产品废品率大大超过合同规定标准。经检查，产生废品的原因是机床的一个重要参数不合格。国华机械厂多次派人对机床进行修理，仍不能达到合格标准。为此给南方工业公司造成5万元的经济损失。

南方工业公司遂通知国华机械厂解除合同，要求退回机床并返还预付款，同时要求赔偿其经济损失5万元。国华机械厂拒绝了南方工业公司的要求。南方工业公司认为合同已经解除，仲裁协议也随之失效，于是向法院提起诉讼。法院受理后，将起诉状副本发送被告。开庭前，国华机械厂向法院提交了与南方工业公司的仲裁协议。法

院裁定驳回起诉。

要求：根据上述情况和合同法等法律制度的有关规定，回答下列问题：

(1) 南方工业公司解除其与国华机械厂合同的做法是否合法？为什么？

(2) 南方工业公司要求退回机床、返还预付款并赔偿5万元经济损失是否合法？为什么？

(3) 南方工业公司认为合同解除、仲裁协议也随之失效的观点是否正确？为什么？

(4) 法院裁定驳回起诉是否合法？为什么？

参考答案：1. A（2009年考试真题）　2. BCD　3. √（2007年考试真题）　4. ×（2004年考试真题）　5. ×　6. √　7. ×　8. ×

9. (1) 南方工业公司解除其与国华机械厂买卖机床合同的行为合法。

根据《合同法》的规定，当事人一方迟延履行债务或者有其他违约行为致使不能实现合同目的时，当事人可以解除合同。国华机械厂虽多次派人修理机床，仍不能使交付的机床达到合格标准，因此，南方工业公司可以通知解除与国华机械厂的合同。

(2) 南方工业公司要求退回机床、返还预付款并赔偿5万元经济损失合法。

当事人可以要求恢复原状、采取其他补救措施，并有权要求赔偿损失。

(3) 南方工业公司认为合同解除，仲裁协议也随之失效的观点不正确。

根据《仲裁法》的规定，仲裁协议独立存在，合同的变更、解除、终止或者无效，不影响仲裁协议的效力。

或：仲裁协议独立存在。

或：合同的解除不影响仲裁协议的效力。

(4) 法院裁定驳回起诉合法。

法律规定，当事人达成仲裁协议，一方向人民法院起诉未声明有仲裁协议，人民法院受理后，另一方在首次开庭前提交仲裁协议的，人民法院应当驳回起诉。（2003年考试真题）

考点7：仲裁裁决

重点等级：☆☆☆☆☆

当事人申请仲裁应符合以下条件：①有仲裁协议；②有具体的仲裁请求和事实、理由；③属于仲裁委员会的受理范围。

《仲裁法》规定，仲裁不实行级别管辖和地域管辖，仲裁委员会应当由当事人协议选定。

仲裁庭可以由3名仲裁员或者1名仲裁员组成。由3名仲裁员组成的，设首席仲裁员。当事人约定由3名仲裁员组成仲裁庭的，应当各自选定或者各自委托仲裁委员会主任指定1名仲裁员，第三名仲裁员由当事人共同选定或者共同委托仲裁委员会主任指定。第三名仲裁员是首席仲裁员。当事人约定由1名仲裁员成立仲裁庭的，应当由当事人共同选定或者共同委托仲裁委员会主任指定。当事人没有在仲裁规则规定的期限内约定仲裁庭的组成方式或者选定仲裁员的，由仲裁委员会主任指定。仲裁庭组成后，仲裁委员会应当将仲裁庭的组成情况书面通知当事人。

仲裁应当开庭进行。当事人协议不开庭的，仲裁庭可以根据仲裁申请书、答辩书以及其他材料作出裁决。

仲裁不公开进行。当事人协议公开的，可以公开进行；但涉及国家秘密的除外。所谓不公开进行，是指仲裁庭在审理案件时不对社会公开，不允许群众旁听，也不允许新闻记者采访和报道。

当事人申请仲裁后，可以自行和解。达成和解协议的，可以请求仲裁庭根据和解协议作出裁决书，也可以撤回仲裁申请。当事人达成和解协议，撤回仲裁申请后反悔的，可以根据仲裁协议申请仲裁。仲裁庭在作出裁决前，可以先行调解。当事人自愿调解的，仲裁庭应当调解。调解不成的，应当及时作出裁决。调解达成协议的，仲裁庭应当制作调解书或者根据协议的结果制作裁决书。调解书与裁决书具有同等法律效力。

裁决书自Ⅰ【○A. 双方协商的日期 B. 执行之日 C. 送达之日 D. 作出之日】起发生法律效力。

当事人应当履行裁决。一方当事人不履行的，另一方当事人可以依照《民事诉讼法》的有关规定向法院申请执行。受申请的法院应当执行。当事人申请执行涉外仲裁裁决案件，由Ⅱ【□A. 被执行人住所地 B. 被执行人工作地 C. 被执行的财产所在地 D. 被执行人注册登记地】的中级法院管辖。

参考答案：Ⅰ. D Ⅱ. AC

【经典试题】

(单项选择题) 1. 下面有关仲裁的表述中，正确的是(　　)。

A. 仲裁庭可以由3名仲裁员或者1名仲裁员组成

B. 仲裁庭组成后，仲裁委员会可以不通知当事人仲裁庭的组成情况

C. 仲裁庭必须由3名仲裁员组成

D. 当事人约定由3名仲裁员成立仲裁庭的，应当由当事人共同选定或者共同委托仲裁委员会主任指定

(单项选择题) 2. 下面有关仲裁的表述中，不符合仲裁法律制度规定的是(　　)。

A. 调解书与裁决书具有同等法律效力

B. 当事人申请仲裁后，可以自行和解

C. 达成和解协议的，可以请求仲裁庭根据和解协议作出裁决书，也可以撤回仲裁申请

D. 当事人达成和解协议，撤回仲裁申请后反悔的，不可以申请仲裁

（多项选择题）3. 下列有关仲裁的规定中，表述正确的是（　　）。

A. 仲裁协议可以口头达成　　B. 仲裁不实行地域管辖和级别管辖

C. 仲裁不公开进行　　D. 仲裁裁决书自送达之日起生效

（判断题）4. 除涉及国家秘密的外，仲裁应公开进行。（　　）

（判断题）5. 仲裁裁决作出以后，一方当事人不履行的，另一方当事人可以向人民法院申请执行。（　　）

（判断题）6. 当事人申请仲裁，必须有当事人之间达成的仲裁协议。（　　）

（判断题）7. 仲裁裁决采用开庭、不公开形式，即不允许旁听，但允许新闻媒体和记者采访和报道。（　　）

（判断题）8. 当事人没有在仲裁规则规定的期限内约定仲裁庭的组成方式或者选定仲裁员的，由仲裁委员会主任指定。（　　）

参考答案：1. A　2. D　3. BC　4. ×（2005 年考试真题）　5. √（2003 年考试真题）　6. √　7. ×　8. √

考点 8：行政复议适用范围

重点等级：☆☆☆☆☆

公民、法人或者其他组织认为行政机关的具体行政行为侵犯其合法权益，符合《行政复议法》规定范围的，可以申请行政复议。

1. 可以申请行政复议的事项

（1）对行政机关作出的警告、罚款、没收违法所得、没收非法财物、责令停产停业、暂扣或者吊销许可证、暂扣或者吊销执照、行政拘留等Ⅰ【○ A. 行政处分　B. 民事纠纷调解　C. 行政处罚　D. 人事处理】决定不服的；

（2）对行政机关作出的限制人身自由或者查封、扣押、冻结财产等行政强制措施决定不服的；

（3）对行政机关作出的有关Ⅱ【□ A. 许可证　B. 执照　C. 资质证　D. 资格证】等证书变更、中止、撤销的决定不服的；

（4）对行政机关作出的关于确认土地、矿藏、水流、森林、山岭、草原、荒地、滩涂、海域等自然资源的所有权或者使用权的决定不服的；

（5）认为行政机关侵犯其合法的经营自主权的；

(6) 认为行政机关变更或者废止农业承包合同，侵犯其合法权益的；

(7) 认为行政机关违法集资、征收财物、摊派费用或者违法要求履行其他义务的；

(8) 认为符合法定条件，申请行政机关颁发许可证、执照、资质证、资格证等证书，或者申请行政机关审批、登记有关事项，行政机关没有依法办理的；

(9) 申请行政机关履行保护人身权利、财产权利、受教育权利的法定职责，行政机关没有依法履行的；

(10) 申请行政机关依法发放抚恤金、社会保险金或者最低生活保障费，行政机关没有依法发放的；

(11) 认为行政机关的其他具体行政行为侵犯其合法权益的。

公民、法人或者其他组织认为行政机关的具体行政行为所依据的下列规定不合法，在对具体行政行为申请行政复议时，可以一并向行政复议机关提出对该规定的审查申请：Ⅲ【□ A. 国务院部委规章　B. 县级以上地方各级人民政府及其工作部门的规定　C. 国务院部门的规定　D. 乡、镇人民政府的规定】。上述所列规定不包含国务院各部、委员会规章，也不包含地方人民政府规章。

2. 行政复议的排除事项

不能申请行政复议的事项有：

(1) 不服行政机关作出的行政处分或者其他人事处理决定，可依照有关法律、行政法规的规定提出申诉。

(2) 不服行政机关对民事纠纷作出的调解或者其他处理，可依法申请仲裁或者向法院提起诉讼。

参考答案：Ⅰ. C　Ⅱ. ABCD　Ⅲ. BCD

【经典试题】

(单项选择题) 1. 根据《行政复议法》规定，下列各项中，(　　)不属于行政复议范围。

A. 对税务机关作出的征税决定不服的

B. 对税务机关作出的罚款决定不服的

C. 对财政机关作出的吊销会计从业资格证书不服的

D. 对工商行政管理机关作出的给予其员工撤职处分决定不服的

(多项选择题) 2. 根据《行政复议法》的规定，下列各项中，属于行政复议范围的有(　　)。

A. 公民对行政机关作出限制其人身自由的行政强制措施决定不服的

B. 企业对行政机关作出责令其停产停业的行政处罚决定不服的

C. 社会团体对行政机关作出其有关资质证书中止的决定不服的

D. 行政机关工作人员对本单位给予其行政处分的决定不服的

（多项选择题）3. 根据《行政复议法》的规定，下列情形中，公民、法人或者其他组织可以申请行政复议的有（ ）。

A. 对行政机关作出的没收违法所得行政处罚决定不服的

B. 申请行政机关履行保护财产权利的法定职责，行政机关没有依法履行的

C. 认为行政机关侵犯其合法的经营自主权的

D. 不服行政机关对民事纠纷作出的调解的

（多项选择题）4. 下列各项中，（ ）属于公民、法人或者其他组织可以申请行政复议的情形。

A. 对税务局作出的罚款决定不服的

B. 对工商局作出的吊销营业执照决定不服的

C. 对国土资源局违法集资不服的

D. 对国土资源局作出的人事处理决定不服的

（多项选择题）5. 下列各项中，说法正确的是（ ）。

A. 人民法院审理行政案件，不适用调解

B. 行政复议机关受理行政复议申请，不得向申请人收取任何费用

C. 公民认为行政机关侵犯了其依法所得的土地使用权的，只申请行政复议，不得起诉

D. 对海关部门作出的具体行政行为不服的，可以向本级人民政府或上一级主管部门申请复议，不得起诉

（多项选择题）6. 根据《行政复议法》规定，下列各项中，（ ）属于行政复议范围。

A. 对税务机关作出的税收保全措施决定不服的

B. 对税务机关作出的税收强制执行措施决定不服的

C. 对新闻出版行政主管部门作出的吊销出版人员从业资格证不服的

D. 对税务机关作出的给予其员工开除的行政处分决定不服的

（多项选择题）7. 当事人认为行政机关的具体行政行为侵犯其权益，属于必经行政复议程序才能提请行政诉讼的包括（ ）。

A. 认为行政机关侵犯其合法的经营自主权的

B. 对行政机关作出的限制人身自由决定不服的

C. 对行政机关作出的关于自然资源的使用权决定不服的

D. 对行政机关作出的关于自然资源的所有权决定不服的

（判断题）8. 公民、法人或其他组织认为行政机关的具体行政行为侵犯其已经依法取得的土地、矿藏等自然资源的所有权或使用权的，应当先申请复议；对复议决定不服，可依法向人民法院提起行政诉讼。（ ）

（综合题）9. 某市下属某县土地管理部门作出收回A公司土地使用权的决定。A

公司不服，向法院起诉，法院裁定不予受理。

此后，A公司向该市土地管理部门申请行政复议，该市土地管理部门受理后，经过审查，作出了维持该县土地管理部门“收回A公司土地使用权决定”的行政复议决定。

要求：根据行政复议、行政诉讼法律制度的有关规定，回答下列问题：

(1) A公司向法院起诉时，法院裁定不予受理的做法是否符合法律规定？并说明理由。

(2) A公司如果不服该市土地管理部门的行政复议决定，还可以通过什么途径保护公司的权益？

参考答案：1. D　2. ABC（2009年考试真题）　3. ABC（2006年考试真题）
4. ABC　5. AB　6. ABC　7. CD　8. √

9. (1) A公司向法院起诉时，法院裁定不予受理的做法是符合法律规定的。因为法律规定，公民、法人或者其他组织认为行政机关的具体行政行为侵犯其已依法取得的土地、矿藏、水流、森林、山岭、草原、荒地、滩涂、海域等自然资源的所有权或者使用权的，应当先申请行政复议。

(2) A公司如果不服该市土地管理部门的行政复议决定，可以依法向人民法院提起行政诉讼。

考点9：行政复议申请

重点等级：☆☆☆

1. 申请行政复议的期限

公民、法人或者其他组织认为具体行政行为侵犯其合法权益的，可以自知道该具体行政行为之日起Ⅰ【○A. 30日内　B. 60日内　C. 90日内　D. 15日内】提出行政复议申请；但是法律另有规定的除外。因不可抗力或者其他正当理由耽误法定申请期限的，申请期限自障碍消除之日起继续计算。

2. 申请行政复议方式

申请人申请行政复议，可以书面申请，也可以口头申请；口头申请的，行政复议机关应当当场记录Ⅱ【□A. 申请人的基本情况　B. 行政复议请求　C. 申请行政复议的主要事实　D. 理由和时间】。

参考答案：Ⅰ. B　Ⅱ. ABCD

【经典试题】

(单项选择题) 1. 2009年4月1日，某行政机关对甲公司作出责令停产停业的决定，并于当日以信函方式寄出，甲公司于当年4月3日收到该信函。根据我国《行政复议法》的规定，甲公司对行政机关的决定不服的，可以在一定期间内提出行政复议申请，该期间为(　　)。

A. 4月1日至5月30日　　B. 4月1日至6月30日

C. 4月3日至5月2日　　D. 4月3日至6月2日

(判断题) 2. 因不可抗力或者其他正当理由耽误法定申请期限的，申请期限自障碍消除之日的次日起继续计算。(　　)

参考答案：1. D　2. ×

考点10：行政复议参加人和行政复议机关

重点等级：☆☆☆☆☆

1. 行政复议参加人

行政复议参加人包括Ⅰ【□ A. 申请人　B. 被申请人　C. 复议机关　D. 第三人】。

2. 行政复议机关

依照《行政复议法》规定，履行行政复议职责的行政机关是行政复议机关。行政复议机关负责法制工作的机构具体办理行政复议事项，一般称之为行政复议机构。

对县级以上地方各级人民政府工作部门的具体行政行为不服的，由申请人选择，可以向该部门的本级人民政府申请行政复议，也可以向上一级主管部门申请行政复议。

对Ⅱ【□ A. 海关　B. 金融　C. 国税　D. 外汇管理】等实行垂直领导的行政机关和国家安全机关的具体行政行为不服的，向上一级主管部门申请行政复议。

对地方各级人民政府的具体行政行为不服的，向上一级人民政府申请行政复议。

对国务院部门或者省、自治区、直辖市人民政府的具体行政行为不服的，向作出该具体行政行为的国务院部门或者省、自治区、直辖市人民政府申请行政复议。

行政复议机关受理行政复议申请，不得向申请人收取任何费用。行政复议活动所需经费，应当列入本机关的行政经费，由本级财政予以保障。

行政复议期间具体行政行为不停止执行。但是，有下列情形之一的，可以停止执行：Ⅲ【□ A. 被申请人认为需要停止执行的　B. 行政复议机关认为需要停止执行的　C. 申请人申请停止执行，行政复议机关认为其要求合理，决定停止执行的　D. 法律规定停止执行的】。

参考答案：Ⅰ. ABD　Ⅱ. ABCD　Ⅲ. ABCD

【经典试题】

(单项选择题) 1. 某企业对甲省乙市国税部门给予其行政处罚的决定不服，申请行政复议。下列各项中，应当受理该企业行政复议申请的机关是(　　)。

A. 乙市国税部门　　B. 乙市人民政府

C. 甲省国税部门　　D. 甲省人民政府

(单项选择题) 2. 张先生对某市一区国家税务局的某一具体行政行为不服，决定申请行政复议。根据《行政复议法》的规定，受理申请的行政复议机关应该是(　　)。

A. 该市国家税务局　　B. 该区人民政府

C. 该区国家税务局　　D. 该市人民政府

(单项选择题) 3. 根据《行政复议法》规定，对省级国家税务局的具体行政行为不服的，可以向(　　)申请行政复议。

A. 本级人民政府　　B. 上一级人民政府

C. 国家税务总局　　D. 国务院

(判断题) 4. 行政复议机关受理行政复议申请，可以向申请人收取一定数额的行政复议费用。(　　)

(判断题) 5. 对县级以上地方各级人民政府工作部门的具体行政行为不服的，申请人只能向该部门的本级人民政府申请行政复议。(　　)

(判断题) 6. 对地方各级人民政府的具体行政行为不服的，向国务院申请行政复议。(　　)

(判断题) 7. 行政复议活动所需经费，应当列入本机关的行政经费，由本级财政予以保障。(　　)

参考答案：1. C (2008 年考试真题)　2. A　3. C　4. × (2003 年考试真题)
5. ×　6. ×　7. √

考点 11：行政复议决定

重点等级：☆☆☆☆

行政复议原则上采取书面审查的方法，但是申请人提出要求或者行政复议机关负责法制工作的机构认为有必要时，可以向有关组织和人员调查情况，听取申请人、被申请人和第三人的意见。

行政复议的举证责任，由被申请人承担。

行政复议机关应当自受理申请之日起Ⅰ【○ A. 30 日内　B. 60 日内　C. 90 日内　D. 15 日内】作出行政复议决定；但是法律另有规定的除外。

行政复议机构应当对被申请人作出的具体行政行为进行审查，提出意见，经行政复议机关的负责人同意或者集体讨论通过后，按照下列规定作出行政复议决定：

（1）具体行政行为认定事实清楚，证据确凿，适用依据正确，程序合法，内容适当的，决定维持；

（2）被申请人不履行法定职责的，决定其在一定期限内履行；

（3）具体行政行为有下列情形之一的，决定撤销、变更或者确认该具体行政行为违法；决定撤销或者确认该具体行政行为违法的，可以责令被申请人在一定期限内重新作出具体行政行为：Ⅱ【□ A. 主要事实不清、证据不足　B. 适用依据错误　C. 违反法定程序　D. 超越或者滥用职权】以及具体行政行为明显不当的。

被申请人不按照法律规定提出书面答复，提交当初作出具体行政行为的证据、依据和其他有关材料的，视为该具体行政行为没有证据、依据，决定撤销该具体行政行为。

行政复议机关责令被申请人重新作出具体行政行为的，被申请人不得以同一事实和理由作出与原具体行政行为相同或者基本相同的具体行政行为。

行政复议机关作出行政复议决定，应当制作行政复议决定书，并加盖印章。行政复议决定书在Ⅲ【○ A. 该决定书作出之日　B. 该决定书送达之日　C. 该决定书作出之日起第 15 日　D. 该决定书送达之日起第 60 日】发生法律效力。

参考答案：Ⅰ.B　Ⅱ.ABCD（2007 年考试真题）　Ⅲ.B（2007 年考试真题）

【经典试题】

（多项选择题）1. 下列关于行政复议的说法中，不符合规定的有(　　)。

A. 不服行政机关对民事纠纷作出的调解，不能申请行政复议

B. 行政复议决定书自作出之日起发生法律效力

C. 申请行政复议必须采用书面形式

D. 行政复议的举证责任由申请人承担

（判断题）2. 行政复议决定书一经送达，即发生法律效力。(　　)

参考答案：1. BCD　2. √（2006 年考试真题）

考点 12：诉讼的适用范围

重点等级：☆☆☆☆☆

1. 民事诉讼的适用范围

适用于《民事诉讼法》的案件具体有五类：

(1) 因民法、婚姻法、收养法、继承法等调整的平等主体之间的财产关系和人身关系发生的民事案件，如Ⅰ【□ A. 合同纠纷 B. 没收财物 C. 侵害名誉权纠纷 D. 对吊销许可证的行政处罚不服】、房产纠纷等案件；

(2) 因经济法、劳动法调整的社会关系发生的争议，法律规定适用Ⅱ【○ A. 经济诉讼程序 B. 民事诉讼程序 C. 行政诉讼程序 D. 刑事诉讼程序】审理的案件，如企业破产案件、劳动合同纠纷案件等；

(3) 适用特别程序审理的选民资格案件和宣告公民失踪、死亡等非讼案件；

(4) 按照督促程序解决的债务案件；

(5) 按照公示催告程序解决的宣告票据和有关事项无效的案件。

2. 行政诉讼的适用范围

法院受理公民、法人和其他组织对下列具体行政行为不服提起的行政诉讼：

(1) 对拘留、罚款、吊销许可证和执照、责令停产停业、没收财物等行政处罚不服的；

(2) 对限制人身自由或者对财产的查封、扣押、冻结等行政强制措施不服的；

(3) 认为行政机关侵犯法律规定的经营自主权的；

(4) 认为符合法定条件申请行政机关颁发许可证和执照，行政机关拒绝颁发或者不予答复的；

(5) 申请行政机关履行保护人身权、财产权的法定职责，行政机关拒绝履行或者不予答复的；

(6) 还包括Ⅲ【□ A. 认为行政机关没有依法发给抚恤金的 B. 认为行政机关违法要求其履行义务的 C. 因劳动法调整的社会关系发生争议的 D. 认为行政机关侵犯其人身权、财产权的】。

除前述规定外，法院受理法律、法规规定可以提起诉讼的其他行政案件。

法院不受理公民、法人或者其他组织对下列事项提起的诉讼：Ⅳ【□ A. 国防、外交等国家行为 B. 因财产问题发生的纠纷 C. 行政机关对行政机关工作人员的奖惩、任免等决定 D. 因人身权问题发生的纠纷】；行政法规、规章或者行政机关制定、发布的具有普遍约束力的决定、命令；法律规定由行政机关最终裁决的具体行政行为。

参考答案：Ⅰ. AC Ⅱ. B Ⅲ. ABD Ⅳ. AC

【经典试题】

(单项选择题) 1. 解决甲、乙两人房产纠纷的诉讼适用(　　)的有关规定。

A. 经济诉讼法　　B. 民事诉讼法

C. 行政诉讼法　　D. 刑事诉讼法

(单项选择题) 2. 按照公示催告程序解决的宣告票据和有关事项无效的案件，法律规定适用(　　)审理。

A. 经济诉讼法　　B. 民事诉讼法

C. 行政诉讼法　　D. 刑事诉讼法

(单项选择题) 3. 对限制人身自由或者对财产的查封、扣押、冻结等行政强制措施不服的，可以向法院提起(　　)。

A. 经济诉讼　　B. 民事诉讼

C. 行政诉讼　　D. 刑事诉讼

(多项选择题) 4. 根据《行政诉讼法》的规定，下列各项中，不应当提起行政诉讼的有(　　)。

A. ××直辖市部分市民认为市政府新颁布的《道路交通管理办法》侵犯了他们的合法权益

B. 某税务局工作人员吴某认为税务局对其作出记过处分违法

C. 李某认为某公安局对其罚款的处罚决定违法

D. 某商场认为某教育局应当偿还所欠的购货款

参考答案：1. B　2. B　3. C　4. ABD（2005 年考试真题）

考点 13：审判制度

重点等级：☆☆☆☆☆

1. 合议制度

合议制度是指由三名以上审判人员组成审判组织，代表法院行使审判权，对案件进行审理并作出裁判的制度。法院审理第一审民事案件，除适用简易程序审理的民事案件由审判员一人独任审理外，一律由审判员、陪审员共同组成合议庭或者由审判员组成合议庭审理。法院审理第二审民事案件，由审判员组成合议庭。法院审理行政案件，由审判员组成合议庭，或者由审判员、陪审员组成合议庭。合议庭的成员应当是Ⅰ【○ A. 2 人以上的偶数　B. 3 人以上的单数　C. 4 人以上的偶数　D. 5 人以上的单数】。

2. 两审终审制度

一个诉讼案件经过两级法院审判后即终结。根据《人民法院组织法》的规定，我国法院分为：Ⅱ【□ A. 最高法院　B. 高级法院　C. 中级法院　D. 基层法院】。除Ⅲ【○ A. 最高法院　B. 中级法院　C. 基层法院　D. 高级法院】外，其他各级法院都有自己的上一级法院。按照两审终审制，一个案件经第一审法院审判后，当事人如果不服，有权在法定期限内向上一级法院提起上诉，由该上一级法院进行第二审。二审法院的判决、裁定是终审的判决、裁定。Ⅳ【○ A. 基层法院　B. 中级法院　C. 高级法院　D. 最高法院】作出的一审判决、裁定为终审判决、裁定。适用Ⅴ【□ A. 特别程序　B. 督促程序　C. 公示催告程序　D. 企业法人破产还债程序】审理的案件，实行一审终审。对终审判决、裁定，当事人不得上诉。如果发现终审裁判确有错误，可以通过审判监督程序予以纠正。

参考答案：Ⅰ.B Ⅱ.ABCD Ⅲ.A Ⅳ.D Ⅴ.ABCD

【经典试题】

（多项选择题）1. 下列关于我国审判制度有关内容的表述中，正确的有（　）。

A. 人民法院审理案件实行合议制度

B. 合议庭评议案件实行少数服从多数原则

C. 人民法院审理案件一律公开宣告判决

D. 人民法院审理案件实行两审终审制度

（判断题）2. 法院审理第一审民事案件，一律由审判员、陪审员共同组成合议庭或者由审判员组成合议庭。（　）

（判断题）3. 按照两审终审制，一个案件经第一审法院审判后，当事人如果不服，有权在法定期限内向上一级法院提起上诉，由该上一级法院进行第二审。（　）

参考答案：1. ABCD（2004年考试真题） 2. × 3. √

考点14：诉讼管辖

重点等级：☆☆☆☆☆

1. 级别管辖

根据案件性质、案情繁简、影响范围来确定上、下级法院受理第一审案件的分工和权限，该种管辖属于Ⅰ【○A. 地域管辖 B. 级别管辖 C. 专属管辖 D. 指定管辖】。

2. 地域管辖

各级法院的辖区和各级行政区划是一致的。按照法院的辖区和民事案件的隶属关系，确定同级法院之间受理第一审民事案件的分工和权限，称为地域管辖。地域管辖分为Ⅱ【□A. 一般地域管辖 B. 共同管辖 C. 专属管辖 D. 特殊地域管辖】。

（1）一般地域管辖。即按照当事人所在地与法院辖区的隶属关系来确定案件管辖法院，也叫普通管辖。通常实行"原告就被告"原则，即由被告住所地法院管辖，原告向被告住所地法院起诉。

（2）特殊地域管辖。即以诉讼标的所在地、法律事实所在地为标准确定管辖法院，也称特别管辖。《民事诉讼法》规定了九种属于特殊地域管辖的诉讼：

①因合同纠纷提起的诉讼，由Ⅲ【□A. 合同签订地 B. 合同履行地 C. 原告

住所地 D. 被告住所地】法院管辖。

②因保险合同纠纷提起的诉讼，由Ⅳ【□ A. 被告住所地 B. 原告住所地 C. 合同签订地 D. 保险标的物所在地】法院管辖。

③因票据纠纷提起的诉讼，由Ⅴ【□ A. 原告住所地法院 B. 票据支付地法院 C. 被告住所地法院 D. 票据出票地法院】法院管辖。

④因铁路、公路、水上、航空运输和联合运输合同纠纷提起的诉讼，由运输始发地、目的地或者被告住所地法院管辖。

⑤因侵权行为提起的诉讼，由Ⅵ【□ A. 原告住所地 B. 侵权行为实施地 C. 侵权结果发生地 D. 被告住所地】法院管辖。

⑥因铁路、公路、水上和航空事故请求损害赔偿提起的诉讼，由事故发生地或者车辆、船舶最先到达地、航空器最先降落地或者被告住所地法院管辖。

⑦因船舶碰撞或者其他海事损害事故请求损害赔偿提起的诉讼，由碰撞发生地、碰撞船舶最先到达地、加害船舶被扣留地或者被告住所地法院管辖。

⑧因海难救助费用提起的诉讼，由救助地或者被救助船舶最先到达地法院管辖。

⑨因共同海损提起的诉讼，由船舶最先到达地、共同海损理算地或者航程终止地的法院管辖。

(3) 专属管辖。它是指法律强制规定某类案件必须由特定的法院管辖，其他法院无权管辖，当事人也不得协议变更的管辖。专属管辖的案件主要有三类：

①因不动产纠纷提起的诉讼，由Ⅶ【○ A. 被告住所地人民法院 B. 原告住所地人民法院 C. 合同签订地人民法院 D. 不动产所在地人民法院】管辖；

②因港口作业中发生纠纷提起的诉讼，由港口所在地法院管辖；

③因继承遗产纠纷提起的诉讼，由被继承人死亡时住所地或者主要遗产所在地法院管辖。

(4) 两个以上法院都有管辖权时管辖的确定（共同管辖和选择管辖）。

两个以上法院都有管辖权（共同管辖）的诉讼，原告可以向其中一个法院起诉（选择管辖）；原告向两个以上有管辖权的法院起诉的，由最先立案的法院管辖。

(5) 协议管辖。合同的双方当事人可以在书面合同中协议选择被告住所地、合同履行地、合同签订地、原告住所地、标的物所在地人民法院管辖，但不得违反《民事诉讼法》对级别管辖和专属管辖的规定。

参考答案：Ⅰ.B Ⅱ.ACD Ⅲ.BD Ⅳ.AD Ⅴ.BC（2008 年考试真题）
Ⅵ.BCD Ⅶ.D

【经典试题】

（单项选择题）1. 甲、乙因某不动产发生纠纷，甲欲通过诉讼方式解决。关于其选择诉讼管辖法院的下列表述中，符合法律规定的是（　　）。

A. 甲只能向甲住所地法院提起诉讼

B. 甲只能向乙住所地法院提起诉讼

C. 甲只能向该不动产所在地法院提起诉讼

D. 甲可以选择向乙住所地或该不动产所在地法院提起诉讼

(单项选择题) 2. 甲、乙因房屋买卖纠纷欲提起诉讼。根据《民事诉讼法》的规定，对该案件享有管辖权的法院是(　　)。

A. 甲住所地法院　　B. 乙住所地法院

C. 房屋所在地法院　　D. 甲、乙协议选择的法院

(单项选择题) 3. 甲、乙在X地签订合同，将甲在Y地的一栋房产出租给乙。后因乙未按期支付租金，双方发生争议。甲到乙住所地人民法院起诉后，又到Y地人民法院起诉。Y地人民法院于3月5日予以立案，乙住所地人民法院于3月8日予以立案。根据民事诉讼法律制度的规定，该案件的管辖法院应当是(　　)。

A. 甲住所地人民法院　　B. 乙住所地人民法院

C. X地人民法院　　D. Y地人民法院

(单项选择题) 4. 下列关于诉讼地域管辖规定的说法不正确的是(　　)。

A. 因合同纠纷提起的诉讼，由被告住所地或者合同签订地法院管辖

B. 因保险合同纠纷提起的诉讼，由被告住所地或者保险标的物所在地法院管辖

C. 因票据纠纷提起的诉讼，由票据支付地或者被告住所地法院管辖

D. 因侵权行为提起的诉讼，由侵权行为地（包括侵权行为实施地、侵权结果发生地）或者被告住所地法院管辖

(多项选择题) 5. 以下属于特殊地域管辖的诉讼范围的是(　　)。

A. 因铁路、公路、水上、航空运输和联合运输合同纠纷提起的诉讼

B. 因港口作业中发生纠纷提起的诉讼

C. 因铁路、公路、水上和航空事故请求损害赔偿提起的诉讼

D. 因船舶碰撞或者其他海事损害事故请求损害赔偿提起的诉讼

(判断题) 6. 民事案件的一般地域管辖通常实行原告就被告原则，即由被告住所地人民法院管辖。(　　)

(判断题) 7. 因继承遗产纠纷提起的诉讼，由被继承人死亡时住所地或者主要遗产所在地人民法院管辖。(　　)

(判断题) 8. 两个以上法院都有管辖权的诉讼，原告可以向其中一个法院起诉（选择管辖）；原告向两个以上有管辖权的法院起诉的，由最先立案的法院管辖。(　　)

参考答案：1. C（2009年考试真题） 2. C（2007年考试真题） 3. D（2006年考试真题） 4. A 5. ACD 6. √（2001年考试真题） 7. √ 8. √

考点 15：诉讼时效

重点等级：☆☆☆☆☆

1. 诉讼时效的概念

诉讼时效是指权利人在法定期间内不行使权利而失去诉讼保护的制度。诉讼时效期间是指权利人请求法院或者仲裁机关保护其民事权利的法定期间。

诉讼时效期间届满，权利人丧失的是胜诉权，即丧失依诉讼程序强制义务人履行义务的权利；权利人的实体权利并不消灭，债务人自愿履行的，不受诉讼时效限制。

规定诉讼时效的主要作用主要有：

（1）督促权利人及时行使权利。

（2）维护既定法律秩序的稳定。

（3）有利于证据的收集和判断，并及时解决纠纷。

2. 诉讼时效期间

（1）普通诉讼时效期间。普通诉讼时效期间是指由民事普通法规定的具有普遍意义的诉讼时效期间。根据《民法通则》的规定，除法律另有规定外，一般诉讼时效为Ⅰ【○ A. 1 年　B. 2 年　C. 3 年　D. 4 年】。

（2）特别诉讼时效期间。特别诉讼时效期间是指由民事普通法或特别法规定的，仅适用于特定民事法律关系的诉讼时效期间。

《民法通则》规定：①Ⅱ【○ A. 身体受到伤害要求赔偿引起争议的　B. 因贷款担保合同引起争议的　C. 因国际货物买卖合同引起争议的　D. 因运输的商品丢失或损毁引起争议的】；②出售质量不合格的商品未声明的；以及Ⅲ【□ A. 延付或者拒付租金的　B. 履行买卖合同违约的　C. 因货物买卖合同引起争议的　D. 寄存财物被丢失或者损毁的】，诉讼时效期间为 1 年：

在《民法通则》之外，Ⅳ【□ A.《合同法》　B.《继承法》　C.《海商法》　D.《票据法》】等也都规定了特殊的诉讼时效。

（3）最长诉讼时效期间。前面所讲的诉讼时效期间，均从Ⅴ【○ A. 法律行为生效时　B. 当事人知道或者应当知道权利被侵害时　C. 当事人权利被侵害时　D. 发生争议时】起计算。但是，从权利被侵害之日起超过Ⅵ【○ A. 5　B. 10　C. 15　D. 20】年的，法院不予保护。有特殊情况的，法院可以延长诉讼时效期间。法律保护的最长期限为Ⅶ【○ A. 5 年　B. 10 年　C. 20 年　D. 30 年】，也称绝对时效期间。

3. 诉讼时效期间的中止、中断和延长

（1）诉讼时效期间的中止。在诉讼时效期间的最后Ⅷ【○ A. 3 个月　B. 6 个月　C. 1 年　D. 2 年】内，因不可抗力或者其他障碍致使权利人不能行使请求权的，Ⅸ【○ A. 诉讼时效期间的计算不受影响，继续计算　B. 诉讼时效期间暂停计算，待障碍消除后继续计算　C. 已经过的诉讼时效期间归于无效，待障碍消除后重新计算

D. 权利人可请求法院延长诉讼时效期间】。此即诉讼时效中止。

(2) 诉讼时效期间的中断。在诉讼时效期间，因Ⅹ【□ A. 权利人提起诉讼 B. 当事人一方向义务人要求履行义务的要求 C. 当事人一方同意履行义务 D. 不可抗力的情况和其他障碍】，而使已经经过的时效期间全部归于无效。从中断时起，诉讼时效期间重新计算。此即诉讼时效中断。

(3) 诉讼时效期间的延长。诉讼时效期间的延长是指在诉讼时效期间届满后，权利人基于某种正当理由要求法院根据具体情况延长时效期间，经法院审查确认后决定延长的制度。

参考答案：Ⅰ.B Ⅱ.A Ⅲ.AD Ⅳ.ABCD Ⅴ.B Ⅵ.D Ⅶ.C Ⅷ.B Ⅸ.B (2007年考试真题) Ⅹ.ABC

【经典试题】

(单项选择题) 1. 张某将一批货物寄存在李某的仓库里，待张某提货时，发现部分货物丢失，张某向李某请求赔偿的民事权利的诉讼时效期间应为( )。

A. 6个月　B. 1年　C. 2年　D. 10年

(单项选择题) 2. 下列各项中，诉讼时效为2年的事项是( )。

A. 身体受到伤害要求赔偿的　B. 出售质量不合格的商品未声明的

C. 债务拖欠要求赔偿的　D. 延付或者拒付租金的

(多项选择题) 3. 2006年3月1日甲企业与乙银行签订一份借款合同，期限为1年。如甲企业在2007年3月1日借款期限届满时不能履行偿还借款，则以下可引起诉讼时效中断的事由有( )。

A. 2008年12月1日乙银行对甲企业提起诉讼

B. 2008年4月10日乙银行向甲企业提出偿还借款的要求

C. 2009年2月15日甲企业同意偿还借款

D. 2008年4月12日发生强烈地震

(判断题) 4. 诉讼时效消灭的是一种请求权，而不消灭实体权利，因此超过诉讼时效期间，当事人自愿履行的，不受诉讼时效的限制。( )

(判断题) 5. 张某自1985年6月无偿占有了王某的私人房屋，王某一直不知，直到2003年8月，王某才得知此事，于是要求张某支付占用期间的房租，张某不同意，双方发生争议。王某此时的诉讼时效期间应截止到2005年6月。( )

(判断题) 6. 在诉讼时效期间的最后6个月内经权利人向人民法院申请，能中止诉讼时效的进行。( )

(判断题) 7. 诉讼时效的延长是指当事人双方根据具体情况而予以延长。( )

(判断题) 8. 2006年5月1日，甲向乙借款并签订了一份借款合同，还款期为2007年5月1日前。直到2007年6月10日甲才想起此事，经催告后无果，于2009

年6月8日提起了上诉。此诉讼时效期间的起算时间是2007年5月1日。（　）

（判断题）9.A公司与B银行订立一份借款合同，A公司到期未还本付息。B银行于还本付息期届满后1年零6个月时向有管辖权的人民法院起诉，要求A公司偿还本金、支付利息并承担违约责任。B银行的行为引起诉讼时效中断。（　）

参考答案：1.B　2.C　3.ABC　4.√　5.×　6.×　7.×　8.×　9.√

考点16：判决和执行

重点等级：☆☆☆☆☆

1. 审理和判决

法院审理Ⅰ【□A. 民事案件　B. 经济案件　C. 行政案件　D. 自诉刑事案件】，可以根据当事人的意愿进行调解。

法院审理Ⅱ【□A. 民事案件　B. 经济案件　C. 行政案件　D. 非自诉刑事案件】，不适用调解。

法院审理民事案件或者行政案件，除涉及国家秘密、个人隐私或者法律另有规定的以外，应当公开进行。公开审理案件，应当在开庭前公告Ⅲ【□A. 当事人姓名　B. 案由　C. 开庭的时间　D. 开庭的地点】，以便群众旁听。

民事诉讼当事人不服法院第一审判决的，有权在Ⅳ【○A. 宣告判决之日起10日内　B. 宣告判决之日起15日内　C. 判决书送达之日起10日内　D. 判决书送达之日起15日内】向上一级法院提起上诉。

第二审法院的判决以及最高法院审判的第一审案件的判决，都是终审的判决，也就是发生法律效力的判决。如果在上诉期限内当事人不上诉，第一审判决就是发生法律效力的判决。

2. 执行

（1）执行的概念。执行是指人民法院的执行组织在当事人拒绝履行已经发生法律效力的判决、裁定、调解书和其他应当履行的法律文书时，依照法定程序，强制义务人履行义务的行为。

对于发生法律效力的判决、裁定，由第一审法院执行；对于调解书、仲裁机构的生效裁决、公证机关依法赋予强制执行效力的债权文书等，则由被执行人住所地或者被执行的财产所在地法院执行。

（2）执行措施。我国现行《民事诉讼法》根据不同的执行对象规定了不同的执行措施：

①强制被执行人交付法律文书指定的财物或票证；

②强制被执行人迁出房屋或者退出土地；

③强制被执行人履行法律文书指定的行为；

④查封、扣押、冻结、拍卖、变卖被执行人的财产；

⑤强制被执行人支付迟延履行期间债务利息及迟延履行金。

此外还包括Ⅴ【□ A. 查询、冻结、划拨被执行人的存款 B. 扣留、提取被执行人的收入 C. 搜查被执行人的财产 D. 要求有关单位办理财产权证照转移手续】。

对于行政机关拒绝履行行政案件的判决、裁定的，法院可以采取以下执行措施：Ⅵ【□ A. 对应当归还的罚款或者应当给付的赔偿金，通知银行从该行政机关的账户内划拨 B. 在规定期限内不履行的，从期满之日起，对该行政机关按日处50元至100元的罚款 C. 向该行政机关的上一级行政机关或者监察、人事机关提出司法建议，接受司法建议的机关，根据有关规定进行处理，并将处理情况告知法院 D. 拒不履行判决、裁定，情节严重构成犯罪的，依法追究主管人员和直接责任人员的刑事责任】。

参考答案：Ⅰ.AD Ⅱ.CD Ⅲ.ABCD Ⅳ.D Ⅴ.ABCD（2008年考试真题）Ⅵ.ABCD

【经典试题】

（判断题）对于调解书、仲裁机构的生效裁决、公证机关依法赋予强制执行效力的债权文书等，由被执行人住所地或者被执行的财产所在地法院执行。（ ）

参考答案：√

考点17：行政复议与行政诉讼的关系

重点等级：☆☆☆☆

1. 或行政复议，或行政诉讼

（1）对属于法院受案范围的行政案件，公民、法人或者其他组织可以直接向法院提起诉讼，也可以先向上一级行政机关或者法律、法规规定的行政机关申请复议；对复议不服的，再向法院提起诉讼，但是法律规定行政复议决定为最终裁决的除外。

（2）公民、法人或者其他组织申请行政复议，行政复议机关已经依法受理的，或者法律、法规规定应当先向行政复议机关申请行政复议，对行政复议不服再向法院提起行政诉讼的，在法定行政复议期限内不得向法院提起行政诉讼。公民、法人或者其他组织向法院提起行政诉讼，法院已经依法受理的，不得申请行政复议。

（3）对国务院各部门或者省、自治区、直辖市人民政府的具体行政行为不服，可以提起行政复议；对行政复议决定不服的，可以向法院提起行政诉讼；也可以向国务院申请裁决，国务院依照《行政复议法》的规定作出的裁决是最终裁决。

2. 先行政复议，再行政诉讼

（1）公民、法人或者其他组织认为行政机关的具体行政行为侵犯其已经依法取得的【□A. 土地　B. 矿藏　C. 水流　D. 森林】、山岭、草原、荒地、滩涂、海域等自然资源的所有权或者使用权的，应当先申请行政复议；对行政复议决定不服的，可以依法向法院提起行政诉讼。

（2）根据国务院或者省、自治区、直辖市人民政府对行政区划的勘定、调整或者征用土地的决定，省、自治区、直辖市人民政府确认土地、矿藏、水流、森林、山岭、草原、荒地、滩涂、海域等自然资源的所有权或者使用权的行政复议决定为最终裁决。

参考答案：ABCD

【经典试题】

（判断题）1. 法人对行政机关作出的冻结财产等行政强制措施不服的，应先向人民法院提起行政诉讼，人民法院不予受理的，方可申请行政复议。（　　）

（判断题）2. 公民、法人或其他组织向人民法院提起行政诉讼后，无论人民法院是否已经受理，都可以同时申请行政复议。（　　）

（判断题）3. 属于人民法院受理的行政案件，当事人必须先申请行政复议，否则法院不予受理。（　　）

（判断题）4. 公民、法人或者其他组织申请行政复议，行政复议机关已经依法受理的，或者法律、法规规定应当先向行政复议机关申请行政复议，对行政复议不服再向法院提起行政诉讼的，在法定行政复议期限内可以向法院提起行政诉讼。（　　）

参考答案：1. ×　2. ×　3. ×　4. ×

第三节　违反经济法的法律责任

考点 1：民事责任

重点等级：☆☆☆☆

民事责任是指由于民事违法、违约行为或根据法律规定所应承担的不利民事法律后果。根据法律规定，承担民事责任的形式主要有以下 10 种：

1. 停止侵害

侵权行为正在进行或仍在延续中，受害人可依法要求侵害人立即停止其侵害行为，适用于Ⅰ【○ A. 停止侵害 B. 排除妨碍 C. 消除危险 D. 赔偿损失】责任形式。

2. 排除妨碍

不法行为人实施的侵害行为使受害人无法行使或不能正常行使自己的财产权利、人身权利的，受害人有权请求Ⅱ【○ A. 停止侵害 B. 排除妨碍 C. 赔礼道歉 D. 消除危险】。

3. 消除危险

行为人的行为对他人人身和财产安全造成威胁，或存在着侵害他人人身或者财产的可能，他人有权要求行为人采取有效措施消除危险。

4. 返还财产

不法行为人非法占有财产，权利人有权要求其返还。

5. 恢复原状

恢复原状是指恢复权利被侵害前的原有状态。

6. 修理、重作、更换

修理、重作、更换是指将被损害的财产通过修理、重新制作或者更换损坏的部分，使财产恢复到原有正常状态。

7. 赔偿损失

赔偿损失是指行为人因违反合同或者侵权行为而给他人造成损害，应以其财产赔偿受害人所受的损失。

8. 支付违约金

支付违约金是指行为人因违反合同规定的义务，而应按照合同的约定向权利人支付一定数额的货币作为违约的惩罚的责任形式。

9. 消除影响、恢复名誉

消除影响、恢复名誉是指行为人因其侵害了公民或者法人的人格、名誉而应承担的，在影响所及的范围内消除不良后果、将受害人的名誉恢复到未受侵害时的状态的责任形式。

10. 赔礼道歉

赔礼道歉是指违法行为人向受害人公开认错、表示歉意的责任形式。既可由加害人向受害人口头表示，也可以由加害人以写道歉书的形式进行。

参考答案：Ⅰ.A Ⅱ.B

【经典试题】

（多项选择题）1. 下列法律责任形式中，属于民事责任的有（ ）。

A. 罚款　　B. 赔偿损失
C. 赔礼道歉　　D. 没收财产

（多项选择题）2. 下列各项中，属于经济法主体违反经济法可能承担的民事责任形式有（　　）。

A. 停止侵害　　B. 管制
C. 排除妨碍　　D. 罚款

参考答案：1. BC（2007 年考试真题） 2. AC（2003 年考试真题）

考点 2：行政责任

重点等级：☆☆☆

行政责任是指违反法律法规规定的单位和个人所应承受的由国家行政机关或者国家授权单位对其依行政程序所给予的制裁。行政责任包括行政处罚和行政处分。

1. 行政处罚

这是指行政主体对行政相对人违反行政法律规范尚未构成犯罪的行为所给予的法律制裁。行政处罚分为Ⅰ【□ A. 人身自由罚　B. 行为罚　C. 财产罚　D. 声誉罚】等多种形式。根据《行政处罚法》的规定，行政处罚的具体包括以下七类：Ⅱ【□ A. 没收违法所得、没收非法财物　B. 责令停产停业　C. 罚金　D. 暂扣或者吊销执照、暂扣或者吊销许可证】；警告；罚款；行政拘留；法律、行政法规规定的其他行政处罚。

2. 行政处分

这是指对违反法律规定的国家机关工作人员或被授权、委托的执法人员所实施的内部制裁措施。

根据《公务员法》，对违法违纪应当承担纪律责任的公务员给予的行政处分有六类：Ⅲ【□ A. 警告　B. 记过　C. 降级　D. 罚款】、记大过、撤职、开除。

参考答案：Ⅰ. ABCD　Ⅱ. ABD　Ⅲ. ABC

考点 3：刑事责任

重点等级：☆☆☆☆☆

刑事责任是指触犯刑法的犯罪人所应承受的由国家审判机关（法院）给予的制裁后果，即刑罚。法律责任中最严厉的责任形式是Ⅰ【○ A. 拘留　B. 刑罚　C. 行政处罚　D. 限制人身自由】。刑罚分为主刑和附加刑两类：

1. 主刑

这是对犯罪分子适用的主要刑罚方法，包括：Ⅱ【□ A. 管制　B. 拘役　C. 有期徒刑　D. 无期徒刑】和死刑。

（1）管制。这是对犯罪分子不实行关押，但是限制其一定的自由，交由公安机关管束和监督的刑罚。期限为Ⅲ【○ A. 2个月以上3年以下　B. 1个月以上2年以下　C. 3个月以上3年以下　D. 3个月以上2年以下】。

（2）拘役。这是剥夺犯罪分子短期的人身自由的刑罚，由公安机关就近执行。期限为Ⅳ【○ A. 1个月以上3个月以下　B. 2个月以上6个月以下　C. 1个月以上6个月以下　D. 3个月以上6个月以下】。

（3）有期徒刑。这是剥夺犯罪分子一定期限的人身自由，实行劳动改造的刑罚。期限一般为Ⅴ【○ A. 2个月以上5年以下　B. 3个月以上10年以下　C. 6个月以上10年以下　D. 6个月以上15年以下】。

（4）无期徒刑。这是剥夺犯罪分子终身自由，实行劳动改造的刑罚。

（5）死刑。这是剥夺犯罪分子生命的刑罚。

2. 附加刑

这是补充、辅助主刑适用的刑罚方法。附加刑可以附加于主刑之后作为主刑的补充，同主刑一起适用，也可以独立适用。具体包括：Ⅵ【□ A. 罚金　B. 剥夺政治权利　C. 没收财产　D. 驱逐出境】。

参考答案：Ⅰ. B　Ⅱ. ABCD　Ⅲ. D　Ⅳ. C　Ⅴ. D　Ⅵ. ABCD

【经典试题】

（单项选择题）下列各项中，属于刑事责任的形式的是（　　）。

A. 警告　　B. 拘役

C. 责令停产、停业　　D. 没收违法所得、没收非法财产

参考答案：B

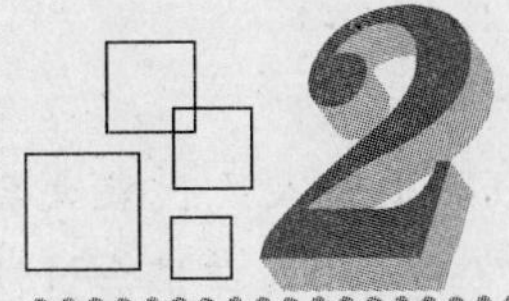

第二章　会计法律制度

第一节　会计法律制度概述

考点 1：会计法律制度构成

重点等级：☆☆☆☆

我国会计法律制度包括Ⅰ【□ A. 会计法律　B. 会计行政法规　C. 会计规章　D. 地方性会计法规】和会计规范性文件。

1. 会计法律

会计法律，是指由Ⅱ【○ A. 国务院　B. 国务院部委　C. 全国人民代表大会常务委员会　D. 国务院财政部门】制定的会计法律制度，如《会计法》，它是会计法律制度中层次最高的法律规范，是会计机构、会计人员开展会计工作、进行会计核算、实施会计监督的基本依据，也是各级有关管理部门进行会计管理和监督的基本依据。

2. 会计行政法规

由国务院制定发布或者由国务院有关部门拟定经国务院批准发布的Ⅲ【○ A. 会计法律　B. 会计行政法规　C. 会计规章　D. 地方性会计法规】，是调整某些方面会计关系的会计法律制度，其制定依据是《会计法》。如Ⅳ【□ A. 国务院发布的《总会计师条例》　B. 国务院发布的《企业财务会计报告条例》　C. 省级人大常委会发布的地方会计管理条例　D. 财政部发布的《财政部门实施会计监督办法》】等都属于会计行政法规。

3. 会计规章

会计规章是根据《立法法》规定的程序，由财政部制定，并以财政部部长签署命令的形式公布的关于Ⅴ【□ A. 会计核算　B. 会计监督　C. 会计机构　D. 会计人员】以及会计工作管理的会计法律制度。如 2001 年 2 月 20 日财政部第 10 号令发布的《财政部门实施会计监督办法》，2005 年 1 月 18 日财政部第 24 号令发布的《会计师事务所审批和监督暂行办法》，以及Ⅵ【○ A. 国务院发布的《企业财务会计报告条例》　B. 财政部与国家档案局联合发布的《会计档案管理办法》　C. 财政部发布的《会计从业资格管理办法》　D. 财政部发布的《企业会计准则第 1 号——存货》】，2006 年 2 月 15 日财政部第 33 号令发布的《企业会计准则——基本准则》等，均属于会计规章。

4. 地方性会计法规

地方性会计法规，是指省、自治区、直辖市和经授权的经济特区人民代表大会及其常务委员会，在与会计法律、会计行政法规不相抵触的前提下制定的地方性会计法律制度。

5. 会计规范性文件

会计规范性文件，是指主管全国会计工作的行政部门，即国务院财政部门，就会计工作中某些方面所制定的会计法律制度。如财政部发布的《企业会计准则第 1 号——存货》等 38 项具体准则、《小企业会计制度》、《会计基础工作规范》，以及财政部与国家档案局联合发布的《会计档案管理办法》等。

参考答案：Ⅰ. ABCD　Ⅱ. C　Ⅲ. B　Ⅳ. ABC（2004 年考试真题）
Ⅴ. ABCD　Ⅵ. C

考点 2：国家统一的会计制度及其制定权限

重点等级：☆☆☆

国家统一的会计制度，是指关于会计核算、会计监督、会计机构、会计人员以及会计工作管理的制度、准则和办法等。

《会计法》规定，国家实行统一的会计制度，国家统一的会计制度由【○ A. 国务院审计主管部门　B. 国务院金融主管部门　C. 国务院税务主管部门　D. 国务院财政部门】根据《会计法》制定并公布。国务院有关部门可以依照《会计法》和国家统一的会计制度，制定对会计核算和会计监督有特殊要求的行业实施国家统一的会计制度的具体办法或者补充规定，报国务院财政部门审核批准。中国人民解放军总后勤部可以依照《会计法》和国家统一的会计制度制定军队实施国家统一的会计制度的具体办法，报国务院财政部门备案。

参考答案：D（2000 年考试真题）

【经典试题】

（多项选择题）1. 根据《会计法》的规定，下列单位中，适合国家统一的会计制度的有(　　)。

A. 国家机关　　B. 事业单位

C. 国有企业　　D. 中外合资经营企业

（判断题）2. 国家统一的会计制度，是指国务院财政部门根据我国《会计法》制定的关于会计核算、会计监督、会计机构、会计人员以及会计工作管理的制度。(　　)

参考答案：1. ABCD（2009 年考试真题）　2. √（2001 年考试真题）

考点 3：会计职业道德的主要内容

重点等级：☆☆

会计职业道德主要包括：【□ A. 爱岗敬业 B. 廉洁自律 C. 积极奉献 D. 强化服务】、诚实守信、客观公正、坚持准则、提高技能、参与管理。

1. 爱岗敬业

爱岗敬业要求会计人员热爱会计工作，安心本职岗位，忠于职守，尽心尽力，尽职尽责。

2. 诚实守信

诚实守信要求会计人员做老实人，说老实话，办老实事，谨慎执业，信誉至上，不为利益所诱惑，不弄虚作假，不泄露秘密。会计人员诚实守信的道德观念如何，将直接影响会计信息的真实性和完整性。

3. 廉洁自律

廉洁自律要求会计人员公私分明，不贪不占，遵纪守法，尽职尽责。

4. 客观公正

客观公正要求会计人员端正态度，依法办事，实事求是，不偏不倚，保持应有的独立性。

5. 坚持准则

坚持准则要求会计人员熟悉国家法律、法规和国家统一的会计制度，始终坚持按法律、法规和国家统一的会计制度的要求进行会计核算，实施会计监督。

6. 提高技能

提高技能要求会计人员增强提高专业技能的自觉性和紧迫感，勤学苦练，刻苦钻研，不断进取，提高业务水平。

7. 参与管理

参与管理要求会计人员在做好本职工作的同时，努力钻研相关业务，全面熟悉本单位经营活动和业务流程，主动提出合理化建议，协助领导决策，积极参与管理。

8. 强化服务

强化服务要求会计人员树立服务意识，提高服务质量，努力维护和提升会计职业的良好社会形象。

参考答案：ABD

【经典试题】

（多项选择题）下面关于会计人员职业道德的表述正确的有（　　）。

A. 爱岗敬业要求会计人员热爱会计工作，安心本职岗位，忠于职守，尽心尽力，

尽职尽责

B. 会计人员诚实守信的道德观念如何，将直接影响会计信息的真实性和完整性

C. 廉洁自律要求会计人员公私分明，不贪不占，遵纪守法，尽职尽责

D. 客观公正要求会计人员端正态度，依法办事，实事求是，不偏不倚，保持应有的独立性

参考答案：ABCD

考点 4：会计法律制度与会计职业道德的联系与区别

重点等级：☆☆☆☆

1. 会计法律制度与会计职业道德的联系

（1）会计法律制度的各项规定是会计职业关系得以维系的基本要件，是对会计从业人员行为的最低要求，是促进会计职业道德规范形成和遵循、维持现有的会计职业关系和正常的会计工作秩序的制度保障，具有较强的客观性。

（2）会计职业道德是会计法律制度正常运行的社会和思想基础。会计职业道德与会计法律制度作为社会规范，均属于会计人员行为规范的范畴，两者的联系主要表现在：会计职业道德与会计法律制度有共同的目标、相同的调整对象，在作用上相互补充，在内容上相互渗透，在实施上相互促进。会计职业道德是对会计法律制度的重要补充，会计法律制度是会计职业道德的基本要求。

2. 会计法律制度与会计职业道德的区别

会计法律制度与会计职业道德的区别表现在于：【□ A. 性质不同　B. 作用范围不同　C. 表现形式不同　D. 实施保障机制不同】。

（1）性质不同。会计法律制度通过国家机器强制执行，具有很强的他律性；而对会计职业道德的遵循则主要依靠会计从业人员的自觉性，具有很强的自律性。

（2）作用范围不同。会计法律制度侧重于调整会计人员的外在行为和结果的合法化，具有较强的客观性；而会计职业道德不仅调整会计人员的外在行为，还调整会计人员内在的精神世界。

（3）表现形式不同。会计法律制度是通过一定的程序由国家立法部门或行政管理部门制定、颁布的，其表现形式是具体的、明确的、正式形成文字的成文规定；而会计职业道德出自于会计人员的职业生活和职业实践，其表现形式既有成文的规范，也有不成文的规定。

（4）实施保障机制不同。会计法律制度由国家强制力保障实施；而会计职业道德既有国家法律的相应要求，又需要会计人员的自觉遵守。

参考答案：ABCD

【经典试题】

（多项选择题）1. 关于会计法律制度和会计职业道德相互关系的下列表述中，正确的有（ ）。

A. 会计法律制度和会计职业道德均属于会计人员的行为规范

B. 会计法律制度和会计职业道德均由国家立法部门或行政部门制定

C. 会计法律制度和会计职业道德相互补充、相互促进

D. 会计法律制度和会计职业道德均依靠国家机器强制执行

（多项选择题）2. 下列有关会计职业道德和会计法律制度二者关系的说法中，正确的是（ ）。

A. 二者在实施过程中相互作用、相互补充

B. 会计法律制度是会计职业道德的最低要求

C. 违反会计职业道德一定违反会计法律制度

D. 违反会计法律制度也一定违反会计职业道德

（判断题）3. 会计法律制度侧重于调整会计人员的外在行为和结果的合法化，具有较强的客观性；会计职业道德主要是调整会计人员内在的精神世界。（ ）

（判断题）4. 会计职业道德是对会计法律制度的基本要求，会计法律制度是会计职业道德的重要补充。（ ）

参考答案：1. AC（2009 年考试真题） 2. ABD 3. × 4. ×

考点 5：会计工作管理体制

重点等级：☆☆☆☆☆

会计工作管理体制是划分会计工作管理职责权限关系的制度，包括Ⅰ【□ A. 会计工作管理组织形式 B. 管理权限 C. 管理范围 D. 管理机构设置】等内容。为了规范会计工作，保证会计工作在经济管理中发挥作用，政府部门应在宏观上对会计工作进行必要的指导、监督和管理，包括Ⅱ【□ A. 会计政策标准的制定 B. 会计政策标准的贯彻实施和监督检查 C. 会计专业技术资格的确认 D. 会计基础工作的加强】、会计从业资格的管理等，这些内容构成了会计工作管理体制。

1. 会计工作的主管部门

（1）财政部门主管会计工作。会计工作的主管部门是指代表国家对会计工作行使管理职能的政府部门。我国会计工作实行由Ⅲ【○ A. 国家税务总局 B. 国务院 C. 县级以上人民政府财政部门 D. 国务院财政部门】主管的领导体制。

（2）实行统一领导、分级管理的管理体制。《会计法》在明确规定财政部门主管会计工作的同时，还规定县级以上地方各级人民政府财政部门管理本行政区域的会计

工作。这就要求在中央、省、地（市）、县各级人民政府财政部门之间应遵循“统一领导，分级管理”的原则，这是划分会计工作管理权责的重要原则。

（3）其他政府管理部门依据其职责对会计工作进行监管。对会计工作的监管，除发挥财政部门的主导作用外，还要发挥政府其他管理部门的作用。

2. 会计人员的管理

会计人员管理制度主要是为了规范会计行政管理部门与基层会计核算单位、各级会计行政管理部门之间在会计人员管理方面的权责关系，主要包括对会计人员的从业资格、专业技术资格的管理等。根据《会计法》和有关法规的规定，会计人员管理制度主要包括Ⅳ【□ A. 会计从业资格管理　B. 会计专业技术职务资格管理　C. 会计人员继续教育　D. 会计人员评优、表彰、奖惩】等。

3. 单位内部的会计工作管理

根据《会计法》的规定，Ⅴ【○ A. 单位负责人　B. 会计机构负责人　C. 主管会计人员　D. 总会计师】对本单位的会计工作和会计资料的真实性、完整性负责。

单位负责人是指单位法定代表人或者法律、行政法规规定代表单位行使职权的主要负责人。由于单位负责人是单位的最高管理者，必须对本单位的一切经营管理和业务活动负责，其当然也必须对会计工作和会计资料的真实性、完整性负责。

参考答案：Ⅰ. ABD　Ⅱ. ABCD　Ⅲ. D　Ⅳ. ABCD　Ⅴ. A

【经典试题】

（单项选择题）1. 某市财政部门在开展会计信息质量检查时，发现甲企业于2008年6月至8月间将多笔销货现金收入另设账簿，单独保管。甲企业负责人辩称，自己当时正在外地学习，对此事情不知情。下列关于该企业负责人法律责任的表述中，符合《会计法》规定的是（　　）。

A. 甲企业负责人学习在外，不应承担法律责任

B. 甲企业负责人若对此事知情，则应承担法律责任

C. 甲企业负责人若对此事不知情，则不应承担法律责任

D. 无论甲企业负责人对此事是否知情，均应承担法律责任

（单项选择题）2. 根据《会计法》的规定，某公司的下列人员中，应当对本公司会计工作和会计资料的真实性、完整性负责的单位负责人是（　　）。

A. 董事长张某　　B. 总经理王某

C. 总会计师李某　　D. 财务部经理赵某

（单项选择题）3. 依据有关法律制度的规定，在股份有限公司中，对公司的会计工作和会计资料的真实性、完整性负责的是（　　）。

A. 公司的法定代表人　　B. 主管会计工作的副总裁

C. 财务经理　　D. 财务总监

（判断题）4. 在中央、省、地（市）、县各级人民政府财政部门之间应遵循“统一管理，分级领导”的原则，这是划分会计工作管理权责的重要原则。（　　）

（判断题）5. 单位负责人是指单位法定代表人或者法律、行政法规规定代表单位行使职权的主要负责人，是单位的最高管理者。（　　）

参考答案：1. D（2009 年考试真题）　2. A（2005 年考试真题）
3. A　4. ×　5. √

第二节　会计核算

考点 1：会计核算的一般要求

重点等级：☆☆☆☆☆

1. 依法建账

建账是如实记录和反映经济活动情况的重要前提。依法建账是建账的最基本要求。这里所说的“法”，主要包括《会计法》、会计行政法规、国家统一的会计制度以及其他法律、行政法规。如《会计法》规定，各单位必须依法设置账簿，并保证其真实、完整；《税收征收管理法》规定，纳税人、扣缴义务人应按照有关法律、行政法规和国务院财政、税务主管部门的规定设置账簿，根据合法、有效凭证记账，进行核算；《公司法》规定，公司除法定的会计账簿外，不得另立会计账簿；此外，《会计基础工作规范》也对各单位设置会计账簿、进行会计核算作出了相应规定。

2. 根据实际发生的经济业务进行会计核算

会计核算应当以实际发生的经济业务为依据，这体现了会计核算的真实性和客观性要求。

3. 保证会计资料的真实和完整

会计资料主要是指【□ A. 会计凭证　B. 会计账簿　C. 董事会会议记录　D. 财务会计报告】等会计核算专业资料，它是会计核算的重要成果，是投资者作出投资决策、经营者进行经营管理、国家进行宏观调控的重要依据。

（1）会计资料的真实性主要是指，会计资料所反映的内容和结果，应当同单位实际发生的经济业务的内容及其结果相一致。

（2）会计资料的完整性主要是指，构成会计资料的各项要素都必须齐全，以使会计资料如实、全面地记录和反映经济业务发生情况，便于会计资料使用者全面、准确地了解经济活动情况。

会计资料的真实性和完整性是会计资料最基本的质量要求，是会计工作的生命，因此，各单位必须保证所提供会计资料的真实和完整。

与会计资料的真实性、完整性相对应的是会计资料的不真实、不完整。造成会计资料的不真实、不完整的原因有很多方面，但伪造、变造会计资料是重要原因之一。伪造会计资料，包括伪造会计凭证和会计账簿，是以虚假的经济业务为前提来编制会计凭证和会计账簿，目的在于以假充真；变造会计资料，包括变造会计凭证和会计账簿，是用涂改、挖补等手段来改变会计凭证和会计账簿的真实内容，以歪曲事实真相。

4. 正确采用会计处理方法

会计处理方法是指在会计核算中所采用的具体方法，如存货计价方法、长期股权投资会计处理方法、资产减值准备会计处理方法、编制合并会计报表方法等。

采用不同的会计处理方法，会影响会计资料的一致性和可比性，进而影响会计资料的使用。因此，《会计法》和国家统一的会计制度规定，企业采用的会计处理方法，前后各期应当一致，不得随意变更；确有必要变更的，应当按照《企业会计准则第28号——会计政策、会计估计变更和差错更正》的规定处理。

满足下列条件之一的，可以变更会计政策：①法律、行政法规或者国家统一的会计制度等要求变更；②会计政策变更能够提供更可靠、更相关的会计信息。

企业根据法律、行政法规或者国家统一的会计制度等要求变更会计政策的，应当按照国家相关规定执行。

会计政策变更能够提供更可靠、更相关的会计信息的，应当采用追溯调整法处理。对当期期初确定会计政策变更对以前各期累积影响数不切实可行的，应当采用未来适用法处理。

5. 正确使用会计记录文字

会计记录文字是在进行会计核算时，为记载经济业务发生情况和辅助说明会计数字所体现的经济内涵而使用的文字。会计记录文字是进行会计核算和提供会计资料不可或缺的重要媒介，是会计资料的重要组成部分，因此，会计记录文字的使用必须规范。根据《会计法》的规定，会计记录的文字应当使用中文；在民族自治地方，会计记录可以同时使用当地通用的一种民族文字；在中国境内的外商投资企业、外国企业和其他外国组织的会计记录可以同时使用一种外国文字。

6. 使用电子计算机进行会计核算必须符合法律规定

会计电算化，即使用电子计算机进行会计核算，是以电子计算机为主的当代电子和信息技术应用于会计工作的简称。

为保证计算机生成的会计资料真实、完整和安全，《会计法》对会计电算化作了两个方面的规定：一是用电子计算机进行会计核算的单位，其使用的会计软件必须符合国家统一的会计制度的规定；二是用电子计算机生成的会计资料必须符合国家统一的会计制度的要求。

《会计法》规定，实行会计电算化的单位，其生成的会计凭证、会计账簿、财务会计报告在格式、内容以及会计资料的真实性、完整性等方面，都必须符合国家统一的会计制度的规定。此外，有关这方面的具体规定还包括财政部发布的《会计电算化管理办法》、《会计电算化工作规范》、《会计核算软件基本功能规范》等。

参考答案：ABD

【经典试题】

(单项选择题) 1. 下列各项中，属于伪造会计资料行为的是(　　)。

A. 以虚假的经济业务事项为前提编制会计凭证

B. 用涂改、挖补手段改变会计凭证的真实内容

C. 对某项交易未在财务会计报告中披露

D. 对某项交易采用与前期不同的会计处理方法

(单项选择题) 2. 我国《会计法》规定，用电子计算机进行会计核算的单位，所使用的会计软件应当符合国务院有关部门的规定。该国务院有关部门是指(　　)。

A. 财政部　　B. 国家税务总局

C. 国家技术监督局　　D. 信息产业部

(单项选择题) 3. 下列关于会计记录文字的说法中，符合我国《会计法》要求的是(　　)。

A. 会计记录文字只能使用中文

B. 会计记录文字可以只使用某种外国文字

C. 会计记录文字应当使用中文，但根据需要可以同时使用某种少数民族文字或外文

D. 会计记录文字必须使用中文，不得单独或同时使用某种少数民族文字

(判断题) 4. 下列关于会计处理方法的说法中，不符合法律规定的是(　　)。

A. 各单位的会计处理方法前后各期应当一致，不得随意变化

B. 会计处理方法在任何情况下不得变更

C. 确有必要的，可以变更会计处理方法

D. 采用不同的会计处理方法，会影响会计资料的一致性和可比性

(判断题) 5. 变造会计账簿是指以虚假的经济业务事项为前提编制会计账簿。(　)

(判断题) 6. 伪造会计资料是指用涂改、挖补等手段来改变会计凭证和会计账簿的真实内容，以歪曲事实真相。(　　)

(判断题) 7. 会计资料的真实性和完整性，是会计资料最基本的质量要求，是会计工作的生命。(　　)

(判断题) 8. 对当期期初确定会计政策变更对以前各期累积影响数不切实可行

的，应当采用追溯调整法处理。（　　）

参考答案：1. A（2009 年考试真题）　2. A　3. C　4. B　5. ×（2005 年考试真题）　6. ×　7. √　8. ×

考点 2：会计核算的内容

重点等级：☆☆☆☆

会计核算的内容是指应当进行会计核算的经济业务事项。根据《会计法》的规定，对下列七项经济业务事项，应当办理会计手续，进行会计核算。

1. 款项和有价证券的收付

款项的收付，主要包括Ⅰ【□ A. 货币资金的收入　B. 货币资金的转存　C. 货币资金的付出　D. 货币资金的结存】等；有价证券的收付，主要包括Ⅱ【□ A. 有价证券的购入、无偿取得、债务重组取得　B. 有价证券的有偿转让、抵债、对外投资、捐赠　C. 有价证券的利息和股利、溢价与折价的摊销　D. 有价证券的期末结存、减值】等。

2. 财物的收发、增减和使用

财物的收发、增减和使用，包括存货、固定资产、投资、无形资产等的购入、自行建造、无偿取得、债务重组取得、融资租入、接受捐赠、出售、转让、无偿调出、捐赠、减值等。

3. 债权债务的发生和结算

（1）债权的发生和结算，主要包括Ⅲ【□ A. 债权人变更　B. 债权的收回及孳息　C. 债务重组　D. 债权减值】等。

（2）债务的发生和结算，主要包括债权人变更、债务的偿还及孳息、债务重组及免偿等。

4. 资本、基金的增减

资本、基金的增减，主要包括Ⅳ【□ A. 实收资本（股本）　B. 资本公积　C. 盈余公积　D. 基金】等的增减变动。

5. 收入、支出、费用、成本的计算

（1）收入的计算，如提供劳务收入、销售商品收入、让渡资产使用权收入和建造合同收入等主营业务收入；材料销售收入、代购、代销、代加工、代管、代修收入和出租收入等其他业务收入；投资收益、补贴收入、固定资产盘盈、处置固定资产净收益、出售无形资产收益、罚款收益等营业外收入；以前年度损益调整等的确认与结转。

（2）支出、费用、成本的计算，如生产成本的汇集、分配与结转；销售费用、管理费用和财务费用等的汇集与结转；主营业务税金及附加、建造合同成本、出售无形资产损失、债务重组损失、计提的固定资产减值准备、捐赠支出等的确认与结转。

6. 财务成果的计算和处理

财务成果的计算和处理，如将收入和相配比的成本、费用和支出转入本年利润，计算利润总额；将所得税转入本年利润，计算净利润；年终结转本年利润；所得税的计提、缴纳、返还和余额结转，递延税款的余额调整等。

7. 需要办理会计手续、进行会计核算的其他事项

参考答案：Ⅰ.ABCD Ⅱ.ABCD Ⅲ.BCD Ⅳ.ABCD

【经典试题】

（多项选择题）1. 根据《会计法》的规定，下列各项中，属于会计核算内容的有（　　）。

A. 合同的审核和签订　　B. 款项和有价证券的收付

C. 资本、基金的增减　　D. 财物的收发、增减和使用

（判断题）2. 会计核算的内容不包括财务成果的计算和处理。（　　）

参考答案：1. BCD（2009 年考试真题） 2. ×

考点 3：会计年度

重点等级：☆☆☆

会计年度，是指以年度为单位进行会计核算的时间区间，是反映单位财务状况、核算经营成果的时间界限。根据《会计法》的规定，我国以公历年度为会计年度，自Ⅰ【○ A. 公历 1 月 1 日起至 12 月 31 日止　B. 公历 4 月 1 日起至 3 月 31 日止　C. 公历 7 月 1 日起至 6 月 30 日止　D. 由企业根据经营特点自行确定的会计年度期间】为一个会计年度。每一个会计年度还可以按照公历日期具体划分为Ⅱ【□ A. 周度　B. 月度　C. 季度　D. 半年度】。

每个国家或地区都根据其经济特点和管理需要，明确会计年度的起止日期。有的国家或地区还允许有多个会计年度供单位选择使用。单位一旦采用其中某个会计年度，就不能随意变更。我国的会计年度之所以采用公历制，主要是与我国的计划、财政年度等保持一致，以便于国民经济的计划管理和财政管理。

参考答案：Ⅰ.A（2007 年考试真题） Ⅱ.BCD

【经典试题】

（判断题）我国的会计年度是以农历年度作为会计年度，主要目的是为了与我国的计划、财政年度保持一致。（　　）

参考答案：×

考点 4：记账本位币

重点等级：☆

记账本位币，是指日常登记会计账簿和编制财务会计报告时用以计量的货币，也就是单位进行会计业务核算时所使用的货币。根据《会计法》的规定，会计核算以人民币为记账本位币。人民币是我国的法定货币，在我国境内具有广泛的流通性。以人民币作为记账本位币，具有广泛的适应性，便于会计信息口径的一致。

随着我国对外开放的进一步扩大，外商投资企业在我国得到迅速发展，同时我国对外国的投资和对外贸易也日渐增多，这就涉及两种或两种以上货币的业务往来，而且在一些单位的日常经营活动中，人民币以外的其他货币收支逐步占主导地位。为了便于这些单位对外开展业务，简化会计核算手续，方便我国境内财务会计报告使用者的阅读和使用，《会计法》规定，业务收支以人民币以外的货币为主的单位，可以选定其中一种货币作为记账本位币，但是编报的财务会计报告应当折算为人民币。

【经典试题】

（判断题）会计核算以人民币为记账本位币。业务收支以外币为主的单位，也只能以人民币作为记账本位币，并以人民币编报财务会计报告。（　　）

参考答案：×

考点 5：会计凭证

重点等级：☆☆☆☆☆

会计凭证，是指具有一定的格式、用以记录经济业务事项发生和完成情况，明确经济责任，并作为记账的书面证明。会计凭证按其来源和用途，可分为Ⅰ【□ A. 原始凭证　B. 记账凭证　C. 会计报告　D. 会计账簿】。

1. 原始凭证填制的基本要求

原始凭证，又称单据，是指在经济业务发生时，由业务经办人员直接取得或者填制，用以表明某项经济业务已经发生或者完成情况，并明确有关经济责任的凭据。

根据《会计基础工作规范》的规定，原始凭证应当具备以下内容：

(1) 填制原始凭证的单位名称或者填制人员的姓名；

(2) 经济业务事项名称；

(3) 填制原始凭证的日期；

(4) 经办经济业务事项人员的签名或盖章；

(5) Ⅱ【□ A. 凭证的名称 B. 经济业务事项的数量、单价和金额 C. 应记会计科目、方向 D. 接受原始凭证的单位名称】。

根据《会计法》的规定，会计机构和会计人员应当按照国家统一的会计制度的规定对原始凭证进行认真审核，对不真实、不合法的原始凭证有权不予接受，并向单位负责人报告；对记载不准确、不完整的原始凭证Ⅲ【○ A. 予以销毁 B. 不予受理 C. 予以退回，并要求按照国家统一的会计制度的规定更正、补充 D. 向单位领导人报告】。原始凭证记载的各项内容均不得涂改。原始凭证有错误的，应当由出具单位重开或者更正，更正处应当加盖出具单位印章。原始凭证金额有错误的，应当Ⅳ【○ A. 由出具单位重开 B. 由出具单位更正并加盖出具单位印章 C. 由接受单位更正并加盖接受单位印章 D. 由经办人员更正并加盖经办人员印章】。

2. 记账凭证填制的基本要求

记账凭证，又称传票，是指对经济业务事项按其性质加以归类，确定会计分录，并据以登记会计账簿的凭证。它具有分类归纳原始凭证和满足登记会计账簿需要的作用。

根据《会计基础工作规范》的规定，记账凭证应当具备以下内容：

(1) 记账符号；

(2) 应记会计科目、方向和金额；

(3) 记账凭证的填制人员、稽核人员、记账人员和会计主管人员的签名或印章；

(4) Ⅴ【□ A. 记账凭证的名称和编号 B. 经济业务事项摘要 C. 填制记账凭证的日期 D. 所附原始凭证的张数】。

记账凭证应根据经过审核的原始凭证及有关资料编制。除结账和更正错账外，记账凭证必须附有原始凭证并注明所附原始凭证的张数；一张原始凭证所列的支出需要由两个以上的单位共同负担时，应当由保存该原始凭证的单位开具原始凭证分割单给其他应共同负担的单位。

参考答案：Ⅰ. AB Ⅱ. ABD Ⅲ. C Ⅳ. A（2001 年考试真题）
Ⅴ. ABCD（2007 年考试真题）

【经典试题】

（单项选择题）1. 某企业财会科出纳张某在为员工李某办公室报销业务时，发现采购发票上所注单价与总金额不匹配，经查是销货单位填写单价错误。张某可能采取的下列做法中，符合会计法律制度规定的是（ ）。

A. 按总金额入账

B. 将单价改正后入账

C. 由李某写出说明，并加盖企业公章后入账

D. 将发票退给李某，由销货单位重新开具发票

（多项选择题）2. 某公司会计人员对会计凭证和会计账簿的下列理解中，正确的是（ ）。

A. 总账一般有订本账和活页账两种

B. 明细账通常采用订本账，日记账通常采用活页账

C. 记账凭证应当根据审核过的原始凭证及有关资料编制

D. 记账凭证都必须附有原始凭证并注明原始凭证的张数

（判断题）3. 一张原始凭证所列的支出需要由两个以上的单位共同负担时，应当由保存该原始凭证的单位开具原始凭证分割单给其他应共同负担的单位。（ ）

（判断题）4. 所有的记账凭证必须附有原始凭证并注明所附原始凭证的张数。（ ）

（判断题）5. 会计人员对不真实、不合法的原始凭证，在不予受理的同时，应当予以扣留，并及时向单位负责人报告。（ ）

（判断题）6. 记账凭证具有分类归纳原始凭证和满足登记会计账簿需要的作用。（ ）

（判断题）7. 甲市A公司和B公司同时从乙市的C公司购买一批原材料，C公司的开票员为了方便，把A公司购买的材料开在了同一张发票上，A公司将发票复制了一份给B公司，B公司以复制件作为入账依据。该做法合理。（ ）

（判断题）8. 原始凭证是指对经济业务事项按其性质加以归类，确定会计分录，并据以登记会计账簿的凭证。（ ）

（综合题）9. 2008年5月，财政部门派出检查组对某国有企业甲企业的会计工作进行检查。检查中了解到下列情况：

(1) 2005年1月5日，甲企业收到一张应由甲企业和乙企业共同负担费用支出的原始凭证，甲企业会计人员张某以该原始凭证及应承担的费用进行账务处理，并保存该原始凭证；同时应乙企业的要求将该原始凭证的复印件提供给乙企业用于账务处理。

(2) 2005年3月11日，会计人员李某发现一张由丙企业开具的金额有错误的原始凭证，李某要求丙企业进行更正，并在更正处加盖丙企业的印章。

(3) 2005年3月20日，会计人员赵某发现一张不真实、不合法的原始凭证，赵某仍然以该原始凭证进行了账务处理。

(4) 2005年4月30日，职工代表韩某要求在本厂的职工代表大会上公布企业的财务会计报告，并向职工代表大会说明本厂的“重大投资、融资和资产处置决策及其原因”，遭到了王厂长的拒绝。

(5) 2005年5月3日，经会计机构负责人周某批准，本厂档案管理部门的工作人员蒋某将部分会计档案复制给丁企业。

(6) 2005年6月12日，甲企业拟销毁一批保管期满的会计档案（其中包括两张未结清债权债务的原始凭证），由总会计师潘某在会计档案销毁清册上签署意见后，该批会计档案于6月20日销毁。

(7) 2006年8月10日，王厂长以总会计师潘某“擅自在会计档案销毁清册上签署意见”为由，撤销了总会计师潘某的职务，并决定该厂不再设置总会计师的职位。

要求：根据以上情况回答下列问题：

(1) 会计人员张某的做法是否符合规定？并说明理由。

(2) 会计人员李某的做法是否符合规定？并说明理由。

(3) 会计人员赵某的做法是否符合规定？并说明理由。

(4) 职工代表韩某的要求是否成立？并说明理由。

(5) 蒋某将部分会计档案复制给丁企业的做法是否符合规定？并说明理由。

(6) 甲企业在销毁会计档案的过程中，有哪些不符合规定之处？

(7) 王厂长撤销总会计师潘某的职务并决定该厂不再设置总会计师职位的做法是否符合规定？并说明理由。

(综合题) 10. 2006年10月15日，甲公司收到一张应由甲公司与乙公司共同负担费用支出的原始凭证，甲公司会计人员张某以该原始凭证及应承担的费用进行账务处理，并保存该原始凭证；同时应乙公司要求将该原始凭证复制件提供给乙公司用于账务处理。年终，甲公司拟销毁一批保管期满的会计档案，其中有一张未结清债权债务的原始凭证，会计人员李某认为只要保管期满的会计档案就可以销毁。

要求：根据我国会计法律制度的规定，回答下列问题：

(1) 会计人员张某将原始凭证复制件提供给乙公司用于账务处理的做法是否正确？并说明理由。

(2) 会计人员李某的观点是否正确？简要说明理由。

参考答案：1. D（2009 年考试真题）　2. AC　3. √（2009 年考试真题）　4. ×
5. ×　6. √　7. ×　8. ×

9.（1）会计人员张某的做法不符合规定。根据《会计基础工作规范》的规定，一张原始凭证所列的支出需要由两个以上的单位共同负担时，应当由保存该原始凭证的单位开具原始凭证分割单给其他应负担的单位，而不应是给复印件。

（2）会计人员李某的做法不符合规定。根据《会计法》的规定，原始凭证金额有错误的，应当由出具单位重开，不得在原始凭证上更正。

（3）会计人员赵某的做法不符合规定。根据《会计法》的规定，会计机构和会计人员应当按照国家统一的会计制度对原始凭证进行审核，对不真实、不合法的原始凭证，有权不予接受，并向单位负责人报告。

（4）职工代表韩某的要求成立。根据《企业财务会计报告条例》的规定，国有企业、国有控股的或者占主导地位的企业，应至少每年一次向本企业的职工代表大会公布财务会计报告，重点说明"与职工利益密切的信息"、"重大的投资、融资和资产处置决策及其原因"等内容。

（5）蒋某将部分会计档案复制给丁企业的做法不符合规定。根据《会计档案管理办法》的规定，会计档案原则上不得借出，如有特殊需要，须经本单位负责人，而非会计机构负责人批准，在不拆散原卷册的前提下，可以提供查阅或者复制，并办理登记手续。

（6）①对于保管期满但尚未结清债权债务的原始凭证，不得销毁；②应由单位负责人，而非总会计师在会计档案销毁清册上签署意见。

（7）王厂长的做法不符合规定。

①根据《总会计师条例》的规定，国有大、中型企业的总会计师，由本单位主要行政领导提名，政府主管部门任命、聘任或者解聘；

②根据《会计法》的规定，国有的和国有资产占控股地位或主导地位的大、中型企业必须设置总会计师。

10.（1）会计人员张某的做法不正确。

因为根据《会计基础工作规范》的规定，一张原始凭证所列的支出需要由两个以上的单位共同负担时，应当由保存该原始凭证的单位开具原始凭证分割单给其他应负担的单位，而不是给复制件。

（2）会计人员李某的观点不正确。

因为根据《会计档案管理办法》的规定，保管期满但未结清的债权债务原始凭证，不得销毁。

考点6：会计账簿

重点等级：☆☆☆☆

1. 会计账簿的种类

会计账簿，是指全面记录和反映一个单位经济业务事项，把大量分散的数据或资料进行归类整理，逐步加工成有用会计信息的簿籍，它是编制财务会计报告的重要依据。会计账簿包括：Ⅰ【□A. 总账 B. 明细账 C. 日记账 D. 其他辅助账簿】。

(1) 总账。总账又称总分类账，是根据会计科目开设的账簿，用于分类登记单位的全部经济业务事项，提供Ⅱ【□A. 资产 B. 负债 C. 所有者权益 D. 收入】、费用、成本等总括核算的资料。总账一般有订本账和活页账两种。

(2) 明细账。明细账又称明细分类账，是根据总账科目所属的明细科目设置的，用于分类登记某一类经济业务事项，提供有关明细核算资料。明细账通常使用活页账。

(3) 日记账。日记账是一种特殊的序时明细账。它是按照经济业务事项发生的时间先后顺序，逐日逐笔地进行登记的账簿，包括现金日记账和银行存款日记账。日记账通常使用订本账。

(4) 其他辅助账簿。其他辅助账簿也称备查账簿，是为备忘备查而设置的，在会计实务中，主要包括各种租借设备、物资的辅助登记或有关应收、应付款项的备查簿，担保、抵押备查簿等。

2. 登记会计账簿的基本要求

对于会计账簿的登记，各单位应当按照《会计法》和国家统一的会计制度的规定，遵循以下要求：

(1) 必须依据经过审核的会计凭证登记会计账簿。

(2) 登记会计账簿必须按照记账规则进行，包括会计账簿应当按照连续编号的页码顺序登记；会计账簿记录发生错误或隔页、缺号、跳行的，应当按照国家统一的会计制度的规定更正等。

(3) 任何单位都不得在法定会计账簿之外私设会计账簿，账外设账是严重的违法行为。

参考答案：Ⅰ. ABCD Ⅱ. ABCD

【经典试题】

(多项选择题) 1. 根据会计法律制度的规定，下列各项中，属于会计账簿的有(　　)。

A. 现金日记账　　B. 银行对账单

C. 明细分类账　　　　　　　　　　　　D. 总分类账

（判断题）2. 明细账通常使用订本账，日记账通常使用活页账。（　　）

参考答案：1. ACD（2009 年考试真题）　2. ×

考点 7：财务会计报告的构成

重点等级：☆☆☆☆

财务会计报告包括会计报表及其附注和其他应当在财务会计报告中披露的相关信息和资料。企业财务会计报告按编制时间分为Ⅰ【□ A. 年度　B. 半年度　C. 季度　D. 月度】财务会计报告。

1. 会计报表

会计报表是财务会计报告的重要组成内容。企业对外提供的会计报表至少应当包括Ⅱ【□ A. 资产负债表　B. 利润表　C. 现金流量表　D. 所有者权益（或股东权益）变动表】。

2. 附注

附注是对在资产负债表、利润表、现金流量表和所有者权益变动表等报表中所列项目的文字描述或明细资料，以及对未能在这些报表中列示项目的说明等。附注一般应当按照下列内容披露：

（1）重要会计估计的说明，包括下一会计期间内很可能导致资产、负债账面价值重大调整的会计估计的确定依据等；

（2）重要会计政策的说明，包括会计报表项目的计量基础和会计政策的确定依据等；

（3）其他有助于理解和分析会计报表需要说明的事项。

此外，附注还应披露Ⅲ【□ A. 企业的基本情况　B. 财务报表的编制基础　C. 会计政策和会计估计变更以及差错更正的说明　D. 遵循企业会计准则的声明】等。

季度、月度财务会计报告，通常仅指会计报表，会计报表至少应当包括Ⅳ【□ A. 现金流量表　B. 资产负债表　C. 利润表　D. 所有者权益变动表】。国家统一的会计制度规定季度、月度财务会计报告需要编制会计报表附注的，从其规定。

参考答案：Ⅰ. ABCD　Ⅱ. ABCD　Ⅲ. ABCD　Ⅳ. BC

【经典试题】

（多项选择题）1. 根据我国《会计法》的规定，下列各项中，属于企业财务会计报告组成部分的有(　　)。

A. 会计报表　　　　B. 财务情况说明书

C. 会计报表附注　　　　D. 注册会计师审计报告

(多项选择题) 2. 根据《企业财务会计报告条例》的规定，年度、半年度财务会计报告的组成内容有(　　)。

A. 会计报表　　　　B. 固定资产购入表

C. 会计报表附注　　　　D. 盈利预测报告

参考答案：1. ABC（2001 年考试真题） 2. AC

考点 8：财务会计报告的对外提供

重点等级：☆☆☆☆

(1) 企业对外提供的财务会计报告所反映的会计信息应当真实和完整。

(2) 企业应当按照法律、行政法规和国家统一的会计制度有关财务会计报告提供期限的规定，及时对外提供财务会计报告。

(3) 企业对外提供的财务会计报告应当依次编订页码，加具封面，装订成册，加盖公章。封面上应当注明：Ⅰ【□ A. 企业名称和统一代码　B. 组织形式　C. 地址　D. 报表所属年度或者月度及报出日期】，并由Ⅱ【□ A. 单位内部审计负责人　B. 企业负责人　C. 会计机构负责人（会计主管人员）　D. 主管会计工作负责人】签名并盖章；设置总会计师的企业，还应由总会计师签名并盖章。

(4) 企业应当依照企业章程的规定，向投资者提供财务会计报告。

(5) 国有企业、国有控股的或者占主导地位的企业，应当至少每年一次向Ⅲ【○ A. 政府财政部门　B. 本企业党政联席会　C. 本企业工会　D. 本企业的职工代表大会】公布财务会计报告，并重点说明如下事项：

①反映与职工利益密切相关的信息，包括管理费用的构成情况，企业管理人员工资、福利和职工工资、福利费用的发放、使用和结余情况，公益金的提取及使用情况，利润分配的情况，以及其他与职工利益相关的信息；

②内部审计发现的问题及纠正情况；

③注册会计师审计的情况；

④国家审计机关发现的问题及纠正情况；

⑤重大的投资、融资和资产处置决策及其原因的说明等；

⑥需要说明的其他重要事项。

(6) 企业应依照《企业财务会计报告条例》的规定向有关各方提供财务会计报告，所提供财务会计报告的编制基础、编制依据、编制原则和方法应当一致，不得提供编制基础、编制依据、编制原则和方法不同的财务会计报告。

（7）财务会计报告须经注册会计师审计的，企业应当将注册会计师及其会计师事务所出具的审计报告随同财务会计报告一并对外提供。

另外，《企业财务会计报告条例》规定，接受企业财务会计报告的组织或者个人，在企业财务会计报告未正式对外披露前，应当对其内容保密。

参考答案：Ⅰ.ABCD　Ⅱ.BCD　Ⅲ.D

【经典试题】

（多项选择题）1. 根据《企业财务会计报告条例》规定，国有企业应当至少每年一次向本企业的职工代表大会公布财务会计报告。下列各项中，应当在其公布的财务会计报告中重点说明的事项有（　　）。

A. 内部审计发现的问题及纠正情况　　B. 重大投资、融资

C. 注册会计师审计情况　　D. 管理费用的构成情况

（判断题）2. 某公司董事会研究决定，公司对外报送的财务会计报告仅由财务经理签字、盖章后报出。该决定合法。（　　）

参考答案：1. ABCD（2002 年考试真题）　2. ×

考点 9：账务核对及财产清查

重点等级：☆☆☆☆

1. 账务核对

账务核对，又称Ⅰ【□A. 账账核对　B. 账表核对　C. 账证核对　D. 对账】，是保证会计账簿记录质量的重要程序。《会计法》规定，各单位应当定期将会计账簿记录与实物、款项及有关资料相互核对，保证Ⅱ【□A. 会计账簿记录与实物及款项的实有数额相符　B. 会计账簿记录与会计凭证的有关内容相符　C. 会计账簿之间相对应的记录相符　D. 会计账簿记录与会计报表的有关内容相符】。

2. 财产清查

财产清查是会计核算工作的一项重要程序，特别是在编制年度财务会计报告之前，必须进行财产清查，并对账实不符等问题根据国家统一的会计制度的规定进行会计处理，以保证财务会计报告反映的会计信息真实、完整。财产清查制度是通过定期或不定期、全面或部分地对各项财产物资进行实地盘点和对库存现金、银行存款、债权债务进行清查核实的一种制度。《会计法》规定，各单位应当定期将会计账簿记录与实物、款项及有关资料相互核对，保证会计账簿记录与实物及款项的实有数额相符。

参考答案：Ⅰ.ABCD　Ⅱ.ABCD

【经典试题】

(判断题) 1. 各单位应当定期将会计账簿记录与实物、款项及有关资料相互核对。(　　)

(判断题) 2. 企业在编制年度财务会计报告之前，必须进行财产清查。(　　)

(判断题) 3. 财产清查制度是通过定期、全面地对各项财产物资进行实地盘点和对库存现金、银行存款、债权债务进行清查核实的一种制度。(　　)

参考答案：1.√　2.√（2003 年考试真题）　3.×

考点 10：会计档案的范围和种类

重点等级：☆☆☆☆

1. 会计档案的范围

会计档案是指【□ A. 会计预算　B. 会计凭证　C. 会计账簿　D. 财务会计报告】等会计核算专业资料。各单位的预算、计划、制度等文件材料属于文书档案，不属于会计档案。

2. 会计档案的种类

会计档案一般分为：①会计凭证类，包括原始凭证、记账凭证、汇总凭证和其他会计凭证等；②会计账簿类，包括总账、日记账、明细账、辅助账等；③财务报告类，包括月度、季度、半年度、年度财务报告及相关文字分析材料等；④其他类，包括银行存款余额调节表、会计移交清册、会计档案保管清册、会计档案销毁清册等。

参考答案：BCD

【经典试题】

(多项选择题) 1. 某单位保管的下列资料中，属于会计档案的有(　　)。

A. 单位预算执行情况　　B. 银行存款余额调节表

C. 季度财务会计报告　　D. 会计档案销毁清册

(多项选择题) 2. 根据《会计档案管理办法》的规定，下列各项中，属于会计档案的有(　　)。

A. 信贷计划　　B. 会计档案销毁清册

C. 辅助账　　D. 银行存款余额调节表

（多项选择题）3. 下列是某企业的 2008 年度财务资料，其中属于会计档案的有(　　)。

A. 1 月的记账凭证　　B. 2 月的会计报表
C. 5 月的企业现金预算　　D. 7 月的采购计划

参考答案：1. BCD（2008 年考试真题）　2. BCD（2003 年考试真题）　3. AB

考点 11：会计档案的归档和保管期限

重点等级：☆☆☆☆☆

1. 会计档案的归档

各单位每年形成的会计档案应由单位会计部门按照归档要求负责整理立卷或装订。当年形成的会计档案在会计年度终了后，可暂由本单位会计部门保管 1 年。会计档案保管期满之后，原则上应由会计部门编制清册，移交本单位的档案部门保管；未设立档案部门的，应当在会计部门内部指定专人保管。

档案部门接收保管的会计档案，原则上应当保持原卷册的封装，个别需要拆封重新整理的，应当会同会计部门和原经办人共同拆封整理，以分清责任。

对会计档案应当进行科学管理，做到妥善保管，存放有序，查找方便，不得随意堆放，严防毁损、散失和泄密。

保存的会计档案应当积极利用。会计档案原件原则上不得借出，如有特殊需要，须经本单位负责人批准，在不拆散原卷册的前提下，可以提供查阅或者复制，并办理登记手续。

2. 会计档案的保管期限

根据《会计档案管理办法》的规定，会计档案保管期限分为永久和定期两类。对会计档案定期保管期限的规定为Ⅰ【○ A. 保管期限分为 3 年、5 年、10 年三种　B. 保管期限分为 5 年、10 年、15 年三种　C. 保管期限分为 3 年、5 年、10 年、15 年四种　D. 保管期限分为 3 年、5 年、10 年、15 年、25 年五种】。会计档案的保管期限是Ⅱ【○ A. 从立卷之日的次日算起　B. 从月度终了后的第一天算起　C. 从季度终了后的第一天算起　D. 从会计年度终了后的第一天算起】。

参考答案：Ⅰ. D（2007 年考试真题）　Ⅱ. D（2006 年考试真题）

【经典试题】

（单项选择题）1. 根据《会计档案管理办法》的规定，会计档案最短的保管期限是(　　)。

A. 半年　　B. 1 年　　C. 2 年　　D. 3 年

（单项选择题）2. 根据《会计档案管理办法》的规定，会计档案保管期限分为永久和定期两类。定期保管的会计档案，其最长期限是(　　)。

A. 10 年　　B. 15 年　　C. 25 年　　D. 30 年

（单项选择题）3. 2005 年 3 月 5 日，A、B 两公司签订了一份购销合同，A 公司于当年 5 月 1 日支付了货款，B 公司当日给 A 公司开具了当天的发票，A 公司会计于当年 5 月 2 日编制了记账凭证，根据《会计档案管理办法》的规定，该发票的保管期限应从(　　)算起。

A. 2005 年 3 月 5 日　　B. 2005 年 5 月 1 日

C. 2005 年 5 月 2 日　　D. 2006 年 1 月 1 日

（判断题）4. 甲公司因特殊情况需要借用乙公司原始凭证，经乙公司会计机构负责人批准，可以将原始凭证借给甲公司。(　　)

（判断题）5. 当年形成的会计档案在会计年度终了后，可暂由本单位会计部门保管 1 年。(　　)

（判断题）6. 会计档案原件一律不得借出，也不得提供复制。(　　)

参考答案：1. D（2004 年考试真题）　2. C（2003 年考试真题）　3. D　4. ×　5. √　6. ×

考点 12：会计档案的销毁

重点等级：☆☆☆☆☆

根据《会计档案管理办法》的规定，会计档案保管期满需要销毁的，除特殊规定外，可以按照规定程序予以销毁。

1. 编制会计档案销毁清册

会计档案保管期满需要销毁的，由本单位档案部门提出意见，会同会计部门共同进行审查和鉴定，并在此基础上编制会计档案销毁清册。会计档案销毁清册是销毁会计档案的记录和报批文件，一般应包括的内容有Ⅰ【□ A. 会计档案名称　B. 会计档案的卷号　C. 会计档案的册数　D. 会计档案的起止年度和档案编号】、应保管期限、已保管期限、销毁日期等。Ⅱ【○ A. 总会计师　B. 单位负责人　C. 监销人　D. 会计机构负责人】应当在会计档案销毁清册上签署意见。

2. 专人负责监销

销毁会计档案时，应当由单位的档案部门和会计部门共同派员监销；国家机关销毁会计档案时，还应当由同级财政部门、审计部门派员参加监销；财政部门销毁会计档案时，应当由Ⅲ【○ A. 上级财政部门　B. 上级税务部门　C. 同级政府部门　D. 同级审计部门】派员参加监销。监销人在销毁会计档案前应当按照会计档案销毁清册所列内容，清点核对所要销毁的会计档案；销毁后，Ⅳ【○ A. 会计机构负责人

B. 总会计师 C. 监销人 D. 单位出纳人员】应当在会计档案销毁清册上签名盖章，并将监销情况报告本单位负责人。

3. 不得销毁的会计档案

对于保管期满的会计档案，不得销毁的有Ⅴ【□ A. 未结清债权债务的原始凭证 B. 月度财务会计报告 C. 涉及其他未了事项的原始凭证 D. 季度财务会计报告】。这些会计档案应当单独抽出立卷，保管到未了事项完结时为止。单独抽出立卷的会计档案，应当在会计档案销毁清册和会计档案保管清册上列明。另外，正处在项目建设期间的建设单位，其保管期满的会计档案也不得销毁。

参考答案：Ⅰ.ABCD Ⅱ.B Ⅲ.D Ⅳ.C Ⅴ.AC

【经典试题】

（单项选择题）1. 某企业整理保管期满的会计档案，按规定编制会计档案销毁清册，经企业负责人签署意见后销毁。关于销毁会计档案监销人的下列表述中，符合法律规定的是（ ）。

A. 应由企业档案部门和会计部门共同派员监销

B. 应由企业会计部门派员单独监销

C. 应由企业档案部门派员单独监销

D. 应由企业办公室派员单独监销

（单项选择题）2. 根据《会计档案管理办法》的规定，国家机关销毁会计档案时，应当由（ ）派人监销。

A. 同级审计部门　　B. 上级财政部门

C. 上级税务部门　　D. 上级审计部门

（多项选择题）3. 下列有关会计档案销毁的说法正确的是（ ）。

A. 会计档案保管期满需要销毁的，由本单位档案部门提出意见，会同财会部门共同审定，并在此基础上编制会计档案销毁清册

B. 销毁会计档案时，应当由单位的档案机构和会计机构负责人共同监销

C. 项目建设期间的建设单位，其保管期满的会计档案不得销毁

D. 各级财政部门销毁会计档案时，应当由同级审计部门派人监销

（判断题）4. 销毁会计档案时，单独抽出立卷的会计档案，应当在会计档案销毁清册和会计档案保管清册上列明。（ ）

（判断题）5. 正处在项目建设期间的建设单位，其保管期满的会计档案不得销毁。（ ）

（判断题）6. 国家机关销毁会计档案时，应当由同级财政部门派员监销。（ ）

参考答案：1. A（2009 年考试真题） 2. A 3. ACD 4. √ 5. √ 6. √

第三节 会计监督

考点 1：单位内部会计监督的主体和对象

重点等级：☆☆☆☆

单位内部会计监督制度，是指为了保护单位资产的安全、完整，保证单位的经营活动符合国家法律、法规和内部有关管理制度的规定，提高经营管理水平和效率，而在单位内部采取的一系列相互制约、相互监督的制度与方法。单位内部会计监督制度是内部控制制度的重要组成部分。

根据《会计法》、《会计基础工作规范》和《内部会计控制规范（试行）》的规定，各单位的会计机构、会计人员对本单位的经济活动进行会计监督。内部会计监督的主体是Ⅰ【○ A. 财政、审计、税务机关 B. 注册会计师及会计师事务所 C. 本单位的会计机构和会计人员 D. 本单位的内部审计机构及其人员】；内部会计监督的对象是单位的经济活动。

根据规定，Ⅱ【○ A. 会计机构 B. 审计机关 C. 单位负责人 D. 会计机构负责人】负责单位内部会计监督制度的组织实施，对本单位内部会计监督制度的建立及有效实施承担最终责任。

参考答案：Ⅰ.C Ⅱ.C

【经典试题】

（单项选择题）1. 下列各项中，（ ）属于内部监督。

A. 证券监管部门的监督　　B. 会计师事务所的监督

C. 人民银行的监督　　D. 会计人员对于违法收支不予办理

（判断题）2. 单位内部会计监督的对象是会计机构、会计人员。（ ）

参考答案：1. D 2. ×（2002 年考试真题）

考点 2：单位内部控制制度

重点等级：☆☆☆☆☆

单位内部控制的方法主要有：

1. 不相容职务相互分离控制

不相容职务，是指那些如果由一个人担任，既可能发生错误、舞弊行为，又可能掩盖其错误和弊端行为的职务。不相容职务主要包括：Ⅰ【□ A. 授权批准与业务经办　B. 业务经办与会计记录　C. 会计记录与财产保管　D. 业务经办与稽核检查】、授权批准与监督检查等。

2. 授权批准控制

授权批准，是指单位在办理各项经济业务时，必须经过规定程序的授权批准。授权批准形式通常有一般授权和特别授权之分。

(1) 一般授权是对办理常规性经济业务的权利、条件和有关责任者作出的规定。

(2) 特别授权是指授权处理非常规性交易事件，如重大的筹资行为、投资决策、资本支出和股票发行等的有关规定。

3. 会计系统控制

会计系统控制，主要是指通过对会计主体所发生的各项能用货币计量的经济业务进行Ⅱ【□ A. 记录　B. 归集　C. 分类　D. 编报】等而进行的控制。其内容主要包括：

(1) 建立会计工作的岗位责任制，对会计人员进行科学合理的分工，使之相互监督和制约；

(2) 明确凭证的装订和保管手续责任；

(3) 规定合理的凭证传递程序；

(4) 按照《会计法》和国家统一的会计制度的要求编制、报送、保管财务会计报告。

此外还包括Ⅲ【□ A. 按规定取得和填制记账凭证　B. 设计合理的凭证格式　C. 对凭证进行连续编号　D. 合理设置账户，登记会计账簿，进行复式记账】。

4. 预算控制

预算控制的内容涵盖了单位经营活动的全过程，单位通过预算的编制和检查预算的执行情况，可以比较分析内部各单位未完成预算的原因，对未完成预算的情况进行研究分析，并提出改进措施，确保各项预算的严格执行。

5. 财产保全控制

广义的财产保全控制可以包括对实物的采购、保管、发货及销售等各个环节进行控制，而狭义的财产保全控制主要包括接近控制、定期盘点控制等。

(1) 接近控制主要是指严格限制无关人员对资产的接触，只有经过授权批准的人员才能接触资产。

(2) 定期盘点是指定期对实物资产进行盘点，并将盘点结果与会计记录进行比较。盘点结果与会计记录如不一致，说明在资产管理上可能出现错误、浪费、损失或其他不正常现象，应当及时采取相应的措施加强管理。

6. 风险控制

企业应通过建立有效的风险管理系统，加强对经营风险和财务风险的控制。

7. 内部报告控制

建立内部报告控制制度，有利于保证管理人员获得与责任和权限相关的信息，畅通相关人员交流的渠道。

8. 电子信息技术控制

电子信息技术控制的内容包括两个方面：(1) 实现内部控制手段的电子信息化，尽可能减少和消除人为操纵的因素，变人工管理、人工控制为计算机、网络管理和控制。(2) 实现对电子信息系统的控制，具体是指既要加强对系统开发、维护人员的控制，还要加强对数据、文字输入、输出、保存等有关人员的控制，保障电子信息系统及网络的安全。

参考答案：Ⅰ.ABCD（2006 年考试真题） Ⅱ.ABCD Ⅲ.BCD

【经典试题】

（单项选择题）1. 根据《内部会计控制规范》的规定，下列各项中，(　　)不属于单位内部会计控制内容。

A. 授权批准控制　　B. 会计人员控制

C. 内部报告控制　　D. 风险控制

（多项选择题）2. 为保护单位资金的安全、完整，提高会计信息质量，避免或降低风险，提高经营管理效率和效果，各单位应加强内部控制。下列各项中，属于单位内部控制方法的有(　　)。

A. 授权审批控制　　B. 预算控制

C. 会计系统控制　　D. 不相容职务分离控制

（多项选择题）3. 某企业拟进行下列工作人员调配，其中安排不恰当的是(　　)。

A. 对于企业的所有资金支出，要求必须要经过总经理签字

B. 因为财务人员比较少，决定由材料明细账会计兼材料保管，以方便查账、对账

C. 企业只设立一名费用会计，因为费用会计学识、经验都比较充分，所以，由费用会计兼总账会计，并负责复核所有会计凭证、账簿及报表的登记的编制情况

D. 企业原材料采购由业务人员刘某拟定采购计划，并由其根据采购计划办理具体采购业务

（判断题）4. 定期盘点的盘点结果与会计记录如不一致，应当及时采取相应的措施加强管理。(　　)

（判断题）5. 财产保全控制主要包括接近控制、定期盘点控制两种。（　　）

（判断题）6. 授权批准与监督检查属于不相容职务。（　　）

参考答案：1. B　2. ABCD（2009 年考试真题）　3. BCD　4. √　5. √　6. √

考点 3：会计工作国家监督的实施主体和监督对象

重点等级：☆☆☆☆

1. 会计工作国家监督的实施主体

根据《会计法》的规定，Ⅰ【○ A. 县级以上人民政府财政部门　B. 人民银行　C. 审计部门　D. 税务部门】为各单位会计工作的监督检查部门，对各单位会计工作行使监督权，对违法会计行为实施行政处罚。因此，财政部门是《会计法》的执法主体，是会计工作国家监督的实施主体。这里所说的财政部门，是指Ⅱ【□ A. 地方财务部门　B. 国务院财政部门　C. 国务院财政部门的派出机构　D. 县级以上人民政府财政部门】。

此外，《会计法》规定，除财政部门外，审计、税务、人民银行、证券监管、保险监管等部门依照有关法律、行政法规规定的职责和权限，可以对有关单位的会计资料实施监督检查。如根据我国《税收征收管理法》的规定，税务机关有权检查纳税人的账簿、记账凭证、报表和有关资料。

2. 会计工作国家监督的对象

根据《财政部门实施会计监督办法》的规定，财政部门实施会计监督检查的对象是会计行为，并对发现的有违法会计行为的单位和个人实施行政处罚。

根据《会计法》的规定，各单位必须依照有关法律、行政法规的规定，接受有关监督检查部门依法实施的监督检查，如实提供Ⅲ【□ A. 会计凭证　B. 会计账簿　C. 财务会计报告　D. 其他会计资料】以及有关情况，不得拒绝、隐匿、谎报。

参考答案：Ⅰ. A　Ⅱ. BCD　Ⅲ. ABCD

【经典试题】

（多项选择题）1. 根据《会计法》的规定，各单位会计工作必须依照法律和国家有关规定接受政府监督。实施上述监督的政府机构包括（　　）。

A. 财政机关　　　B. 证券监管机关

C. 税务机关　　　D. 审计机关

(判断题) 2. 根据《财政部门实施会计监督办法》的规定，财政部门实施会计监督检查的对象是会计行为，并对发现的有违法会计行为的单位和个人实施行政处罚。(　　)

(综合题) 3. 振光有限责任公司是一家中外合资经营企业，2002年度发生了以下事项：

(1) 1月21日，公司接到市财政局通知，市财政局将要来公司检查会计工作情况。公司董事长兼总经理胡某认为，公司作为中外合资经营企业，不应受《会计法》的约束，财政部门无权来检查。

(2) 3月5日，公司会计科一名档案管理人员因生病临时交接工作，胡某委托单位出纳员李某临时保管会计档案。

(3) 4月15日，公司从外地购买了一批原材料，收到发票后，与实际支付款项进行核对时发现发票金额错误，经办人员在原始凭证上进行了更改，并加盖了自己的印章，作为报销凭证。

(4) 5月2日，公司会计科科长退休。公司决定任命自参加工作以来一直从事文秘工作的办公室副主任王某为会计科科长。

(5) 6月30日，公司有一批保管期满的会计档案按规定需要进行销毁。公司档案管理部门编制了会计档案销毁清册，档案管理部门的负责人在会计档案销毁清册上签了字，并于当天销毁。

(6) 9月9日，公司人事部门从外省招聘了一名具有高级会计师资格的会计人员。该高级会计师持有外省的会计从业资格证书，其相关的会计从业资格业务档案资料仍保存在外省的原单位所在地财政部门。

(7) 12月1日，公司董事会研究决定，公司以后对外报送的财务会计报告由王科长签字、盖章后报出。

要求：根据上述情况和会计法律制度的有关规定，回答下列问题：

(1) 公司董事长兼总经理胡某认为中外合资经营企业不受《会计法》约束的观点是否正确？为什么？

(2) 该公司由出纳员临时保管会计档案的做法是否符合法律规定？为什么？

(3) 该公司经办人员更改原始凭证金额的做法是否符合法律规定？为什么？

(4) 该公司王某担任会计科科长是否符合法律规定？为什么？

(5) 该公司销毁会计档案的做法是否符合法律规定？为什么？

(6) 该公司招聘的高级会计师是否需要办理会计从业资格调转手续？如需办理，应怎样办理？

(7) 该公司董事会作出的关于对外报送财务会计报告的决定是否符合法律规定？为什么？

参考答案：1. ABCD　2. √

3.（1）中外合资企业无权拒绝财政部门对其会计工作的监督检查。

根据我国会计法律制度的规定，县级以上人民政府财政部门为各单位会计工作的监督检查部门，对各单位会计工作行使监督权。

（2）由出纳员临时保管会计档案不符合会计法律制度规定。

根据我国会计法律制度的规定，出纳员不得兼管稽核、会计档案保管和收入、费用、债权债务账目的登记工作。

（3）公司经办人员更改原始凭证金额的做法不符合规定。

根据《会计法》的规定，原始凭证金额有错误的，应当由出具单位重开，不得在原始凭证上更正。

（4）该公司任命王某担任会计科科长不符合会计法律制度规定。

根据我国会计法律制度规定，担任会计机构负责人，除取得会计从业资格证书外，还应当具备会计师以上专业技术资格或者从事会计工作 3 年以上工作经历。王某自参加工作以来一直从事文秘工作，不可能具备从事会计工作 3 年以上工作经历。

（5）公司档案部门销毁会计档案的做法不符合会计法律制度规定。

根据我国会计法律制度的规定，会计档案保管期满需要销毁的，要由本单位档案部门提出意见，会同本单位的会计部门进行审查和鉴定，编制会计档案销毁清册，并经单位负责人在会计档案销毁清册上签字，销毁时要有单位档案部门和会计部门共同派人监销。

（6）该会计应当办理会计从业资格证书调转手续。

根据《会计从业资格管理办法》的规定，从事会计工作的人员，因调任等原因离开原单位到其他地区继续从事会计工作的，应于办理调出手续后的 90 日内到新工作单位所在地区的会计从业资格管理部门重新办理调入手续。

（7）公司董事会作出关于对外报送财务会计报告的决定不符合会计法律制度规定。

根据《会计法》的规定，公司对外报出的财务会计报告应当由企业负责人和主管会计工作的负责人、会计机构负责人签名并盖章；设置总会计师的，还应由总会计师签名并盖章。（2003 年考试真题）

考点 4：财政部门实施会计监督的内容

重点等级：☆☆

根据《会计法》的规定，财政部门可以依法对各单位的下列情况实施监督：【□ A. 会计凭证、会计账簿、财务会计报告和其他会计资料是否真实、完整　B. 从事会计工作的人员是否具备会计从业资格 C. 是否依法设置会计账簿 D. 会计核算是否符合《会计法》和国家统一的会计制度的规定】。

根据《会计法》的规定，财政部门在对各单位的会计凭证、会计账簿、财务会计报告和其他会计资料的真实性、完整性实施监督检查中，发现重大违法嫌疑时，国务院财政部门及其派出机构可以向与被监督单位有经济业务往来的单位和被监督单位开立账户的金融机构查询有关情况，有关单位和金融机构应予以支持。

参考答案：ABCD

【经典试题】

（判断题）财政部门是政府会计监督的主体，可以向与被监督单位有经济业务往来的单位和被监督单位开立账户的金融机构查询有关情况，有关单位和金融机构应视情况予以支持。（ ）

参考答案：×

考点5：会计工作的社会监督

重点等级：☆☆☆

会计工作的社会监督，主要是指由【○ A. 注册税务师 B. 注册会计师 C. 会计主管人员 D. 会计机构负责人】及其所在的会计师事务所等中介机构接受委托，依法对受托单位的经济活动进行审计，出具审计报告，发表审计意见的一种监督制度。

《会计法》规定，任何单位和个人对违反《会计法》和国家统一的会计制度规定的行为，有权检举。这是为了充分发挥社会各方面力量的作用，鼓励各单位和个人检举违法会计行为，也属于会计工作社会监督的范畴。

参考答案：B

【经典试题】

（单项选择题）1. 根据我国《会计法》的规定，会计工作社会监督的主体是指（ ）。

A. 注册会计师及其会计师事务所　　B. 财政、审计、税务机关

C. 本单位的内部审计机构及其人员　　D. 本单位的会计机构和会计人员

（判断题）2. 单位和个人对违反《会计法》和国家统一会计制度规定的行为进行

检举，属于会计工作的社会监督范畴。（　　）

参考答案：1. A　2. √

考点 6：注册会计师的业务范围

重点等级：☆☆

1. 审计业务

注册会计师及其所在的会计师事务所可依法承办的审计业务包括：【□ A. 审查企业财务会计报告，出具审计报告　B. 验证企业资本，出具验资报告　C. 办理企业合并、分立、清算事宜中的审计业务，出具有关的报告　D. 法律、行政法规规定的其他审计业务】。

2. 会计咨询、会计服务

（1）注册会计师承办业务必须由其所在的会计师事务所统一受理，并与委托人签订委托合同；

（2）注册会计师与委托人有利害关系的，应当回避；

（3）注册会计师对执业中知悉的商业秘密负有保密义务；

（4）注册会计师执行审计业务时，必须按照独立审计准则确定的工作程序出具审计报告，其依法执行审计业务所出具的审计报告，具有证明效力。

根据《会计法》的规定，财政部门有权对会计师事务所出具审计报告的程序和内容进行监督。也就是说，财政部门对注册会计师及其会计师事务所的审计质量进行再监督。

参考答案：ABCD

【经典试题】

（判断题）省级以上财政部门有权对会计师事务所出具审计报告的程序和内容进行监督。（　　）

参考答案：√（2006 年考试真题）

考点 7：审计业务约定书

重点等级：☆☆☆

注册会计师不能以个人名义承接业务，而必须由会计师事务所统一接受委托，并与委托人签订审计业务约定书。审计业务约定书是会计师事务所与委托单位共同签署的据以确认审计业务的委托与受托关系，明确委托目的、审计范围及双方责任和义务的书面合同，具有法定约束力。审计业务约定书由双方法定代表人或其授权代表签署，并加盖双方单位印章。

如果被审计单位不是委托人，在签订审计业务约定书前，注册会计师应当与委托人、被审计单位就审计业务约定书相关条款进行充分沟通，并达成一致意见。

审计业务约定书的内容主要包括：【□ A. 签约双方的名称　B. 委托目的　C. 审计范围　D. 会计责任与审计责任】、签约双方的义务、出具审计报告的时间要求、审计报告的使用责任、审计收费、审计业务约定书的有效时间、违约责任、签约时间以及其他有关事项。

参考答案：ABCD

【经典试题】

（判断题）1. 审计业务约定书必须由会计师事务所与委托方签订，注册会计师不能以个人名义承接业务。（　）

（判断题）2. 审计业务约定书必须由双方法定代表人签署，并加盖双方单位印章。（　）

参考答案：1. √　2. ×

考点 8：注册会计师审计报告

重点等级：☆☆☆☆☆

1. 审计报告的概念

审计报告是指注册会计师根据中国注册会计师审计准则的规定，在实施审计工作的基础上，对被审计单位财务报表发表审计意见的书面文件。

审计报告应当包括的要素有：标题，收件人，Ⅰ【□ A. 引言段　B. 管理层对财务报表的责任段　C. 注册会计师的责任段　D. 审计意见段】，注册会计师的签名和盖章，会计师事务所的名称、地址及盖章，报告日期。

注册会计师出具审计报告前，需要根据审计计划实施审计程序，Ⅱ【□ A. 获取审计证据　B. 填制审计工作底稿　C. 撰写审计工作总结　D. 评价审计结果】，并取得有关方面的声明、证明。注册会计师在审计过程中，有权查阅被审计单位的财务会计资料和有关文件，有权查看业务现场和设施，并向有关单位和个人进行调查与核实。

2. 审计报告的种类

审计报告分为标准审计报告和非标准审计报告。当注册会计师出具的无保留意见的审计报告不附加说明段、强调事项段或任何修饰用语时，称为标准审计报告；反之，称为非标准审计报告，包括Ⅲ【□ A. 带强调事项段的无保留意见的审计报告 B. 保留意见的审计报告 C. 否定意见的审计报告 D. 无法表示意见的审计报告】。

(1) 无保留意见的标准审计报告。

注册会计师如果认为财务报表同时符合下列所有条件，应当出具无保留意见的标准审计报告：

①财务报表已经按照适用的会计准则和相关会计制度的规定编制，在所有重大方面公允反映被审计单位的财务状况、经营成果和现金流量；

②注册会计师已经按照中国注册会计师审计准则的规定计划和实施审计工作，在审计过程中未受到限制。

(2) 带强调段的无保留意见审计报告。

审计报告的强调事项段，是指注册会计师在审计意见段之后增加的对重大事项予以强调的段落。强调事项应当同时符合下列条件：

①可能对财务报表产生重大影响，但被审计单位进行了恰当的会计处理，且在财务报表中作出充分披露；

②不影响注册会计师发表的审计意见。

(3) 保留意见的审计报告。

当注册会计师认为财务报表整体是公允的，但还存在下列情形之一的，应当出具保留意见的审计报告：

①会计政策的选用、会计估计的作出或财务报表的披露不符合适用的会计准则和相关会计制度的规定，虽影响重大，但不至于出具否定意见的审计报告；

②因审计范围受到限制，不能获取充分、适当的审计证据，虽影响重大，但不至于出具无法表示意见的审计报告。

(4) 否定意见的审计报告。

当注册会计师认为财务报表没有按照适用的会计准则和相关会计制度的规定编制，未能在所有重大方面公允反映被审计单位的财务状况、经营成果和现金流量时，应当出具Ⅳ【○ A. 带强调段的无保留意见审计报告 B. 保留意见的审计报告 C. 否定意见的审计报告 D. 无法表示意见的审计报告】。

(5) 无法表示意见的审计报告。

当注册会计师认为审计范围受到限制可能产生的影响非常重大和广泛，不能获取充分、适当的审计证据，以至于无法对财务报表发表审计意见时，应当出具无法表示意见的审计报告。

参考答案：Ⅰ.ABCD Ⅱ.ABCD Ⅲ.ABCD Ⅳ.C

【经典试题】

(单项选择题) 1. 根据会计法律制度的规定，注册会计师对被审计单位财务会计报告进行审计后出具的审计报告分为标准审计报告和非标准审计报告。下列各项中，属于标准审计报告的是(　　)。

A. 无保留意见的审计报告　　B. 保留意见的审计报告

C. 带强调段的无保留意见审计报告　　D. 否定意见的审计报告

（多项选择题）2. 根据我国会计法律制度的有关规定，企业委托注册会计师审计时，如果拒绝对会计报表具有重大影响对事项提供必要的书面声明，或拒绝就重要的口头声明予以书面确认，注册会计师可以出具的审计报告类型有(　　)。

A. 带强调事项段的无保留意见的审计报告　B. 保留意见的审计报告

C. 否定意见的审计报告　　D. 无法表示意见的审计报告

（多项选择题）3. 下列各项中，(　　)属于审计报告的种类。

A. 无保留意见的审计报告　　B. 保留意见的审计报告

C. 否定意见的审计报告　　D. 不表示意见的审计报告

（判断题）4. 注册会计师出具无保留意见的审计报告的条件之一是，财务报表已经按照适用的会计准则和相关会计制度的规定编制，在所有方面公允反映被审计单位的财务状况、经营成果和现金流量。(　　)

（判断题）5. 因审计范围受到限制，不能获取充分、适当的审计证据，虽影响重大，但不至于出具否定意见的审计报告时，可以出具无法表示意见的审计报告。(　　)

> 参考答案：1. A（2009 年考试真题）　2. BD（2008 年考试真题）　3. ABC
> 4. ×　5. ×

考点 9：会计责任与审计责任

重点等级：☆☆☆☆

1. 会计责任

会计责任是指被审计单位对建立健全和有效执行本单位的内部控制制度，保证本单位提交的会计资料的真实性、合法性和完整性，保护本单位资产的安全与完整等负有的责任。被审计单位的会计责任应在审计业务约定书中明确。按照审计准则的规定对财务报表发表审计意见是注册会计师的责任，即审计责任。

2. 审计责任

审计责任是指【○ A. 单位负责人　B. 注册会计师　C. 企业法人代表　D. 会计人员】对委托人和被审计单位应尽的义务。

(1) 审计责任对注册会计师提出的要求。审计责任要求注册会计师依法独立实施审计程序、获取充分适当的审计证据，依法出具审计报告，清楚地表达对被审计单位财务会计报告整体的意见，并对出具的审计报告负责。现阶段，审计责任以验证被审计单位财务会计报告的公允性为主，同时也要求揭露被审计单位的重大错误和舞弊。

注册会计师的审计责任也应在审计业务约定书中明确。

（2）注册会计师承担审计责任的方式。

①注册会计师应当保持应有的执业谨慎态度，按照审计准则的要求，充分考虑审计风险，通过实施必要和适当的审计程序，将被审计单位财务会计报告中存在的重大错误与舞弊揭露出来；

②由于审计测试和被审计单位内部控制的固有限制，注册会计师即使完全按照审计准则进行审计，也难以保证能发现所有的错误和舞弊，只能合理确信财务会计报告中不存在重大错误与舞弊；

③注册会计师在审计过程中发现有错误或舞弊的可能性时，应对其重要性进行评估，并确定是否应修改或追加审计程序；

④注册会计师确定被审计单位的财务会计报告存在错误或舞弊时，应提请被审计单位调整，被审计单位拒绝调整的，注册会计师应视情况分别出具保留意见、否定意见或无法表示意见的审计报告。

会计责任与审计责任不能相互替代、减轻或免除。

参考答案：B

【经典试题】

（判断题）1. 会计责任指被审计单位要自行验证财务会计报告的公允性，同时揭露本单位的重大错误和舞弊的责任。（　　）

（判断题）2. 会计责任与审计责任不能相互替代、减轻或免除。（　　）

（判断题）3. 审计责任是注册会计师对委托人和被审计单位应尽的义务。（　　）

参考答案：1. ×　2. √　3. √

第四节　会计机构和会计人员

考点 1：代理记账

重点等级：☆☆☆☆☆

代理记账，是指由社会中介机构，如会计咨询机构、会计服务机构、会计师事务所等，代替独立核算单位办理Ⅰ【□ A. 记账　B. 算账　C. 报账　D. 结账】业务。

1. 代理记账机构的设立条件

(1) Ⅱ【○ A. 3　B. 5　C. 6　D. 10】名以上持有会计从业资格证书的专职从业人员；

(2) 主管代理记账业务的负责人必须具有会计师以上专业技术职务资格；

(3) 有固定的办公场所；

(4) 有健全的代理记账业务规范和财务会计管理制度。

2. 代理记账的业务范围

(1) 根据委托人提供的原始凭证和其他资料，按照国家统一的会计制度的规定进行会计核算，包括审核原始凭证、填制记账凭证、登记会计账簿、编制财务会计报告等；

(2) 对外提供财务会计报告；

(3) 向税务机关提供税务资料；

(4) 委托人委托的其他会计业务。

3. 代理记账机构的设立与审批

申请设立除会计师事务所以外的代理记账机构，应当向所在地县级以上（含县级）人民政府财政部门提出申请。审批机关自受理申请之日起Ⅲ【○ A. 5 日　B. 10 日　C. 15 日　D. 20 日】内决定批准或者不批准。在规定期限内不能作出决定的，经审批机关负责人批准可延长Ⅳ【○ A. 5 日　B. 10 日　C. 15 日　D. 20 日】，并应当将延长期限的理由告知申请人。符合法定条件的，由审批机关颁发由财政部统一印制的代理记账许可证书。

4. 委托人、代理记账机构及其从业人员的职责

委托人委托代理记账机构代理记账，应当在相互协商的基础上，订立书面委托合同。委托合同除应具备法律规定的基本条款外，应当明确下列内容：

①委托人、受托人对会计资料真实性、完整性应承担的责任；

②会计资料传递程序和签收手续；

③编制和提供财务会计报告的要求；

④会计档案的保管要求及相应责任；

⑤委托人、受托人终止委托合同应当办理的会计交接事宜。

(1) 委托人的职责包括：Ⅴ【□ A. 对本单位发生的经济业务事项，应当填制或者取得符合国家统一的会计制度规定的原始凭证　B. 应当配备专人负责日常货币收支和保管　C. 及时向代理记账机构提供真实、完整的原始凭证和其他资料　D. 对于代理记账机构退回的要求按照国家统一的会计制度规定进行更正、补充的原始凭证，应当及时予以更正、补充】。

(2) 代理记账机构及其从业人员的职责与义务：①按照委托合同办理代理记账，遵守有关法律、行政法规和国家统一的会计制度的规定；②对在执行业务中知悉的商业秘密应当保密；③对委托人示意其作出不当的会计处理，提供不实的会计资料，以

及其他不符合法律、行政法规和国家统一的会计制度规定的要求，应当拒绝；④对委托人提出的有关会计处理原则问题应当予以解释。

参考答案：Ⅰ.ABC Ⅱ.A Ⅲ.D Ⅳ.B Ⅴ.ABCD

【经典试题】

（单项选择题）1. 根据会计法律制度的规定，除会计师事务所之外，从事代理记账业务的机构必须取得代理记账许可证。该代理记账许可证的审批机关是（　　）。

A. 县级以上工商行政管理部门　　B. 县级以上人民政府财政部门

C. 县级以上国家税务机关　　D. 县级以上人民政府审计部门

（多项选择题）2. 根据会计法律制度的规定，单位的下列业务中，可以委托代理记账机构办理的有（　　）。

A. 审核原始凭证　　B. 登记会计账簿

C. 办理纳税申报　　D. 编制财务会计报告

（多项选择题）3. 根据《代理记账管理办法》规定，下列各项中，属于代理记账机构可以接受委托，代表委托人办理的业务有（　　）。

A. 向税务机关报送纳税申报表　　B. 登记会计账簿

C. 编制财务会计报告　　D. 出具审计报告

（判断题）4. 委托人委托代理记账机构代理记账，应当在相互协商的基础上，订立书面委托合同。（　　）

（判断题）5. 在委托代理记账的情况下，委托单位对会计资料的真实性、完整性不再承担责任。（　　）

（判断题）6. 代理记账机构对委托人示意其作出不当的会计处理，提供不实的会计资料，应当拒绝。（　　）

参考答案：1. B（2005 年考试真题）　2. ABCD（2009 年考试真题）　3. ABC（2002 年考试真题）　4. √　5. ×（2007 年考试真题）　6. √

考点 2：会计机构负责人

重点等级：☆☆☆

会计机构负责人或会计主管人员是在一个单位内具体负责会计工作的中层领导人员。

根据《会计法》的规定，各单位应当根据单位业务的需要，设置会计机构或者在有关机构中设置会计人员并指定会计主管人员。担任单位会计机构负责人（会计主管人员）的，除应取得会计从业资格证书外，还应当具备【□ A. 初级会计专业技术资格　B. 会计师以上专业技术资格　C. 从事会计工作2年以上经历　D. 从事会计工作3年以上经历】；此外，还应当具有较高的政治素质和政策及业务水平、良好的职业道德、较强的组织领导能力和较好的身体等。

参考答案：BD

【经典试题】

（多项选择题）1. 根据《会计法》的规定，下列各项中，必须取得会计从业资格的有（　　）。

A. 注册会计师　　B. 注册税务师

C. 会计主管人员　　D. 会计机构负责人

（综合题）2. 海盛国有食品加工企业2001年发生以下事项：

（1）1月，该企业新领导班子上任后，作出了精减内设机构等决定，将会计科撤并到企业管理办公室（以下简称“企管办”），同时任命企管办主任王某兼任会计主管人员。会计科撤并到企管办后，会计工作分工如下：原会计科会计继续担任会计；原企管办工作人员、王某的女儿担任出纳工作。企管办主任王某自参加工作后一直从事文秘工作，为了使王某尽快胜任会计主管人员岗位，企业同意王某半脱产参加会计培训班，并参加2002年会计从业资格考试。

（2）2月，原会计科长与王某办理会计工作交接手续，人事科长进行监交。

（3）6月，档案科会同企管办对企业会计档案进行了清理，编造会计档案销毁清册，将保管期已满的会计档案按规定程序全部销毁，其中包括一些保管期满但尚未结清债权债务的原始凭证。

（4）8月，经该企业负责人批准，某业务往来单位因业务需要查阅了该企业2000年有关会计档案，对有关原始凭证进行了复制，并办理了登记手续。

（5）10月，企管办在例行审核有关单据时，发现一张购买计算机的发票，其“金额”栏中的数字有更改现象，经查阅相关买卖合同、单据，确认更改后的金额数字是正确的，于是要求该发票的出具单位在发票“金额”栏更改之处加盖出具单位印章。之后，该企业予以接受并据此登记入账。

要求：根据上述情况和会计法律制度的有关规定，回答下列问题：

（1）该企业撤并会计机构，任命会计主管人员。会计工作岗位分工是否有违反法律规定之处？分别说明理由。

（2）该企业在办理会计工作交接、销毁会计档案中是否有违反法律规定之处？分别说明理由。

（3）该企业向业务往来单位提供查阅会计档案、复制有关原始凭证是否符合法律规定？说明理由。

（4）该企业对购买计算机的发票的处理是否符合法律规定？说明理由。

参考答案：1. CD（2005 年考试真题）

2.（1）①该企业撤并会计机构有违法之处。根据《会计法》的规定，各单位应当根据会计业务的需要，设置会计机构，或者在有关机构中设置会计人员并指定会计主管人员。一个单位是否单独设置会计机构，往往取决于以下原因：一是单位规模的大小；二是经济业务和财务收支的繁简；三是经营管理的要求。所以，作为国有食品加工企业，该企业应单独设置会计机构。②任命王某为会计主管人员有违法之处。根据《会计法》的规定，担任单位会计机构负责人（会计主管人员）的，除取得会计从业资格证书外，还应当具备会计师以上专业技术职务资格或者从事会计工作 3 年以上经历。王某不具备法定资格，既无会计师专业技术职务资格，以往从事的又是文秘工作，不能担任会计主管人员。③由王某的女儿担任出纳工作也是违法的。依据《会计基础工作规范》的要求，国家机关、国有企业、事业单位任用会计人员应当实行回避制度，其中会计主管人员的直系亲属不得在本单位会计机构中担任出纳工作。因此，王某若为会计主管人员，则其女儿不能在本单位任出纳工作。

（2）①该企业在办理会计工作交接中有违法之处。根据《会计法》的规定，会计机构负责人、会计主管人员办理交接手续时，由单位领导人负责监交。而该企业则是由人事科长进行监交，不符合法律规定。②该企业销毁会计档案中有违法之处。依据法律规定，对于保管期满但未结清的债权债务原始凭证和涉外及其他未了事项的原始凭证，不得销毁，而应当单独抽出立卷，保管到未了事项完结时为止，所以，并非保管期满的会计档案一律销毁。

（3）该企业向业务往来单位提供查阅会计档案、复制有关原始凭证符合法律规定。因为法律规定，会计档案原则上不得借出，如有特殊需要，须经本单位负责人批准，可以提供查阅或者复制，并办理登记手续。

（4）该企业对购买计算机的发票的处理不符合法律规定。因为法律规定，原始凭证记载的各项内容均不得涂改。原始凭证有错误的，应当由出具单位重开或者更正，更正处应当加盖出具单位印章。原始凭证金额有错误的，应当由出具单位重开，不得在原始凭证上更正。该企业购买计算机的发票是金额有错误，不能更正而应重开。（2002 年考试真题）

考点 3：总会计师的设置范围

重点等级：☆

总会计师是主管本单位财务会计工作的行政领导。总会计师协助单位主要行政领导人工作，直接对单位主要行政领导人负责。《会计法》以及【○ A. 国务院 B. 国务院财政部门 C. 国务院经济贸易部门 D. 国有资产监督管理部门】于 1990 年 12 月 31 日发布的《总会计师条例》等，对总会计师的设置范围、任职资格、职责权限等作出了规定。

根据《会计法》的规定，国有的和国有资产占控股地位或者主导地位的大、中型企业必须设置总会计师。

《会计法》并不限制其他单位根据需要设置总会计师。其他单位可以根据业务需要，自行决定是否设置总会计师。

参考答案：A

考点 4：总会计师的地位

重点等级：☆☆☆☆

会计法律制度对总会计师性质与任职资格的规定为【□ A. 总会计师是单位行政领导成员 B. 总会计师是单位非行政领导职务 C. 总会计师是单位财务会计工作的负责人 D. 总会计师是单位会计机构负责人】，全面负责单位的财务会计管理和经济核算，参与单位的重大经营决策活动，是单位主要行政领导人的参谋和助手。总会计师依法行使职权。根据规定，凡是设置总会计师的单位，不应当再设置与总会计师职责重叠的行政副职。

参考答案：AC（2006 年考试真题）

【经典试题】

（单项选择题）1. 下列关于总会计师性质与任职资格的表述中，不符合法律规定的是(　　)。

A. 总会计师是单位非行政领导成员

B. 总会计师是单位财务会计工作的主要负责人

C. 担任总会计师应具备会计师资格

D. 担任总会计师必须主管一个单位财务会计工作的时间不少于 3 年

（多项选择题）2. 下列行为中，不符合会计法律制度规定的有（　　）。

A. 某市财政局对本行政区域内的单位执行国家统一的会计制度情况进行检查

B. 某医院在行政办公室设置了会计人员并指定符合条件的会计主管人员

C. 某大型国有企业同时设置了总会计师和分管会计工作的副总经理

D. 某镇财政所对一名会计人员作出吊销会计从业资格证书的决定

（判断题）3. 凡是设置总会计师的单位，不应当再设置与总会计师职责重叠的行政副职。（　　）

（综合题）4. 长河公司是一家大型国有控股企业，该公司发生以下情况：

（1）2003 年 3 月，公司董事长胡某主持召开董事会会议，研究进一步加强会计工作问题。根据公司经理的提名，会议决定增设 1 名副经理主管财会工作，现任总会计师配合其工作。

（2）2003 年 5 月，公司会计科负责收入、费用账目登记工作的会计张某提出休产假。因会计科长出差在外，主管财会工作的副经理指定出纳员兼管张某的工作，并让出纳员与张某自行办理会计工作交接手续。

（3）2003 年 9 月，公司一供货商多次上门催要逾期货款，经公司董事长胡某同意，会计科长让出纳员开出一张 35 万元的转账支票给供货商。供货商向银行提示付款时，银行以长河公司的银行存款余额不足 35 万元为由予以退票。

（4）2003 年 12 月，公司产品滞销状况仍无根本改变，亏损已成定局。公司董事长胡某指使会计科在会计报表上做一些“技术处理”，确保“实现”年初定下的盈利 40 万元的目标。会计科遵照办理。

（5）2004 年 2 月，公司财务会计报告经主管财会工作的副经理、总会计师、会计科长签名并盖章后报出，公司董事长胡某未在财务会计报告上签章。

要求：根据上述情况和会计、金融法律制度的有关规定，回答下列问题：

（1）该公司增设主管财会工作的副经理的做法是否符合法律规定？简要说明理由。

（2）该公司指定出纳员兼管会计张某的工作并让出纳员与张某自行办理会计工作交接是否符合法律规定？分别简要说明理由。

（3）该公司签发 35 万元转账支票的行为属于何种违法行为？应承担哪些法律责任？

（4）该公司董事长胡某指使会计科在会计报表上做一些“技术处理”，致使公司由亏损变为盈利的行为属于何种违法行为？应承担哪些法律责任？

（5）该公司董事长胡某是否应当在对外报出的财务会计报告上签名并盖章？简要说明理由。

参考答案：1. A（2008 年考试真题） 2. CD（2003 年考试真题） 3. √

4. (1) 不符合法律规定。根据《总会计师条例》的规定，设置总会计师的单位，不应当再设置与总会计师职责重叠的行政副职。

(2) 不符合法律规定。根据《会计基础工作规范》的规定，出纳人员不得兼任收入、费用账目等的登记工作。根据《会计基础工作规范》的规定，一般会计人员办理工作交接，应由单位会计机构负责人监交。

(3) 属于签发空头支票的行为。

该公司应承担的法律责任有：①供货商有权要求该公司给予支票票面金额2%的赔偿金。②中国人民银行可对该公司处以支票票面金额5%但不低于1 000元的罚款。

(4) 属于授意、指使、强令会计机构、会计人员伪造、变造会计凭证、会计账簿、编制虚假财务会计报告的行为。根据《会计法》的规定，授意、指使、强令会计机构、会计人员及其他人员伪造、变造会计凭证、会计账簿，编制虚假财务会计报告，构成成犯罪的，依法追究刑事责任；尚不构成犯罪的，可以处 5 000 元以上 5 万元以下的罚款；属于国家工作人员的，还应当给予行政处分。

(5) 应当签名并盖章。根据《会计法》的规定，单位负责人应当保证本单位财务会计报告真实、完整，单位负责人应当在财务会计报告上签名并盖章。(2004 年考试真题)

考点 5：总会计师的任职资格

重点等级：☆☆

根据规定，担任总会计师应当具备下列条件：

(1) 坚持社会主义方向，积极为社会主义建设和改革开放服务；

(2) 坚持原则，廉洁奉公；

(3) 取得会计师任职资格，主管一个单位或者单位内一个重要方面的财务会计工作时间不少于【○ A. 1 年 B. 2 年 C. 3 年 D. 4 年】；

(4) 有较高的理论政策水平，熟悉国家财经法律、法规、方针、政策和制度，掌握现代化管理的有关知识；

(5) 具备本行业的基本业务知识，熟悉行业情况，有较强的组织领导能力；

(6) 身体健康，能胜任本职工作。

参考答案：C

【经典试题】

（单项选择题）根据《会计法》的规定，从事会计工作的人员应当具备的基本任职资格是（　　）。

A. 具有初级会计专业技术资格　　B. 取得会计从业资格证书

C. 具有中专以上会计专业学历　　D. 取得注册会计师资格证书

参考答案：B（2003 年考试真题）

考点 6：总会计师的职责

重点等级：☆☆

根据规定，总会计师的职责主要有以下几项：

（1）【□ A. 编制和执行预算　B. 编制和执行财务收支计划　C. 编制和执行信贷计划　D. 开辟财源】，拟订资金筹措和使用方案，有效地使用资金；

（2）进行成本费用预测、计划、控制、核算、分析和考核，督促本单位有关部门降低消耗、节约费用、提高经济效益；

（3）建立、健全经济核算制度，利用财务会计资料进行经济活动分析；

（4）负责对本单位财务会计机构的设置和会计人员的配备、会计专业职务的设置和聘任提出方案，组织会计人员的业务培训和考核，支持会计人员依法行使职权；

（5）协助单位主要行政领导人对企业的生产经营、行政事业单位的业务发展以及基本建设投资等问题作出决策，参与新产品开发、技术改造、科技研究、商品（劳务）价格和工资、奖金等方案的制定，参与重大合同和经济协议的研究、审查。

参考答案：ABCD

【经典试题】

（单项选择题）在下列主体中，协助单位主要行政领导人对企业的生产经营、行政事业单位的业务发展以及基本建设投资等问题作出决策，参与重大合同和经济协议的研究、审查的是（　　）。

A. 会计机构负责人　　B. 会计主管人员

C. 总会计师　　D. 单位负责人

参考答案：C

考点7：总会计师的权限

重点等级：☆☆☆

根据规定，总会计师的权限主要有以下几项内容：

（1）对违反国家财经法律、法规、方针、政策、制度和有可能在经济上造成损失、浪费的行为，有权制止或者纠正；制止或者纠正无效时，提请单位主要行政领导人处理。

（2）有权组织本单位各职能部门、直属基层组织的经济核算、财务会计和成本管理方面的工作。

（3）主管审批财务收支工作。除一般的财务收支可以由总会计师授权的财会机构负责人或者其他指定人员审批外，重大的财务收支，须经总会计师审批或者由总会计师报单位主要行政领导人批准。

（4）签署【□A. 财务专题报告 B. 财务收支计划 C. 财务预算 D. 信贷计划】、成本和费用计划、会计决算报表；涉及财务收支的重大业务计划、经济合同、经济协议等，在单位内部须经总会计师会签。

（5）会计人员的任用、晋升、调动、奖惩，应当事先征求总会计师的意见。财会机构负责人或者会计主管人员的人选，应当由总会计师进行业务考核，依照有关规定审批。

参考答案：ABCD

【经典试题】

（多项选择题）1. 根据有关规定，下面属于总会计师权限的有（　　）。

A. 对违反国家财经法律、法规、方针、政策、制度和有可能在经济上造成损失、浪费的行为，有权制止或者纠正

B. 有权组织本单位各职能部门、直属基层组织的经济核算、财务会计和成本管理方面的工作

C. 重大的财务收支，须经总会计师审批或者由总会计师报单位主要行政领导人批准

D. 涉及财务收支的重大业务计划、经济合同、经济协议等，在单位内部须经总会计师会签

（判断题）2. 会计人员的任用、晋升、调动、奖惩，不必事先征求总会计师的意见。（　　）

参考答案：1. ABCD　2. ×

考点 8：总会计师的任免程序

重点等级：☆☆

（1）对于国有大、中型企业，《总会计师条例》规定，总会计师由本单位主要行政领导人提名，【○ A. 单位负责人　B. 会计部门主要负责人　C. 政府主管部门　D. 国务院】任命或者聘任；免职或者解聘程序与任命或者聘任程序相同。

（2）对于事业单位和业务主管部门，《总会计师条例》规定，总会计师依照干部管理权限任命或者聘任；免职或者解聘程序与任命或者聘任程序相同。

（3）城乡集体所有制企业、事业单位任免（包括聘任或解聘）总会计师，可以参照《总会计师条例》的有关规定办理。其他单位的总会计师，应当按照有关法律的规定任免（包括聘任或解聘）。

参考答案：C

【经典试题】

（综合题）2008 年 4 月，某市财政局派出检查组对市属某国有机械厂的会计工作进行检查。检查中了解到以下情况：

（1）2007 年 10 月，新厂长李某上任后，将厂长李某战友的女儿陈某调入该厂会计科任出纳，兼管会计档案保管工作。陈某没有会计证。

（2）2007 年 11 月，会计张某申请调离该厂，厂人事部门在其没有办清会计工作交接手续的情况下，即为其办理了调动手续。

（3）2007 年 12 月 10 日，该厂从现金收入中直接支取 5 万元用于职工福利。

（4）2008 年 1 月 6 日，该厂档案科会同会计科编制会计档案销毁清册。经厂长签字后，按规定程序进行了监销。经查实，销毁的会计档案中有一些是保管期满但未结清的债权债务原始凭证。

（5）该厂 2007 年 10 月以来的现金日记账和银行存款日记账是用圆珠笔书写的，未按页次顺序连续登记，有跳行、隔页现象。

要求：请指出上述情况中哪些行为不符合国家规定，并说明理由。

参考答案：

在（1）中，新厂长李某将其战友的女儿陈某调入该厂会计科任出纳，兼管会计档案保管工作的行为不符合规定。根据《会计法》和《会计从业资格管理办法》的规定，各单位从事会计工作的人员，必须取得会计从业资格，持有会计从业资格证书。此外，根据《会计基础工作规范》的规定，出纳人员不得兼管稽核、会计档案保管和收入、费用、债权债务账目的登记工作。

在（2）中，会计张某没有办清会计工作交接手续即办理调动手续的行为不符合规定。根据《会计法》的规定，会计人员工作调动或者因故离职，必须将本人所经管的会计工作全部移交接管人员。没有办理交接手续的不得调动或者离职。

在（3）中，该厂从现金收入中直接支取5万元用于职工福利的行为不符合规定。根据《现金管理暂行条例》的规定，开户单位支付现金，可以从本单位库存现金限额中支付或者从开户银行提取，不得从本单位的现金收入中直接支付（即坐支）。

在（4）中，销毁保管期满但未结清债权债务的原始凭证的行为不符合规定。根据《会计档案管理办法》的规定，对于保管期满但未结清债权债务的原始凭证和涉及其他未了事项的原始凭证，不得销毁，而应当单独抽出立卷，保管到未了事项完结时为止。

在（5）中，有以下行为不符合规定：

①现金日记账和银行存款日记账用圆珠笔书写不符合规定。根据《会计基础工作规范》的规定，登记账簿要用蓝黑墨水或者碳素墨水书写，不得用圆珠笔或者铅笔书写。

②会计账簿未按页次顺序连续登记，有跳行、隔页现象不符合规定。根据《会计基础工作规范》的规定，各种账簿要按页次顺序连续登记，不得跳行、隔页。

考点9：取得会计从业资格的范围

重点等级：☆☆

在国家机关、社会团体、公司、企业、事业单位和其他组织从事下列会计工作的人员，必须取得会计从业资格，持有会计从业资格证书，并进行注册登记，其中包括：【□A. 会计机构负责人（会计主管人员） B. 出纳 C. 稽核 D. 资本、基金核算】；收入、支出、债权债务核算；工资、成本费用、财务成果核算；财产物资的收发、增减核算；总账；财务会计报告编制；会计机构内会计档案管理。

参考答案：ABCD

【经典试题】

（判断题）只有取得会计从业资格证书的人员才能从事会计工作，未取得会计从业资格证书的人员，不得从事会计工作。（ ）

参考答案：√

考点10：会计从业资格的管理

重点等级：☆☆☆

会计从业资格管理实行属地原则。Ⅰ【○ A. 县级以上人民政府（含县级）　B. 县级以上人民政府人事部门（含县级）　C. 县级以上人民政府财政部门（含县级）　D. 县级以上人民政府审计部门（含县级）】负责本行政区域内的会计从业资格管理。

财政部委托中共中央直属机关事务管理局、国务院机关事务管理局按照各自权限分别负责中央在京单位的会计从业资格管理；委托铁道部、中国人民武装警察部队后勤部、中国人民解放军总后勤部分别负责本系统的会计从业资格管理。

会计从业资格考试由省级财政部门负责组织实施，其具体职责包括：Ⅱ【□ A. 制定会计从业资格考试考务规则　B. 组织会计从业资格考试命题　C. 实施考试考务工作　D. 监督检查会计从业资格考试考风、考纪】。

参考答案：Ⅰ. C　Ⅱ. ABCD

【经典试题】

（判断题）当地各级人民政府财政部门负责本行政区域内的会计从业资格管理。（　）

参考答案：×

考点11：会计从业资格证书申请、颁发程序

重点等级：☆☆☆☆

1. 申请取得会计从业资格证书需提交的材料

申请取得会计从业资格证书需提交的材料包括：Ⅰ【□ A.《会计从业资格证书申请表》　B. 考试成绩合格证明　C. 有效身份证件原件　D. 近期同一底片一寸免冠证件照两张】。

2. 会计从业资格证书的颁发

会计从业资格管理机构对申请人申请材料齐全、符合规定形式的，应当当场受理；申请材料不齐全或者不符合规定形式的，会计从业资格管理机构应当当场或者Ⅱ【○ A. 5日　B. 10日　C. 15日　D. 20日】内一次告知申请人需要补正的全部内容，逾期不告知的，自收到申请材料之日起即为受理。

会计从业资格管理机构能够当场作出决定的，应当当场作出颁发会计从业资格证

书的书面决定；不能当场作出决定的，应当自受理之日起Ⅲ【○ A.5 日　B.10 日　C.15 日　D.20 日】内对申请人提交的申请材料进行审查，并作出是否颁发会计从业资格证书的决定；20 日内不能作出决定的，经会计从业资格管理机构负责人批准，可以延长 10 日，并应当将延长期限的理由告知申请人。

对于作出准予颁发会计从业资格证书决定的，应当自作出决定之日起 10 日内向申请人颁发会计从业资格证书。

对于作出不予颁发会计从业资格证书的决定，应当说明理由，并告知申请人享有依法申请行政复议或者提起行政诉讼的权利。

参考答案：Ⅰ.ABCD　Ⅱ.A　Ⅲ.D

【经典试题】

（判断题）会计从业资格管理机构作出准予颁发会计从业资格证书的决定后，应当自决定之日起 15 日内向申请人颁发证书。（　　）

参考答案：×

考点 12：会计从业资格的后续管理

重点等级：☆☆☆☆

1. 注册登记

会计从业资格证书实行注册登记制度。持证人员从事会计工作，应当自从事会计工作之日起Ⅰ【○ A.20 日　B.30 日　C.60 日　D.90 日】内，填写注册登记表，并持会计从业资格证书和所在单位出具的从事会计工作的证明，向单位所在地或所属部门、系统的会计从业资格管理机构办理注册登记。

持证人员离开会计工作岗位超过Ⅱ【○ A.3　B.6　C.9　D.12】个月的，应当填写注册登记表，并持会计从业资格证书，向原注册登记的会计从业资格管理机构备案。

2. 调转登记

持证人员在同一会计从业资格管理机构管辖范围内调转工作单位，且继续从事会计工作的，应当自离开原工作单位之日起Ⅲ【○ A.30 日　B.60 日　C.90 日　D.180 日】内，填写调转登记表，持会计从业资格证书及调入单位开具的从事会计工作的证明，办理调转登记。

持证人员在不同会计从业资格管理机构管辖范围调转工作单位，且继续从事会计工作的，应当填写调转登记表，持会计从业资格证书，及时向原注册登记的会计从业资格管理机构办理调出手续；并自办理调出手续之日起 90 日内，持会计从业资格证书、调转登记表和调入单位开具的从事会计工作证明，到调入单位所在地区的会计从业资格管理机构办理调入手续。

3. 变更登记

持证人员的学历、学位、会计专业技术资格（职务）等发生变更的，可以持相关有效证明和会计从业资格证书，到会计从业资格管理机构办理从业档案信息变更。

参考答案：Ⅰ.D Ⅱ.B Ⅲ.C（2007 年考试真题）

【经典试题】

（判断题）1. 会计从业资格证书实行注册登记制度。（ ）

（判断题）2. 持证人员在不同会计从业资格管理机构管辖范围调转工作单位，且继续从事会计工作的，应当自办理调出手续之日起 90 日内，持会计从业资格证书、调转登记表和调入单位开具的从事会计工作证明，到调入单位所在地区的会计从业资格管理机构办理调入手续。（ ）

参考答案：1. √（2002 年考试真题） 2. √

考点 13：会计人员继续教育的对象和级别

重点等级：☆☆

1. 会计人员继续教育的对象

根据法律规定，会计人员继续教育的对象是取得并持有会计从业资格证书的人员。

2. 会计人员继续教育的级别

会计人员继续教育的级别分为【□ A. 高级 B. 中级 C. 低级 D. 初级】。

（1）高级会计人员继续教育的对象为取得或者受聘高级会计专业技术资格（职称）及具备相当水平的会计人员；

（2）中级会计人员继续教育的对象为取得或者受聘中级会计专业技术资格（职称）及具备相当水平的会计人员；

（3）初级会计人员继续教育的对象为取得或者受聘初级会计专业技术资格（职称）的会计人员，以及取得会计从业资格证书但未取得或者受聘初级会计专业技术资格（职称）的会计人员。

参考答案：ABD

【经典试题】

（判断题）会计人员继续教育是指对于从事会计工作的有关人员所进行的知识和技能培训，没有取得会计从业资格的人员也可以参加。（　）

参考答案：×

考点 14：会计人员继续教育学时

重点等级：☆☆

会计人员每年接受培训（面授）的时间累计不应少于Ⅰ【○ A.12　B.16　C.20　D.24】小时。会计人员由于病假、在境外工作、生育等原因，无法在当年完成接受培训时间的，可由本人提供合理证明，经归口管理的当地财政部门或中央主管单位审核确认后，其参加继续教育的时间可以顺延至Ⅱ【○ A. 以后年度　B. 本年末　C. 以后年初　D. 第三年末】完成。

参考答案：Ⅰ.D（2004 年考试真题）　Ⅱ.A

考点 15：会计工作岗位设置

重点等级：☆☆☆☆☆

会计工作岗位是指一个单位会计机构内部根据业务分工而设置的职能岗位。在会计机构内部设置会计工作岗位的意义包括：Ⅰ【□ A. 有利于明确分工和确定岗位职责，建立岗位责任制　B. 有利于会计人员钻研业务，提高工作效率和质量　C. 有利于会计工作的程序化和规范化，加强会计基础工作　D. 有利于强化会计管理职能，提高会计工作的作用】；同时，也是配备数量适当的会计人员的客观依据之一。

对于会计工作岗位的设置，《会计基础工作规范》提出了以下示范性要求：

（1）根据本单位会计业务的需要设置会计工作岗位。

（2）符合内部牵制制度的要求。根据规定，会计工作岗位可以一人一岗、一人多岗或者一岗多人。但出纳人员不得兼管稽核、Ⅱ【□ A. 会计档案保管　B. 收入、费用账目登记　C. 固定资产卡片登记　D. 债权债务账目登记】的工作。

（3）对会计人员的工作岗位要有计划地进行轮岗，以促进会计人员全面熟悉业务和不断提高业务素质。

（4）要建立岗位责任制。根据《会计基础工作规范》和有关制度的规定，会计工作岗位一般可分为：Ⅲ【□ A. 总会计师岗位　B. 会计机构负责人岗位　C. 出纳岗位　D. 稽核岗位】；资本、基金核算岗位；收入、支出、债权债务核算岗位；工资核算、成本费用核算、财务成果核算岗位；财务物资的收发、增减核算岗位；总账岗位；对外财务会计报告编制岗位；会计电算化岗位；会计档案管理岗位。

对于会计档案管理岗位，在会计档案正式移交之前，属于会计岗位；正式移交档案管理部门之后，不再属于会计岗位。住院处收费员、Ⅳ【□ A. 商场收银员　B. 医院门诊收费员　C. 单位出纳　D. 药品库房记账员】、药房收费员所从事的工作均不属于会计岗位。档案管理部门的人员管理会计档案，不属于会计岗位。单位内部审计、社会审计、政府审计工作也不属于会计岗位。

参考答案：Ⅰ.ABCD　Ⅱ.ABD（2005 年考试真题）　Ⅲ.ABCD　Ⅳ.ABD（2008 年考试真题）

【经典试题】

（判断题）1. 对于会计档案管理岗位，在会计档案正式移交之后，仍属于会计岗位。（　）

（判断题）2. 会计岗位的设置要符合内部牵制制度的要求，只能一人一岗，而不可以一人多岗或者多人一岗。（　）

（综合题）3. 2001 年 4 月，市财税部门对 A 家具公司在进行例行检查中，发现 A 家具公司 3 月份以下事项：

（1）会计王某休产假，公司一时找不到合适人选，决定由出纳李某兼任王某的收入、费用账目的登记工作。

（2）处理生产家具剩余的边角余料，取得收入（含增值税）1 170 元。公司授意出纳李某将该笔收入在公司会计账册之外另行登记保管。

（3）发生一笔销售返回业务，扣减当月销项税额 1 700 元。据查，该销售返回的家具系 2 月 7 日销售的，当时向购买方开具的增值税专用发票上注明的税金为 1 700 元；3 月 5 日，因该批家具质量问题，对方全部退货；4 月 6 日，收到购买方退还的该笔销售退回家具的增值税专用发票。

（4）将生产的电脑桌 200 张作为职工福利发给职工，没有进行相关的应缴纳增值税核算和账务处理。该电脑桌销售单价（含增值税）为 117 元。

（5）从库房领出外购木材一批用于新建公司办公楼，价款（不含增值税）为 1 500元，负担的增值税进项税额为 255 元，该进项税额已在 3 月份计算应缴纳增值税时从销项税额中抵扣。

已知：A 家具公司为增值税一般纳税人，适用增值税税率为 17%。

要求：根据上述情况回答下列问题：

（1）A 公司让出纳李某兼任王某的收入、费用账目登记工作是否符合我国《会计法》的规定？简要说明理由。

(2) A公司对处理边角余料的收入在公司会计账册之外另行登记保管的做法是否符合我国《公司法》的规定？如不符合，根据我国《公司法》的规定，A公司应当承担什么法律责任？

(3) A公司3月份扣减销项税额1 700元是否符合我国税法的规定？简要说明理由。

(4) A公司将生产的200张电脑桌作为职工福利发给职工是否应当缴纳增值税？简要说明理由。

(5) A公司将外购木材用于新建公司办公楼，其进项税额在3月份销项税额中抵扣的做法是否符合我国税法规定？简要说明理由。

(6) A公司是否要补缴3月份增值税？如果需要补缴，应补缴增值税税额是多少？

参考答案：1.× 2.×

3. (1) A公司让出纳李某兼任王某的收入、费用账目登记工作不符合我国《会计法》的规定。因为我国《会计法》规定，出纳人员不得兼任收入、支出、费用、债权债务账目的登记工作。

(2) A公司对处理边角余料的收入在公司会计账册之外另行登记保管的做法不符合我国《公司法》的规定。

根据我国旧《公司法》的规定，公司违反规定，在法定的会计账册以外另立会计账册的，责令改正，处以1万元以上10万元以下的罚款；构成犯罪的，依法追究刑事责任。（注：若据现行《公司法》规定，则公司在法定的会计账册以外另立会计账册的，由县级以上人民政府财政部门责令更正，处以5万元以上50万元以下罚款。）

(3) A公司3月份扣减销项税额1 700元不符合我国税法的规定。因为根据《增值税专用发票使用规定（试行）》（注：该规定已为2007年1月1日起施行的《增值税专用发票使用规定》所废止）的规定，纳税人销售货物并向购买方开具专用发票后，如发生退货，销售方在未收到购买方退还的专用发票前，不得扣减当期销项税额。该公司3月份没收到购买方退还的专用发票，不能从3月份扣减销售返回的销项税额。

(4) A公司将生产的200张电脑桌作为职工福利发给职工应当缴纳增值税。因为根据《增值税暂行条例》的规定，此种情况不属于免征增值税的项目。另外，2009年1月1日起施行的《增值税暂行条例实施细则》明确规定，将自产委托加工的货物用于集体福利或个人消费的，应视同销售货物缴纳增值税。

(5) A公司将外购木材用于新建公司办公楼，其进项税额在3月份销项税额中抵扣的做法不符合税法的规定。因为根据《增值税暂行条例》的规定，用于非应税项目的购进货物的进项税额不得从销项税额中抵扣。非应税项目包括固定资产在建工程、新建建筑物等。

(6) A公司应补缴3月份增值税。应补缴的增值税税额为5 525元。（2001年考试真题）

考点 16：会计人员回避制度

重点等级：☆☆☆☆

回避制度，是指为了保证执法或者执业的公正性，对可能影响其公正性的执法或者执业人员实行职务回避和业务回避的一种制度。在会计工作中，由于亲情关系而共同作弊和违法违纪的案件时有发生，因此，在会计人员中实行回避制度十分重要。我国已有相关法规对会计人员回避制度作出规定，如 2005 年 4 月 27 日第十届全国人民代表大会常务委员会第十五次会议通过的《中华人民共和国公务员法》规定，公务员之间有夫妻关系、直系血亲关系、三代以内旁系血亲关系以及近姻亲关系的，不得在其中一方担任领导职务的机关从事组织、人事、纪检、监察、审计和财务工作。

《会计基础工作规范》对会计人员回避问题也作出了规定，即：国家机关、国有企业、事业单位任用会计人员应当实行回避制度；单位负责人的直系亲属不得担任本单位的Ⅰ【○ A. 会计机构负责人 B. 稽核 C. 会计档案保管 D. 出纳】、会计主管人员；会计机构负责人、会计主管人员的直系亲属不得在本单位会计机构中担任Ⅱ【○ A. 会计机构负责人 B. 出纳 C. 会计档案保管 D. 稽核】工作。

参考答案：Ⅰ.A（2001 年考试真题） Ⅱ.B

【经典试题】

（多项选择题）1. 下列有关会计人员回避制度的说法中，正确的是（　　）。

A. 单位负责人的直系亲属不得担任本单位的会计机构负责人

B. 单位负责人的直系亲属不得担任本单位的会计主管人员

C. 会计机构负责人的直系亲属不得在本单位的会计机构中担任出纳工作

D. 会计机构负责人的直系亲属不得在本单位的会计机构中工作

（判断题）2. 国家机关、国有企业、事业单位任用会计人员应当实行回避制度。（　　）

（综合题）3. 钱桥纺织厂为国有企业，下设办公室、行政科、会计科、档案科等职能科室。

2005 年 7 月，经上级主管单位任命，会计科长甲的丈夫乙担任该厂厂长。同月，甲的侄女丙调到该厂会计科担任出纳工作。丙已取得会计从业资格。

8 月，厂长乙对厂行政机构和人员进行了调整和精简，撤销档案科，原由档案科保管的会计档案移交会计科保管。档案科移交会计档案前，会同会计科对保管期满的会计档案进行销毁。档案科长与会计科长甲共同在会计档案销毁清册上签字，并进行了监销。因厂长乙在外地出差，故未将此事报告厂长乙。之后，会计科长甲指定出纳丙兼管会计档案保管工作。

9月，丙调到当地一家外贸公司财务部工作，调离前与接任的丁自行办理了会计工作交接手续。丙未办理会计从业资格调转手续。

10月，甲办理退休手续。甲与新任会计科长戊办理交接手续，上级主管单位派人与厂长乙会同监交。后戊发现甲移交的会计资料存在问题，遂找甲询问。甲认为，会计资料已移交，自己不应再承担责任。

要求：根据上述情况和会计法律制度的有关规定，回答下列问题：

(1) 按照回避制度的规定，会计科长甲与其丈夫厂长乙是否应当回避？

(2) 丙担任钱桥纺织厂出纳工作是否符合法律规定？说明理由。

(3) 档案科与会计科在销毁会计档案过程中有哪些不符合法律规定之处？

(4) 会计科长甲指定出纳丙兼管会计档案保管工作是否符合法律规定？说明理由。

(5) 丙自行与丁办理会计工作交接手续是否符合法律规定？说明理由。

(6) 丙调动工作是否应当办理会计从业资格调转手续？说明理由。

(7) 甲认为会计资料已移交戊，自己不应再承担责任的观点是否符合法律规定？说明理由。

(综合题) 4. 广华电子厂属于大型国有企业，2006年5月，发生下列事项：

(1) 5日，该厂原会计人员张某出差7天，会计机构负责人王某聘任自己的外甥任出纳，其外甥系某财经院校毕业，有计算机二级证书。

(2) 10日，领导班子召开会议，认为企业人事设置过于臃肿，故决定不再设置总会计师职务。

(3) 15日，会计人员张某发现一张购买原材料的发票上金额填写错误，交由出具单位予以更正，并在更正处加盖了出具单位印章，张某据此进行了会计核算。

(4) 25日，该电子厂拟销毁一批保管期满的会计档案，其中包含一张尚未结清债权债务的原始凭证，会计人员张某认为既然保管期满，应该可以销毁，遂将该原始凭证进行了销毁。销毁该批会计档案时，只有该电子厂的出纳负责监销。

要求：阅读上述资料，依次分析广华电子厂存在的不妥之处。

参考答案：1. ABC 2. √

3. (1) 会计科长甲与其丈夫厂长乙应当回避。根据《会计基础工作规范》的规定，国有单位负责人的直系亲属不得担任本单位的会计机构负责人。

(2) 丙担任钱桥纺织厂出纳工作不符合法律规定。根据《会计基础工作规范》的规定，会计机构负责人的直系亲属不得在本单位会计机构中担任出纳工作。

(3) 档案科与会计科在销毁会计档案过程中不符合法律规定之处是：未请单位负责人乙在会计档案销毁清册上签字，也未将监销情况报告乙。

(4) 会计科长甲指定出纳丙兼管会计档案保管工作不符合法律规定。根据《会计法》和《会计基础工作规范》的规定，出纳人员不得兼管会计档案保管工作。

(5) 丙自行与丁办理会计工作交接手续不符合法律规定。根据《会计基础工作规范》的规定，一般会计人员办理交接手续，由单位的会计机构负责人或会计主管人员负责监交。

(6) 丙应当办理会计从业资格调转手续。根据《会计从业资格管理办法》的规定，持证人员在同一会计从业资格管理机构管辖范围内调转工作单位，且继续从事会计工作的，应当自离开工作单位之日起 90 日内，填写调转登记表，持会计从业资格证书及调入单位开具的从事会计工作的证明，办理调转登记。

(7) 甲认为会计资料已移交戊，自己不应再承担责任的观点不符合法律规定。根据《会计基础工作规范》的规定，移交人员对所移交的会计资料的合法性、真实性承担法律责任，原移交人员不应以会计资料已移交而推脱责任。(2006 年考试真题)

4. (1) 会计机构负责人王某聘任自己的外甥任电子厂出纳不符合规定。根据规定，国家机构、国有企业、事业单位任用会计人员应当实行回避制度。会计机构负责人、会计主管人员的直系亲属不得在本单位会计机构中担任出纳工作。所以，王某的外甥不能担任出纳工作。另外，根据规定，在国家机关、社会团体、公司、企业、事业单位和其他组织从事会计工作的人员，必须取得会计从业资格，持有会计从业资格证书。本题中王某的外甥虽系财经院校毕业，但没有会计从业资格证书，因而不能从事出纳工作。

(2) 广华电子厂不再设置总会计师职务不符合规定。根据规定，国有的和国有资产占控股地位或主导地位的大、中型企业必须设置总会计师。

(3) 张某发现原始凭证金额填写错误而交由出具单位更正不符合规定。根据规定，原始凭证有错误的，应当由出具单位重开或更正，更正处应当加盖出具单位印章。但是原始凭证金额有错误的，应当由出具单位重开，不得在原始凭证上更正。

(4) 张某将一张尚未结清债权债务的原始凭证进行销毁不符合规定。根据规定，保管期满但未结清债权债务的原始凭证，不得销毁。销毁时，只有广华电子厂的出纳负责监销不符合规定。根据规定，销毁会计档案时，应当由单位的档案部门和会计部门共同派员监销。因而本题中，只有会计部门派员监销是不符合规定的。

考点 17：会计人员工作交接前的准备工作

重点等级：☆☆

会计人员工作交接，是指会计人员工作调动或因故离职时，与接替人员办理交接手续的一种工作程序。办理好会计工作交接，有利于分清移交人员和接管人员的责任，可以使会计工作前后衔接，保证会计工作顺利进行。《会计法》规定，会计人员调动工作或者离职，必须与接管人员办清交接手续。

会计人员工作调动或者因故离职，必须将本人所经管的会计工作全部移交接管人员。没有办清交接手续的不得调动或者离职。根据《会计基础工作规范》的规定，会计人员在办理交接之前必须做好如下准备工作：

(1) 已经受理的经济业务尚未填制会计凭证的，应当填制完毕。

(2) 尚未登记账目的，应当登记完毕，结出余额，并在最后一笔余额后加盖经办人员印章。

(3) 整理应该移交的各项资料，对未了事项和遗留问题要写出书面说明材料。

(4) 编制移交清册，列明移交凭证、账簿、会计报表、公章、现金、有价证券、支票簿、发票、文件、其他会计资料和物品等内容；实行会计电算化的单位，从事该项工作的移交人员应在移交清册上列明会计软件及密码、会计软件数据盘、磁带等内容。

(5) 【□ A. 会计机构负责人 B. 总会计师 C. 会计主管人员 D. 上级主管单位】移交时，应将财务会计工作、重大财务收支问题和会计人员的情况等向接替人员介绍清楚。

参考答案：AC

【经典试题】

(判断题) 实行会计电算化的单位，应当加强保密意识，从事该项工作的移交人员应在移交清册上列明会计软件，但不得列明密码，密码应当由移交人员私下单独告知接交人员。(　　)

参考答案：×

考点 18：会计人员工作交接的基本程序

重点等级：☆☆☆☆

1. 移交点收

移交人员在离职前必须将经管的会计工作，在规定的期限内，全部向接替人员移交清楚。接替人员应认真按照移交清册逐项点收。具体要求有：

（1）现金要根据会计账簿记录余额进行当面点交，不得短缺。接替人员发现不一致或者“白条顶库”现象时，处理措施为Ⅰ【○ A. 由监交人员负责查清处理 B. 由接管人员在移交后负责查清处理 C. 由移交人员在规定期限内负责查清处理 D. 由会计档案管理人员负责查清处理】。

（2）有价证券的数量要与会计账簿记录一致。有价证券面额与发行价不一致时，按照会计账簿余额交接。

（3）会计凭证、账簿、报表和其他会计资料必须完整无缺，不得遗漏。如发现有短缺，必须查明原因，并在移交清册上注明，由移交人员负责。

（4）银行存款账户余额要与银行对账单核对一致，如有未达账项，应编制银行存款余额调节表调节相符；各种财产物资和债权债务的明细账户余额要与总账有关账户余额核对相符；对重要实物要实地盘点，对余额较大的往来账户要与往来单位、个人核对。

（5）公章、收据、空白支票、发票、科目印章以及其他物品等必须交接清楚。

（6）实行会计电算化的单位，交接双方应在电子计算机上对有关数据进行实际操作，确认有关数字正确无误后，方可交接。

2. 专人负责监交

会计人员在办理交接手续时，必须有人监交。对监交的具体要求有：

（1）一般会计人员办理交接手续，由单位的会计机构负责人、会计主管人员负责监交。

（2）会计机构负责人、会计主管人员办理交接手续时，由单位领导人负责监交，必要时，主管单位可以派人会同监交。当出现下列情况时，由上级主管部门派人会同监交：Ⅱ【□ A. 所属单位领导人不能监交 B. 所属单位领导人不能尽快监交 C. 不宜由单位领导人单独监交 D. 上级主管单位认为存在某些问题需要派人会同监交的】。

3. 交接后的有关事宜

（1）会计工作交接完毕后，交接双方和监交人要在移交清册上签名盖章，并在移交清册上注明：单位名称，交接日期，交接双方和监交人的职务、姓名，移交清册页数及需要说明的问题和意见等。

（2）接管人员应继续使用移交前的账簿，不得擅自另立账簿，以保证会计记录前后衔接，内容完整。

（3）移交清册填制一式三份，交接双方各持一份，存档一份。

参考答案：Ⅰ. C（2003 年考试真题） Ⅱ. ABCD

【经典试题】

（单项选择题）1. 某国有企业会计科出纳员因工作调动需办理工作交接手续，根据《会计基础工作规范》的规定，负责监交的人员应是(　　)。

A. 该单位一般会计人员　　B. 该单位会计机构负责人

C. 该单位负责人　　D. 当地财政部门派出人员

(多项选择题) 2. 下列有关办理会计移交手续的说法中，正确的有(　　)。

A. 会计主管人员办理交接手续，由单位负责人监交

B. 因病不能工作的会计人员恢复工作的，可不办理交接手续

C. 一般会计人员办理交接手续，由会计机构负责人、会计主管人员负责监交

D. 经单位领导人批准，委托他人代办移交的，委托人不承担相应责任

(判断题) 3. 会计机构负责人(会计主管人员)因工作调动或离职而办理交接手续，必须由单位负责人会同主管单位一并监交。(　　)

(判断题) 4. 移交清册填制两份，交接双方各持一份。(　　)

参考答案：1. B (2003 年考试真题)　2. AC　3. ×　4. ×

考点 19：会计资料移交后的责任界定

重点等级：☆☆

根据《会计基础工作规范》的规定，【○ A. 总会计师　B. 出纳　C. 移交人员　D. 接替人员】对移交的会计凭证、会计账簿、会计报表和其他会计资料的合法性、真实性承担法律责任。移交人员所移交的会计资料是在其经办会计工作期间内所发生的，应当对这些会计资料的真实性、完整性负责。即便接替人员在交接时因疏忽没有发现所接收会计资料在合法性、真实性、完整性方面存在的问题，如事后发现，仍应由原移交人员负责，原移交人员不应以会计资料已移交而推脱责任。接替人员不对移交过来的材料的真实性、完整性负法律上的责任。

参考答案：C

【经典试题】

(判断题) 接替人员在交接时因疏忽没有发现所接会计资料在合法性、真实性、完整性方面存在的问题，应承担法律责任。(　　)

参考答案：×

第五节　违反会计法律制度的法律责任

考点 1：违反国家统一的会计制度行为的法律责任

重点等级：☆☆☆☆

根据《会计法》的规定，违反《会计法》和国家统一的会计制度规定，除由县级以上人民政府财政部门责令限期改正外，还可给予下列处罚：

（1）对单位：并处 3 000 元以上 5 万元以下的罚款。

（2）对直接负责的主管人员和其他直接责任人员：可以处Ⅰ【○ A. 500 元以上 5 000元以下　B. 1 000 元以上 1 万元以下　C. 2 000 元以上 2 万元以下　D. 3 000 元以上 5 万元以下】的罚款；属于国家工作人员的，还应当由其所在单位或者有关单位依法给予行政处分；构成犯罪的，依法追究刑事责任。

（3）会计人员有下述所列行为之一，情节严重的，由县级以上人民政府财政部门吊销会计从业资格证书；有关法律对下述所列行为的处罚另有规定的，依照有关法律的规定办理：

①未按照规定建立并实施单位内部会计监督制度或者拒绝依法实施的监督或者不如实提供有关会计资料及有关情况的；

②私设会计账簿的；

③未按照规定填制、取得原始凭证或者填制、取得的原始凭证不符合规定的；

④以未经审核的会计凭证为依据登记会计账簿或者登记会计账簿不符合规定的；

⑤随意变更会计处理方法的；

⑥向不同的会计资料使用者提供的财务会计报告编制依据不一致的；

⑦未按照规定使用会计记录文字或者记账本位币的。

另外还包括Ⅱ【□ A. 不依法设置会计账簿的　B. 伪造、变造会计凭证、会计账簿，编制虚假财务会计报告的　C. 未按照规定保管会计资料，致使会计资料毁损、灭失的　D. 任用会计人员不符合《会计法》规定的】。

参考答案：Ⅰ. C　Ⅱ. ABCD

【经典试题】

（多项选择题）1. 根据《会计法》的规定，对于“随意变更会计处理方法”的行为，单位和会计人员应当承担的法律责任包括(　　)。

A. 对单位处以3 000元以上5万元以下的罚款

B. 对其他直接责任人员可以处以2 000元以上2万元以下的罚款

C. 由县级以上人民政府财政部门责令限期改正

D. 构成犯罪的，依法追究刑事责任

(多项选择题) 2. 违反会计法律制度的行政法律责任有(　　)。

A. 责令限期改正　　B. 罚款

C. 调离工作岗位　　D. 吊销会计从业资格证书

参考答案：1. ABCD　2. ABD

考点2：伪造、变造会计凭证、会计账簿，编制虚假财务会计报告行为的法律责任

重点等级：☆☆☆

根据《会计法》的规定，对于伪造、变造会计凭证、会计账簿或者编制虚假财务会计报告的行为：

(1) 构成犯罪的，依法追究刑事责任。

(2) 尚不构成犯罪的，由县级以上人民政府财政部门予以通报，同时还要给予相应的处罚：

①对单位，可以Ⅰ【○ A. 予以警告，并处以2 000元以上2万元以下的罚款　B. 予以警告，并处以3 000元以上5万元以下的罚款　C. 处以5 000元以上5万元以下的罚款　D. 处以5 000元以上10万元以下的罚款】；

②对其直接负责的主管人员和其他直接责任人员，可以处Ⅱ【○ A. 1 000　B. 2 000　C. 3 000　D. 5 000】元以上5万元以下的罚款；

③属于国家工作人员的，还应当由其所在单位或者有关单位给予撤职直至开除的行政处分；对其中的会计人员，并由县级以上人民政府财政部门吊销会计从业资格证书。

参考答案：Ⅰ. D　Ⅱ. C (2004年考试真题)

【经典试题】

(单项选择题) 某公司的会计采用涂改手段，将金额为5 000元的购货发票改为50 000元。根据《会计法》的规定，该行为属于(　　)。

A. 伪造会计凭证　　B. 变造会计凭证

C. 伪造会计账簿　　　　　　　　　　D. 变造会计账簿

参考答案：B

考点 3：隐匿或者故意销毁依法应当保存的会计凭证、会计账簿、财务会计报告行为的法律责任

重点等级：☆☆☆☆

根据《会计法》的规定，隐匿或者故意销毁依法应当保存的会计凭证、会计账簿、财务会计报告，构成犯罪的，依法追究刑事责任。《刑法》第 162 条之一规定，隐匿或者故意销毁依法应当保存的会计凭证、会计账簿、财务会计报告，情节严重的，处 5 年以下有期徒刑或者拘役，并处或者单处 2 万元以上 20 万元以下罚金。单位犯前款罪的，对单位判处罚金，并对其直接负责的主管人员和其他直接责任人员，依照前款的规定处罚。

根据《会计法》的规定，隐匿或者故意销毁依法应当保存的会计凭证、会计账簿、财务会计报告，尚不构成犯罪的，由县级以上人民政府财政部门予以通报，可以对单位并处Ⅰ【○ A. 1 000　B. 2 000　C. 3 000　D. 5 000】元以上 10 万元以下的罚款；对其直接负责的主管人员和其他直接责任人员，可以处Ⅱ【○ A. 2 000 元以上 3 万元以下　B. 3 000 元以上 5 万元以下　C. 3 000 元以上 8 万元以下　D. 5 000 元以上 10 万元以下】的罚款；属于国家工作人员的，还应当由其所在单位或者有关单位依法给予撤职直至开除的行政处分；对其中的会计人员，并由县级以上人民政府财政部门吊销会计从业资格证书。

参考答案：Ⅰ. D（2002 年考试真题）　Ⅱ. B

【经典试题】

（多项选择题）1. 根据我国《会计法》的规定，下列各项中应当追究当事人法律责任的行为有(　　)。

A. 故意销毁依法应当保存的会计档案

B. 提供虚假财务会计报告

C. 隐匿依法应当保存的会计凭证

D. 在法定会计账簿之外私设会计账簿

（判断题）2. 隐匿或者故意销毁依法应当保存的会计凭证、会计账簿、财务会计报告，情节严重的，处 5 年以下有期徒刑或者拘役，并处或者单处 5 万元以上 10 万元以下罚金。(　　)

参考答案：1. ABCD（2000 年考试真题） 2. ×

考点 4：单位负责人对依法履行职责、抵制违反《会计法》规定行为的会计人员实行打击报复的法律责任

重点等级：☆

根据《会计法》的规定，单位负责人对依法履行职责、抵制违反《会计法》规定行为的会计人员以降级、撤职、调离工作岗位、解聘或者开除等方式实行打击报复，构成犯罪的，依法追究刑事责任。

根据《刑法》第 255 条规定，公司、企业、事业单位、机关、团体的领导人，对依法履行职责、抵制违反《会计法》规定行为的会计人员实行打击报复，情节严重的，处【○ A. 1 年　B. 3 年　C. 5 年　D. 7 年】以下有期徒刑或者拘役。

单位负责人对依法履行职责、抵制违反《会计法》规定行为的会计人员实行打击报复，尚不构成犯罪的，由其所在单位或者有关单位依法给予行政处分。对受打击报复的会计人员，应当恢复其名誉和原有职务、级别。

参考答案：B（2006 年考试真题）

考点 5：违反《企业财务会计报告条例》行为应承担的法律责任

重点等级：☆☆☆☆

会计人员有下面所列行为之一，情节严重的，由县级以上人民政府财政部门吊销会计从业资格证书：

(1) 拒绝财政部门和其他有关部门对财务会计报告依法进行的监督检查，或者不如实提供有关情况的；

(2) Ⅰ【□ A. 提前或者延迟结账日结账的　B. 随意改变财务会计报告的编制基础、编制依据、编制原则和方法的　C. 随意改变会计要素的确认和计量标准的　D. 在编制年度财务会计报告前，未按照《企业财务会计报告条例》规定全面清查资产、核实债务的】。

违反《企业财务会计报告条例》的规定，有上述行为之一的，由县级以上人民政府财政部门责令限期改正，还要给予下列处罚：

①对企业可以处 3 000 元以上 5 万元以下的罚款；

②对直接负责的主管人员和其他直接责任人员，可以处Ⅱ【○ A. 500 元以上 5 000元以下　B. 1 000 元以上 1 万元以下　C. 2 000 元以上 2 万元以下　D. 3 000 元

以上 5 万元以下】的罚款；

③属于国家工作人员的，并依法给予行政处分或者纪律处分。

企业编制、对外提供虚假的或者隐瞒重要事实的财务会计报告，构成犯罪的，依法追究刑事责任。有前述行为，尚不构成犯罪的，由县级以上人民政府财政部门予以通报，对企业可以处Ⅲ【○ A. 2 000 元以上 3 万元以下　B. 3 000 元以上 5 万元以下　C. 5 000 元以上 10 万元以下　D. 5 000 元以上 15 万元以下】的罚款；对直接负责的主管人员和其他直接责任人员，可以处Ⅳ【○ A. 2 000 元以上 3 万元以下　B. 3 000 元以上 5 万元以下　C. 5 000 元以上 10 万元以下　D. 5 000 元以上 15 万元以下】的罚款；属于国家工作人员的，并依法给予撤职直至开除的行政处分或者纪律处分；对其中的会计人员，情节严重的，并由县级以上人民政府财政部门吊销会计从业资格证书。

参考答案：Ⅰ. ABCD　Ⅱ. C（2008 年考试真题）　Ⅲ. C　Ⅳ. B

第三章　税收法律制度概述

第一节 税收与税法概述

考点1：税收的特征

重点等级：☆☆☆☆

税收与其他财政收入形式相比，具有三个特征，即：Ⅰ【□ A. 强制性 B. 灵活性 C. 无偿性 D. 固定性】。这就是所谓的税收“三性”，它是税收本身所固有的。

1. 强制性

强制性是指国家以社会管理者的身份，凭借政权力量，通过颁布法律或法规，按照一定的征收标准进行强制征税。Ⅱ【□ A. 所有社会团体 B. 负有纳税义务的社会集团 C. 所有社会成员 D. 负有纳税义务的社会成员】，都必须遵守国家强制性的税收法律制度，依法纳税，否则就要受到法律制裁。

2. 无偿性

无偿性是指国家取得税收收入既不需偿还，也不需对纳税人付出任何对价。

国家凭借政治权力强制征收的税收，既不需要向纳税人直接偿还，也不需要付出任何形式的直接报酬。税收的Ⅲ【○ A. 无偿性 B. 强制性 C. 固定性 D. 灵活性】特征是区别于其他财政收入形式的最本质的特征。

3. 固定性

固定性是指国家征税以法律形式预先规定征税范围和征收比例，便于征纳双方共同遵守。税收的固定性不仅包括时间上的连续性，还包括征收比例的固定性。税收是按照国家法律制度规定的标准征收的，在征税之前就以法律形式将课税对象、征收比例或数额等公布于众，然后按事先公布的标准征收。

参考答案：Ⅰ. ACD Ⅱ. BD Ⅲ. A

【经典试题】

（判断题）1. 税收的固定性既包括时间上的连续性，又包括征收比例的固定性。（ ）

（判断题）2. 税收是按照国家法律制度规定的标准征收的，在征税之前就以法律形式将课税对象、征收比例等公布于众，但对数额不予公布，然后按事先公布的标准征收。（ ）

参考答案：1. √（2009 年考试真题） 2. ×

考点 2：税法的概念

重点等级：☆☆☆☆

税法，即税收法律制度，是国家权力机关和行政机关制定的用以调整国家与纳税人之间在征纳税方面的权利与义务关系的法律规范的总称。

税法与税收有着密切的联系，税收以税法为其依据和保障，而税法又必须以保障税收活动的有序进行为其存在的理由和依据。

按照税法的立法目的、征税对象、权限划分、适用范围以及功能作用的不同，可对税法作出不同的分类。一般按照税法的功能作用的不同将税法分为Ⅰ【○ A. 税收法律、税收行政法规、税收规章 B. 税收实体法和税收程序法 C. 税收根本法和税收普通法 D. 税收一般法和税收特别法】。

(1) 税收实体法是指确定的税种立法，具体规定了税种的征收对象、征收范围、税目、税率、纳税地点等内容。例如，Ⅱ【□ A.《中华人民共和国消费税暂行条例》 B.《中华人民共和国个人所得税法》 C.《中华人民共和国税收征收管理法》 D.《中华人民共和国土地增值税暂行条例》】就属于税收实体法。

(2) 税收程序法是指税务管理方面的法律，具体规定了税收征收管理、纳税程序、发票管理、税务争议处理等内容。例如，Ⅲ【○ A.《中华人民共和国企业所得税法》 B.《中华人民共和国税收征收管理法》 C.《中华人民共和国增值税暂行条例实施细则》 D.《中华人民共和国房产税暂行条例》】就属于税收程序法。

参考答案：Ⅰ. B（2009 年考试真题） Ⅱ. ABD Ⅲ. B（2008 年考试真题）

【经典试题】

（判断题）1. 税法是国家权力机关和行政机关制定的用以调整税务机关与纳税人之间在征纳税方面的权利与义务关系的法律规范的总称。（ ）

（判断题）2. 税法以税收活动的有序进行为其依据和保障，而税收又必须以保障税法的有效实施为其存在的理由和依据。（ ）

参考答案：1. × 2. ×

考点3：税收法律关系

重点等级：☆☆☆☆☆

税收法律关系是指税收法律制度所确认和调整的国家与纳税人之间、国家和国家之间以及各级政府之间在税收分配过程中形成的权利和义务关系。总的来说，税收法律关系与其他法律关系一样，也是由主体、客体和内容三个要素构成。

1. 税收法律关系主体

税收法律关系主体是指税收法律关系中享有权利和承担义务的当事人，即税收法律关系的参加者。它包括征税主体和纳税主体。

(1) 征税主体。征税主体是指税收法律关系中享有征税权利的一方当事人，即税务行政执法机关，包括Ⅰ【□A. 各级税务机关　B. 税务师事务所　C. 海关　D. 会计师事务所】等。

(2) 纳税主体。纳税主体即税收法律关系中负有纳税义务的一方当事人。对这种权利主体的确定，我国采取属地兼属人原则，即在华的外国企业、组织、外籍人和无国籍人等，凡在中国境内有所得来源的，都属于我国税收法律关系的纳税主体。

2. 税收法律关系客体

税收法律关系客体是指税收法律关系主体双方的权利和义务所共同指向、影响和作用的客观对象。例如，流转税的法律关系客体是Ⅱ【□A. 纳税人生产、经营的商品、货物　B. 纳税人从事的劳务　C. 商品流转额　D. 非商品流转额】，而征税对象是其商品流转额或非商品流转额。

3. 税收法律关系内容

税收法律关系内容是指税收法律关系主体所享受的权利和应承担的义务。

(1) 征税主体的权利与义务。

根据我国税法规定，税务机关享有依法行政和征收国家税款的权利。主要包括：Ⅲ【□A. 征税权　B. 估税权　C. 委托税务代理权　D. 委托代征权】；税务管理权；税法解释权；税收保全权；行政强制执行权；行政处罚权；税收检查权；税款追征权；代位权与撤销权；阻止欠税纳税人离境权；定期对纳税人欠缴税款情况予以公告权等。

税务机关的义务包括：Ⅳ【□A. 保密的义务　B. 依法进行回避的义务　C. 出示税务检查证的义务　D. 申辩陈述的义务】；依法办理税务登记、开具完税凭证的义务；实施税收保全过程中的义务；受理行政复议及应诉的义务等。

(2) 纳税主体的权利与义务。

纳税主体的权利包括：Ⅴ【□A. 估税权　B. 知情权　C. 保密权　D. 陈述权与申辩权】；控告检举权；Ⅵ【□A. 按期办理纳税申报　B. 延期纳税请求权　C. 延期申报请求权　D. 申请行政复议前缴纳税款、滞纳金】；减税、免税、出口退税请求权；多缴税款申请退还权；申请行政复议和提起行政诉讼权。

纳税主体的义务包括：按期办理税务登记的义务；滞纳税款须缴纳滞纳金的义务；依法设置账簿、正确使用凭证的义务；申请行政复议前缴纳税款、滞纳金或提供担保的义务等。

参考答案：Ⅰ.AC Ⅱ.AB Ⅲ.ABD Ⅳ.ABC Ⅴ.BCD Ⅵ.BC

【经典试题】

（多项选择题）1. 下列各项中，可以成为税收法律关系主体的有（ ）。

A. 税务部门 B. 在我国境内有所得的外国企业

C. 海关部门 D. 在我国境内有所得的外籍个人

（多项选择题）2. 在税款征收过程中，纳税人依法享有一定权利，下列各项中，属于纳税人权利的有（ ）。

A. 要求税务机关对纳税人情况保密

B. 对税务机关所作出的决定，享有陈述权、申辩权

C. 要求税务机关退还多缴纳的税款并加算银行同期存款利息

D. 对税务机关的处罚决定，可以申请行政复议，也可以提起行政诉讼

（判断题）3. 我国对纳税主体的确定采取属地兼属人原则，即在华的外国企业、组织、外籍人、无国籍人等，在中国境内、境外取得的所得，均应在我国纳税。（ ）

参考答案：1. ABCD（2008年考试真题） 2. ABCD（2004年考试真题） 3. ×

考点4：税法的制定

重点等级：☆☆☆☆

根据我国《宪法》及其他相关法律的规定，有权参与税收立法和政策制定的机关有全国人民代表大会及其常务委员会，省、自治区、直辖市人民代表大会及其常务委员会，Ⅰ【□ A. 财政部 B. 工商局 C. 国家税务总局 D. 国务院】及国务院关税税则委员会。

（1）全国人民代表大会是我国的最高权力机关，行使国家立法权。Ⅱ【○ A. 全国人民代表大会 B. 地方人民代表大会常务委员会 C. 国务院 D. 财政部】能够制定税收法律。

（2）全国人民代表大会常务委员会是全国人民代表大会的常设机关，不仅自己拥有税收立法权，而且还可以授权国务院公布有关税收条例。

(3) 国务院是国家最高权力机关的执行机关，是国家最高行政机关。

(4) 财政部是国务院负责国家财政收支、主管财政政策、实施财政监督、参与对国民经济进行宏观调控的职能部门。

(5) Ⅲ【○ A. 财政部 B. 全国人民代表大会及其常务委员会 C. 关税税则委员会 D. 国家税务总局】负责组织实施税收征收管理体制改革；制定征收管理制度；监督检查税收法律法规、方针政策的贯彻执行。

(6) 关税税则委员会负责制定或者修订《进出口关税条例》、《海关进出口税则》的方针、政策、原则等。

参考答案：Ⅰ. ACD Ⅱ. A Ⅲ. D

【经典试题】

(判断题) 全国人民代表大会常务委员会是国家最高行政机关。( )

参考答案：×

第二节 税收制度

考点 1：税种的分类

重点等级：☆☆☆☆☆

对税种有多种分类方法，如按课税对象性质分类、按经济性质分类及按税负转嫁归宿状况分类等。我国的税种分类方式主要有以下几种：

1. 按征税对象的性质不同分类

按征税对象的性质不同，可将税收分为流转税、所得税、资源税、财产税、行为税五大类型。

(1) 流转税，如Ⅰ【□ A. 增值税 B. 消费税 C. 营业税 D. 所得税】、关税等。流转税是我国税制体系中的主体税种，其中又以Ⅱ【○ A. 消费税 B. 增值税 C. 营业税 D. 关税】为主。

(2) 所得税，如企业所得税、个人所得税。

(3) 资源税，如煤炭资源税等。

(4) 财产税，如房产税、契税等。

(5) 行为税，如城市维护建设税、Ⅲ【○ A. 增值税　B. 印花税　C. 关税　D. 资源税】、车辆购置税、车船税、船舶吨税、屠宰税等。

2. 按管理和使用权限不同分类

按管理和使用权限的不同，可将税收分为中央税、地方税和中央地方共享税。

(1) 中央税。属于中央政府的财政收入，由国家税务局负责征收管理，如关税和Ⅳ【○ A. 契税　B. 消费税　C. 农业税　D. 个人所得税】。

(2) 地方税。属于地方各级政府的财政收入，由地方税务局负责征收管理，如房产税、车船税、Ⅴ【○ A. 增值税　B. 土地增值税　C. 企业所得税　D. 个人所得税】、城镇土地使用税、Ⅵ【○ A. 关税　B. 消费税　C. 契税　D. 增值税】、营业税等。

(3) 中央地方共享税。属于中央政府和地方政府财政的共同收入，由中央、地方政府按一定的比例分享税收收入，目前由国家税务局负责征收管理，如Ⅶ【□ A. 个人所得税　B. 企业所得税　C. 消费税　D. 增值税】。

3. 按计税依据不同分类

按计税依据的不同，可将税收分为从价税和从量税。

(1) 从价税是以征税对象Ⅷ【○ A. 数量　B. 重量　C. 体积　D. 价格】为计税依据，其应纳税额随商品价格的变化而变化，能充分体现合理负担的税收政策，因而大部分税种均采用这一计税方法。

(2) 从量税是以征税对象的数量、重量、体积等作为计税依据，其课税数额与征税对象数量相关而与价格无关，如Ⅸ【○ A. 契税　B. 车辆购置税　C. 房产税　D. 城镇土地使用税】。

4. 按税负能否转嫁分类

按税负能否转嫁，可将税收分为直接税和间接税。

(1) 直接税是指由纳税人直接负担，不易转嫁的税种，如Ⅹ【□ A. 财产税类　B. 所得税类　C. 营业税类　D. 消费税类】等。

(2) 间接税是指纳税人能将税负转嫁给他人负担的税种，一般情况下各种商品的课税均属于间接税。

参考答案：Ⅰ. ABC（2004 年考试真题）　Ⅱ. B　Ⅲ. B　Ⅳ. B（2001 年考试真题）
Ⅴ. B　Ⅵ. C　Ⅶ. ABD　Ⅷ. D　Ⅸ. D（2008 年考试真题）　Ⅹ. AB

【经典试题】

（单项选择题）1. 按照税种的隶属关系分类，可以将我国税种分为中央税、地方税和中央地方共享税。下列各项中，属于中央税的税种是(　　)。

A. 车船使用税　　B. 土地增值税
C. 车辆购置税　　D. 车船使用牌照税

（多项选择题）2. 下列税种中，属于地方税的有（　　）。

A. 增值税　　B. 房产税

C. 车船税　　D. 土地增值税

（多项选择题）3. 某卷烟生产企业2008年度缴纳的下列税种中，（　　）由国家税务局征收。

A. 增值税　　B. 印花税

C. 房产税　　D. 消费税

（判断题）4. 一般情况下各种商品的课税均属于直接税。（　　）

（判断题）5. 增值税、营业税和关税都属于流转税，同时也属于中央与地方共享税。（　　）

（判断题）6. 直接税就是由纳税人直接缴纳的税；间接税就是由其他单位和个人代为缴纳的税。（　　）

（判断题）7. 所得税、流转税均属直接税，其纳税人和实际负担人都是一致的。（　　）

参考答案：1. C（2005年考试真题）　2. BCD（2007年考试真题）　3. AD　4. ×　5. ×　6. ×　7. ×

考点2：税法要素

重点等级：☆☆☆☆☆

税法要素是指税收实体法要素。税收实体法主要由以下基本要素构成：

1. 征税人

征税人是指代表国家行使征税职权的各级税务机关和其他征收机关。因税种的不同，征税人也可能不同。如Ⅰ【□A. 消费税　B. 增值税　C. 企业所得税　D. 营业税】的征税人是税务机关，关税的征税人是海关。

2. 纳税义务人

纳税义务人，简称纳税人，是指依法直接负有纳税义务的自然人、法人和其他组织。与纳税人相联系的另一个概念是扣缴义务人。扣缴义务人是税法规定的，在其经营活动中负有代扣税款并向国库缴纳义务的单位。

3. 征税对象

征税对象又称课税对象，是纳税的客体，在实际工作中也笼统地称之为征税范围。它是指税收法律关系中权利义务所指向的对象，即对什么征税。征税对象包括物或行为。不同的Ⅱ【○A. 税率　B. 纳税主体　C. 税目　D. 征税对象】又是区别不同税种的重要标志。

4. 税目

Ⅲ【○ A. 税目　B. 税率　C. 征税对象　D. 纳税期限】是税法中具体规定应当征税的项目，是征税对象的具体化。规定税目的目的有两个：一是为了明确征税的具体范围；二是为了对不同的征税项目加以区分，从而制定高低不同的税率。

5. 税率

税率是指应纳税额与计税金额（或数量单位）之间的比例，它是计算税额的尺度。其中，计税金额是指征税对象的数量乘以计税价格的数额。税率的高低直接体现国家的政策要求，直接关系到国家财政收入的多少和纳税人的负担程度。Ⅳ【○ A. 税收优惠　B. 课税对象　C. 计税依据　D. 税率】是税收法律制度中的核心要素。

我国现行税法规定的税率有：

（1）比例税率。比例税率是指对同一征税对象，不论其数额大小，均按同一个比例征税的税率。税率本身是应纳税额与计税金额之间的比例。如Ⅴ【□ A. 企业所得税　B. 个人所得税　C. 营业税　D. 增值税】采用比例税率。在比例税率中，根据不同的情况又可划分为不同的征税比例，如行业比例税率、产品比例税率、地区差别比例税率、免征额的比例税率、分档比例税率和幅度比例税率等。

（2）累进税率。累进税率是根据征税对象数额的大小规定不同等级的税率，即征税对象数额越大，税率越高。累进税率又分为Ⅵ【□ A. 全额累进税率　B. 超额累进税率　C. 超率累进税率　D. 超倍累进税率】。

全额累进税率是指按征税对象金额的多少划分若干等级，并按其达到的不同等级规定不同的税率。征税对象的金额达到哪一个等级，则全额按相应的税率征税。目前，我国的税收法律制度中已不采用这种税率。

超额累进税率是指将征税对象的数额划分为不同的部分，按不同的部分规定不同的税率，对每个等级分别计算税额。

超率累进税率是指按征税对象的数额的某种比例来划分不同的部分，按不同部分分别规定相应的税率。

超倍累进税率是指以征税对象数额相当于计税基数的倍数为累进依据，按照超累方式计算应纳税额的税率。

（3）定额税率。定额税率，又称固定税率，是指按征税对象的一定单位直接规定固定的税额，而不采取百分比的形式。

6. 计税依据

计税依据是指计算应纳税额的依据或标准，即根据什么来计算纳税人应缴纳的税额。一般有两种：一是从价计征；二是从量计征。从价计征是指以计税金额为计税依据。从量计征是指以征税对象的重量、体积、数量为计税依据。

7. 纳税环节

商品流转过程中包括工业生产、农业生产、货物进出口、农产品采购或发运、商业批发、商业零售等在内的各个环节，具体被确定应当缴纳税款的环节，就是纳税环节。

8. 纳税期限

纳税期限是指纳税人的纳税义务发生后应依法缴纳税款的期限。我国税法对不同税种根据不同的情况规定了各自的纳税期限，如《营业税暂行条例》规定，营业税的纳税期限分别为Ⅶ【□ A. 5 日 B. 10 日 C. 15 日 D. 1 个月】或者 1 个季度，具体纳税期限由主管税务机关根据纳税人应纳税额的大小分别核定。

9. 减免税

减免税是国家对某些Ⅷ【□ A. 征税范围 B. 征税对象 C. 税率 D. 纳税人】给予鼓励和照顾的一种特殊规定。减税是指对应征税款减少征收一部分。免税是对按规定应征收的税款全部免除。减免税主要包括Ⅸ【□ A. 税基式减免 B. 税率式减免 C. 税额式减免 D. 协商式减免】。

(1) 税基式减免是指直接通过缩小计税依据的方式实现的减税、免税。具体包括Ⅹ【□ A. 全部免征 B. 减半征收 C. 免征额 D. 起征点】、项目扣除和跨期结转等。①起征点也称征税起点，是指对征税对象开始征税的数额界限。征税对象的数额没有达到规定起征点的不征税；达到或超过起征点的，就其全部数额征税。如税法规定，营业税按期限纳税的起征点为月营业额 1 000～5 000 元，按次纳税的起征点为每次（日）营业额 100 元。②免征额是指对征税对象总额中免予征税的数额，即将纳税对象中的一部分给予减免，只就减除后的剩余部分计征税款。③项目扣除是指在征税对象中扣除一定项目的数额，以剩余数额作为计税依据计算应纳税额。④跨期结转是指将以前纳税年度的经营亏损等在本纳税年度经营利润中扣除，相应缩小了计税依据。

(2) 税率式减免是指通过直接降低税率的方式实现的减税、免税，包括低税率、零税率等。

(3) 税额式减免是指通过直接减少应纳税额的方式实现的减税、免税，包括全部免征、减半征收、核定减免率等。

10. 法律责任

法律责任是指对违反国家税法规定的行为人采取的处罚措施。

参考答案：Ⅰ. ABCD Ⅱ. D Ⅲ. A Ⅳ. D Ⅴ. ACD Ⅵ. ABCD Ⅶ. ABCD Ⅷ. BD Ⅸ. ABC（2009 年考试真题） Ⅹ. CD

【经典试题】

（单项选择题）1. 我国个人所得税中的工资薪金所得采取的税率形式属于(　　)。

A. 比例税率　　B. 全额累进税率

C. 超率累进税率　　D. 超额累进税率

(单项选择题) 2. 根据我国对于营业税的有关规定，营业额达到或者超过一定标准的照章全额计算纳税，营业额低于该标准的则免予征收营业税，这种标准称为(　　)，属于(　　)。

A. 免征额　税基式减免　　B. 起征点　税基式减免

C. 项目扣除　税额式减免　　D. 起征点　税额式减免

(多项选择题) 3. 税收实体法由多种要素构成。下列各项中，不属于税收实体法基本要素的有(　　)。

A. 纳税担保人　　B. 纳税义务人

C. 征税人　　D. 税务代理人

(多项选择题) 4. 在我国现行税制中，对部分税种实行起征点的减免税优惠制度。下列各项税种中，(　　)规定了起征点。

A. 增值税　　B. 营业税

C. 消费税　　D. 个人所得税

(多项选择题) 5. 中国现行税制中采用的累进税率包括(　　)。

A. 超率累进税率　　B. 超倍累进税率

C. 超额累进税率　　D. 全额累进税率

(判断题) 6. 直接通过缩小计税依据的方式实现的减税、免税，属于税基式减免。(　　)

(判断题) 7. 纳税义务人、征税对象、税率是构成税法的三个最基本的要素。(　　)

(判断题) 8. 起征点是指征税对象达到一定数额才开始征税的界限，征税对象的数额达到规定数额的，只对其超过起征点部分的数额征税。(　　)

(判断题) 9. 税额式减免，是指直接通过缩小计税依据的方式实现的减税、免税。(　　)

(判断题) 10. 税率的高低直接体现国家的政策要求，直接关系到国家财政收入的多少和纳税人的负担程度。(　　)

(判断题) 11. 计税依据是指计算应纳税额的依据或标准，它是区别不同税种的重要标志。(　　)

(判断题) 12. 营业税免征额的规定为，营业税按期限纳税为月营业额 1 000～5 000元，按次纳税为每次营业额 100 元。(　　)

(判断题) 13. 计算应纳税额的依据或标准，称为征税对象。(　　)

(判断题) 14. 课税对象是区别不同税种的重要标志，故课税对象是税收法律制度中的核心要素。(　　)

(判断题) 15. 计税依据是征税的具体根据，规定了征税对象的具体范围。(　　)

(判断题) 16. 减免税要素中的起征点、免征额，都属于直接减少应纳税额的减

免税方式。(　　)

(判断题) 17. 现行的消费税实行多次课征制，从商品生产环节到商业零售环节，每一个环节都要就其销售额部分纳税。(　　)

参考答案：1. D　2. B　3. AD（2007 年考试真题）　4. AB　5. AC　6. √（2008 年考试真题）　7. √（2001 年考试真题）　8. ×（2000 年考试真题）　9. ×　10. √　11. ×　12. ×　13. ×　14. ×　15. ×　16. ×　17. ×

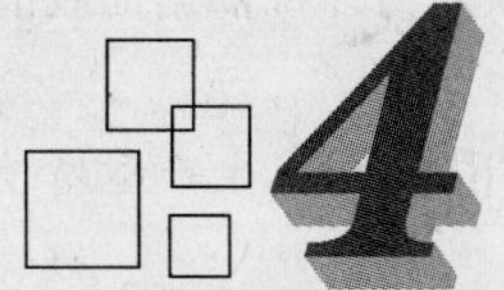

第四章 流转税法制度

第一节 增值税法律制度

考点1：增值税的概念

重点等级：☆☆☆☆

增值税是指对从事销售货物或者加工、修理修配劳务以及进口货物的单位和个人取得的Ⅰ【○ A. 销售额 B. 营业额 C. 增值额 D. 收入额】为计税依据征收的一种流转税。

按照外购固定资产处理方式的不同，可将增值税划分为Ⅱ【□ A. 生产型增值税 B. 消费型增值税 C. 增长型增值税 D. 收入型增值税】。

(1) 消费型增值税允许纳税人在计算增值税时，将外购固定资产的价值一次性全部扣除，可以彻底消除重复征税问题，有利于促进技术进步。世界上实行增值税的国家普遍采用的一种类型是Ⅲ【○ A. 生产型增值税 B. 收入型增值税 C. 消费型增值税 D. 实耗型增值税】。

(2) 收入型增值税允许纳税人在计算增值税时，将外购固定资产折旧部分扣除。

(3) 生产型增值税不允许纳税人在计算增值税时扣除外购固定资产的价值。

我国现行增值税属于生产型增值税。2004年9月，经国务院批准，财政部、国家税务总局印发了《东北地区扩大增值税抵扣范围若干问题的规定》，这标志着我国现行的生产型增值税开始了向消费型增值税转型的试点。

参考答案：Ⅰ.C Ⅱ.ABD Ⅲ.C

【经典试题】

(单项选择题) 按照对外购固定资产价值的处理方式，可以将增值税划分为不同类型。目前除东北试点地区外，我国实行的增值税属于(　　)。

A. 消费型增值税　　B. 收入型增值税

C. 生产型增值税　　D. 实耗型增值税

参考答案：C (2007年考试真题)

考点 2：增值税的征税范围

重点等级：☆☆☆☆☆

增值税的征税范围包括销售货物、进口货物及部分加工性劳务，如Ⅰ【○ A. 汽车租赁业务 B. 修理、修配业务 C. 融资租赁业务 D. 邮政部门销售集邮商品】。对大部分一般性劳务和农业没有开征增值税。现行增值税的征税范围主要包括以下几方面：

1. 销售货物

销售货物是指在中华人民共和国境内（以下简称中国境内）有偿转让货物的所有权。货物是指除土地、房屋和其他建筑物等不动产之外的有形动产，它包括电力、热力和气体在内。

Ⅱ【○ A. 自产货物 B. 非应税产品 C. 委托加工货物 D. 不动产】的销售虽在广义上也属于货物销售的范围，但考虑到其增值具有特殊性，故不征收增值税，而征收营业税和土地增值税等。

2. 提供加工、修理修配劳务

提供加工、修理修配劳务也称销售应税劳务，是指在中国境内有偿提供加工、修理修配劳务。

3. 进口货物

进口货物是指进入中国关境的货物。对于进口货物，除依法征收关税外，还应在进口环节征收增值税。

4. 视同销售货物应征收增值税的特殊行为

单位和个体经营者的下列行为，虽没有取得销售收入，也应视同销售应税货物，征收增值税：

（1）将货物交付其他单位或者个人代销；

（2）Ⅲ【○ A. 修理桥梁 B. 租赁设备 C. 销售代销货物 D. 修缮房屋】；

（3）设有两个以上机构并实行统一核算的纳税人，将货物从一个机构移送其他机构用于销售，但不包括相关机构在同一县（市）的；

（4）将自产或委托加工的货物用于非应税项目；

（5）将自产、委托加工或购进的货物作为投资，提供给其他单位或者个体工商户；

（6）将自产、委托加工或购进的货物分配给股东或者投资者；

（7）将自产、委托加工的货物用于集体福利或者个人消费；

（8）将自产、委托加工或购进的货物无偿赠送给其他单位或者个人。

5. 混合销售行为

混合销售行为是指一项既涉及货物，又涉及非增值税应税劳务的销售行为。非增值税应税劳务是指属于应缴营业税的劳务，如提供交通运输、建筑、金融保险、邮电通信、文化体育、娱乐和服务等劳务。混合销售行为的特点是销售货物与提供非应税劳务由同一个纳税人实现，价款同时从一个购买方取得。

为了便于税收征管，解决混合销售行为中增值税和营业税的划分问题，税法对混合销售行为的征税问题作了规定，即：从事货物的生产、批发或者零售的企业、企业性单位及个体工商户的混合销售行为，视同销售货物，应当缴纳增值税；其他单位和个人的混合销售行为，视为销售非增值税应税劳务，不缴纳增值税。

纳税人的下列混合销售行为，应当分别核算货物的销售额和非增值税应税劳务的营业额，并根据其销售货物的销售额计算缴纳增值税，非增值税应税劳务的营业额不缴纳增值税；未分别核算的，由主管税务机关核定其货物的销售额：

（1）销售自产货物并同时提供建筑业劳务的行为；

（2）财政部、国家税务总局规定的其他情形。

6. 兼营应税劳务与非应税劳务

兼营应税劳务与非应税劳务，也称兼营行为，是指纳税人的经营范围兼有销售货物和提供非应税劳务两类经营项目，而且这种经营业务并不发生在同一项业务中。应税劳务，是指属于应缴增值税的劳务，如提供加工、修理修配劳务。纳税人的兼营行为和混合销售行为既有联系又有区别。其不同点是：混合销售行为的销售货款及劳务价款同时从一个购买方取得，两者难以分开核算；而兼营行为的销售货物和应税劳务与提供非应税劳务不是同时发生在同一购买者身上，可以分开进行核算。如某酒店提供住宿和餐饮服务时，还在酒店内开设商品销售部，由于住宿和餐饮均属于营业税征收范围，销售商品属于增值税征收范围，故这种经营方式属于兼营行为。

纳税人兼营非增值税应税项目的，应分别核算货物或应税劳务的销售额和非增值税应税项目的营业额；未分别核算的，Ⅳ【○ A. 由主管机关核定货物或者应税劳务的销售额　B. 一并征收营业税　C. 分别征收增值税　D. 由纳税人申请缴纳增值税】。

7. 属于增值税征税范围的其他项目

（1）货物期货（包括商品期货和贵金属期货）；

（2）银行销售金银的业务；

（3）典当业的死当物品销售业务以及寄售业代委托人销售寄售物品的业务；

（4）邮政部门销售集邮邮票、首日封；

（5）缝纫业务。

此外，《增值税若干具体问题的规定》还规定了不征收增值税的项目，包括供应或开采未经加工的天然水（如水库供应农业灌溉用水，工厂自采地下水用于生产）；因转让著作所有权而发生的销售电影母片、录像带母带、录音磁带母带的业务，以及因转让专利技术和非专利技术的所有权而发生的销售计算机软件的业务等。

参考答案：Ⅰ.B　Ⅱ.D　Ⅲ.C　Ⅳ.A

【经典试题】

(单项选择题) 1. 下列各项中，属于增值税征收范围的是(　　)。

A. 提供通信报务　　B. 提供金融服务

C. 提供加工劳务　　D. 提供旅游服务

(单项选择题) 2. 下列各项目中，(　　)不属于增值税应税项目。

A. 建造大型货车并销售　　B. 经营租赁业务

C. 货物期货　　D. 缝纫业务

(单项选择题) 3. 下列各项视同销售的行为中，(　　)应该征收增值税。

A. 某服装商店为服装厂代销服装

B. 某超市将外购部分饮料分发本公司员工

C. 某机器厂将外购配件用于本公司在建工程

D. 某洗衣公司将外购洗衣粉用于员工集体福利

(多项选择题) 4. 根据增值税法律制度的规定，下列行为中，应视同销售货物，征收增值税的有(　　)。

A. 将自产货物用于非应税项目　　B. 将外购货物用于个人消费

C. 将自产货物无偿赠送他人　　D. 将外购货物分配给股东

(多项选择题) 5. 根据增值税法律制度的规定，下列业务中，属于增值税征税范围的有(　　)。

A. 银行销售金银业务　　B. 邮政部门发行报刊

C. 商店销售集邮商品　　D. 纳税人从事商品期货和贵重金属期货业务

(多项选择题) 6. 根据《增值税暂行条例》的规定，下列各项中，应缴纳增值税的有(　　)。

A. 将自产的货物用于投资　　B. 将自产的货物分配给股东

C. 将自产的货物用于集体福利　　D. 将自建的厂房对外转让

(多项选择题) 7. 丁省某县的甲、乙两店为实行统一核算的企业，甲店的下列经营活动中，视同销售货物计算增值税销项税额的是(　　)。

A. 将货物投资于丁省的企业

B. 销售丙市某商场的代销货物

C. 将货物交付给位于丙省的某商场代销

D. 将货物移送乙店用于销售

(多项选择题) 8. 下列各项中，(　　)属于增值税兼营行为。

A. 塑钢门窗商店销售产品，并为客户加工与安装

B. 建材商店销售建材，同时也提供装饰装修服务

C. 销售家具并负责运输

D. 商场销售商品，并为顾客提供餐饮娱乐服务

（多项选择题）9. 下列项目中，需缴纳增值税的有（　　）。

A. 邮政部门销售的集邮商品　　B. 供应或开采未经加工的天然水

C. 货物期货　　D. 典当业的死当销售业务

（判断题）10. 营业税纳税人兼营增值税应税劳务不能分别核算的，其应税劳务应一并征收营业税。（　　）

（判断题）11. 非从事货物的生产、批发或零售的其他单位和个人的混合销售行为，需缴纳增值税。（　　）

（判断题）12. 增值税一般纳税人将自产的货物无偿赠送他人，不征收增值税。（　　）

（判断题）13. 已抵扣进项税额的购进货物，如果作为集体福利发放给职工个人，则应视同销售计算增值税的销项税额。（　　）

（判断题）14. 某汽车经销商经营汽车销售业务，同时还设有汽车修理修配门市部。按照我国有关增值税方面的法律规定，该经销商进行增值税纳税申报时，应该将门市部提供的修理修配劳务收入计入应税销售额。（　　）

（判断题）15. 某企业的销售行为既涉及货物又涉及非增值税应税劳务，该企业的销售行为应视为销售货物，一并征收增值税。（　　）

（判断题）16. 在我国境内提供各种劳务的收入，都应缴纳营业税。（　　）

参考答案：1. C（2004 年考试真题）　2. B　3. A　4. ACD（2009 年考试真题）　5. ACD（2008 年考试真题）　6. ABC（2004 年考试真题）　7. ABC　8. BD　9. CD　10. ×（2006 年考试真题）　11. ×　12. ×（2003 年考试真题）　13. ×　14. √　15. √　16. ×

考点 3：增值税小规模纳税人的认定标准

重点等级：☆☆☆

增值税小规模纳税人（以下简称小规模纳税人），是指经营规模比较小，年应税销售额在规定标准以下，而且会计核算不健全的纳税人。

有下列情形之一的，可以认定为小规模纳税人：

（1）从事货物生产或者提供应税劳务的纳税人，以及以从事货物生产或提供应税劳务为主，并且兼营货物批发或零售的纳税人，年应征增值税销售额（以下简称年应税销售额）在 50 万元以下（含本数，下同）的，为小规模纳税人。

（2）除前述纳税人之外的纳税人，年应税销售额在【○ A. 150 万元以下　B. 150 万元以上　C. 80 万元以下　D. 80 万元以上】的，为小规模纳税人。

（3）年应税销售额超过小规模纳税人标准的其他个人按小规模纳税人纳税；不经常发生应税行为的企业、非企业性单位可选择按小规模纳税人纳税。

参考答案：C

【经典试题】

（单项选择题）1. 按照现行规定，下列各项中，（　　）必须被认定为小规模纳税人。

A. 年不含税销售额在100万元以上的从事货物生产的纳税人

B. 年不含税销售额在190万元以上的从事货物批发的纳税人

C. 年不含税销售额在50万元以下，从事货物生产的纳税人

D. 年不含税销售额在50万元以上，会计核算制度健全的从事货物零售的纳税人

（多项选择题）2. 根据增值税法律制度的规定，下列企业中，属于增值税小规模纳税人的有（　　）。

A. 会计制度健全，年应纳税销售额10万元的零售企业

B. 会计制度健全，年应纳税销售额20万元的批发企业

C. 会计制度健全，年应纳税销售额160万元的生产企业

D. 会计制度健全，年应纳税销售额180万元的生产企业

参考答案：1. C　2. AB

考点4：增值税一般纳税人的认定标准

重点等级：☆☆☆☆

有下列情形之一的，经主管税务机关批准，可以认定为增值税一般纳税人（以下简称一般纳税人）：

（1）年应税销售额超过小规模纳税人标准的企业。已开业的小规模企业，其年应税销售额超过小规模纳税人标准的，应在Ⅰ【○ A. 当月月底以前　B. 次年1月底以前　C. 当日　D. 当年年底】申请办理一般纳税人认定手续。

（2）纳税人总、分支机构实行统一核算，其总机构年应税销售额超过小规模纳税人标准，但分支机构年应税销售额并未超过小规模纳税人标准的，其分支机构可认定为一般纳税人。

（3）新开业的符合一般纳税人条件的企业，应该在办理税务登记的同时申请办理一般纳税人认定手续。

（4）非企业性单位，符合一般纳税人条件，则可选择是否认定为一般纳税人。

（5）个体工商户符合《增值税暂行条例》及其实施细则所规定条件的，Ⅱ【○

A. 可选择是否　B. 可以　C. 必须　D. 应该】认定为一般纳税人。

(6) 从事货物生产或者提供应税劳务的纳税人，以及以从事货物生产或者提供应税劳务为主，并兼营货物批发或者零售的纳税人，年应征增值税销售额（以下简称应税销售额）在50万元以上的；上述规定以外的纳税人，年应税销售额在Ⅲ【○ A. 10　B. 30　C. 50　D. 80】万元以上的。从事货物生产或者提供应税劳务为主，是指纳税人的年货物生产或者提供应税劳务的销售额占年应税销售额的比重在50%以上。

符合一般纳税人条件的，应向其所在地的国家税务局填写并申报《增值税一般纳税人申请认定表》，办理一般纳税人认定手续。《增值税一般纳税人申请认定表》由国家税务总局统一制定。

下列纳税人不予办理一般纳税人认定手续：Ⅳ【□ A. 销售减税货物的个体工商户　B. 销售免税货物的企业　C. 不经常发生增值税应税行为的企业　D. 个体经营者以外的其他个人】。

参考答案：Ⅰ.B　Ⅱ.C　Ⅲ.D　Ⅳ.BCD

【经典试题】

（判断题）1. 纳税人总、分支机构实行统一核算，其总机构年应税销售额超过小规模纳税人标准，但分支机构年应税销售额未超过小规模纳税人标准的，其分支机构可以认定为一般纳税人。（　　）

（判断题）2. 非企业性单位，符合一般纳税人条件，则可选择是否认定为一般纳税人。（　　）

参考答案：1. √　2. √

考点5：增值税税率

重点等级：☆☆☆☆

1. 增值税基本税率

增值税的基本税率为Ⅰ【○ A. 13%　B. 15%　C. 17%　D. 20%】，适用于除实行低税率和零税率以外的所有销售货物或者进口货物及提供加工、修理修配劳务。

2. 适用13%增值税率的货物

增值税低税率纳税人销售或进口下列货物，适用的税率为Ⅱ【○ A. 6%　B. 12%　C. 13%　D. 17%】：

(1) 粮食、食用植物油。

(2) 自来水、暖气、冷气、热水、煤气、石油液化气、天然气、沼气和居民用煤炭制品。

(3) 图书、报纸和杂志(邮政部门发行报刊需缴纳营业税,不缴增值税)。

(4) 饲料、化肥、农药、农机(不包括农机零部件)和农膜。

(5) 国务院规定的其他货物。

此外,《增值税暂行条例》及其实施细则实施后,国家陆续对一些货物的税率由17%调整为Ⅲ【○ A. 10% B. 13% C. 15% D. 16%】,如农产品、音像制品、电子出版物、二甲醚,而金属矿采选产品以及非金属矿采选产品的增值税税率此前已由13%恢复到17%。

3. 增值税零税率

除国务院另有规定外,出口货物税率为零。这里所说的国务院另有规定的,主要包括:纳税人出口的原油、援外出口货物和糖;经国务院批准的其他商品,如天然牛黄、麝香、铜及铜基合金和铂金等。

4. 增值税征收率

(1) 一般纳税人增值税征收率。一般纳税人生产、销售的一些特殊货物,如建筑用的砂、土、石料等,因为其进项税额不易确认和计量,可以按照简易办法计算缴纳增值税,即按照不含增值税的销售额乘以6%的征收率计算缴纳增值税。纳税人销售自来水,除适用13%的低税率外,还可按6%的征收率直接计算缴纳增值税。

(2) 小规模纳税人增值税征收率。根据《增值税暂行条例》的规定,小规模纳税人增值税征收率为3%。征收率的调整,由国务院决定。

参考答案:Ⅰ. C Ⅱ. C Ⅲ. B

【经典试题】

(单项选择题) 1. 销售下列货物不适用13%税率征收增值税的有( )。

A. 自来水 B. 农机

C. 农机零配件 D. 图书、报纸、杂志

(判断题) 2. 增值税的征收率,仅适用于一般纳税人,不适用于小规模纳税人。( )

参考答案:1. C 2. ×

考点6:增值税销售额的计算

重点等级:☆☆☆☆

(1) 销售额以人民币计算,纳税人按人民币以外的货币结算销售额的,其销售额的人

民币折合率可以选择销售额发生的【□A. 当天　B. 当月1日　C. 当月末　D. 当季度】人民币汇率中间价。纳税人应事先确定采用何种折合率，确定后1年内不得变更。

（2）纳税人进口货物，以组成计税价格为计算其增值税的计税依据。其计算公式为：

组成计税价格＝关税完税价格＋关税＋消费税

（3）纳税人销售货物或提供应税劳务，采用销售额和销项税额合并定价方法的，按下面公式计算销售额：

销售额＝含税销售额÷（1＋税率或征收率）

因为增值税属于价外税，纳税人向购买方销售货物或者应税劳务所收取的价款中不包含增值税税款，价款和增值税税款在增值税专用发票上也分别注明。另外，小规模纳税人发生销售货物或者应税劳务，除通过税务所代开增值税专用发票之外，也只能开具普通发票，将销售货物或者应税劳务的价款和增值税税款合并定价并合并收取，其在计算应纳增值税税额时，应将含增值税的销售额换算成不含增值税的销售额。

（4）混合销售行为且按照规定应当征收增值税的，其销售额为货物的销售额与非增值税应税劳务的营业额的合计。

（5）纳税人销售货物或者提供应税劳务的价格明显偏低并且没有正当理由的，或视同销售行为而没有销售额的，由主管税务机关核定其销售额。税务机关可以按照下列顺序确定销售额：

①按照纳税人最近时期同类货物的平均销售价格确定；

②按照其他纳税人最近时期同类货物的平均销售价格确定；

③按照组成计税价格确定。其计算公式为：

组成计税价格＝成本×（1＋成本利润率）

若该货物属于征收消费税的范围，其组成计税价格还应加上消费税税额。其计算公式为：

组成计税价格＝成本×（1＋成本利润率）＋消费税税额

或：

组成计税价格＝成本×（1＋成本利润率）÷（1－消费税税率）

上述公式中，“成本”分为以下两种情况：①销售自产货物的为实际生产成本；②销售外购货物的为实际采购成本。“成本利润率”根据规定统一为10%，但属于从价定率征收消费税的货物，其组成计税价格公式中的成本利润率应遵循《消费税若干具体问题的规定》中的规定。

（6）纳税人为销售货物而出租、出借包装物收取的押金，单独记账核算的，不并入销售额，但税法另有规定的除外。而对逾期（一般以1年为限）未收回包装物而不再退还的押金，应该并入销售额，并按照所包装货物的适用税率计算销项税额。税法规定，对销售除啤酒、黄酒以外的其他酒类产品收取的包装物押金，无论是否返还以及会计上如何核算，均应并入当期销售额征税。

在将包装物押金并入销售额征税时，要先将该押金换算为不含税价，再并入销售额征税。对于个别包装物周转使用期限比较长的，报经税务机关确定以后，可以适当放宽逾期期限。另外，包装物押金不应该混同于包装物租金，包装物租金在销货时，应该作为价外费用并入销售额计算销项税额。

（7）以折扣方式销售货物。纳税人以折扣方式销售货物分为两种：①商业折扣，也称价格折扣，是指销货方为鼓励购买者多买而给予的价格折让，即购买的越多，价格折扣也就越多。商业折扣一般都从销售价格中直接折算，即购买方所付的价款和销售方所收的货款都按打折以后的实际售价计算。②现金折扣，是指销货方为鼓励买方在一定期限内早日付款而给予的一种折让优惠。对于商业折扣，应作如下的处理：①销售额和折扣额在同一张发票上分别注明的，可以按照冲减折扣额后的销售额征收增值税；②将折扣额另开发票的，不论财务会计上如何处理，在征收增值税时，折扣额都不得冲减销售额。

（8）纳税人采取以旧换新方式销售货物，应该按照新货物的同期销售价格确定销售额。以旧换新销售，是指纳税人在销售过程中，折价收回同类的旧货物，并以折价款部分冲减货物价款的一种销售方式。但税法规定，对金银首饰以旧换新业务，可按销售方实际收取的不含增值税的全部价款征收增值税。

（9）采取以物易物方式销售货物。以物易物是指购销双方不是以货币结算，而是以同等价款的货物相互结算，实现货物购销的一种方式。以物易物双方都应该作购销处理，以各自发出的货物核算销售额并且计算销项税额，以各自收到的货物按照规定核算购货额并且计算进项税额。

参考答案：AB

【经典试题】

（多项选择题）1. 根据增值税法律制度的规定，下列各项业务的处理方法中，不正确的有（　　）。

A. 纳税人销售货物或提供应税劳务，采用价税合并定价并合并收取的，以不含增值税的销售额为计税销售额

B. 纳税人以价格折扣方式销售货物，不论折扣额是否在同一张发票上注明，均以扣除折扣额以后的销售额为计税销售额

C. 纳税人采取以旧换新方式销售货物，以扣除旧货物折价款以后的销售额为计税销售额

D. 纳税人采取以物易物方式销售货物，购销双方均应作购销处理，以各自发出的货物核算计税销售额并计算销项税额，以各自收到的货物核算购货额并计算进项税额

（判断题）2. 按照增值税的相关规定，现金折扣可以从销售额中扣除。（ ）

（判断题）3. 纳税人为销售货物而出租、出借包装物收取的押金，单独记账核算的，一律不并入销售额。（ ）

（计算分析题）4. 某服装公司为增值税一般纳税人。2006 年 10 月份从国外进口一批服装面料，海关审定的完税价格为 50 万元，该批服装布料分别按 5%和 17%的税率向海关缴纳了关税和进口环节增值税，并取得了相关完税凭证。

该批服装布料当月加工成服装后全部在国内销售，取得销售收入 100 万元（不含增值税），同时支付运输费 3 万元（取得运费发票）。

已知：该公司适用的增值税税率为 17%。

要求：

(1) 计算该公司当月进口服装布料应缴纳的增值税税额。

(2) 计算该公司当月允许抵扣的增值税进项税额。

(3) 计算该公司当月销售服装应缴纳的增值税税额。

参考答案：1. BC（2007 年考试真题）　2. ×　3. ×

4. (1) 增值税组成计税价格＝（50＋50×5%）＝52.5（万元）；

进口环节应缴纳增值税＝52.5×17%＝8.93（万元）。

(2) 当月允许抵扣的增值税进项税额＝8.93＋3×7%＝9.14（万元）。

(3) 销项税额＝100×17%＝17（万元）；

应缴纳的增值税税额＝17－9.14＝7.86（万元）。（2007 年考试真题）

考点 7：增值税销项税额的计算

重点等级：☆

销项税额是指纳税人销售货物或应税劳务，按销售额和规定的税率计算并向购买方收取的增值税额。其计算公式如下：

销项税额＝销售额×税率

或：

销项税额＝组成计税价格×税率

【经典试题】

（计算分析题）东方花园日化用品有限责任公司为增值税一般纳税人。2003 年 1 月，该公司发生以下经济业务：

(1) 外购原材料一批，货款已付并验收入库。从供货方取得的增值税专用发票上注明的增值税税额为 30 万元，另支付运费 10 万元，运输单位已开具运输发票。

(2) 外购机器设备一套，从供货方取得的增值税专用发票上注明的增值税税额为

2.2 万元，货款已付并验收入库。

(3) 销售化妆品一批，取得产品销售收入 2 457 万元（含增值税），向购货方收取手续费 11.7 万元（含增值税）。

(4) 将公司闲置的一套设备出租，取得租金收入 1 万元。

其他相关资料：该公司月初增值税进项税余额为 6.3 万元，增值税税率为 17%，运费的进项税额扣除率为 7%，消费税税率为 30%，营业税税率为 5%。

要求：

(1) 计算该公司 1 月份的增值税销项税额及可抵扣的进项税额。

(2) 计算该公司 1 月份应纳增值税税额。

(3) 计算该公司 1 月份应纳消费税税额。

(4) 计算该公司 1 月份应纳营业税税额。（答案中的金额单位用万元表示）

参考答案：(1) 1 月份增值税销项税额＝（2 457＋11.7）÷（1＋17%）×17%＝358.7（万元）；

1 月份可抵扣的增值税进项税额＝30＋10×7%＋6.3＝37（万元）。

(2) 1 月份应纳的增值税税额＝358.7－37＝321.7（万元）。

(3) 1 月份应纳的消费税税额＝［(2 457＋11.7）÷（1＋17%）］×30%＝633（万元）。

(4) 1 月份应纳的营业税税额＝1×5%＝0.05（万元）。（2003 年考试真题）

考点 8：增值税进项税额的计算

重点等级：☆☆☆☆☆

进项税额是指纳税人购进货物或接受应税劳务所支付或负担的增值税额。

1. 准予从销项税额中抵扣的进项税额项目

(1) 一般纳税人购进货物或者应税劳务，从销售方取得的增值税专用发票上注明的增值税额。

(2) 一般纳税人进口货物，从海关取得的完税凭证上注明的增值税额。

(3) 一般纳税人购进免税农业产品或向小规模纳税人购买的农业产品，按买价依照 13%的扣除率计算，其计算公式如下：

进项税额＝买价×扣除率

一般纳税人从农业生产者购进的免税棉花以及从国有粮食购销企业购进的免税粮食，分别按收购凭证、销售发票所列金额依照Ⅰ【○ A. 10%　B. 13%　C. 15%　D. 17%】的扣除率来计算进项税额。

(4) 一般纳税人外购货物（固定资产除外）所支付的运输费用，按运费结算单据（普通发票）所列运费金额（运输单位开具的货票上注明的运费、建设基金），依照Ⅱ

【○ A. 7%　B. 10%　C. 13%　D. 15%】的扣除率计算进项税额并准予扣除；但是随同运费支付的装卸费、保险费等其他杂费不得计算扣除进项税额。

一般纳税人购进、销售货物所支付的运费明显偏高，且经税务机关审查不合理的，不予抵扣。

(5) 生产企业一般纳税人购入废旧物资回收经营单位销售的废旧物资，按废旧物资回收经营单位开具的由税务机关监制的普通发票上注明的金额，依照10%的扣除率计算抵扣进项税额。

(6) 一般纳税人取得由税务所为小规模纳税人代开的增值税专用发票，可用专用发票上填写的税额作为进项税额计算抵扣。

(7) 混合销售行为和兼营的非应税劳务，按规定应该征收增值税的；该混合销售行为所涉及和兼营的非应税劳务所用购进货物的进项税额，符合《增值税暂行条例》规定允许扣除的，准予从销项税额中抵扣。

(8) 购进固定资产的进项税额。

2. 不得从销项税额中抵扣进项税额的项目

(1) 用于非增值税应税项目、免征增值税项目、集体福利或者个人消费的购进货物或者应税劳务。

(2) 非正常损失的购进货物及相关的应税劳务。

(3) 非正常损失的在产品、产成品所耗用的购进货物或者应税劳务。

(4) 国务院财政、税务主管部门规定的纳税人自用消费品。

(5) (1) ～ (4) 项规定的货物的运输费用和销售免税货物的运输费用。

已抵扣进项税额的购进货物或应税劳务，发生上述情况的（免税项目、非增值税应税劳务除外），应当将该项购进货物或应税劳务的进项税额从当期发生的进项税额中扣减。无法确定该项进项税额的，应该按当期实际成本计算应扣减的进项税额。

实际成本＝进价＋运费＋保险费＋其他有关费用

应扣减的进项税额＝实际成本×征税时该货物或应税劳务适用的税率

一般纳税人兼营免税项目或者非增值税应税劳务而无法划分不得抵扣的进项税额的，按下列公式计算不得抵扣的进项税额：

$$\text{不得抵扣的进项税额}=\text{当月无法划分的全部进项税额}\times\text{当月免税项目销售额、非增值税应税劳务营业额合计}\div\text{当月全部销售额、营业额合计}$$

3. 增值税进项税额抵扣时限

(1) 防伪税控专用发票进项税额的抵扣时限。增值税一般纳税人申请抵扣的防伪税控系统开具的专用发票，应当自专用发票开具之日起90日内到税务机关认证，否则不予抵扣进项税额。通过认证的，应当在认证通过的当月核算当期进项税额并申报抵扣，否则不予抵扣进项税额。

(2) 海关完税凭证进项税额的抵扣时限。增值税一般纳税人进口货物取得海关完税凭证，应在Ⅲ【○ A. 完税凭证开具之日起90日后　B. 专用发票开具之日起90

日后　C. 专用发票开具之日起 60 日后　D. 完税凭证开具之日起 60 日后】的第一个纳税申报期结束以前向主管税务机关申报抵扣，逾期不得抵扣进项税额。

(3) 购进废旧物资进项税额的抵扣时限。增值税一般纳税人取得的废旧物资发票，应在发票开具之日起Ⅳ【○ A. 10 日　B. 30 日　C. 60 日　D. 90 日】后的第一个纳税申报期结束以前向主管税务机关申报抵扣，逾期不得抵扣进项税额。

参考答案：Ⅰ. B　Ⅱ. A　Ⅲ. A　Ⅳ. D

【经典试题】

(单项选择题) 1. 某机械公司为增值税一般纳税人，本月为购买货物向运输公司支付运费 5 000 元、装卸费 200 元、保险费 100 元，并取得了运输公司开具的运输业专用发票。根据规定，该机械公司当月准予抵扣的进项税额为(　　)。

A. 350 元　　B. 420 元

C. 450 元　　D. 560 元

(单项选择题) 2. 下列各项外购货物中，(　　)准予抵扣进项税额。

A. 管理不善造成腐烂变质　　B. 用于连续生产其他货物

C. 用于非应税项目　　D. 用于集体福利

(单项选择题) 3. 下列外购项目中，(　　)可以作为进项税额从销项税额中抵扣。

A. 外购小规模纳税人销售的货物，取得普通发票注明的销售额换算的增值税

B. 外购免税农产品，收购凭证上注明价款乘以法定扣除率

C. 外购建造生产车间的建材，运输单位开具货票上注明的运费

D. 外购用于生产免税货物的原材料，增值税专用发票注明的增值税

(多项选择题) 4. 下列各项中，属于准予从销项税额中抵扣的进项税额项目的是(　　)。

A. 从一般纳税人处取得的普通发票

B. 从海关取得的完税凭证上注明的增值税额

C. 从销售方取得的增值税专用发票

D. 一般纳税人取得由税务所为小规模纳税人代开的专用发票

(多项选择题) 5. 根据最新相关规定，下列进项税额中，(　　)不得从销项税额中抵扣。

A. 购进固定资产的进项税额

B. 非正常损失购进货物的进项税额

C. 用于扩建厂房购进货物的进项税额

D. 进口农产品，海关进口增值税专用缴款书上注明的增值税额

(多项选择题) 6. 一般纳税人发生的下列业务中，(　　)准予计算抵扣进项

税额。

A. 外购免税农产品　　　　　　　B. 从生产企业收购免税废旧物资

C. 支付运输企业运输费　　　　　D. 从小规模纳税人处购买生产资料

(多项选择题) 7. 根据新修订的《增值税暂行条例》，增值税一般纳税人取得的下列凭据中，(　　)可以抵扣进项税额。

A. 外购免税农产品的收购凭证

B. 委托加工取得的增值税专用发票

C. 外购原材料支付运费取得的普通发票

D. 外购大型生产设备取得的增值税专用发票

(多项选择题) 8. 根据我国《增值税暂行条例》的规定，下列项目中，(　　)的进项税额不得从销项税额中抵扣。

A. 生产免税产品接受的劳务　　　　B. 厂房建设工程耗用的外购材料

C. 因自然灾害毁损的库存外购商品 D. 企业被盗窃的产成品所耗用的外购原材料

(判断题) 9. 消费税与增值税的计税依据均为含消费税金但不含增值税金的销售额，所以两税的税额计算方法相同。(　　)

(判断题) 10. 根据现行增值税法律制度的有关规定，工业企业一般纳税人购进货物，在取得防伪税控系统专用发票后，应在货物已验收入库后申报抵扣进项税额。(　　)

(判断题) 11. 增值税一般纳税人从农业生产者购进的农产品，可以按照农产品收购发票或者销售发票上注明的农产品买价和13%的扣除率计算抵扣进项税额。(　　)

(判断题) 12. 根据现行增值税法律制度的有关规定，一般纳税人取得防伪税控系统开具的专用发票，必须自该专用发票开具之日起90日内到税务机关认证，并在通过认证的60天内申报抵扣。(　　)

(综合题) 13. 大华机械公司为增值税一般纳税人，主要生产各种电动工具，适用的增值税税率为17%。增值税以1个月为一个纳税期，自期满之日起15日内申报纳税，增值税专用发票通过防伪税控系统开具。2009年7月5日该公司申报缴纳6月份增值税税款100万元。7月底，税务机关对该公司6月份增值税计算缴纳情况进行专项检查，有关检查情况如下：

(1) 6月6日，一批外购钢材因管理不善被盗，增值税专用发票确认的成本为40万元，增值税税额为6.8万元。在查明原因之前，该公司将40万元作为待处理财产损溢入账。

(2) 6月10日，处理一批下脚料，将取得的含增值税销售额3.51万元全部确认为其他业务收入。

(3) 6月15日，购进低值易耗品一批，所取得承运公司开具的运输发票上注明的运费金额为1万元。该公司计算抵扣的进项税额为0.1万元。

(4) 6月25日，销售电动工具一批，另外向购货方收取包装物租金2.34万元。该公司将该项价外费用全部计入了营业外收入。

(5) 6月底计算应纳增值税时，将2009年2月份取得的一张防伪税控系统开具的增值税专用发票作为6月份可抵扣的进项税额处理。该增值税专用发票注明的增值税税额为1.87万元，开票时间为2009年1月25日。

根据以上情况，税务机关依法责令该公司限期补缴少缴的增值税税款、加收滞纳金，并处少缴税款1.5倍的罚款。该公司于2009年8月3日缴纳增值税税款、滞纳金（滞纳天数为24天）和罚款。不考虑其他税收因素。

要求：根据增值税法律制度和税收征收管理法律制度的有关规定，回答下列问题：

(1) 指出该公司上述（1）至（5）项业务的增值税处理是否正确？并说明理由。

(2) 计算该公司应补缴的增值税税款，列出计算过程。

(3) 计算该公司应缴纳的滞纳金和罚款数额，列出计算过程。

(4) 该公司的行为属于何种税收违法行为？是否构成犯罪？分别说明理由。

参考答案：1. A　2. B　3. B　4. BCD　5. BC　6. AC　7. ABCD　8. ABCD

9. ×　10. ×　11. √　12. ×

13. (1) 业务（1）外购的钢材被盗，属于非正常损失，其进项税额是不可以进行抵扣的，已经抵扣了的，要进行进项税转出。企业只是将成本40万元转入待处理财产损溢，并没有作相应的进项税转出处理，这是不正确的。应转出的进项税额＝6.8万元。

业务（2）将含税销售额3.51万元全部确认为其他业务收入的处理是不正确的。销售下脚料，应将取得的含税销售额换算为不含增值税的销售额，确认的销项税额为3.51÷（1＋17%）×17%＝0.51万元。

业务（3）购进低值易耗品发生的运费抵扣进项税额的计算不正确。根据规定，增值税一般纳税人购进货物而发生的运费，根据运费发票上所列运费全额按7%的扣除率计算进项税。本题中，发生的运费为1万元，可以抵扣的进项税＝1×7%＝0.07万元，企业抵扣了0.1万元，多抵扣的部分为0.1－0.07＝0.03万元。

业务（4）收取的包装物租金是要作为价外费用确认销项税额的，企业将该项价外费用一并计入营业外收入的处理不正确。应确认的销项税额＝2.34÷（1＋17%）×17%＝0.34万元。

业务（5）增值税一般纳税人申请抵扣的防伪税控系统开具的专用发票，应自专用发票开具之日起90日内到税务机关认证，并在认证通过的当月核算当期进项税额并申报抵扣，否则不准予抵扣进项税额。本题中是2月份取得的一张防伪税控系统开具的增值税专用发票，经过3、4、5月份已经经过最少92天，显然到6月份已经超过90天，因而2月份取得的一张防伪税控系统开具的增值税专用发票是不得在6月份进行抵扣的。

（2）应补缴的增值税＝6.8＋0.51＋0.03＋0.34＋1.87＝9.55万元。

（3）该公司应缴纳的滞纳金＝9.55×0.5‰×24＝0.114 6万元；

该公司应缴纳的罚款＝9.55×1.5＝14.325万元。

（4）该公司的行为属于逃避缴纳税款行为。逃避缴纳税款行为指的是纳税人采取欺骗、隐瞒手段进行虚假纳税申报或者不申报的行为。逃税的比例＝9.55÷（100＋9.55）×100%＝8.72%，不构成逃税罪。根据规定，逃避缴纳税款数额较大并且占应纳税额10%以上的，处3年以下有期徒刑或者拘役，并处罚金；数额巨大并且占应纳税额30%以上的，处3年以上7年以下有期徒刑，并处罚金。两种情况均构成逃税罪。本题中逃税比例为8.72%，不符合逃税罪的判定条件，不构成犯罪。

考点9：增值税应纳税额的计算

重点等级：☆☆☆☆☆

（1）一般纳税人销售货物或提供应税劳务，应纳税额计算公式为：

应纳税额＝当期销项税额－当期进项税额

当期销项税额小于当期进项税额而不足抵扣时，其不足抵扣的部分可以结转下期继续抵扣。

（2）一般纳税人生产、销售的一些特殊货物采用简易办法计算增值税应纳税额，按销售额和规定的征收率计算。计算公式为：

应纳税额＝销售额×征收率

（3）进口的应税货物，按组成计税价格以及规定的增值税税率计算应纳税额，不得抵扣进项税额。应纳税额计算公式为：

应纳税额＝组成计税价格×税率

组成计税价格＝关税完税价格＋关税＋消费税

（4）小规模纳税人销售货物或提供应税劳务，按销售额和规定的征收率，实行简易办法计算应纳税额，不得抵扣进项税额。计算公式为：

应纳税额＝销售额×征收率

上述公式中的“销售额”，不包括收取的增值税销项税额。

对销售货物或者提供应税劳务采取销售额和增值税销项税额合并定价方法的，要分离出不含税销售额，其计算公式为：

销售额＝含税销售额÷（1＋征收率）

【经典试题】

(单项选择题) 1. 某小型工业企业为增值税小规模纳税人。2006年3月取得销售收入8.48万元(含增值税);购进原材料一批,支付货款2.12万元(含增值税)。已知该企业适用的增值税征收率为6%。该企业当月应缴纳的增值税税额为( )万元。

A. 0.48　　B. 0.36
C. 0.31　　D. 0.25

(单项选择题) 2. 某食品加工企业为小规模纳税人,适用增值税征收率为6%。2月份取得销售收入16 960元;直接从农户购入农产品价值6 400元,支付运输费600元,当月支付人员工资2 460元,该企业当月应缴纳的增值税税额为( )元。

A. 450　　B. 597.6
C. 870　　D. 960

(单项选择题) 3. 某五金工具厂为小规模纳税人,适用的增值税征收率为6%。2004年3月份,该厂取得销售收入(含增值税)5 512元,则该厂3月份应缴纳的增值税税额为( )元。

A. 312　　B. 330.72
C. 884　　D. 937.04

(单项选择题) 4. 某商业零售企业为增值税小规模纳税人。2002年3月,该商业零售企业销售商品收入(含增值税)31 200元。已知该商业零售企业增值税征收率为4%,该企业3月份应缴纳的增值税税额为( )元。

A. 1 248　　B. 1 872
C. 1 766.04　　D. 1 200

(单项选择题) 5. 某制药厂(增值税一般纳税人)5月份销售某种药品120万元(含税,税率为17%),销售免税药品50万元,当月购入生产用原材料一批,取得增值税专用发票上注明税款6.8万元,该种药品与免税药品无法划分耗料情况,则该制药厂当月应纳增值税为( )万元。

A. 14.47　　B. 12.64
C. 12.20　　D. 17.58

(单项选择题) 6. 某工业企业2009年1月销售一批货物,价款为400万元,另外以折扣销售方式销售货物85万元(已经扣除折扣额5万元),按销售金额开具了增值税专用发票,并对折扣额单独开具红字专用发票反映,销售的货物均已发出。当月购进一批货物,取得增值税专用发票上注明价款为400万元,增值税进项税额为34万元,货款及税款已经支付,发票已通过认证,销货方保证货物在下月发出。则当月该企业应纳增值税税额为( )。

A. 47.6万元　　B. 49.3万元

C. 56.2 万元　　D. 62.9 万元

（单项选择题）7. 某食品加工企业（增值税小规模纳税人）2009 年 2 月份取得销售收入 25 200 元，直接从农户购入农产品价值 5 000 元，支付运输费 500 元，当月支付人员工资 3 420 元，该企业当月应缴纳的增值税税额为(　　)元。

A. 454　　B. 494

C. 734　　D. 852

（单项选择题）8. 某电脑公司为一般纳税人，2008 年 10 月销售给某单位电脑 50 台，每台 6 000 元（不含税价），并开具增值税专用发票，双方议定由电脑公司送货上门，购买单位支付运输费 1 000 元（电脑公司开具普通发票）。当月电脑公司准予抵扣的进项税额为 45 000 元。电脑公司当月应纳增值税为(　　)元。

A. 6 145.3　　B. 7 000

C. 8 250.2　　D. 9 000

（单项选择题）9. 某酒厂为一般纳税人。2009 年 5 月向一小规模纳税人销售白酒，开具普通发票上注明金额 84 500 元；同时收取单独核算的包装物押金 1 000 元（尚未逾期），此酒厂应计算的销项税额为(　　)元。

A. 11 500　　B. 12 190.68

C. 12 423.08　　D. 15 101.82

（单项选择题）10. 某生产企业为小规模纳税人。2009 年 3 月外购货物取得增值税专用发票上注明税款 4 500 元。当月销售货物，税务机关代开的增值税专用发票上注明价款为 100 000 元，该生产企业本月应纳增值税为(　　)元。

A. 800　　B. 3 000

C. 1 500　　D. 2 000

（多项选择题）11. 甲公司外购一批货物，价款为 4 000 元，取得增值税专用发票，委托乙公司加工，支付加工费 1 000 元，并取得乙公司开具的增值税专用发票。货物加工好收回后，甲公司将这批货物直接对外销售，开出的增值税专用发票上注明的价款为 6 000 元。则下列处理中，正确的有(　　)。

A. 甲应当缴纳增值税 240 元　　B. 乙应该缴纳增值税 170 元

C. 甲应当缴纳增值税 170 元　　D. 乙无需缴纳增值税

（判断题）12. 某公司自制的一产品完工，作为赠品送给客户，成本 80 万元，核定的成本利润率 10%，消费税税率 12%，适用 17%的增值税税率，则该批 A 产品应缴纳增值税 15 万元。(　)

（计算分析题）13. 某化工公司是增值税一般纳税人，生产护肤护发品。2004 年 4 月 6 日，该公司向当地税务机关申报纳税，结清 3 月份应缴纳税款。4 月 20 日，税务机关在对该公司 3 月份纳税情况实施税务稽核时，发现以下情况：

(1) 连同护肤护发品一同销售的特制包装盒收入（含增值税）9 360 元，未纳入增值税、消费税销售额中。生产特制包装盒发生的进项税额已在 3 月份销项税额中抵扣。

(2) 外购一批用于生产护肤护发品的原料并验收入库，支付货款（含增值税）35 100元，取得对方开具的增值税专用发票上注明的增值税额为5 100元。经核查，该批原料因管理不善已被盗窃，但其进项税额已从3月份销项税额中抵扣。

(3) 将新开发的X牌洗发露40箱作为样品用于新产品发布会，会后全部赠送给与会人员，该批样品未计入销售收入。生产该批样品发生的进项税额已在3月份销项税额中抵扣。X牌洗发露每箱市场销售价格（含增值税）315.9元。

已知：护肤护发品适用增值税税率为17%，适用消费税税率为8%。

要求：

(1) 计算该公司3月份应补缴增值税税额。

(2) 计算该公司3月份应补缴消费税税额。(答案中的金额单位用元表示)

(计算分析题) 14. 海东汽车制造公司（以下简称“海东公司”）为增值税一般纳税人。2002年3月，该公司发生以下经济业务：

(1) 2日，外购用于生产W牌小汽车的钢材一批，全部价款已付并验收入库。从供货方取得的增值税专用发票上注明的增值税税额为18.7万元。

(2) 10日，外购用于装饰公司办公楼的建筑材料一批，全部价款已付并验收入库。从供货方取得的增值税专用发票上注明的增值税税额为3.4万元。当月已将该批建筑材料用于办公楼装饰。

(3) 15日，外购用于生产W牌小汽车的配件一批，价款已付，从供货方取得的增值税专用发票上注明的增值税税额为51万元。供货方于3月16日将该批配件发出，但海东公司3月31日仍未收到该批配件。

(4) 19日，采取直接收款方式向H汽车销售公司W牌小汽车一批，已收到全部车价款（含增值税）760.5万元，给购车方开具了增值税专用发票，并于当日将“提车单”交给购车方自行提货。3月31日购车方尚未将该批车提走。

(5) 23日，采取托收承付方式向M汽车销售公司销售W牌小汽车一批，车价款（不含增值税）为300万元。海东公司已将该批汽车发出并向银行办妥托收手续。3月31日海东公司尚未收到该批车款。

已知：W牌小汽车适用的消费税税率为5%；小汽车适用的增值税税率为17%；海东公司2002年3月1日增值税进项税额余额为零。

海东公司计算的3月份应纳增值税税额如下：

应纳增值税税额＝760.5/（1＋17%）×17%－（18.7＋3.4＋51）＝37.40（万元）。

要求：

(1) 指出海东公司3月份应纳增值税税额计算的错误之处。

(2) 计算海东公司3月份应纳增值税税额。

(3) 计算海东公司3月份应纳消费税税额。

(计算分析题) 15. 东方家具公司为增值税一般纳税人。2000年2月，该公司发生以下经济业务：

(1) 外购用于生产家具的木材一批，全部价款已付并验收入库。对方开具的增值税专用发票注明的货款（不含增值税）为40万元，运输单位开具的货运发票注明的运费金额为1万元。

(2) 外购建筑涂料用于装饰公司办公楼，取得对方开具的增值税发票上注明的增值税税额为9万元，已办理验收入库手续。

(3) 进口生产家具用的辅助材料一批，关税完税价格8万元，已纳关税1万元。

(4) 销售家具一批，取得销售额（含增值税）93.6万元。

已知：该公司月初增值税进项税余额为零，增值税税率为17%；支付的运输费用按7%的扣除率计算进项税额。

要求：

(1) 计算该公司进口辅助材料应纳增值税税额，并列出计算过程。

(2) 计算该公司2月份增值税销项税额，并列出计算过程。

(3) 计算该公司2月份增值额销项税额，并列出计算过程。

(4) 计算该公司2月份应纳增值税税额，并列出计算过程。

(答案中的金额单位用万元表示)

(综合题) 16. 宏运公司是一家摩托车生产企业，属于增值税一般纳税人。税务机关对宏运公司进行税务检查时，发现宏运公司2009年下列业务没有入账：

(1) 销售自产摩托车100辆，取得价款（不含增值税）1 000万元。另外，向购买方收取价外费用10万元。

(2) 销售自产轮胎取得含税销售额35.6万元，向购买方收取运输装卸费3万元。

(3) 购进原料，取得增值税专用发票上注明的价款为50万元，支付运输公司运费5万元，取得运输公司开具的运费发票。

经查明，是宏运公司擅自销毁账簿、记账凭证导致这些业务没有入账。最终，税务机关认定宏运公司当年应纳税额共计300万元。

根据以上情况，税务机关责令宏运公司限期补缴少缴的税款，并对其进行了处罚。在多次催缴无效的情况下，税务机关对宏运公司账簿资料再次检查，发现宏运公司账户上确实无钱可付，但宏运公司放弃了天麟公司应付的一笔刚刚到期的20万元货款。经了解，天麟公司完全有偿债能力。另外，税务机关还发现宏运公司有转移财产的情形，便要求其提供纳税担保，但遭到宏运公司的拒绝。税务机关决定对宏运公司采取税收保全措施。

已知：摩托车消费税税率为10%，汽车轮胎消费税税率为3%。

要求：根据税收征收管理法律制度的相关规定，分析回答下列问题：

(1) 计算宏运公司少缴的增值税；

(2) 计算宏运公司少缴的消费税；

(3) 宏运公司少缴增值税、消费税（不考虑对其他税费的影响）属于何种行为？

是否构成犯罪？

（4）税务机关对宏运公司多次催缴税款无效的情况下，税务机关可以采取何种措施追缴宏运公司的税款？请简要说明理由。

（5）对于宏运公司转让财产的行为，税务机关可否要求其提供担保？

（6）税务机关采取税收保全措施应当经过怎样的批准程序？可以采取何种措施？

参考答案：1. A（2006 年考试真题） 2. D（2005 年考试真题） 3. A（2004 年考试真题） 4. D（2002 年考试真题） 5. B 6. B 7. C 8. A 9. C 10. B 11. BC 12. ×

13. 第一笔业务中，销售特制包装盒的收入应该计算缴纳增值税，因为其收入没有纳入计算增值税的销售额中，所以应该补缴增值税。

第二笔业务中，外购的原料因为管理不善被盗，其进项税额应该作转出处理，也应该补缴增值税。

第三笔业务中，将自产的货物用于无偿赠送，属于视同销售的行为，应该计算增值税，因为开始没有计入到销售收入中，所以应补缴增值税。

（1）该公司 3 月份应补缴增值税税额＝9 360/（1＋17%）×17%＋5 100＋(40×315.9)/（1＋17%）×17%＝1 360＋5 100＋1 836＝8 296（元）；

（2）该公司 3 月份应补缴消费税税额＝9 360/（1＋17%）×8%＋（40×315.9）/（1＋17%）×8%＝640＋864＝1 504（元）。（2004 年考试真题）

14.（1）错误之处：

①海东公司外购用于装饰公司办公楼的建筑材料，属于非应税项目的购进货物或者应税劳务的进项税额，不得抵扣。

②外购用于生产 W 牌小汽车的配件一批，尽管价款已付，但海东公司本月尚未收到配件并验收入库，其进项税额不得作为纳税人当期进项税额予以抵扣。（注：根据当时的旧法）

③海东公司采用托收承付方式销售小汽车一批，尽管尚未收到车款，但已将汽车发出并向银行办妥托收手续，发生了纳税义务，应计算纳税。

（2）应纳增值税税额＝｛［760.5/（1＋17%）］×17%＋300×17%｝－18.7＝（110.5＋51）－18.7＝142.8（万元）。

（3）应纳消费税税额＝［760.5/（1＋17%）＋300］×5%＝47.5（万元）。（2002 年考试真题）

15.（1）进口辅助材料应纳增值税税额＝（8＋1）×17%＝1.53（万元）。

（2）2 月份可以抵扣的进项税额＝40×17%＋1×7%＋（8＋1）×17%＝8.4（万元）。

(3) 2 月份销项税额＝93.6/（1＋17％）×17％＝13.6（万元）。

(4) 2 月份应纳增值税税额＝13.6－8.4＝5.2（万元）。(2000 年考试真题)

16. (1) 少缴增值税＝［1 000＋10÷（1＋17％)］×17％＋（35.6＋3）÷（1＋17％）×17％－50×17％－5×7％＝168.21（万元)。

(2) 销售摩托车少缴消费税＝［1 000＋10÷（1＋17％)］×10％＝100.85（万元)；销售汽车轮胎少缴消费税＝（35.6＋3）÷（1＋17％）×3％＝0.99（万元)；共少缴消费税＝100.85＋0.99＝101.84（万元)。

(3) 宏运公司少缴增值税、消费税的行为属于逃税行为，已经构成了犯罪。根据《刑法》规定，逃避缴纳税款数额较大并且占应纳税额 10％以上的，处 3 年以下有期徒刑或者拘役，并处罚金；数额巨大并且占应纳税额 30％以上的，处 3 年以上 7 年以下有期徒刑，并处罚金。本题中，宏运公司逃税数额达到 270.05 万元，占应纳税额的 90％（270.05÷300×100％)，数额和比例均达到了犯罪的界限，因此宏运公司的行为构成了逃税罪。

(4) 根据法律规定，税务机关可以行使撤销权，请求法院撤销宏运公司放弃债权的行为。根据规定，欠缴税款的纳税人放弃其到期债权或者无偿转让其财产，对国家税收造成损害的，税务机关可以请求法院撤销纳税人的行为。

(5) 对于宏运公司转让财产的行为，税务机关可以要求其提供担保。根据规定，在限期内发现纳税人有明显的转移、隐匿其应纳税的商品、货物以及其他财产或者应纳税收入迹象的，应责成纳税人提供纳税担保。

(6) 税务机关责令具有税法规定情形的纳税人提供纳税担保而纳税人拒绝提供纳税担保或无力提供纳税担保的，经县以上税务局（分局）局长批准，税务机关可以采取下列税收保全措施：

①书面通知纳税人开户银行或其他金融机构冻结纳税人的金额相当于应纳税款的存款；

②扣押、查封、依法拍卖或者变卖纳税人的价值相当于应纳税款的商品、货物或者其他财产。

考点 10：增值税出口退（免）税

重点等级：☆☆☆

按照《增值税暂行条例》的规定，我国实行出口货物零税率（除少数特殊货物外）的优惠政策。所谓零税率是指货物在出口时整体税负为零，不但出口环节不必纳税，而且还可以退还以前环节已纳税款。

出口货物除国家明确规定不予退（免）税的货物外，都属于出口退（免）税的范围。

增值税出口退（免）税的“出口货物”，必须同时具备的条件包括：【□ A. 属于增值税、消费税征税范围的货物　B. 经中华人民共和国海关报关离境的货物　C. 财务会计上作对外销售处理的货物　D. 出口结汇（部分货物除外）并已核销的货物】。

参考答案：ABCD

【经典试题】

（判断题）1. 我国实行出口货物零税率（除少数特殊货物外）的优惠政策，即货物在出口时整体税负为零，不但出口环节不必纳税，而且还可以退还以前环节已纳税款。（　　）

（判断题）2. 出口货物都属于出口退（免）税的范围。（　　）

参考答案：1. √　2. ×

考点 11：出口货物退（免）税的范围

重点等级：☆☆☆☆

（1）除另有规定的之外，给予免税并退税的企业出口的货物包括：Ⅰ【□ A. 生产企业自营出口或者委托外贸企业代理出口的自产货物　B. 有出口经营权的外贸企业收购后直接出口的货物　C. 委托其他外贸企业代理出口的货物　D. 特定出口货物】。

有些出口货物虽然不同时具备出口货物的上述条件，但是由于其销售方式、消费环节、结算办法的特殊性，国家准予退还或免征其增值税和消费税。这些货物主要包括：①利用国际金融组织或者外国政府贷款，采取国际招标方式，由国内企业中标销售的机电产品、建筑材料；②对外承接修理修配业务的企业用于对外修理修配的货物；③外轮供应公司、远洋运输供应公司销售给外轮、远洋国轮收取外汇的货物。这类货物还包括：Ⅱ【□ A. 对外承包工程公司运出境外用于对外承包项目的货物　B. 企业在国内采购并运往境外作为在国外投资的货物　C. 对外补偿贸易及易货贸易、小额贸易出口的货物　D. 对港、澳、台地区贸易的货物】。

（2）下列企业出口的货物，除另有规定的之外，给予免税，但不予退税：

① 属于生产企业的小规模纳税人自营出口或者委托外贸企业代理出口的自产货物。

② 外贸企业从小规模纳税人购进并持有普通发票的货物出口。但对出口的抽纱、工艺品、香料油、山货、草柳竹藤制品、渔网渔具、松香、五倍子、生漆、鬃尾、山

羊皮和纸制品等，考虑到这些产品大多由小规模纳税人生产、加工、采购，并且其出口比重比较大的特殊因素，特准予退税。

③ 外贸企业直接购进国家规定的免税货物（包括免税农产品）出口。

另外，下列出口货物，免税但不予退税：

① 来料加工复出口的货物。

② 避孕药品和用具、古旧图书。

③ 国家出口计划内的卷烟。

④ 军品和军队系统企业出口军需工厂生产或者军需部门调拨的货物。

⑤ 国家规定的其他免税货物。

(3) 除经国家批准属于进料加工复出口贸易的之外，下列出口货物不免税也不退税：

① 国家计划外出口的原油。

② 国家禁止出口的货物，包括Ⅲ【□ A. 香料油　B. 天然牛黄　C. 麝香　D. 松香】、铜及铜基合金、白银等。

③ 国家规定的其他不免税也不退税的出口货物。

此外，出口企业不能提供出口退（免）税所需单证，或者提供的单证有问题的出口货物，不得退（免）税。

参考答案：Ⅰ. ABCD　Ⅱ. ABCD　Ⅲ. BC

【经典试题】

（多项选择题）我国现行增值税出口退（免）税的政策包括（　　）。

A. 免税并退税　　B. 免税但不退税

C. 不免税也不退税　　D. 不免税但退税

参考答案：ABC

考点 12：出口货物应退增值税的计算

重点等级：☆☆☆☆

根据《出口货物退（免）税管理办法》的规定，我国现行出口货物退（免）税计算办法有两种：①“免、抵、退”办法，主要适用于自营和委托出口自产货物的生产企业；②“先征后退”办法，主要适用于收购货物出口的外（工）贸企业。

1.“免、抵、退”税计算方法

生产企业自营或者委托外贸企业代理出口（以下简称生产企业出口）自产货物，

除另有规定的外，增值税实行“免、抵、退”税管理办法。小规模纳税人出口自产货物实行免征增值税的办法。生产企业出口自产的属于应征消费税的产品，实行免征消费税的办法。

实行“免、抵、退”税管理办法中的“免”税，是指对生产企业出口自产货物，免征本企业生产销售环节的增值税；“抵”税，是指生产企业出口自产货物所耗用的原材料、零部件、燃料以及动力等所含应予退还的进项税额，抵顶内销货物的应纳税额；“退”税，是指生产企业出口的自产货物在当月内应抵顶的进项税额大于应纳税额，对未抵顶完的部分予以退税。

（1）当期应纳税额的计算。

$$\text{当期应纳税额}=\text{当期内销货物的销项税额}-(\text{当期进项税额}-\text{当期免抵退税不得免征和抵扣税额})-\text{上期留抵税额}$$

其中：

$$\text{当期免抵退税不得免征和抵扣税额}=\text{出口货物离岸价}\times\text{外汇人民币牌价}\times(\text{出口货物征税率}-\text{出口货物退税率})-\text{免抵退税不得免征和抵扣税额抵减额}$$

出口货物离岸价以出口发票计算的离岸价为准。出口发票如不能如实反映实际离岸价，企业必须按照实际离岸价向主管税务机关申报，同时，主管税务机关有权依照相关法规予以核定。其计算公式为：

$$\text{免抵退税不得免征和抵扣税额抵减额}=\text{免税购进原材料价格}\times(\text{出口货物征税率}-\text{出口货物退税率})$$

免税购进原材料包括从国内购进免税原材料以及进料加工免税进口料件，其中进料加工免税进口料件的价格为组成计税价格：

$$\text{进料加工免税进口料件的组成计税价格}=\text{货物到岸价}+\text{海关实征关税和消费税}$$

（2）免抵退税额的计算。

$$\text{免抵退税额}=\text{出口货物离岸价}\times\text{外汇人民币牌价}\times\text{出口货物退税率}-\text{免抵退税额抵减额}$$

其中：

$$\text{免抵退税额抵减额}=\text{免税购进原材料价格}\times\text{出口货物退税率}$$

若当期没有免税购进原料价格，“免抵退税不得免征和抵扣税额抵减额”和“免抵退税额抵减额”就不用计算。

（3）当期应退税额和免抵退税额的计算。

①若当期期末留抵税额≤当期免抵退税额，则：

当期应退税额＝当期期末留抵税额

当期免抵税额＝当期免抵退税额－当期应退税额

②若当期期末留抵税额＞当期免抵退税额，则：

当期应退税额＝当期免抵退税额

当期免抵税额=0

当期期末留抵税额应根据当期《增值税纳税申报表》中“期末留抵税额”来确定。

2.“先征后退”的计算方法

（1）外贸企业以及实行外贸企业财务制度的工贸企业收购货物出口，免征其出口销售环节的增值税；其收购货物的成本部分，因为外贸企业在支付收购货款的同时也支付了增值税进项税款，所以在货物出口后按收购成本与退税率计算退税，征、退税之差应计入企业成本。

外贸企业出口货物增值税的计算应当依照购进出口货物增值税专用发票上注明的进项金额和退税率来计算。

应退税额=外贸收购金额（不含增值税）×退税率

（2）外贸企业收购小规模纳税人出口货物增值税的退税规定。

①凡从小规模纳税人购进持普通发票特准退税出口货物，同样实行出口免税并退税。由于小规模纳税人使用的是普通发票，其销售额和应纳税额没有单独计价，小规模纳税人应纳的增值税也是价外计征的，所以必须将合并定价的销售额先换算成不含税价格，然后计算出口货物退税。其计算公式为：

应退税额=普通发票所列销售（含增值税）金额÷（1+征收率）×退税率

②凡从小规模纳税人购进税务机关代开的增值税专用发票的出口货物，按下面的公式计算退税：【○ A. 应退税额=普通发票所列销售（含增值税）金额÷（1+征收率）×退税率　B. 应退税额=增值税专用发票注明的金额×退税率　C. 应退税额=普通发票所列销售（含增值税）金额×退税率　D. 应退税额=增值税专用发票注明的金额÷（1+征收率）×退税率】

（3）外贸企业委托生产企业加工收回后报关出口的货物，按购进国内原辅材料的增值税专用发票上注明的进项税额，按照原辅材料的退税率计算原辅材料应退税额；支付的加工费，凭受托方开具的货物适用的退税率计算加工费的应退税额。

另外，2006年7月12日，国家税务总局印发《关于出口货物退（免）税若干问题的通知》，对出口货物退（免）税有关问题作出了下列规定：

（1）企业以实物投资出境的设备和零部件，实行出口退（免）税政策。企业以实物投资出境的外购设备和零部件按购进设备和零部件的增值税专用发票计算退（免）税；企业以实物投资出境的自用旧设备，依据以下公式计算退（免）税：

$$应退税额=\begin{matrix}增值税专用发票所列\\明的金额（不含税额）\end{matrix}\times\begin{matrix}设备折\\余价值\end{matrix}\div设备原值\times适用退税率$$

设备折余价值=设备原价－已提折旧

企业以实物投资出境的自用旧设备，必须按照向主管税务机关备案的折旧年限计算提取折旧，并计算设备折余价值。

（2）出口企业出口的下列货物，除另有规定者外，视同内销货物计提销项税额或征收增值税。

① 国家明确规定不予退（免）增值税的货物；

② 出口企业未在规定期限内申报退（免）税的货物；

③ 出口企业虽已申报退（免）税但未在规定期限内向税务机关补齐有关凭证的货物；

④ 出口企业未在规定期限内申报开具《代理出口货物证明》的货物；

⑤ 生产企业出口的除四类视同自产产品以外的其他外购货物。

一般纳税人以一般贸易方式出口上述货物，其销项税额计算公式为：

销项税额＝出口货物离岸价格×外汇人民币牌价÷（1＋法定增值税税率）×法定增值税税率

一般纳税人以进料加工复出口贸易方式出口上述货物，以及小规模纳税人出口上述货物，其应纳税额计算公式为：

应纳税额＝（出口货物离岸价格×外汇人民币牌价）÷（1＋征收率）×征收率

参考答案：B

【经典试题】

（判断题）1. 我国现行出口货物退（免）税计算办法有两种：一种是适用于收购货物出口的外（工）贸企业的“免、抵、退”办法；另一种是适用于自营和委托出口自产货物的生产企业的“先征后退”办法。（ ）

（判断题）2. 企业出口国家明确规定不予退（免）增值税的货物，视同内销货物计提销项税额或征收增值税。（ ）

（计算分析题）3. 某生产企业（增值税一般纳税人）2008 年 2 月购进原材料一批，取得增值税专用发票注明销售额 500 万元，税额 110 万元，已经过认证，货已验收入库；上期期末留抵税款 5 万元；本月内销货物不含税销售额 300 万元，销项税额 50 万元，合计 350 万元已存入银行；本月出口货物销售额折合人民币 100 万元（出口货物征税率 17%，退税率 15%）。

要求：请计算该企业 2008 年 2 月的应（征）退税。

参考答案：1. × 2. √

3. 2 月份应纳税情况为：

当期免抵退税不得免征和抵扣税额＝100×（17%－15%）＝2（万元）。

当期应纳税额＝300×17%－（110－2）－5＝－62（万元）。

当期免抵退税额＝100×15%＝15（万元）。

当期期末留抵税额＞当期免抵退税额时（62万元＞15万元）：
当期应退税额＝当期免抵退税额；
该企业当期应退税额＝15（万元）；
当期免抵税额＝15－15＝0（万元）；
2月期末留抵税额＝62－15＝47（万元）。

考点13：增值税的减免税与起征点

重点等级：☆☆☆☆

为了体现产业政策，我国增值税法律制度规定了增值税减免的三种形式：

（1）直接免税。享受直接免税的主要有：Ⅰ【□ A. 用于对外投资的自产工业产品　B. 用于单位集体福利的自产副食品　C. 农业生产者销售的自产农业产品　D. 直接用于教学的进口仪器】，避孕药品和用具，古旧图书，直接用于科学研究、科学试验的进口仪器、设备，外国政府、国际组织无偿援助的进口物资和设备，销售的自己使用过的物品，以及由残疾人组织直接进口供残疾人专用的物品等。享受直接免税的纳税人，销售免税货物或者劳务不得开具增值税专用发票，进项税额也不得抵扣。

（2）起征点。对未达到起征点的纳税人实行免税；超过起征点的需全额征税。根据《增值税暂行条例》的相关规定，个人销售额未达到起征点的，免征增值税。达到起征点的，应按规定全额计算缴纳增值税。据2009年1月1日起施行的《增值税暂行条例实施细则》，现行增值税的起征点为：Ⅱ【□ A. 销售货物的起征点为月销售额2 000～5 000元　B. 销售应税劳务的起征点为月销售额1 500～3 000元　C. 按次纳税的起征点为每次销售额150～200元　D. 按次纳税的起征点为每日销售额150～200元】。

根据国家税务总局《关于个体工商户销售农产品有关税收政策问题的通知》，自2004年1月1日起，对销售水产品、畜牧产品、蔬菜、果品、粮食等农产品以及以销售上述农产品为主的个体工商户，其起征点一律为月销售额Ⅲ【○ A. 2 000元　B. 3 000元　C. 5 000元　D. 10 000元】，按次纳税的，起征点一律为每次（日）销售额Ⅳ【○ A. 100　B. 200　C. 300　D. 400】元。

（3）先征后返或者即征即退。实行增值税先征后返的纳税人，先按照规定缴纳增值税，再由财政部门审批，并按纳税人实际缴纳的税额全部或者依照一定比例办理退税。实行增值税即征即退的纳税人，先按照规定缴税，再由财政部门委托税务部门审批后办理退税手续。

参考答案：Ⅰ. CD（2000年考试真题）　Ⅱ. ABCD　Ⅲ. C　Ⅳ. B

【经典试题】

（判断题）1. 现行增值税法对个人纳税人规定了起征点，销售额没有达到起征点的免征增值税；超过起征点的，应按其超过起征点的部分销售额依法计算缴纳增值税。（　　）

（判断题）2. 实行增值税先征后返的纳税人，先按照规定缴纳增值税，再由财政部门审批，并按纳税人实际缴纳的税额全部办理退税。（　　）

参考答案：1. ×　2. ×

考点 14：增值税纳税义务发生时间

重点等级：☆☆☆☆

增值税纳税义务发生时间指的是增值税纳税人、扣缴义务人发生应税、扣缴税款行为应承担纳税义务、扣缴义务的起始时间。增值税纳税义务发生时间分为两种情况：①销售货物或应税劳务的纳税义务发生时间为收讫销售款或取得索取销售款凭据的当天；开具发票的，为开具发票的当天。②进口货物的纳税义务发生时间为报关进口的当天。增值税扣缴义务发生时间为纳税人增值税纳税义务发生的当天。按照销售结算方式的不同，纳税义务的发生时间具体规定如下：

（1）采取直接收款方式销售货物，不论货物是否发出，均为收到销售款或取得索取销售款凭据的当天。

（2）采取托收承付和委托银行收款方式销售货物，为Ⅰ【○ A. 货物发出的当天　B. 合同约定的收款日期的当天　C. 收到货款的当天　D. 发出货物并办妥托收手续的当天】。

（3）采取赊销和分期收款方式销售货物，为书面合同约定的收款日期的当天，无书面合同或者书面合同没有约定收款日期的，为Ⅱ【○ A. 货物发出的当天　B. 收到全部货款的当天　C. 销售商品合同签订的当天　D. 销售商品合同约定的收款日期的当天】。

（4）采取预收货款方式销售货物，为Ⅲ【○ A. 销售方收到第一笔货款的当天　B. 销售方收到剩余货款的当天　C. 销售方发出货物的当天　D. 购买方收到货物的当天】，但生产销售生产工期超过 12 个月的大型机械设备、船舶、飞机等货物，为收到预收款或者书面合同约定的收款期的当天。

（5）委托其他纳税人代销货物，为收到代销单位销售的代销清单或者收到全部或者部分货款的当天。未收到代销清单及货款的，为发出代销货物满 180 天的当天。

（6）销售应税劳务，为提供劳务同时收讫销售款或取得索取销售款凭据的当天。

（7）纳税人发生按规定视同销售货物行为（委托他人代销、销售代销货物除外），为货物移送的当天。

参考答案：Ⅰ.D（2009年考试真题）　Ⅱ.A　Ⅲ.C（2003年考试真题）

【经典试题】

（判断题）1. 纳税人销售应税劳务，其增值税纳税义务的发生时间为提供劳务且同时收讫销售款或取得索取销售款凭据的当天。（　）

（判断题）2. 纳税人委托其他纳税人代销货物的，其增值税纳税义务的发生时间为发出代销货物的当天。（　）

（计算分析题）3. 天来公司系增值税一般纳税人，生产甲、乙、丙三种产品，其中甲、乙两种产品的增值税税率为17%，丙产品的增值税税率为13%。同时，甲、乙两种产品还需缴纳消费税，甲产品的消费税税率为30%，乙产品的消费税税率为5%。税务机关检查时发现，对该企业发生的经济业务，会计张某作了下列处理：

(1) 对外销售甲产品，采用分期收款销售方式，按照合同约定分3个月等额收款，张某在第三个月收款的当日按全额款项开具增值税专用发票，并计算缴纳增值税和消费税。

(2) 以交款同时提货方式销售乙产品，在次日开具了发票。

(3) 向个体户同时销售甲、乙两种产品，因为对方不需要增值税专用发票，张某也未将两种产品的收入分开核算，一律按5%的税率计算应交消费税。

(4) 对外投资领用乙、丙两种产品，会计张某直接按成本作投资入账，并按成本计算应交增值税，未计算消费税。

(5) 向街道居委会捐赠三种产品，开出增值税专用发票。

(6) 采用直接收款方式销售货物，于5月15日收到对方开具的银行汇票支付货款；但天来公司直到5月20日才发出货物，并于发货当天开出增值税专用发票，在5月份申报纳税。

要求：根据以上资料，分析天来公司税务处理及发票使用等方面有哪些不妥之处？并说明理由。

参考答案：1.√　2.×（2007年考试真题）

3. 业务(1)的增值税和消费税纳税义务确认时间不正确。根据规定，采取分期收款方式销售商品的，应在书面合同约定的收款日期的当天，无书面合同的或者书面合同没有约定收款日期的，应在货物发出的当天计算应缴纳增值税和消费税。

业务(2)的增值税专用发票开出时间不正确，应于收到货款的当日开出增值税专用发票。

业务（3）的计算税金的方法不正确。对于不同税率的应税消费品，其收入应分开核算。未分开核算收入的，一律适用30%的高税率计算应缴纳消费税。

业务（4）的应交税金计算不正确。以自产产品对外投资属于视同销售业务，应按照当月或者最近时期同类货物的平均销售价格确定或者按照组成计税价格确定。另外，将应税消费品对外投资的，应按照当月同类消费品的最高销售价格计算消费税。

业务（5）属于专用发票使用不正确。街道居委会不交增值税，故不能对其开出专用发票。该项捐赠应视同销售，按正常售价计算增值税。

业务（6）开出增值税专用发票的时间不正确。根据规定，采用直接收款销售货物的，开出增值税专用发票的时间为收到货款的当天。

考点 15：增值税专用发票的领购、开具范围

重点等级：☆☆☆☆

增值税专用发票只限于Ⅰ【○ A. 增值税小规模纳税人　B. 增值税一般纳税人　C. 销售的货物全部属于免征增值税的纳税人　D. 不能向税务机关提供有关增值税税务资料的纳税人】领购使用。纳税人销售货物或者应税劳务，应当向索取增值税专用发票的购买方开具增值税专用发票。一般纳税人应该通过增值税防伪税控系统使用专用发票。使用，包括领购、开具、缴销、认证纸质专用发票及其相应的数据电文。商业企业一般纳税人零售的烟、酒、食品、服装、鞋帽（不包括劳保专用部分）、化妆品等消费品不得开具专用发票。下列情形也不得开具增值税专用发票：①向消费者个人销售货物或者应税劳务的；②销售货物或者应税劳务适用免税规定的；③小规模纳税人销售货物或者应税劳务的。增值税小规模纳税人和非增值税纳税人不得领购使用专用发票。增值税小规模纳税人需要开具专用发票时，可向当地主管税务机关申请代开。

一般纳税人有下列情形之一的，均不得领购开具专用发票：

（1）会计核算不健全，不能向税务机关准确提供增值税销项税额、进项税额、应纳税额数据及其他有关增值税税务资料的。

（2）有《税收征收管理法》规定的税收违法行为，且拒不接受税务机关处理的。

（3）有下列行为之一，经税务机关责令限期改正而仍未改正的：①未按规定开具专用发票；②未按规定保管专用发票和专用设备；③未按规定申报办理防伪税控系统变更发行；④未按规定接受税务机关检查；还包括Ⅱ【□ A. 虚开增值税专用发票　B. 私自印制专用发票　C. 向税务机关以外的单位和个人买取专用发票　D. 借用他人专用发票】。

参考答案：Ⅰ. B（2003 年考试真题）　Ⅱ. ABCD

【经典试题】

（单项选择题）1. 根据《增值税专用发票使用规定》，一般纳税人的下列销售行为中，应开具增值税专用发票的是（　）。

A. 向消费者个人销售应税货物　　B. 向小规模纳税人转让专利权

C. 向一般纳税人销售房地产　　D. 向一般纳税人销售应税货物

（单项选择题）2. 企业的下列行为中，（　）允许开具增值税专用发票。

A. 商业企业零售化妆品　　B. 销售报关出口货物

C. 销售免税的货物　　D. 向商店销售商品

（多项选择题）3. 某汽车厂（增值税一般纳税人）所发生的如下销售行为中，不得开具增值税专用发票的有（　）。

A. 报关出口设备 50 台　　B. 直接向消费者销售汽车 1 辆

C. 代某钢铁厂销售钢铁 500 斤　　D. 销售免税货物 1 000 件

参考答案：1. D（2005 年考试真题）　2. D　3. ABD

考点 16：增值税专用发票开具要求

重点等级：☆☆☆

增值税专用发票的开具要求包括：【□ A. 项目齐全，与实际交易相符　B. 字迹清楚，不得压线、错格　C. 发票联和抵扣联加盖财务专用章或发票专用章　D. 按增值税纳税义务的发生时间开具专用发票】。

开具的专用发票如有不符合上述要求的，不得作为扣税凭证，购买方有权拒收。

一般纳税人销售货物或提供应税劳务可以汇总开具专用发票。汇总开具专用发票的，应同时使用防伪税控系统开具《销售货物或者提供应税劳务清单》，并加盖财务专用章或发票专用章。

参考答案：ABCD

【经典试题】

（多项选择题）1. 根据《增值税暂行条例》及其实施细则的规定，下列关于增值税专用发票开具时限的表述中，正确的有（　）。

A. 采取交款提货结算方式的，增值税专用发票开具时限为收到货款的当天

B. 采取分期付款结算方式的，增值税专用发票开具时限为货物发出的当天

C. 采取托收承付结算方式的，增值税专用发票开具时限为货物发出并办妥托收

手续的当天

D. 采取委托银行收款结算方式的，增值税专用发票开具时限为货物发出并办妥托收手续的当天

（判断题）2. 一般纳税人销售货物、提供应税劳务或非应税劳务均可以汇总开具专用发票。（ ）

参考答案：1. ACD 2. ×

第二节 消费税法律制度

考点1：消费税的概念

重点等级：☆☆☆☆

消费税指的是对特定的消费品和消费行为在特定的环节征收的一种流转税。

消费税具有下列特征：

（1）征税范围和税率选择具有灵活性。

（2）征收简便。消费税采用的计税办法是从量定额、从价定率或从量定额与从价定率相结合，征收环节单一，计税准确且方便。

（3）税源广泛，可取得充足的财政收入。消费税一般是对【□A. 生产分散 B. 产销量小 C. 生产集中 D. 产销量大】的产品征税，有利于筹集财政收入。

（4）税收负担具有转嫁性。列入征税范围的消费品，通常都是高价高税产品。消费品中所含的消费税款最终都是要转嫁到消费者身上，由消费者承担。

参考答案：CD

【经典试题】

（多项选择题）1. 下列有关消费税特征的说法中，正确的有（ ）。

A. 征收环节单一　　B. 征收简便

C. 税收负担不具有转嫁性　　D. 税率选择具有灵活性

（判断题）2. 消费税采用从量定额、从价定率或从量定额与从价定率相结合的计税办法。（ ）

（判断题）3. 消费品中所含的消费税款最终还都要转嫁到消费者身上，由消费者

承担。(　　)

参考答案：1. ABD　2. √　3. √

考点2：消费税纳税人和征税范围

重点等级：☆☆☆☆☆

1. 消费税纳税人

消费税的纳税人包括在中国境内生产、委托加工和进口应税消费品的单位和个人，以及国务院确定的销售应税消费品的其他单位和个人。

具体地说，消费税纳税人包括：生产应税消费品的单位和个人；进口应税消费品的单位和个人以及委托加工应税消费品的单位和个人；国务院确定的销售应税消费品的其他单位和个人。

2. 消费税征税范围

现行消费税的征收范围主要如下：酒及酒精，鞭炮、焰火，Ⅰ【□ A. 小汽车　B. 家用热水器　C. 游艇　D. 化妆品】，成品油，Ⅱ【□ A. 高档手表　B. 木制一次性筷子　C. 实木地板　D. 高档西服】，贵重首饰及珠宝玉石，高尔夫球及球具，Ⅲ【□ A. 烟　B. 大客车　C. 汽车轮胎　D. 摩托车】等。有的税目还可进一步划分若干子目。消费税属于价内税，实行单一环节征收，除金银首饰、钻石饰品改为零售环节征税以外，一般都在应税消费品的生产、委托加工和进口环节缴纳，在以后的批发、零售等环节中，由于价款中已包含消费税，故不必再缴纳消费税。

参考答案：Ⅰ. ACD　Ⅱ. ABC（2008年考试真题）　Ⅲ. ACD

【经典试题】

（单项选择题）1. 甲烟草公司提供烟叶委托乙公司加工一批烟丝。甲公司将已收回烟丝中的一部分用于生产卷烟，另一部分烟丝卖给丙公司。在这项委托加工烟丝业务中，消费税的纳税义务人是(　　)。

A. 甲公司　　　　B. 乙公司

C. 丙公司　　　　D. 甲公司和丙公司

（单项选择题）2. 下列各项中，(　　)应征消费税。

A. 某商店销售的啤酒

B. 某公司委托一日用品加工企业生产的高级竹筷

C. 某酒厂生产并销售给批发商的白酒

D. 某盐场将购进的液体盐继续加工成固体盐

（多项选择题）3. 下列选项中，（　　）属于消费税缴纳的环节。

A. 生产环节　　B. 零售环节

C. 进口环节　　D. 委托加工环节

（判断题）4. 消费税规定的应税消费品均属于货物，缴纳增值税时还都要缴纳消费税。（　　）

参考答案：1. A（2001 年考试真题）　2. C　3. ABCD　4. ×

考点 3：消费税税目、税率

重点等级：☆☆☆☆☆

消费税税率有两种形式：一种是比例税率；另一种是定额税率。

消费税的计算方法主要是根据课税对象的具体情况确定。对一些供求基本平衡、价格差异不大、计量单位规范的消费品，应选择计税简易的定额税率（单位税额），如黄酒、Ⅰ【○A. 白酒　B. 卷烟　C. 小汽车　D. 啤酒】、成品油等；而对一些供求矛盾突出、价格差异较大或者计量单位不规范、规格不统一的消费品，应选择税价联动的比例税率，如Ⅱ【□A. 卷烟　B. 鞭炮　C. 焰火　D. 化妆品】、汽车轮胎、贵重首饰及珠宝玉石、摩托车、小汽车等。从 2001 年 5 月 1 日起，对一些特殊消费品，如卷烟、Ⅲ【○A. 粮食白酒　B. 酒精　C. 成品油　D. 摩托车】、薯类白酒，将原来按从价定率的计税方法改为从量定额与从价定率相结合的复合计税方法，同时还对税率进行了调整。

纳税人将不同税率的应税消费品组成成套消费品销售的，应从高适用税率计征消费税。纳税人生产销售两种税率以上的应税消费品，应分别核算不同税率消费税的销售额、销售数量；未分别核算的，应从高适用税率计征消费税。纳税人将自产的应税消费品与外购或者自产的非应税消费品组成套装销售的，应以套装产品的销售额（不含增值税）为计税依据计算征收消费税。

参考答案：Ⅰ. D　Ⅱ. BCD　Ⅲ. A（2007 年考试真题）

【经典试题】

（单项选择题）1. 纳税人经营不同税率应税消费品，对此下列说法中正确的是（　　）。

A. 未分别核算不同税率消费品的，从低适用税率计算消费税

B. 分别核算不同税率消费品的，从高适用税率计算应纳消费税

C. 将不同税率消费品组成套装销售，从高适用税率计算应纳税额

D. 将不同税率消费品组成套装销售，分别核算各自销售额，分别按各自适用税

率计算应纳税额

（判断题）2. 在现行消费税的征税范围中，除卷烟、白酒之外，其他一律不得采用从价定率和从量定额相结合的混合计税方法。（　　）

（判断题）3. 纳税人兼营不同税率的应税消费品，将不同税率的应税消费品组成成套消费品销售的，凡是分别核算不同税率消费品的销售额的，应该按照各自适用税率计算缴纳消费税。（　　）

参考答案：1. C　2. √　3. ×

考点 4：消费税销售额和销售数量的确定

重点等级：☆☆☆☆☆

1. 从价定率征税的应纳税额的计算

实行从价定率征税的应税消费品，其计税依据是含消费税而不含增值税的销售额。

（1）销售应税消费品销售额的确定。应税消费品销售额，是指纳税人销售应税消费品向购买方收取的全部价款以及价外费用。价外费用是指价外向购买方收取的手续费、补贴、基金、集资费、返还利润、奖励费、违约金、滞纳金、延期付款利息、赔偿金、代收款项、代垫款项、包装费、包装物租金、储备费、优质费、运输装卸费以及其他各种性质的价外收费。除个别规定项目外的价外收费，无论是否属于纳税人的收入，均应并入销售额计算征税。

价外费用不包括以下项目：①同时符合以下条件代为收取的政府性基金或行政事业性收费：Ⅰ【□A. 由国务院或者财政部批准设立的政府性基金　B. 由国务院或者省级人民政府及其财政、价格主管部门批准设立的行政事业性收费　C. 收取时开具省级以上财政部门印制的财政票据　D. 所收款项全额上缴财政】。②同时符合以下条件的代垫运费：一是承运部门的运费发票开具给购货方；二是纳税人将该项发票转交给购货方。

根据不同的情况，销售额的计算还有下列具体规定：

①应税消费品的销售额中未扣除增值税税款或者因不得开具增值税专用发票而发生价款和增值税税款合并收取的，在计算消费税时，应该换算为不含增值税税款的销售额。其换算公式如下：

应税消费品的销售额＝含增值税的销售额÷（1＋增值税税率或征收率）

②应税消费品连同包装物销售的，无论包装物是否单独计价以及在会计上如何核算，均应并入应税消费品的销售额中缴纳消费税。若包装物不作价随同产品销售，而是收取押金，此项押金不应并入应税消费品的销售额中征税。但对因逾期未收回的包装物不再退还的或者已收取的时间超过 12 个月的押金，应并入应税消费品的销售额，

按应税消费品的适用税率征收消费税。对酒类产品生产企业销售酒类产品而收取的包装物押金，不论押金是否返还以及在会计上如何核算，均应并入酒类产品销售额中，依照酒类产品的适用税率征收消费税。

对包装物既作价随同应税消费品销售，又另外收取并在规定的期限内未予退还的押金，应该并入应税消费品的销售额，按应税消费品的适用税率征收消费税。

（2）自产自用应税消费品销售额的确定。纳税人自产自用的应税消费品，用于连续生产应税消费品的，即作为生产最终应税消费品的直接材料，并构成最终应税消费品实体的，不缴纳消费税；而用于其他方面的，即用于生产非应税消费品、在建工程、管理部门、非生产机构、提供劳务、馈赠、赞助、集资、广告、样品、职工福利、奖励等方面的应税消费品，应当缴纳消费税。其计税依据为纳税人生产的同类消费品的销售价格，即纳税人当月销售的同类消费品的销售价格。如果当月无销售或者当月未完结，则应该按照同类消费品Ⅱ【□ A. 较近的任一月份　B. 最近月份　C. 任意月份　D. 上月】的销售价格作为同类产品的销售价格；没有同类消费品销售价格的，则以组成计税价格为计税依据。

实行从价定率办法计算纳税的组成计税价格计算公式为：Ⅲ【○ A. 组成计税价格＝成本×（1＋成本利润率）　B. 组成计税价格＝（成本＋费用）÷（1－比例税率）　C. 组成计税价格＝（成本＋利润）÷（1－比例税率）　D. 组成计税价格＝成本×（1＋成本利润率）÷（1＋比例税率）】。

实行复合计税办法计算纳税的组成计税价格计算公式为：

组成计税价格＝（成本＋利润＋自产自用数量×定额税率）÷（1－比例税率）

公式中的“成本”，指的是应税消费品的产品生产成本；公式中的“利润”，指的是根据应税消费品的全国平均成本利润率计算的利润。应税消费品全国平均成本利润率由国家税务总局确定。上述“同类消费品的销售价格”，指的是纳税人或者代收代缴义务人当月销售的同类消费品的销售价格。若当月同类消费品各期销售价格高低不同，则应按照销售数量加权平均计算。但是，销售的应税消费品如果销售价格明显偏低而又无正当理由，或无销售价格的，不得加权平均计算。

（3）委托加工应税消费品销售额的确定。委托加工的应税消费品是指Ⅳ【○ A. 委托方提供原料以及主要材料，受托方只收取加工费以及代垫部分辅助材料加工的应税消费品　B. 受托方提供原材料加工的应税消费品　C. 受托方以委托方名义购进原材料加工的应税消费品　D. 委托方向受托方购买原材料，并要求受托方加工的应税消费品】。委托加工应税消费品是生产应税消费品的另一种形式，应该纳入消费税的计征范围。委托加工的应税消费品，若受托方有同类消费品销售价格，则按照受托方同类消费品的销售价格计算纳税；若没有同类消费品销售价格，则按照组成计税价格计算纳税。

实行从价定率办法计算纳税的组成计税价格计算公式为：

组成计税价格＝（材料成本＋加工费）÷（1－比例税率）

实行复合计税办法计算纳税的组成计税价格计算公式为：

$$组成计税价格=(\text{材料成本}+\text{加工费}+\text{委托加工数量}\times\text{定额税率})\div(1-\text{比例税率})$$

公式中的“材料成本”指的是委托方所提供加工材料的实际成本。委托加工应税消费品的纳税人，必须在委托加工合同上如实标明（或以其他方式提供）材料成本；凡未提供材料成本的，受托方所在地主管税务机关有权核定其材料成本。“加工费”指的是受托方加工应税消费品向委托方所收取的全部费用（包括代垫辅助材料的实际成本）。

（4）进口应税消费品组成计税价格的确定。进口的应税消费品应按照组成计税价格计算纳税。

实行从价定率办法计算纳税的组成计税价格计算公式为：

组成计税价格=（关税完税价格+关税）÷（1－消费税比例税率）

实行复合计税办法计算纳税的组成计税价格计算公式为：

$$组成计税价格=(\text{关税完税价格}+\text{关税}+\text{进口数量}\times\text{消费税定额税率})\div(1-\text{消费税比例税率})$$

公式中的“关税完税价格”，指的是海关核定的关税计税价格。

（5）纳税人应税消费品销售价格明显偏低而又无正当理由的，由主管税务机关核定其计税价格。

2. 从量定额征税的应纳税额的计算

实行从量定额征税的应税消费品，销售应税消费品的，其计税依据是Ⅴ【○ A. 销售应税消费品的实际销售重量　B. 应税消费品的实际使用数量　C. 销售应税消费品的实际销售数量　D. 销售应税消费品的实际销售价格】。另外还有：

（1）自产自用应税消费品的计税依据，应为应税消费品的移送使用数量；

（2）委托加工应税消费品的计税依据，应为纳税人收回的应税消费品数量；

（3）进口的应税消费品的计税依据，应为海关核定的应税消费品进口征税数量。

实行从量定额办法计算应纳税额的应税消费品，计量单位的换算标准有以下规定：

啤酒	1吨=988升
黄酒	1吨=962升
汽油	1吨=1 388升
柴油	1吨=1 176升
石脑油	1吨=1 385升
溶剂油	1吨=1 282升
润滑油	1吨=1 126升
燃料油	1吨=1 015升
航空煤油	1吨=1 246升

3. 复合计税方法征税的应纳税额的计算

目前实行从量定额与从价定率相结合的复合计税方法征税的应税消费品，只有Ⅵ

【□A. 汽油 B. 卷烟 C. 白酒 D. 啤酒】，其计税依据分别是销售应税消费品向购买方收取的全部价款、价外费用以及实际销售（或海关核定、委托方收回、移送使用）数量。

参考答案：Ⅰ.ABCD Ⅱ.BD Ⅲ.C Ⅳ.A Ⅴ.C Ⅵ.BC（2005年考试真题）

【经典试题】

（单项选择题）1. 某外贸进出口公司2005年3月进口100辆小轿车，每辆车关税完税价格为人民币14.3万元，缴纳关税4.1万元。已知小轿车适用的消费税税率为8%。该批进口小轿车应缴纳的消费税税额为(　　)万元。

A. 76　　B. 87

C. 123　　D. 160

（单项选择题）2. 根据《消费税暂行条例》的规定，纳税人自产的用于下列用途的应税消费品中，不需要缴纳消费税的是(　　)。

A. 用于赞助的消费品　　B. 用于职工福利的消费品

C. 用于广告的消费品　　D. 用于连续生产应税消费品的消费品

（单项选择题）3. A酒厂3月份委托B酒厂生产酒精30吨，一次性支付加工费9 500元。已知A酒厂提供原料的成本为57 000元，B酒厂无同类产品销售价格，酒精适用的消费税税率为5%，则该批酒精的消费税组成计税价格是(　　)元。

A. 50 000　　B. 60 000

C. 70 000　　D. 63 333.331

（单项选择题）4. 纳税人的下列各项包装物押金中，(　　)不需要缴纳消费税。

A. 随同化妆品销售而另外收取的包装物押金

B. 不随同鞭炮销售而单独收取的尚未逾期包装物押金

C. 销售白酒而单独收取的包装物押金

D. 销售卷烟时收取的逾期包装物押金

（单项选择题）5. 下列纳税人自产自用的应税消费品中，(　　)不需缴纳消费税。

A. 日化厂自产化妆品用于赠送客户　　B. 日化厂自产化妆品用于广告样品

C. 酿造厂自产酒精勾兑白酒　　D. 汽车制造厂自产汽车赞助汽车拉力赛

（单项选择题）6. 某企业将一批自产产品作为促销礼品出售，该产品生产成本5 000元，无同类产品售价，则该企业应纳消费税为(　　)元。（成本利润率为5%，消费税税率为30%）

A. 1 205　　B. 2 250

C. 3 150　　D. 5 250

（单项选择题）7. 某企业向某汽车制造厂（增值税一般纳税人）订购货车10辆，

支付货款（含税）共315 200元，另付设计、改装费40 000元。则该汽车制造厂计缴消费税的销售额是(　　)元。

A. 214 500　　B. 253 240.50

C. 303 589.74　　D. 380 800

（多项选择题）8. 根据消费税法律制度的规定，下列各项中，应当缴纳消费税的有(　　)。

A. 销售白酒而取得的包装物作价收入

B. 销售白酒而取得的包装物押金收入

C. 将自产白酒作为福利发给本厂职工

D. 使用自产酒精生产白酒

（多项选择题）9. 实行从价定率征税的应税消费品，其计税依据包括(　　)。

A. 价款　　B. 价外费用

C. 消费税　　D. 增值税

（判断题）10. 包装物已作价随同应税消费品销售，又另外收取押金并在规定期限内未予退还的押金，不应并入应税消费品的销售额计征消费税。(　　)

（判断题）11. 纳税人甲未按规定向销货方支付货款，销货方纳税人按合同规定向甲收取违约金。由于违约金是在销售实现后收取的，已经计算了增值税，所以收取违约金不应缴纳增值税。(　　)

（判断题）12. 委托加工应税消费品，由受托方代收代缴消费税时，其计税依据首先应按照受托方销售的同类消费品的销售价格计算；受托方没有同类消费品的销售价格的，再按照组成计税价格计算。(　　)

参考答案：1. D（2006年考试真题）　2. D（2005年考试真题）　3. C（2005年考试真题）　4. B　5. C　6. B　7. C　8. ABC（2006年考试真题）　9. ABC　10. ×（2007年考试真题）　11. ×　12. √

考点5：消费税应纳税额的计算

重点等级：☆☆☆☆

（1）实行从价定率征收的计算方法如下：

应纳税额＝销售额×比例税率

（2）实行从量定额征收的计算方法如下：

应纳税额＝销售数量×定额税率

（3）实行复合计税的计算方法如下：

应纳税额＝销售额×比例税率＋销售数量×定额税率

【经典试题】

(单项选择题) 1. 某酒厂为增值税一般纳税人。2005 年 4 月销售粮食白酒 4 000 斤，取得销售收入 14 040 元 (含增值税)。已知粮食白酒消费税定额税率为 0.5 元/斤，比例税率为 25%。该酒厂 4 月应缴纳的消费税税额为( )元。

A. 6 229.92　　B. 5 510

C. 5 000　　D. 4 000

(单项选择题) 2. 某化妆品公司于 2009 年 1 月 15 日将一批自制化妆品用于公司旗下的职工福利，该产品无同类消费品销售价格，该批产品成本为 10 万元，成本利润率为 5%，消费税税率为 30%，则该批产品应纳消费税税额为( )万元。

A. 3.7　　B. 4.5

C. 5.0　　D. 8.4

(单项选择题) 3. 某企业委托一酒厂加工药酒 20 箱，该药酒无同类产品销售价格，已知该企业提供的原料成本 25 000 元，酒厂垫付辅料成本 1 000 元，另收取不含税加工费 5 000 元，则该酒厂代收代缴的消费税为( )元。(成本利润率为 5%，消费税税率为 10%)

A. 2 000　　B. 2 855.55

C. 3 444.44　　D. 5 000

(计算分析题) 4. 某酒厂为增值税一般纳税人，主要从事粮食白酒的生产和销售业务。2008 年 8 月该酒厂发生以下经济业务：

(1) 5 日向农户购进免税粮食，开具的农产品收购发票上注明的价款为 50 000 元，货款以现金支付。

(2) 10 日外购一批包装材料，取得的增值税专用发票上注明的价款为 150 000 元，增值税税额为 25 500 元，货款已付。

(3) 26 日销售粮食白酒 5 吨，不含增值税的销售价格为 60 元/斤，另外向购货方收取包装物租金 23 400 元，款项已收讫。

已知：粮食白酒适用的增值税税率为 17%；粮食白酒适用的消费税比例税率为 20%，定额税率为 0.5 元/斤；免税粮食增值税的扣除率为 13%；7 月末该酒厂增值税留抵税额为零；农产品收购发票和增值税专用发票已经向税务机关认定；1 吨=2 000斤。

要求：

(1) 计算该酒厂当月应缴纳的消费税税额。

(2) 计算该酒厂当月可抵扣的增值税进项税额。

(3) 计算该酒厂当月增值税销项税额。

(4) 计算该酒厂当月应缴纳的增值税税额。

(计算分析题) 5. 某汽车制造公司被税务机关核定为增值税一般纳税人。已知：小汽车轮胎适用的消费税税率为 10%，小汽车适用的消费税税率为 5%，支付运输费用按7%的扣除率计算进项税额，销售小汽车、小汽车轮胎适用的增值税税率为17%。1998年3月份，该公司发生以下经济业务：

(1) 销售自产小汽车50辆，取得汽车价款（不含增值税）550万元。另外，向购买方收取价外费用5万元。

(2) 销售自产小汽车轮胎取得销售额（含增值税）58.50万元。

(3) 购进各种原材料、从销售方取得的增值税专用发票上注明的增值税税额合计为70万元。

(4) 购进原材料，支付了昌华运输公司开具的运费结算单据上注明的运费3万元。

要求：

(1) 计算该公司3月份销售小汽车应纳消费税税额，并列出计算过程。

(2) 计算该公司3月份销售小汽车轮胎应纳消费税税额，并列出计算过程。

(3) 计算该公司3月份应纳增值税税额，并列出计算过程。(答案中金额单位用万元表示，计算结果保留到小数点后两位)

参考答案：1. C（2006年考试真题） 2. B 3. C

4. (1) 当月应缴纳的消费税＝5×2 000×60×20%＋23 400÷（1＋17%）×20%＋5×2 000×0.5＝129 000（元）。

(2) 当月可抵扣的增值税进项税额＝50 000×13%＋25 500＝32 000（元）。

(3) 当月增值税销项税额＝5×2 000×60×17%＋23 400÷（1＋17%）×17%＝105 400（元）。

(4) 当月应缴纳的增值税税额＝105 400－32 000＝73 400（元）。(2009年考试真题)

5. (1) 销售小汽车应纳消费税税额＝销售额×比例税率＝（550＋5）×5%＝27.75（万元）。

(2) 销售小汽车轮胎应纳消费税税额＝含增值税销售额/（1＋增值税税率）×比例税率＝58.50/（1＋17%）×10%＝5（万元）。

(3) 3月份应纳增值税税额＝［550＋5＋58.50/（1＋17%)］×17%－(70＋3×7%）＝32.64（万元）。

考点6：外购和委托加工收回的应税消费品已纳消费税的抵扣

重点等级：☆☆☆☆

(1) 根据税法的规定，外购和委托加工收回以下应税消费品，用于连续生产应税消费品的，对外购应税消费品已缴纳的消费税税款或委托加工的应税消费品（原料），由受托方代收代缴的消费税税款，准予从应纳消费税税额中抵扣：

①以外购或者委托加工收回的已税烟丝为原料生产的卷烟；

②以委托加工收回的已税酒和酒精为原料生产的酒；

③以外购或者委托加工收回的已税化妆品为原料生产的化妆品；

④以外购或者委托加工收回的已税珠宝玉石为原料生产的贵重首饰及珠宝玉石；

⑤以外购或者委托加工收回的已税鞭炮、焰火为原料生产的鞭炮、焰火；

⑥以外购或者委托加工收回的已税润滑油为原料生产的润滑油；

⑦以外购或者委托加工收回的已税石脑油为原料生产的应税消费品；

⑧以外购或者委托加工收回的已税实木地板为原料生产的实木地板。

另外还包括Ⅰ【□ A. 以外购或委托加工收回的已税汽车轮胎生产的汽车轮胎　B. 以外购或委托加工收回的已税摩托车生产的摩托车　C. 以外购或委托加工收回的已税杆头、杆身和握把为原料生产的高尔夫球杆　D. 以外购或委托加工收回的已税木制一次性筷子为原料生产的木制一次性筷子】。

当期准予扣除外购或者委托加工收回的应税消费品的已纳消费税税款，应当按照当期生产领用数量计算。

(2) 税法规定，外购、委托加工以及进口的应税消费品，用于连续生产应税消费品的，准予从消费税应纳税额中扣除原料已纳消费税税款，按不同行为计算公式分别为：

①外购应税消费品（从价定率）连续生产应税消费品，其计算公式为：

Ⅱ【○ A. 当期准予扣除外购应税消费品已纳税款＝当期准予扣除外购应税消费品数量×外购应税消费品单位税额×30%　B. 当期准予扣除外购应税消费品已纳税款＝当期准予扣除外购应税消费品买价×外购应税消费品适用税率　C. 当期准予扣除外购应税消费品已纳税款＝当期准予扣除外购应税消费品数量×外购应税消费品单位税额×50%　D. 当期准予扣除外购应税消费品已纳税款＝当期准予扣除外购应税消费品卖价×外购应税消费品适用税率】

当期准予扣除外购应税消费品买价＝期初库存外购应税消费品买价＋当期购进的外购应税消费品买价－期末库存的外购应税消费品买价

②外购应税消费品（从量定额）连续生产应税消费品，其计算公式为：

当期准予扣除外购应税消费品已纳税款＝当期准予扣除外购应税消费品数量×外购应税消费品单位税额×30%

当期准予扣除外购应税消费品数量＝期初库存外购应税消费品数量＋当期购进的外购应税消费品数量－期末库存的外购应税消费品数量

③委托加工收回应税消费品连续生产应税消费品，其计算公式为：

当期准予扣除的委托加工应税消费品已纳税款＝期初库存的委托加工应税消费品已纳税款＋当期收回的委托加工应税消费品已纳税款－期末库存的委托加工应税消费品已纳税款

委托加工的应税消费品已纳税款，为代扣代收税款凭证注明的受托方代收代缴的消费税。

④进口应税消费品连续生产应税消费品，其计算公式为：

$$\text{当期准予扣除的进口应税消费品已纳税款}=\text{期初库存的进口应税消费品已纳税款}+\text{当期进口应税消费品已纳税款}-\text{期末库存的进口应税消费品已纳税款}$$

进口应税消费税的已纳税款，为《海关进口消费税专用缴款书》注明的进口环节消费税。

参考答案：Ⅰ.ABCD　Ⅱ.B

【经典试题】

（判断题）1. 以外购或委托加工收回的已税烟丝为原料生产的卷烟，在计算纳税时，准予从应纳消费税税额中扣除委托加工收回的烟丝已纳的消费税税款。（　　）

（判断题）2. 委托加工的应税消费品已纳税款，为代扣代收税款凭证注明的委托方代收代缴的消费税。（　　）

参考答案：1. √　2. ×

考点7：计算消费税应纳税额的其他规定

重点等级：☆☆☆☆

（1）纳税人通过自设的非独立核算门市部销售自产应税消费品，应该按照门市部对外销售数额或者销售数量计算征收消费税。

（2）纳税人应税消费品计税价格明显偏低而又无正当理由的，税务机关按法定权限、程序核定其计税价格，其中，卷烟、白酒和小汽车的计税价格是由Ⅰ【○ A. 国务院　B. 各省税务局　C. 省、市税务机关　D. 国家税务总局】核定的，其他应税消费品的计税价格是由省、自治区、直辖市税务局核定的，进口应税消费品的计税价格是由海关核定的。

（3）纳税人自产的应税消费品用于换取生产资料以及消费资料、投资入股、抵偿债务等方面，应该按照Ⅱ【○ A. 纳税人同类应税消费品的最高销售价格　B. 纳税人同类应税消费品的最低销售价格　C. 纳税人同类应税消费品的平均销售价格　D. 纳税人同类应税消费品的加权平均销售价格】作为计税依据，计算征收消费税。

参考答案：Ⅰ.D　Ⅱ.A（2008年考试真题）

【经典试题】

（多项选择题）1. 某卷烟厂通过自设非独立核算门市部销售自产卷烟，下列关于征收消费税的计税依据的说法不正确的有（ ）。

A. 以卷烟厂对外销售数额或销售数量为计税依据

B. 以门市部对外销售数额或销售数量为计税依据

C. 以卷烟厂核定的数额或数量为计税依据

D. 以同类应税消费品最高价格为计税依据

（判断题）2. 某卷烟厂通过自设独立核算门市部销售自产卷烟，应当按照门市部对外销售额或销售数量计算征收消费税。（ ）

（判断题）3. 纳税人用于抵债的应税消费品应作销售处理，投出货物的一方按应税消费品的最高售价计征消费税。（ ）

（判断题）4. 某酒厂为小规模纳税人。通过自设非独立核算门市部以出厂价销售一批自产果酒，开具普通发票上注明销售额 5 000 元，成本 3 000 元，消费税率 15%，其计征消费税的销售额应为 3 850 元。（ ）

参考答案：1. ACD 2. ×（2009 年考试真题） 3. √ 4. ×

考点 8：出口应税消费品退税额的计算

重点等级：☆☆☆

外贸企业从生产企业购进货物直接出口或者受其他外贸企业委托代理出口应税消费品的消费税税款，分以下情况进行计算：

（1）属于从价定率计征消费税的应税消费品，应当按照外贸企业从工厂购进货物时征收消费税的价格计算应退消费税税款。其计算公式如下：

应退消费税税款＝出口货物的工厂销售额×税率

上述公式中的“出口货物的工厂销售额”中不包含增值税。对含增值税的销售额需换算为不含增值税的销售额。

（2）属于从量定额计征消费税的应税消费品，应当按照货物购进和报关出口的【○ A. 销售额 B. 价格 C. 数量 D. 体积】计算应退消费税税款。其计算公式如下：

应退消费税税款＝出口数量×单位税额

参考答案：C

【经典试题】

（判断题）1. 外贸企业出口应税消费品的应退消费税税款＝外贸企业购进应税消费品支付的全部款额×退税率。（ ）

（判断题）2. 计算从价定率计征消费税的应税消费品应退消费税税款时的出口货物的工厂销售额中包含增值税。（ ）

参考答案：1.× 2.×

考点9：消费税纳税义务发生时间

重点等级：☆☆☆☆☆

(1) 纳税人销售应税消费品，除金银首饰之外，均在销售时纳税。根据销售方式和结算方式的不同，纳税义务发生时间具体规定如下：

① 纳税人采取赊销和分期收款结算方式的，为书面合同约定的收款日期的当天，书面合同没有约定收款日期或者无书面合同的，为Ⅰ【○ A. 发出应税消费品的当天 B. 取得全部价款的当天 C. 收到应税消费品的当天 D. 每一期纳税人销售应税货物的当天】。

② 纳税人采取预收货款结算方式的，为发出应税消费品的当天。

③ 纳税人采取托收承付和委托银行收款方式销售的，为发出应税消费品并办妥托收手续的当天。

④ 纳税人采取其他结算方式的，为收讫销售款或取得索取销售款凭据的当天。

(2) Ⅱ【○ A. 镀金 B. 铂金 C. 包金 D. 镀银】首饰消费税的征收环节从2003年5月1日起，由在生产环节和进口环节征收改为在零售环节征收，消费税税率调整为5%。

(3) 纳税人自产自用的应税消费品，纳税义务发生时间为Ⅲ【○ A. 消费当天 B. 生产当天 C. 加工当天 D. 移送使用当天】。

(4) 委托加工的应税消费品，除受托方为个人外，由Ⅳ【○ A. 委托方在交付原材料时 B. 委托方在支付加工费时 C. 受托方在向委托方交货时 D. 委托方在加工收回的应税消费品入库时】代收代缴消费税。纳税人委托个体经营者加工的应税消费品，纳税义务发生时间为受托方向委托方交货的当天。

(5) 进口的应税消费品，由报关进口人在报关进口时纳税。纳税义务发生时间为报关进口的当天。

参考答案：Ⅰ.A Ⅱ.B Ⅲ.D Ⅳ.C

【经典试题】

(单项选择题) 1. 根据消费税法律制度规定，下列各项中，(　　)符合消费税纳税义务发生时间规定。

A. 采取托收承付方式销售的，为交付托收的当天

B. 进口应税消费品的，为报关进口的当天

C. 采取预收货款结算方式的，为收到预收款的当天

D. 采取委托银行收款方式销售的，为办妥托收的次日

（判断题）2. 进口的应税消费品，由报关进口人在报关进口时纳税。（　　）

（判断题）3. 委托加工的应税消费品，受托方为消费税的纳税义务人。（　　）

（判断题）4. 纳税人生产应税消费品，均在销售时纳税。（　　）

参考答案：1. B　2. √　3. ×　4. ×

考点 10：消费税纳税地点

重点等级：☆☆☆☆

纳税人销售的应税消费品以及自产自用的应税消费品，除国务院财政、税务主管部门另有规定的之外，应该向纳税人机构所在地或者居住地的主管税务机关申报纳税。纳税人到外县（市）销售或委托外县（市）代销自产应税消费品的，应在应税消费品销售后，向机构所在地或者居住地主管税务机关申报纳税。

纳税人的总机构与分支机构不在同一省（自治区、直辖市），需改由总机构汇总在总机构所在地纳税的，应该经国家税务总局批准；纳税人的总机构与分支机构在同一省（自治区、直辖市）内，不在同一县（市）的，应当分别向各自机构所在地的主管税务机关申报纳税；经财政部、国家税务总局或者其授权的财政、税务机关批准，可以由总机构汇总向总机构所在地的主管税务机关申报纳税。如需改由总机构汇总在总机构所在地纳税的，则应该经【○ A. 国家税务总局　B. 省（自治区、直辖市）国家税务局　C. 县税务局　D. 市税务局】批准。

委托加工的应税消费品，除受托方为个人外，应由受托方向机构所在地或者居住地的主管税务机关解缴税款。委托方委托个体经营者加工的应税消费品，应由委托方向其机构所在地或者居住地主管税务机关申报纳税。

进口的应税消费品，应由进口人或其代理人向报关地海关申报纳税。

参考答案：B

【经典试题】

（判断题）1. 纳税人到外县（市）销售或委托外县（市）代销自产应税消费品的，应在应税消费品销售后，向机构所在地或者居住地主管税务机关申报纳税。（　　）

（判断题）2. 委托加工的应税消费品，由委托方向所在地主管税务机关解缴税款。（　　）

（判断题）3. 进口的应税消费品，应当向报关地海关申报纳税。（　　）

参考答案：1. √　2. ×　3. √

考点 11：消费税纳税期限

重点等级：☆☆☆☆

消费税的纳税期限为 1 日、3 日、5 日、10 日、15 日、1 个月或者 1 个季度。纳税人的具体纳税期限，由主管税务机关根据纳税人应纳税额的大小分别核定；另外，不能按照固定期限纳税的，可以按次纳税。

纳税人以 1 个月或者 1 个季度为 1 个纳税期的，自期满之日起Ⅰ【○ A. 5 日内 B. 10 日内 C. 15 日内 D. 30 日内】申报纳税；以 1 日、3 日、5 日、10 日或者 15 日为 1 个纳税期的，Ⅱ【○ A. 自期满之日起 5 日内预缴税款，次月 1 日起 15 日内申报纳税 B. 自期满之日起 10 日内预缴税款，期满之日起 15 日内申报纳税 C. 自期满之日起 5 日内预缴税款，期满之日起 15 日内申报纳税 D. 自期满之日起 10 日内预缴税款，次月 1 日起 15 日内申报纳税】，并结清上月应纳税款。

纳税人进口应税消费品，应当Ⅲ【○ A. 自海关填发税款缴纳凭证之日起 5 日内 B. 自海关填发税款缴纳凭证之日起 10 日内 C. 自海关填发税款缴纳凭证之日起 15 日内 D. 自海关填发税款缴纳凭证之日起 1 个月内】缴纳税款。

参考答案：Ⅰ.C Ⅱ.A Ⅲ.C

【经典试题】

（单项选择题）消费税的纳税期限最短为（ ）。

A. 1 日　　B. 2 日

C. 3 日　　D. 5 日

参考答案：A

第三节 营业税法律制度

考点 1：营业税征税范围

重点等级：☆☆☆☆☆

营业税的征税范围包括提供应税劳务、Ⅰ【○ A. 销售货物 B. 进口货物 C. 转让无形资产　D. 提供修理修配劳务】以及Ⅱ【○ A. 销售产品　B. 出口货物　C. 银行销售金银业务　D. 销售不动产】。营业税一共设置了9个税目，具体如下：

1. 交通运输业

交通运输业是指使用运输工具或者人力、畜力将货物或者旅客送达目的地，使其空间位置得到转移的劳务活动。征收范围如下：陆路运输、水路运输、航空运输、管道运输、装卸搬运，还有与运营业务有关的各项劳务活动。

2. 建筑业

建筑业是指建筑安装工程作业。征收范围如下：建筑、安装、修缮、装饰以及其他工程作业。

3. 金融保险业

金融保险业是指经营金融、保险的业务。征收范围如下：金融业和保险业。

（1）金融。

金融是指经营货币资金融通活动的业务，包括贷款、融资租赁、金融商品转让、金融经纪业和其他金融业务。

①贷款是指将资金贷与他人使用的业务，包括自有资金贷款和转贷。

②融资租赁是指具有融资性质和所有权转移特点的设备租赁业务。

③金融商品转让是指转让外汇、有价证券或者非货物期货的所有权的行为，包括股票转让、债券转让、外汇转让以及其他金融商品转让四类。

④金融经纪业是指受托代他人经营金融活动的业务，包括Ⅲ【□ A. 委托业务　B. 代理业务　C. 咨询业务　D. 信托贷款】等。

⑤其他金融业务是指上述业务以外的其他金融业务，如银行结算。

（2）保险。

保险是指将通过契约形式集中起来的资金用于补偿被保险人的经济利益的业务。

4. 邮电通信业

邮电通信业是指专门办理信息传递的业务。征税范围如下：邮政和电信。

5. 文化体育业

文化体育业是指经营文化、体育活动的业务。征收范围如下：文化业和体育业。其中，文化业是指经营文化活动的业务，如表演、播映等。但Ⅳ【○ A. 武术比赛　B. 文学讲座　C. 体育比赛　D. 广告播映】按“服务业”税目征税，不按本税目征税。体育业是指举办各种体育比赛和为体育比赛或体育活动提供场所的业务。

另外，以租赁方式为文化活动、体育比赛提供场所，按“服务业”税目征税，不按本税目征税。

6. 娱乐业

娱乐业是指为娱乐活动提供场所和服务的业务。征收范围如下：歌厅、舞厅、音乐茶座、台球、游艺、射击、狩猎、跑马、网吧等娱乐场所，以及娱乐场所为顾客进行娱乐活动提供服务的业务。

7. 服务业

服务业是指利用设备、工具、场所、信息或技能为社会提供服务的业务。征收范围如下：代理业、旅店业、饮食业、旅游业、广告业、仓储业、租赁业以及其他服务业。

8. 转让无形资产

转让无形资产，是指纳税人以取得货币、货物或者其他经济利益为前提，转让无形资产的所有权或者使用权的行为。征税范围如下：转让土地使用权、转让商标权、转让专利权、转让非专利技术、转让著作权以及转让商誉。

自2003年1月1日起，以无形资产投资入股，参与接受投资方的利润分配、共同承担风险的行为，不予征收营业税。在投资后转让其股权的也不予征收营业税。

9. 销售不动产

销售不动产是指有偿转让不动产所有权的行为。征税范围如下：销售建筑物或者构筑物、销售其他土地附着物。

自2003年1月1日起，以不动产投资入股，参与接受投资方利润分配、共同承担投资风险的行为，不予征收营业税。在投资后转让其股权的也不予征收营业税。

纳税人有下列情形之一的，视同发生应税行为：

(1) 单位或者个人将不动产或者土地使用权无偿赠送其他单位或者个人；

(2) 单位或者个人自己新建（以下简称自建）建筑物后销售，其所发生的自建行为；

(3) 财政部、国家税务总局规定的其他情形。

10. 营业税征税范围的其他规定

在实际生产经营活动中，有些销售行为经常既涉及一些应税劳务，又涉及货物，很难简单地确定对其征收营业税还是征收增值税。对这类混合销售行为和兼营行为，税法作出了以下规定：

(1) 一项销售行为若既涉及应税劳务又涉及货物，为混合销售行为。特点是销售行为只是一项，且该项销售行为既涉及营业税的应税劳务又涉及增值税的应税货物。税法规定，从事货物的生产、批发或零售的企业、企业性单位以及个体经营者的混合销售行为，视为销售货物，不缴纳营业税；其他单位和个人的混合销售行为，视为提供应税劳务，缴纳营业税。

(2) 纳税人的下列混合销售行为，应当分别核算应税劳务的营业额和货物的销售额，其应税劳务的营业额缴纳营业税，货物销售额不缴纳营业税；未分别核算的，由主管税务机关核定其应税劳务的营业额：①提供建筑业劳务的同时销售自产货物的行为；②财政部、国家税务总局规定的其他情形。纳税人兼营应税行为和货物或者非应税劳务的，应当分别核算应税劳务的营业额和货物或者非应税劳务的销售额，其应税行为营业额缴纳营业税，货物或者非应税劳务销售额不缴纳营业税；未分别核算的，由主管税务机关核定其应税行为营业额。

参考答案：Ⅰ.C（2004 年考试真题） Ⅱ.D Ⅲ.ABC Ⅳ.D（2008 年考试真题）

【经典试题】

（单项选择题）1. 根据《营业税暂行条例》及其实施细则规定，下列各项中，不属于营业税征收范围的是(　　)。

A. 金融保险业　　B. 修理修配业

C. 文化体育业　　D. 建筑业

（单项选择题）2. 根据我国《营业税暂行条例》的规定，下列各项中，应当缴纳营业税的是(　　)。

A. 某网络公司买卖股票取得收入 8 万元

B. 某旅行社从事旅游业务取得收入 20 万元

C. 某修理厂从事汽车修理取得收入 1.2 万元

D. 某商场批发、零售商品取得收入 3 万元

（单项选择题）3. 根据营业税法律制度的规定，下列各项中，应当征收营业税的是(　　)。

A. 提供修理修配劳务　　B. 贷款

C. 典当行的死当物品销售业务　　D. 邮票的生产、调拨

（单项选择题）4. 下列各项中，(　　)不属于营业税法律制度规定的营业税征收范围。

A. 某歌厅的门票收入

B. 某个人出租房屋收入

C. 某拍卖行向委托人收取的手续费收入

D. 某企业生产邮票、首日封取得的收入

（单项选择题）5. 根据营业税法律制度的规定，下列各项中，(　　)应缴纳营业税。

A. 单位将不动产无偿赠与他人　　B. 自建自用的不动产

C. 以不动产投资后转让股权　　D. 共同承担风险的不动产投资入股

（多项选择题）6. 根据营业税法律制度的规定，下列各项中，应当缴纳营业税的有(　　)。

A. 销售房产　　B. 转让土地使用权

C. 以房产投资入股　　D. 以土地使用权投资入股

（多项选择题）7. 根据《营业税暂行条例》规定，下列各项中，应当缴纳营业税的有(　　)。

A. 某非金融机构买卖货物期货

B. 某电子公司将境内一栋房产赠送他人

C. 某房地产公司在境内新建一栋写字楼后销售

D. 某工业企业有偿转让专利权给W企业在境内使用

(多项选择题) 8. 下列不属于营业税混合销售行为的是(　　)。

A. 娱乐城提供娱乐同时销售酒水　B. 企业生产销售首日封

C. 电梯厂销售电梯并负责安装　D. 建筑公司包工包料承建某项工程

(多项选择题) 9. 销售不动产业务应缴纳的税种包括(　　)。

A. 营业税　B. 增值税

C. 房产税　D. 土地增值税

(多项选择题) 10. 下列行为中属于营业税混合销售行为，应缴纳营业税的是(　　)。

A. 邮局销售集邮商品　B. 电话局为客户安装电话并销售电话机

C. 空调专卖店销售空调并负责安装 D. 建材商店销售建材并从事装修业务

(判断题) 11. 个人将不动产无偿赠送他人的行为，视同销售不动产，应当征收营业税。(　　)

(判断题) 12. 企业以厂房对外投资入股，并参与接受投资方利润分配、共同承担投资风险的，应当视同转让不动产，缴纳营业税。(　　)

(判断题) 13. 对电信单位自己销售移动电话并为客户提供有关电信服务的，应对其销售的移动电话征收增值税，而对其提供的电信劳务服务征收营业税。(　　)

(判断题) 14. 销售不动产是指有偿转让不动产所有权的行为，单位将不动产无偿赠与他人，因其没有取得收入，不属于销售不动产行为，所以不需缴纳营业税。(　　)

(判断题) 15. 根据营业税法律制度的规定，纳税人以土地使用权投资入股，共担投资风险的，不征收营业税，但以后转让投资时要补税。(　　)

参考答案：1. B (2002年考试真题)　2. B (2001年考试真题)　3. B　4. D
5. A　6. AB (2006年考试真题)　7. BCD (2002年考试真题)
8. BC　9. AD　10. AB　11. √　12. ×　13. ×　14. ×　15. ×

考点2：营业纳税人和扣缴义务人

重点等级：☆☆☆

1. 营业税纳税人

营业税的纳税人是指在中国境内提供应税劳务、转让无形资产或销售不动产的单位和个人。

在中国境内提供营业税应税劳务、转让无形资产或销售不动产的含义为：Ⅰ【□

A. 提供或者接受营业税应税劳务的单位或者个人在境内 B. 所转让的无形资产（不含土地使用权）的接受单位或者个人在境内 C. 所转让或者出租土地使用权的土地在境内 D. 所销售或者出租的不动产在境内】。

2. 营业税扣缴义务人

营业税的扣缴义务人主要包括如下两方面：

(1) 中华人民共和国境外的单位或者个人在境内提供应税劳务、转让无形资产或者销售不动产，在境内未设有经营机构的，以其境内代理人为扣缴义务人；在境内没有代理人的，以Ⅱ【○A. 转让方 B. 受让方或者购买方 C. 批准机构 D. 转让合同的保证人】为扣缴义务人。

(2) 国务院财政、税务主管部门规定的其他扣缴义务人。

参考答案：Ⅰ. ABCD Ⅱ. B

【经典试题】

（判断题）中国境外的单位或者个人在境内提供应税劳务、转让无形资产或者销售不动产，在境内未设有经营机构的，以其境内代理人为营业税扣缴义务人。（ ）

参考答案：√

考点3：营业税税率

重点等级：☆☆☆

营业税税率按行业实行有差别的比例税率，具体分为以下三类：

(1) 交通运输业、建筑业、邮电通信业以及文化体育业适用3%的税率。

(2) 服务业、转让无形资产、销售不动产以及金融保险业适用【○ A. 4% B. 5% C. 10% D. 15%】的税率。

(3) 娱乐业适用5%～20%的税率（从2004年7月1日起，台球、保龄球的营业税率下调为5%）。

纳税人兼有不同税目应当缴纳营业税的劳务、转让无形资产或者销售不动产，应当分别核算不同税目的营业额、转让额、销售额。未分别核算营业额的，其适用不同税率的应税项目，一并从高适用税率征税。纳税人兼营免税项目、减税项目的，应该分别核算免税、减税项目的营业额，未分别核算的，不得免税、减税。

参考答案：B

【经典试题】

（多项选择题）1. 营业税实行行业比例税率，下列各项中，（　　）属于营业税的适用税率。

A. 2%　　　　B. 3%

C. 5%　　　　D. 20%

（判断题）2. 营业税纳税人兼有不同税目应税行为的，一并从高适用税率征税。（　　）

参考答案：1. BCD　2. ×

考点4：营业税营业额的确定

重点等级：☆☆☆☆☆

《营业税暂行条例》规定，纳税人的营业额为纳税人提供应税劳务、转让无形资产或销售不动产时向对方收取的全部价款和价外费用。它是营业税的计税依据。

按照经营项目的不同，纳税人提供应税劳务的营业额具体规定如下：

1. 运输业务

运输业务的营业额一般包括客运收入、货运收入、装卸搬运收入、其他运输业务收入、运输票价中包括的保险费收入，以及随同票价、运价向客户收取的各种建设基金等。但纳税人将承揽的运输业务分给其他单位或个人的，以其取得的全部价款和价外费用扣除其支付给其他单位或者个人的运输费用后的余额为营业额。

2. 建筑业

（1）建筑业的营业额为承包建筑、修缮、安装、装饰和其他工程作业取得的营业收入额。

（2）纳税人提供建筑业劳务（不含装饰劳务）的，其营业额应当包括工程所用原材料、设备及其他物资和动力价款在内，但不包括建设方提供的设备的价款。

（3）纳税人将建筑工程分包给其他单位的，以其取得的全部价款和价外费用扣除其支付给其他单位的分包款后的余额为营业额。

（4）自建行为的营业额根据同类工程的价格确定；没有同类工程价格的，按如下公式核定营业额：

营业额＝［工程成本×（1＋成本利润率）］÷（1－营业税税率）

（5）包工包料工程，以料、工、费全额为营业额。

（6）纳税人采用包清工形式提供的装饰劳务，按照其向客户实际收取的人工费、管理费以及辅助材料费等收入（不含客户自行采购的材料价款和设备价款）为营业额。

（7）实行招标投标的建筑安装工程，其标底和报价的编制均应包含营业税。

3. 金融保险业

（1）Ⅰ【□ A. 转贷业务　B. 股票买卖业务　C. 一般贷款业务　D. 融资租赁业务】以利息收入全额为营业额。

（2）外汇、有价证券、期货等金融商品买卖业务，以Ⅱ【○ A. 卖出价　B. 买入价　C. 买卖公允价　D. 卖出价减去买入价的余额】确认为营业额。

（3）金融经纪业以及其他金融业务，以金融服务手续费等收入为营业额。

（4）融资租赁业务，以其向承租者收取的全部价款和价外费用（包括残值）减去出租方承担的出租货物的实际成本后的余额为营业额。

（5）保险业务，以纳税人提供属于保险业征税范围劳务向对方收取的全部收入为营业额。

4. 邮电通信业

（1）邮政业务的营业额指的是提供传递函件或包件、邮汇、报刊发行、邮务物品销售、邮政储蓄、其他邮政业务的收入。

（2）电信业务的营业额指的是提供电报、电话、电传、电话机安装、电信物品销售和其他电信业务的收入。

5. 文化体育业

单位或个人进行演出，以全部票价收入或包场收入减去付给提供演出场所的单位、演出公司或经纪人的费用后的余额为营业额。

6. 娱乐业

娱乐业以为经营娱乐业收取的全部价款和价外费用为营业额，包括门票收费、台位费、点歌费、烟酒、饮料、茶水、鲜花、小吃等收费及经营娱乐业的其他各项收费。

7. 服务业

（1）服务业的营业额是指纳税人提供代理业、旅店业、饮食业、旅游业、仓储业、租赁业、广告业和其他服务业的应税劳务向对方收取的全部价款和价外费用。

（2）纳税人从事旅游业务的，以其取得的全部价款和价外费用扣除替旅游者支付给其他单位或者个人的住宿费、餐费、交通费、旅游景点门票和支付给其他接团旅游企业的旅游费后的余额为营业额。

（3）广告代理业的营业额为代理者向委托方收取的全部价款和价外费用减去Ⅲ【○ A. 支付给其他广告公司或广告发布者的广告发布费　B. 支付给广告设计者的广告制作费　C. 支付给广告印刷者的广告印刷费　D. 广告公司发生的人员工资等费用】后的余额。

8. 其他相关规定

纳税人提供应税劳务、转让无形资产或者销售不动产价格明显偏低而又没有正当理由的，主管税务机关可以按以下顺序核定其营业额：

(1) 按纳税人最近时期发生同类应税行为的平均价格核定。

(2) 按其他纳税人最近时期发生同类应税行为的平均价格核定。

(3) 按照下列公式核定营业额:

营业额=营业成本或者工程成本×(1+成本利润率)÷(1-营业税税率)

公式中的成本利润率应由省、自治区、直辖市税务局确定。

财政部、国家税务总局下发了《关于个人住房转让营业税政策的通知》(财税[2008] 174号),对个人住房转让的营业税政策做了重新调整。执行时间为自2009年1月1日至12月31日,同时废止了《财政部、国家税务总局关于调整房地产营业税有关政策的通知》(财税[2006] 75号)。该通知将原政策(财税[2006] 75号)中个人购买普通住房超过5年(含5年)转让减低至超过2年(含2年)转让的,免征营业税;将原政策(财税[2006] 75号)个人购买普通住房不足2年转让的,由按其转让收入全额征收营业税,改为按其转让收入减去购买住房原价的差额征收营业税。

2009年12月9日召开的国务院常务会议决定,对个人住房转让的营业税政策征免时限恢复到5年,其他住房消费政策继续实施。

参考答案:Ⅰ.AC Ⅱ.D Ⅲ.A(2008年考试真题)

【经典试题】

(单项选择题) 1. 下列关于金融业营业税计税营业额的确定方法中,符合营业税法律制度规定的是( )。

A. 债券买卖业务,以卖出价减去买入价后的余额为营业额

B. 融资租赁业务,以向承租者收取的全部价款和价外费用为营业额

C. 一般贷款业务,以贷款利息收入减去借款利息支出后的余额为营业额

D. 金融经纪业务,以金融服务手续费收入减去相关成本后的余额为营业额

(多项选择题) 2. 根据我国《营业税暂行条例》的规定,下列各项中,( )应作为营业税依据。

A. 旅行社团在境内组织旅游收取的全部旅游费用

B. 建筑企业不扣除其转包工程额的全部承包额

C. 非金融机构买卖外汇,卖出价减去买入价后的余额

D. 娱乐业向顾客收取的包括烟酒、饮料、水果、糕点收费在内的各项费用

(多项选择题) 3. 根据营业税法律制度的规定,下列关于个人销售住房征收营业税的表述中,正确的有( )。

A. 个人将购买不足5年的非普通住房对外销售的,全额征收营业税

B. 个人将购买超过5年(含5年)的普通住房对外销售的,免征营业税

C. 个人将购买超过5年(含5年)的非普通住房对外销售的,减半征收营业税

D. 个人将购买超过 5 年（含 5 年）的非普通住房对外销售的，按其销售收入减去购买房屋的价款后的余额征收营业税

（多项选择题）4. 根据营业税法律制度的规定，下列确定营业额的方法中，正确的有（　　）。

A. 纳税人将建筑工程分包给其他单位的，以其取得的全部价款和价外费用扣除其支付给其他单位的分包款后的余额为营业额

B. 保险业实行分保险的，以全部保费收入减去分给分保人的收入后的余额为初保人的营业额

C. 单位或个人进行演出，以全部票价收入或者包场收入减去付给提供演出场所的单位、演出公司或者经纪人的费用后的余额为营业额

D. 从事娱乐业经营的，以向顾客收取的费用总额为营业额（其中包括门票收费、台位费、点歌费、烟酒和饮料及其他费用）

（多项选择题）5. 根据我国《营业税暂行条例》及其实施细则的规定，在计算金融保险业的营业税时，下列有关营业额的确定方法符合税法规定的有（　　）。

A. 一般贷款业务以利息收入全额为营业额

B. 有价证券买卖业务以卖出价为营业额

C. 有价证券买卖业务以卖出价减去买入价后的余额为营业额

D. 外汇买卖业务以卖出价减去买入价后的余额为营业额

（判断题）6. 包工包料工程，以料、工、费全额为营业额。（　　）

（判断题）7. 旅游企业在我国境内组团旅游，改由其他旅游企业接团的，营业额也不允许扣除付给接团企业的费用。（　　）

（计算分析题）8. 某市商业银行 2009 年第四季度发生以下经济业务：

（1）取得一般贷款业务利息收入 600 万元；支付单位、个人存款利息 100 万元。

（2）取得转让公司债券收入 1 100 万元，债券的买入价为 900 万元。

（3）取得金融服务手续费收入 15 万元。

（4）吸收居民存款 500 万元。

已知：金融业适用的营业税税额为 5%。

要求：

（1）分别说明银行第四季度各项经济业务是否应缴纳营业税。

（2）计算该银行第四季度应缴纳的营业税税额。

（计算分析题）9. 甲建筑工程公司 2006 年 1 月份承建一项住宅工程，全部工程于 2006 年 12 月份竣工并通过验收，取得工程总价款 7 860 万元。另外，由于工程保质保量提前完工，获得建设单位额外奖励 10 万元。在施工期间，甲公司将建筑工程的装饰装修部分转包给乙公司来完成，按合同支付给乙公司 1 800 万元的装饰装修工程款。甲公司承建住宅工程期间，支付工程原料价款 3 782 万元，支付员工劳动保护费、工资和过节补助费等 173 万元，建筑储料场、员工宿舍、食堂等临时设施支出

28万元，发放优秀员工奖金4万元，支付业务招待费24万元，支出水、电、暖和施工现场管理费64万元。

已知：建筑业适用的营业税税率为3%，甲公司承建住宅工程已预缴营业税273万元。

要求：

(1) 计算甲公司承建住宅工程的营业额；

(2) 计算甲公司承建住宅工程应缴纳的营业税税额；

(3) 计算甲公司应代扣代缴乙公司的营业税税额；

(4) 计算甲公司承建住宅工程应补退的营业税税额。

参考答案：1. A（2009年考试真题） 2. CD 3. ABD 4. ACD 5. ACD
6. √ 7. ×

8. (1) ①一般贷款业务属于营业税的征税范围，以利息收入全额为营业额。

应纳税额＝600×5%＝30（万元）。

② 债券等金融商品买卖属于营业税的征收范围，以卖出价减去买入价后的余额为营业额计征营业税。

应纳税额＝（1 100－900）×5%＝10（万元）。

③ 提供金融服务，属于营业税的征收范围，以金融服务手续费为营业额计征营业税。

应纳税额＝15×5%＝0.75（万元）。

④ 银行吸收居民存款，不属于营业税的征税范围，不征收营业税。

(2) 该银行第四季度应缴纳营业税税额＝30＋10＋0.75＝40.75（万元）。

9. (1) 甲公司的营业额＝7 860＋10－1 800＝6 070（万元）。（根据规定，纳税人将建筑工程分包给其他单位的，以其取得的全部价款和价外费用扣除其支付给其他单位的分包款后的余额为营业额）

(2) 甲公司承建住宅工程应缴纳的营业税税额＝6 070×3%＝182.1（万元）。

(3) 甲公司应代扣代缴乙公司的营业税税额＝1 800×3%＝54（万元）。

(4) 甲公司承建住宅工程应补退的营业税税额＝182.1－273＝－90.9（万元）。这说明：甲公司承建住宅工程，税务局应退营业税税额90.9万元。

考点5：营业税应纳税额的计算

重点等级：☆☆☆☆☆

纳税人提供应税劳务、转让无形资产或者销售不动产，按营业额和规定的税率计算其应纳税额。计算公式如下：

营业税应纳税额＝营业额×税率

营业额以人民币计算。纳税人以人民币以外的货币结算营业额的，其营业额的人民币折合率可以选择营业额发生的当天或者当月1日的人民币汇率中间价。

纳税人应事先确定采用何种折合率，确定后1年内不得变更。

【经典试题】

（单项选择题）1.2006年3月，甲房地产公司采用预收款方式将一栋自建写字楼出售给乙公司。合同规定销售价格为3 000万元，当月乙公司预付了1 600万元，余款在以后两个月内结清。已知销售不动产营业税税率为5%。甲公司3月应缴纳的营业税税额为（　　）万元。

A. 150　　B. 80

C. 70　　D. 0

（单项选择题）2. 某旅行社组织50人的旅游团赴太湖旅游，每人收取旅游费2 000元。旅行社实际为每人支付住宿费500元，餐费500元，交通费400元，门票80元。已知旅游业营业税税率为5%。该旅行社此次旅游业务应缴纳的营业税税额为（　　）元。

A. 5 000　　B. 2 500

C. 1 500　　D. 1 300

（单项选择题）3. 某运输公司3月份取得运营收入400万元，另取得联运收入200万元，其中支付给其他承运单位承运费100万元，已知交通运输业适用营业税税率为3%。该公司当月应缴纳的营业税税额为（　　）万元。

A. 3　　B. 12

C. 15　　D. 18

（单项选择题）4.2002年3月，某县邮政局发生以下经济业务：传递函件、包件取得收入3万元，报刊发行收入9万元，邮务物品销售和其他邮政业务收入8万元；发生工资等支出6万元。已知邮政局适用的营业税税率为3%。该邮政局3月份应缴纳的营业税税额为（　　）万元。

A. 0.42　　B. 0.60

C. 1.00　　D. 1.18

（单项选择题）5.2001年3月，某音乐茶座门票收入1万元，台位费、点歌费等收入5万元，茶水、烟酒、饮料收入12万元；发生工资性支出1.8万元；水电费以及购买烟酒等支出3.6万元。已知当地娱乐业适用营业税税率为15%。该音乐茶座3月份应缴纳的营业税税额为（　　）万元。

A. 0.15　　B. 0.9

C. 1.89　　D. 2.7

（单项选择题）6. 税务机关对某酒店采用核定征收的方法征税，其本月的营业成本为20万元，同行业的成本利润率为25%，则其应纳营业税税额为（　　）元。

A. 15 789.47　　B. 26 315.79

C. 14 250　　D. 23 809. 52

（单项选择题）7. 某商业银行2009年3月份取得一般贷款利息收入1 500万元，利息支出1 000万元；取得转贷款业务利息收入600万元，借款利息支出420万元。已知金融保险业营业税税率为5%，则商业银行该月应缴纳营业税（　　）万元。

A. 50　　B. 85

C. 100　　D. 105

（单项选择题）8. A建筑工程公司总承包一项工程项目，工程总价为5 000万元。实施过程中，A公司将其中1 000万元的工程装潢业务分包给B装潢公司。则A公司应纳营业税为（　　）万元。

A. 50　　B. 80

C. 100　　D. 120

（单项选择题）9. 某歌手租用体育馆举办个人演唱会，每场租金为20 000元，共演出两场，由体育馆售票，共取得票款收入500 000元，并按其2%向歌手的经纪人支付佣金。演出适用营业税税率为3%。则体育馆应为该歌手代扣代缴的营业税税额为（　　）元。

A. 12 000　　B. 13 500

C. 14 200　　D. 15 300

（多项选择题）10. 2008年6月，甲建筑公司承包某工程项目，总承包额为1 000万元。甲公司将该项目中的建筑部分分包给乙建筑公司，分包价款为500万元。已知营业税税率为3%，则下列各项说法中，正确的有（　　）。

A. 甲公司应纳营业税15万元

B. 甲公司应纳营业税30万元

C. 甲公司应扣缴乙公司营业税15万元

D. 甲公司应扣缴乙公司营业税30万元

（判断题）11. 纳税人以外汇结算营业额的，其营业额的人民币折合率可以选择营业额发生的当天或当月1日人民币汇率中间价。纳税人应当在事先确定采用何种折合率，确定后1年内不得变更。（　　）

（计算分析题）12. 某温泉度假酒店是一家集餐饮、住宿和娱乐为一体的综合性餐饮企业，酒店设有餐饮部、客房部、娱乐部等经营部门，各经营部门业务实行独立核算。2008年6月酒店取得以下收入：

（1）餐饮收入150万元。

（2）住宿收入86万元。

（3）出租商业用房租金收入9万元。

（4）卡拉OK门票收入17万元、点歌费收入6万元、台位费收入23万元、烟酒和饮料费收入71万元。

已知：服务业适用的营业税税率为5%，娱乐业适用的营业税税率为20%。

要求：

(1) 计算该酒店当月餐饮收入应缴纳的营业税税额。

(2) 计算该酒店当月住宿收入应缴纳的营业税税额。

(3) 计算该酒店当月租金收入应缴纳的营业税税额。

(4) 计算该酒店当月娱乐收入应缴纳的营业税税额。

(计算分析题) 13. 2000 年 2 月，东阳国际旅行社（以下简称"旅行社"）组织甲、乙两个假日旅游团。甲团是由 36 人组成的境内旅游团。旅行社向每人收取费用人民币 4 500 元。旅行期间，旅行社为每人支付交通费人民币 1 600 元，住宿费人民币 400 元，餐费人民币 300 元，公园门票等费用 600 元。乙团是由 30 人组成的境外旅游团。旅行社向每人收取费用人民币 6 800 元，在境外该团改由当地 WT 旅游公司接团，负责在境外安排旅游，旅行社按协议支付给境外 WT 旅游公司旅游费折合人民币 144 000 元。

已知：营业税税率为 5%。

要求：

(1) 计算旅行社 2 月份营业税的营业额，并列出计算过程。

(2) 计算旅行社 2 月份应纳营业额，并列出计算过程。

参考答案：1. B（2006 年考试真题） 2. D（2006 年考试真题） 3. C（2005 年考试真题） 4. B（2002 年考试真题） 5. D（2001 年考试真题） 6. B 7. D 8. D 9. B 10. AC 11. √

12. (1) 当月餐饮收入应缴纳的营业税＝150×5%＝7.5（万元）。

(2) 当月住宿收入应缴纳的营业税＝86×5%＝4.3（万元）。

(3) 当月租金收入应缴纳的营业税＝9×5%＝0.45（万元）。

(4) 当月娱乐收入应缴纳的营业税＝（17＋6＋23＋71）×20%＝117×20%＝23.4（万元）。(2009 年考试真题)

13. (1) 旅行社 2 月份应纳营业税营业额＝（4 500－1 600－400－600－300）×36＋（6 800×30－144 000）＝57 600＋60 000＝117 600（元）。

(2) 应纳营业税税额＝117 600×5%＝5 880（元）。(2000 年考试真题)

考点 6：营业税的起征点

重点等级：☆☆☆

据现行《营业税暂行条例实施细则》的规定，现行营业税的起征点如下：按月纳税的起征点为月营业额 1 000～5 000 元；按次纳税的起征点为 I 【○ A. 每次（日）营业额 50 元 B. 每次（日）营业额 100 元 C. 每次（日）营业额 500 元 D. 每次（日）营业额 1 000 元】。

纳税人营业额未达到起征点的，可免征营业税；超过起征点的，则应按其全部营业额计算应纳税额。

另外，对于某些与人民群众生活密切相关的行业的服务项目，如Ⅱ【□ A. 学校 B. 托儿所 C. 幼儿园 D. 养老院】、纪念馆、博物馆、展览馆、图书馆和农业机耕、排灌、病虫害防治业务等，国家实行鼓励发展的税收政策，免征营业税。符合国家规定的民政福利企业、学校办企业以及从事社区居民服务业的下岗职工等，可享受一定免税、减税待遇。

参考答案：Ⅰ.B Ⅱ.ABCD

【经典试题】

(判断题) 纳税人营业额超过起征点的，应按其营业额的一定比例计算应纳税额。( )

参考答案：×

考点 7：营业税纳税地点

重点等级：☆☆☆☆☆

营业税实行属地征收管理。营业税的纳税地点是根据纳税人的情况以及便于征收管理的原则确定的。

(1) 纳税人提供应税劳务，应向其机构所在地或者居住地的主管税务机关申报纳税。

(2) 纳税人提供的建筑业劳务以及国务院财政、税务主管部门规定的其他应税劳务，应当向应税劳务发生地的主管税务机关申报纳税。

(3) 纳税人转让无形资产应当向其机构所在地或者居住地的主管税务机关申报纳税。但是，纳税人转让、出租土地使用权，应当向土地所在地的主管税务机关申报纳税。

(4) 纳税人销售、出租不动产，应向【○ A. 纳税人居住地 B. 不动产所在地 C. 纳税人经营所在地 D. 销售不动产行为发生地】主管税务机关申报纳税。

扣缴义务人应向其机构所在地或者居住地的主管税务机关申报缴纳其扣缴的税款。

参考答案：B (2004 年考试真题)

【经典试题】

(单项选择题) 1. 上海市 A 公司因调整公司营销战略，将其在惠州市的一处闲置下来的办公用房卖给重庆市 B 公司。销售该办公用房的合同在北京签订，并已收到预收房款。根据我国《营业税暂行条例》及其实施细则的规定，A 公司营业税纳税申报的地点应当是（ ）。

A. 上海市　　B. 惠州市

C. 重庆市　　D. 北京市

（多项选择题）2. 下列关于营业税纳税地点的表述中，符合营业税法律制度规定的有（ ）。

A. 纳税人销售不动产，应当向不动产所在地主管税务机关申报纳税

B. 纳税人从事运输业务，应当向运输劳务发生地主管税务机关申报纳税

C. 纳税人转让土地使用权，应当向土地所在地主管税务机关申报纳税

D. 纳税人在本省从事建筑劳务，应当向其机构所在地主管税务机关申报纳税

（多项选择题）3. 根据我国《营业税暂行条例》的规定，下列各项中，纳税人应当向其机构所在地或者居住地主管税务机构申报缴纳营业税的有（ ）。

A. 转让土地使用权　　B. 提供应税劳务

C. 转让无形资产　　D. 销售不动产

（判断题）4. 扣缴义务人一般应向其机构所在地或者居住地主管税务机关申报缴纳其扣缴的营业税税款。（ ）

（判断题）5. 纳税人提供的建筑业劳务以及国务院财政、税务主管部门规定的其他应税劳务，应当向其机构所在地主管税务机关申报纳税。（ ）

（判断题）6. 纳税人出租土地使用权应当向土地所在地的主管税务机关申报纳税。（ ）

参考答案：1. B（2001 年考试真题）　2. AC（2009 年考试真题）　3. BC
4. √　5. ×　6. √

第四节　关税法律制度

考点 1：关税的征税范围、纳税人和税率

重点等级：☆☆☆☆

1. 关税征税范围

关税的征税范围是指国家准许进出口的货物、进境物品，但法律、行政法规另有规定的除外。

2. 关税纳税人

关税纳税人包括Ⅰ【□ A. 进口货物的收货人　B. 进口货物的代理人　C. 出口货物的发货人　D. 出口货物的代理人】、进出境物品的所有人。通常情况下，对于

携带进境的物品，推定其携带人为所有人；对于分离运输的行李，推定相应的进出境旅客为所有人；对于以邮递方式进境的物品，推定其收件人为所有人；对于以邮递或其他运输方式出境的物品，推定其寄件人或者托运人为所有人。

3. 关税的税率

关税税率为Ⅱ【○ A. 幅度比例税率 B. 差别比例税率 C. 累进税率 D. 定额税率】，分为进口关税税率、出口关税税率和特殊关税。

(1) 进口关税税率。进口关税税率包括最惠国税率、协定税率、特惠税率、普通税率、关税配额税率、暂定税率等。

(2) 出口关税税率。出口关税税率是对出口货物征收关税而规定的税率。

出口关税税率也规定有暂定税率。与进口暂定税率一样，出口暂定税率优先适用于出口税则中规定的出口关税税率。

对于未规定出口关税税率的货物，不征出口关税。

(3) 特别关税。特别关税包括Ⅲ【□ A. 报复性关税 B. 保障性关税 C. 进口附加税 D. 反倾销税与反补贴税】。报复性关税，指的是对违反与我国签订或共同参加的贸易协定及相关协定，对我国在贸易方面采取禁止、限制、加征关税或其他影响正常贸易的国家或者地区所采取的一种进口附加税。反倾销税与反补贴税，指的是进口国海关对外国的倾销货物，在征收关税的同时还附加征收的一种特别关税。

征收报复性关税的货物，其适用国别、税率、期限和征收办法由Ⅳ【○ A. 国务院 B. 国务院关税税则委员会 C. 国家税务总局 D. 地方税务局】决定公布。征收反倾销与反补贴税和保障性关税的货物的适用税率则按照《反倾销条例》、《反补贴条例》和《保障措施条例》的有关规定执行。

参考答案：Ⅰ. AC Ⅱ. B Ⅲ. ABD Ⅳ. B

【经典试题】

(判断题) 1. 国家准许进出口的一切货物、进境物品均应缴纳关税。( )

(判断题) 2. 出口暂定税率优先适用于出口税则中规定的出口关税税率。( )

参考答案：1. × 2. √

考点2：进口货物的完税价格

重点等级：☆☆☆☆☆

1. 进口货物的完税价格

我国对进出口货物征收关税，主要是采取从价计征的办法，以货物的完税价格为计税依据征收关税。

(1) 进口货物的完税价格。

进口货物的完税价格由海关以进口应税货物的成交价格以及该货物运抵我国境内输入地点起卸前的运输及相关费用、保险费为基础审查确定。

货物成交价格是指卖方向中国境内销售该货物时，买方为进口货物向卖方实付和应付的价款总额。

下列费用应包含在进口货物的完税价格中：

①由买方负担的除购货佣金以外的佣金和经纪费。购货佣金是指买方为购买进口货物而向自己的采购代理人支付的劳务费用；经纪费是指买方为购买进口货物而向代表买卖双方利益的经纪人支付的劳务费用。

②由买方负担的与该货物视为一体的容器费用。

③由买方负担的包装材料以及包装劳务费用。

④与该货物的生产和向我国境内销售有关的，由买方以免费或低于成本的方式提供并可按适当比例分摊的料件、工具、模具、消耗材料及类似货物的价款，以及在境外开发、设计等相关服务的费用。

⑤作为卖方向我国境内销售该货物的一项条件，应当由买方直接或者间接支付的与该货物有关的特许权使用费。特许权使用费是指买方为获得与进口货物相关的受著作权保护的作品、专利、商标、专有技术及其他权利的使用许可而支付的费用。

⑥卖方直接或间接从买方获得的该货物进口后转售、处置或使用的收益。

下列费用、税收，如进口时要在货物的价款中列明，不应计入该货物的完税价格：

①厂房、机械、设备等货物进口后进行建设、安装、装配、维修和技术服务的费用。

②进口货物运抵境内输入地点起卸后的运输及其相关费用以及保险费。

③进口关税和其他国内税收。

(2) 特殊进口货物的完税价格。

① 对易货贸易、寄售、捐赠、赠送等不存在成交价格的进口货物，海关与纳税义务人进行价格磋商后，按照《海关审定进出口货物完税价格办法》的规定，确定这些货物的完税价格，主要包括：相同货物成交价格估价方法；类似货物成交价格估价方法；倒扣价格估价方法；计算价格估价方法；合理方法。

② 加工贸易进口料件或者其制成品和出口加工区内的加工企业内销的制成品及其边角料或副产品，其完税价格确定办法主要包括：【□ A. 进料加工进口料件或者其制成品（包括残次品）内销时，海关以料件原进口成交价格为基础审查确定完税价格。料件原进口成交价格不能确定的，海关以接受内销申报的同时或者大约同时进口的与料件相同或者类似的货物的进口成交价格为基础审查确定完税价格　B. 来料加工进口料件或者其制成品（包括残次品）内销时，海关以接受内销申报的同时或者大约同时进口的与料件相同或者类似的货物的进口成交价格为基础审查确定完税价格

C. 加工企业内销加工过程中产生的边角料或者副产品，以海关审查确定的内销价格作为完税价格 D. 出口加工区内的加工企业内销加工过程中产生的边角料或者副产品，以海关审查确定的内销价格作为完税价格】。

③ 运往境外加工的货物的完税价格。出境时已向海关报明，并在海关规定的期限内复运进境的，应以境外加工费和料件费，还有复运进境的运输费、保险费及其相关费用审查确定完税价格。

④ 运往境外修理的机械器具、运输工具或其他货物的完税价格。出境时已向海关报明，并在海关规定的期限内复运进境的，应当以境外修理费和料件费审查确定完税价格。

⑤ 租赁方式进口货物的完税价格。租赁方式进境的货物，应以海关审查确定的该货物租金作为完税价格；留购的租赁物，应以海关审定的留购价格作为完税价格。

⑥ 减税或者免税进口的货物应当补税时，应当以海关审查确定的该货物原进口时的价格扣除折旧部分价值作为完税价格，其计算公式如下：

$$完税价格=\frac{海关审定的该货物}{原进口时的价格}\times\left[1-\frac{补税时实际已进口的时间（月）}{监管年限\times 12}\right]$$

上述公式中“补税时实际已进口的时间”按月计算，不足1个月但是超过15日的，按照1个月计算；不超过15日的，不予计算。

2. 出口货物的完税价格

出口货物的完税价格，由海关以出口货物的成交价格和该货物运至中国境内输出地点装载前的运输及其相关费用、保险费为基础审查确定。出口关税并不计入完税价格。

出口货物的成交价格，是指该货物出口时卖方为出口该货物应向买方直接收取和间接收取的价款总额。

参考答案：ABCD

【经典试题】

（单项选择题）1. 根据关税法律制度的规定，下列各项中，不计入进口货物完税价格的是(　　)。

A. 货物成交价格

B. 进口关税及其他国内税收

C. 由买方负担的包装材料和包装劳务费用

D. 由买方负担的除购货佣金以外的佣金和经纪费

（多项选择题）2. 根据关税的法律制度，下列各项中，(　　)符合特殊进口货物完税价格的规定。

A. 运往境外加工的货物，应以加工后进境时的到岸价格为完税价格

B. 留购的进口货样，以海关审定的留购价格作为完税价格

C. 租赁方式进境的货物，以海关审查确定的该货物租金作为完税价格

D. 运往境外加工的货物，以海关审定的境外加工费和料件费，以及复运进境的运输费、保险费及相关费用为完税价格

（多项选择题）3. 根据关税法律制度的有关规定，下列各项中，（　　）应计入进口关税完税价格。

A. 支付的卖方佣金

B. 支付给采购代理人的买方佣金

C. 进口货物起卸后的运输及其相关费用

D. 支付进口货物的专利费

（判断题）4. 进口货物以海关审定的成交价格为基础的到岸价格为完税价格，其中包括支付给自己采购代理人的购货佣金。（　　）

（判断题）5. 在确定关税完税价格时，买方为购买进口货物向自己的采购代理人支付的劳务费用应当计入成交价格。（　　）

（判断题）6. 出口关税应计入完税价格。（　　）

（计算分析题）7. 某外贸公司2008年5月1日向海关申报进口一批电子元件，经海关审定的成交价为100万美元。另外，货物运抵我国境内输入地点起卸前的运输费为10万美元，保险费为20万美元，由买方负担的购货佣金为8万美元、包装劳务费为2万美元。

已知：市场汇率为1美元＝7.8元人民币，该机器设备适用关税税率为20%。

要求：根据上述情况和关税法律制度的有关规定，回答下列问题：

（1）外贸公司在进口该批电子元件过程中发生的哪些费用应计入货物的完税价格？

（2）计算进口该批电子元件应缴纳的关税税额。

（3）说明外贸公司进口该批电子元件关税的纳税期限。

（4）计算进口该批电子元件应缴纳的进口增值税税额。

参考答案：1. B（2009年考试真题）　2. BCD　3. AD　4. ×　5. ×　6. ×

7. （1）进口货物的完税价格由海关以进口应税货物的成交价格以及该货物运抵我国境内输入地点起卸前的运费、保险费及其相关费用为基础审查确定。该批电子元件计入关税完税价格的项目有：

①成交价100万美元；

②货物运抵我国境内输入地点起卸前的运输费10万美元、保险费30万美元；

③包装劳务费2万美元。

由买方负担的购货佣金8万美元不计入关税完税价格。

(2) 关税税额＝关税完税价格×关税税率＝（100＋10＋30＋2）×7.8×20%＝221.52（万元）。

(3) 外贸公司应当自申报进口货物，海关填写税收缴款书之日起15日内，向货物进境地海关缴纳关税和进口增值税。

(4) 进口该批电子元件应缴纳的进口增值税＝（关税完税价格＋关税）×增值税税率＝［（100＋10＋30＋2）×7.8＋221.52］×17%＝225.95（万元）。

考点3：关税应纳税额的计算

重点等级：☆☆☆☆☆

1. 从价税计算方法

从价税，是指以进（出）口货物的完税价格为计税依据的一种关税计征方法。从价税应纳关税税额的计算公式如下：

关税应纳税额＝应税进（出）口货物数量×单位完税价格×适用税率

2. 从量税计算方法

从量税，是指以进（出）口货物的重量、长度、容量和面积等计量单位为计税依据的一种关税计征方法。目前，我国对原油、部分鸡产品、啤酒以及胶卷进口分别以重量、容量和面积计征从量税。从量税应纳关税税额的计算公式如下：

关税应纳税额＝应税进（出）口货物数量×关税单位税额

3. 复合税计算方法

复合税，是指对某种进（出）口货物同时使用从价和从量计征的一种关税计征方法。目前，我国对Ⅰ【○ A. 原油　B. 新闻纸　C. 胶卷　D. 录像机】、放像机、数字照相机及摄录一体机实行复合税。复合税应纳关税税额的计算公式如下：

关税应纳税额＝应税进（出）口货物数量×关税单位税额＋应税进(出)口货物数量×单位完税价格×适用税率

我国目前实行的复合税都是先计征从量税，然后再计征从价税。

4. 滑准税计算方法

滑准税，是指关税的税率随着进口货物价格的变动而反方向变动的一种税率形式，即价格越高，税率越低，税率为比例税率。所以，实行滑准税率的进口货物应纳关税税额的计算方法与从价税的计算方法相同。目前，我国对Ⅱ【○ A. 新闻纸　B. 胶卷　C. 相机　D. 啤酒】实行滑准税。滑准税应纳关税税额的计算公式如下：

关税应纳税额＝应税进（出）口的货物数量×单位完税价格×滑准税税率

参考答案：Ⅰ.D（2008年考试真题） Ⅱ.A

【经典试题】

（判断题）1. 滑准税是指关税的税率随着进口商品价格的变动而变动的一种税率形式，即价格越高，税率越高。（ ）

（判断题）2. 我国目前实行的复合税都是先计征从价税，然后再计征从量税。（ ）

（计算分析题）3. 甲化妆品公司为增值税一般纳税人，主要从事化妆品的生产、进口和销售业务，2007年11月发生以下经济业务：

（1）从国外进口一批化妆品，海关核定的关税完税价格为112万元，公司按规定向海关缴纳了关税、消费税和进口环节增值税，并取得了相关完税凭证。

（2）向公司员工发放一批新研发的化妆品作为职工福利，该批化妆品不含增值税的销售价格为75万元。

（3）委托乙公司加工一批化妆品，提供的材料成本为86万元，支付乙公司加工费5万元，当月收回该批委托加工的化妆品，乙公司没有同类消费品销售价格。

已知：化妆品适用的消费税税率为30%，关税税率为25%。

要求：

（1）计算该公司当月进口环节应缴纳的消费税税额。

（2）计算该公司当月作为职工福利发放的化妆品应缴纳的消费税税额。

（3）计算乙公司受托加工的化妆品在交货时应代收代缴的消费税税额。

（计算分析题）4. 某生产企业为增值税一般纳税人，2008年1月从美国进口一批材料用于生产产品，关税完税价格为100万元，该批材料的关税税率为10%，增值税税率为17%，已取得海关开具的完税凭证。该批产品加工成成品后于当月全部销售，取得的销售收入为200万元（不含增值税），销售过程中支付运费5万元，并取得运输发票。

要求：根据上述资料，回答下列问题：

（1）计算该企业进口环节应缴纳的关税税额。

（2）计算该企业进口环节应缴纳的增值税税额。

（3）计算该企业销售成品当月应缴纳的增值税税额。（答案中的金额单位以万元来表示）

（计算分析题）5. 某进出口贸易公司系增值税一般纳税人，具有进出口经营权，2008年3月发生相关经营业务如下：

（1）从美国进口小轿车一辆，支付买价500 000元、相关费用40 000元，支付到达我国海关前的运输费用50 000元、保险费用30 000元。

（2）将生产中使用的价值800 000元设备运往美国修理，出境时已向海关报明，支付给境外的修理费用60 000元，料件费200 000元，并在海关规定的期限内收回了

该设备。(进口关税税率均为 20%，小轿车消费税税率为 9%)

要求：根据上述资料及税法相关规定，回答下列问题：

(1) 计算进口小轿车、修理设备应缴纳的关税；

(2) 计算小轿车在进口环节应缴纳的消费税；

(3) 计算小轿车、修理设备在进口环节应缴纳的增值税。

参考答案：1. × 2. ×

3. (1) 关税＝完税价格×税率＝112×25%＝28 (万元)；

组成计税价格＝(完税价格＋关税)÷(1－消费税税率)

＝(112＋28)÷(1－30%)

＝200 (万元)；

进口环节应缴纳的消费税＝组成计税价格×消费税税率

＝200×30%

＝60 (万元)。

(2) 作为职工福利发放的化妆品应缴纳的消费税＝75×30%＝22.5 (万元)。

(3) 组成计税价格＝(材料成本＋加工费)÷(1－消费税税率)＝(86＋5)÷(1－30%)＝130 (万元)；

委托加工化妆品在交货时代收代缴的消费税＝组成计税价格×消费税税率＝130×30%＝39 (万元)。(2008 年考试真题)

4. (1) 该企业进口环节应缴纳的关税＝100×10%＝10 (万元)。

(2) 进口环节应缴纳的增值税＝100×(1＋10%)×17%＝18.7 (万元)。

(3) 企业销售电子产品当月应缴纳的增值税＝200×17%－5×7%－18.7＝14.95 (万元)。

5. (1) 进口小轿车关税完税价格＝500 000＋40 000＋50 000＋30 000＝620 000 (元)；

进口小轿车应缴纳的关税＝620 000×20%＝124 000 (元)；

修理设备应缴纳的关税＝(60 000＋200 000)×20%＝52 000 (元)；

进口小轿车、修理设备应缴纳的关税＝124 000＋52 000＝176 000 (元)。

(2) 小轿车进口环节应缴纳的消费税＝(620 000＋124 000)÷(1－9%)×9%＝73 582.42 (元)。

(3) 小轿车进口环节应缴纳的增值税＝(620 000＋124 000)÷(1－9%)×17%＝138 989.01 (元)；

修理设备进口环节应缴纳的增值税＝(60 000＋200 000)×(1＋20%)×17%＝53 040 (元)；

小轿车、修理设备在进口环节应缴纳的增值税＝138 989.01＋53 040＝192 029.01 (元)。

考点 4：关税的征收管理

重点等级：☆☆☆☆

进口货物应自运输工具申报进境之日起 14 日内，出口货物应在货物运抵海关监管区后装货的 24 小时以前，由进出口货物的纳税人向货物进（出）境地海关申报，海关根据《海关进出口税则》对进（出）口货物进行归类，并按照其完税价格和适用税率计算应缴纳的关税及进口环节代征税，并填发税款缴款书。纳税人应该自海关填发税款缴款书之日起 15 日内，向指定银行缴纳税款。纳税人未按期缴纳税款的，则从滞纳税款之日起，按日加收滞纳税款万分之五的滞纳金。

海关征收关税、滞纳金等，应该按人民币计征。进（出）口货物的成交价格以及有关费用以外币计价的，则以中国人民银行公布的基准汇率折合为人民币计算完税价格；以基准汇率币种以外的外币计价的，需按照国家有关规定套算为人民币计算完税价格。

纳税人因不可抗力或在国家税收政策调整的情形下，不能按期缴纳税款的，经海关总署批准，可延期缴纳税款，但最长不得超过【○ A. 1 个月　B. 2 个月　C. 3 个月　D. 6 个月】。

海关对纳税人申报的价格有怀疑，应该将怀疑的理由书面告知纳税人，要求其在规定的期限内书面作出说明、提供有关资料。纳税人在规定的期限内未作说明或提供有关资料的，或者海关仍有理由怀疑申报价格的真实性和准确性的，海关可不接受纳税人申报的价格，并按照有关规定估定完税价格。

参考答案：D

【经典试题】

（多项选择题）1. 下列关于关税征收管理规定的说法中，正确的是(　　)。

A. 进口货物自运输工具申报进境之日起 14 日内，向货物进境地海关申报

B. 出口货物在货物运抵海关监管区后、装货的 24 小时以前，向货物出境地海关申报

C. 纳税人应当自海关填发税款缴款书之日起 15 日内，向指定银行缴纳税款

D. 纳税人应当自海关填发税款缴款书之日起 10 日内，向指定银行缴纳税款

（判断题）2. 关税纳税人未按期缴纳的，从滞纳税款之日起，按日加收滞纳税款万分之五的滞纳金。(　　)

（判断题）3. 海关征收关税、滞纳金等，一般按人民币计征，如有特殊情况也可按外币计征。(　　)

参考答案：1. ABC　2. √　3. ×

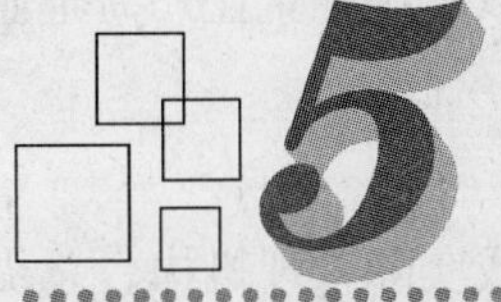

第五章　所得税法律制度

第一节　企业所得税法律制度

考点 1：企业所得税的纳税人、扣缴义务人和征收范围

重点等级：☆☆☆☆☆

1. 企业所得税的纳税人

在中华人民共和国境内，企业和其他取得收入的组织（以下统称企业）为企业所得税的纳税人。

企业包括居民企业和非居民企业。

居民企业，是指按照一国法律、法规在该国境内成立，或实际管理机构、总机构在该国境内的企业。《企业所得税法》所称的居民企业是指按照中国法律、法规在中国境内成立，或依照外国（地区）法律成立但是实际管理机构在中国境内的企业。例如，在我国注册成立的沃尔玛（中国）公司属于Ｉ【○ A. 非居民企业　B. 居民企业　C. 外国企业　D. 内资企业】；在我国注册成立的通用汽车（中国）公司也是我国的居民企业；在英国、百慕大群岛等国家和地区注册的公司，如果实际管理机构在我国境内，也属于我国的居民企业。上述企业应当就其来源于我国境内外的所得缴纳企业所得税。

非居民企业，是指依照一国税法规定不符合居民企业标准的企业。《企业所得税法》所称的非居民企业是指按照外国（地区）法律、法规成立并且实际管理机构不在中国境内，但是在中国境内设立机构、场所的，或在中国境内未设立机构、场所，但有来源于中国境内所得的企业。例如，在我国设立有代表处以及其他分支机构的外国企业。

居民企业承担全面纳税义务，就其来源于我国境内外的全部所得纳税；而非居民企业承担有限纳税义务，通常只就其来源于我国境内的所得纳税。

2. 企业所得税的扣缴义务人

非居民企业在中国境内未设立机构、场所的，或虽设立机构、场所但取得的所得与其所设机构、场所并没有实际联系的，其来源于中国境内的所得缴纳企业所得税，实行源泉扣缴，以支付人为扣缴义务人。税款由扣缴义务人在每次支付或到期应支付时，从支付或到期应支付的款项中扣缴。

对非居民企业在中国境内取得工程作业及劳务所得应缴纳的所得税，税务机关可指定工程价款或劳务费的支付人为扣缴义务人。

《企业所得税法》规定，按照《个人独资企业法》、《合伙企业法》的规定成立的

个人独资企业以及合伙企业，不是企业所得税的纳税人。

3. 企业所得税的征收范围

企业所得税的征收范围包括我国境内的企业和组织取得的生产经营所得及其他所得。

纳税人的生产、经营所得，是指从事物质生产、交通运输、商品流通、劳务服务及经国家主管部门确认的其他营利事业而取得的合法所得，还包括Ⅱ【□ A. 房租　B. 卫生　C. 物资　D. 供销】、城市公用和其他行业的企业，以及一些社团组织、事业单位、民办非企业单位开展多种经营和有偿服务活动而取得的合法经营所得。

纳税人的其他所得，是指股息、利息、租金、特许权使用费及营业外收益等所得。此外，企业解散或者破产后的清算所得，也属于企业所得税的征税范围。

参考答案：Ⅰ.B　Ⅱ.BCD

【经典试题】

（单项选择题）1. 根据企业所得税法律制度的规定，下列各项中，不属于企业所得税纳税人的是(　　)。

A. 股份有限公司　　B. 合伙企业　　C. 联营企业　　D. 出版社

（单项选择题）2. 下列各企业，不属于企业所得税纳税人的是(　　)。

A. 在外国成立但实际管理机构在中国境内的企业

B. 在中国境内成立的外商独资企业

C. 在中国境内成立的合伙企业

D. 在中国境内未设立机构、场所，但有来源于中国境内所得的企业

（多项选择题）3. 下列各项中，(　　) 适用我国企业所得税的法律制度规定。

A. 有限责任公司　　B. 外商独资企业

C. 个人独资企业　　D. 个体工商户企业

（多项选择题）4. 下列各项中，属于企业所得税征税范围的有(　　)。

A. 居民企业来源于境外的所得

B. 非居民企业来源于中国境外的所得

C. 非居民企业来源于中国境内的所得

D. 居民企业来源于中国境内的所得

（判断题）5. 非居民企业在中国境内设立机构、场所的，应当就其所设机构、场所取得的来源于中国境内的所得，以及发生在中国境外但与其所设机构、场所有实际联系的所得，缴纳企业所得税。(　　)

（判断题）6. 企业所得税纳税人依照章程规定解散时，其清算终了后的清算所得应当缴纳企业所得税。(　　)

(判断题) 7. 在外国成立且实际管理机构不在中国境内的企业，不属于企业所得税的纳税义务人。(　　)

(判断题) 8. 对于在中国境内未设立机构、场所的非居民企业，其来源于中国境内的所得应缴纳的企业所得税，由支付人在每次支付或者到期支付时，从支付或者到期应支付的款项中扣缴。(　　)

参考答案：1. B (2007 年考试真题)　2. C　3. AB　4. ACD　5. √ (2009 年考试真题)　6. √ (2003 年考试真题)　7. ×　8. √

考点 2：企业所得税税率

重点等级：☆☆☆☆

企业所得税税率是对纳税人应纳税所得额征税的比率，即应纳税额与应纳税所得额之比。企业所得税税率属于Ⅰ【○ A. 比例税率　B. 超额累进税率　C. 定额税率　D. 超率累进税率】。

《企业所得税法》规定，企业所得税的税率为Ⅱ【○ A. 10%　B. 15%　C. 25%　D. 30%】。非居民企业在中国境内未设立机构、场所的，或虽设立机构、场所但是取得的所得与其所设机构、场所并没有实际联系的，其来源于中国境内的所得缴纳企业所得税，适用的税率为 20%。

另外，国家为了重点扶持和鼓励发展特定的产业及项目，还规定了以下两档优惠税率：

(1) 对符合条件的小型微利企业，减按Ⅲ【○ A. 10%　B. 15%　C. 20%　D. 25%】的税率征收企业所得税。

(2) 对国家需要重点扶持的高新技术企业，减按 15%的税率征收企业所得税。

参考答案：Ⅰ. A (2003 年考试真题)　Ⅱ. C　Ⅲ. C

【经典试题】

(单项选择题) 1. 选项所涉企业为 2009 年成立的新企业，下列相关办税人员对于企业所得税适用税率的确定中，不正确的是(　　)。

A. 符合条件的小型微利企业实行 20%的优惠税率

B. 国家需要重点扶持的高新技术企业，适用 15%的税率

C. 非居民企业依法应当缴纳预提所得税的，适用的税率为 20%

D. 当年应纳税所得额不足 3 万元的，适用 18%的税率

(判断题) 2. 国家为了重点扶持和鼓励发展特定的产业和项目，规定了两档优惠

税率：15%和10%。(　　)

(判断题) 3. 对于未在中国境内设立机构、场所，而有来源于中国境内的利润、利息、租金、特许权使用费和其他所得的非居民企业，适用税率为30%。(　　)

参考答案：1. D　2. ×　3. ×

考点3：企业所得税应纳税所得额的计算

重点等级：☆☆☆☆

企业所得税的计税依据是应纳税所得额。《企业所得税法》规定的应纳税所得额，是指企业每一纳税年度的收入总额，减除不征税收入、免税收入、各项扣除以及允许弥补的以前年度亏损后的余额。应纳税所得额计算公式如下：

应纳税所得额＝每一纳税年度的收入总额－不征税收入－免税收入－各项扣除项目－允许弥补的以前年度亏损

非居民企业在中国境内未设立机构、场所的，或虽设立机构、场所但是取得的所得与其所设机构、场所并没有实际联系的，取得来源于中国境内的所得缴纳企业所得税时，按照以下方法计算其应纳税所得额：【□ A. 股息、红利等权益性投资收益和利息、租金、特许权使用费所得，以收入全额为应纳税所得额　B. 股息、红利等权益性投资收益和利息、租金、特许权使用费所得，以收入全额减除财产净值后的余额为应纳税所得额　C. 转让财产所得，以收入全额为应纳税所得额　D. 转让财产所得，以收入全额减除财产净值后的余额为应纳税所得额】；其他所得，应参照前面规定的方法计算应纳税所得额。

参考答案：AD

【经典试题】

(多项选择题) 1. 《企业所得税法》中所称应纳税所得额，是指企业每一纳税年度的收入总额，减除下列(　　)后的余额。

A. 不征税收入　　B. 免税收入

C. 各项扣除项目　　D. 允许弥补的以前年度亏损

(计算分析题) 2. 某国有机电设备制造企业在汇算清缴企业所得税时向税务机关申报：2006年度应纳税所得额为950.4万元，已累计预缴企业所得税285万元，应补缴企业所得税28.63万元。

在对该企业纳税申报表进行审核时，税务机关发现如下问题，要求该企业纠正后重新办理纳税申报：

(1) 税前扣除的工资总额比计税工资总额超支 43 万元；

(2) 缴纳的房产税、城镇土地使用税、车船税、印花税等税金 62 万元已在管理费用中列支，但在计算应纳税所得额时又重复扣除；

(3) 将违法经营罚款 20 万元、税收滞纳金 0.2 万元列入营业外支出中，在计算应纳税所得额时予以扣除；

(4) 9 月 1 日以经营租赁方式租入 1 台机器设备，合同约定租赁期 10 个月，租赁费 10 万元，该企业未分期摊销这笔租赁费，而是一次性列入 2006 年度管理费用中扣除；

(5) 从境外取得税后利润 20 万元（境外缴纳所得税时适用的税率为 20%），未补缴企业所得税。

已知：该企业适用的企业所得税税率为 33%。

要求：

(1) 计算该企业 2006 年度境内所得应缴纳的所得税税额；

(2) 按分国不分项抵扣法计算该企业 2006 年度境外所得税应补缴的所得税税额；

(3) 计算该企业 2006 年度境内、境外所得应补缴的所得税总额。

（计算分析题）3. 某企业 2003 年度会计报表上的利润总额为 48 万元，已累计预缴企业所得税 33 万元。2004 年 3 月，企业会计部门进行纳税调整，汇算清缴 2003 年度企业所得税，该企业 2003 年度其他有关情况如下：

(1) 2003 年度支付职工工资、补贴、津贴和奖金累计 120 万元，已列入当期费用。税务机关根据当地计税工资标准和企业职工人数核定该企业计税工资总额为 96 万元。

(2) 2003 年度的职工工会经费、职工福利费、职工教育经费 21 万元，已列入当期费用。

(3) 支付在建办公楼工程款 20 万元，已列入当期费用。

(4) 直接向某足球队捐款 15 万元，已列入当期费用。

(5) 支付诉讼费 2.3 万元，已列入当期费用。

(6) 支付违反交通法规罚款 0.8 万元，已列入当期费用。

已知：该企业适用所得税税率为 33%；职工工会经费、职工福利费、职工教育经费分别按照计税工资总额的 2%、14%、1.5% 计算扣除。

要求：

(1) 计算该企业 2003 年度应纳税所得额。

(2) 计算该企业 2003 年度应纳所得税税额。

(3) 计算该企业 2003 年度应汇算清缴的所得税税额。（答案中的金额单位用万元表示）

（计算分析题）4. 某国有工业企业为增值税一般纳税人。2002 年度取得产品销售收入 1 524 万元，技术转让净收入 25 万元；发生产品销售成本 920 万元，销售费用 150 万元，管理费用 45 万元，财务费用 36 万元，应缴纳增值税 110 万元，城市维护建设税 7.7 万元，教育费附加 3.3 万元；该企业全年实际发放的职工工资总额为 260

万元，税务机关核定的计税工资总额为 240 万元，其他准予扣除项目金额 55 万元。另外，该企业 2001 年度发生亏损 127 万元。该企业适用的企业所得税税率是 33%。

要求：

(1) 计算 2002 年度应纳税所得额。

(2) 计算 2002 年度应纳所得税额。(答案中的金额单位用万元表示)

参考答案：1. ABCD

2. (1) 调整后的应纳税所得额（不含境外所得）＝950.4＋43＋62＋20＋0.2＋（10－10÷10×4）＝1 081.6（万元）；

2006 年度境内所得应缴纳的所得税税额＝1 081.6×33%＝356.93（万元）。

(2) 境外收入应纳税所得额＝20÷（1－20%）＝25（万元）；

境外收入按照我国税法规定应缴纳的所得税＝25×33%＝8.25（万元）；

境外所得税税款抵扣限额＝（356.93＋8.25）×［25÷（1 081.6＋25)］＝8.25（万元）；

境外所得已缴纳的所得税额＝20÷（1－20%）×20%＝5（万元）；

境外所得应补缴所得税额＝8.25－5＝3.25（万元）。

注：本问的简便算法：20÷（1－20%）×（33%－20%）＝3.25（万元）。

(3) 境内、境外所得应缴纳的所得税总额＝356.93＋3.25＝360.18（万元）；

2006 年度境内、境外所得应补缴的所得税总额＝360.18－285＝75.18（万元）。

3. (1) 超过计税工资总额的部分，应调增应纳税所得额＝120－96＝24 万元。

超过计税工资总额提取的职工工会经费、福利费、教育经费，应调增应纳税所得额＝21－（96×2%＋96×14%＋96×1.5%）＝4.2 万元。

在建办公楼工程款应调增应纳税所得额 20 万元。

向某足球队捐款应调增应纳税所得额 15 万元。

支付违反交通法规罚款，应调增应纳税所得额 0.8 万元。

该企业 2003 年度应纳税所得额＝48＋24＋4.2＋20＋15＋0.8＝112（万元）。

(2) 该企业 2003 年度应纳所得税税额＝112×33%＝36.96（万元）。

(3) 该企业 2003 年度应汇算清缴的所得税税额＝36.96－33＝3.96（万元）。(2004 年考试真题)

4. (1) 2002 年度应纳税所得额＝1 524－［920＋150＋45＋36＋7.7＋3.3－（260－240）＋55］＝327（万元）。

(2) 2002 年度应纳所得税额＝（327－127）×33%＝66（万元）。(2003 年考试真题)

考点 4：企业的收入总额

重点等级：☆☆☆☆

《企业所得税法》规定，企业以货币形式和非货币形式从各种来源取得的收入，称为收入总额。它包括纳税人来源于中国境内、境外的生产经营收入及其他收入。具体包括：

（1）销售货物收入。销售货物收入是指纳税人销售货物取得的收入。

（2）提供劳务收入。提供劳务收入是指纳税人提供劳务取得的收入。

（3）转让财产收入。转让财产收入是指纳税人有偿转让各类财产取得的收入，包括转让固定资产、有价证券、股权及其他财产而取得的收入。

（4）股息、红利等权益性投资收益。股息、红利等权益性投资收益是指纳税人因权益性投资从被投资方取得的收入。

（5）利息收入。利息收入是指企业将资金提供他人使用但不构成权益性投资，或者因他人占用本企业资金取得的收入，包括存款利息、贷款利息、债券利息、欠款利息等，但是不包括纳税人购买国债的利息收入。

（6）租金收入。租金收入是指纳税人出租固定资产、包装物及其他财产而取得的租金收入。

（7）特许权使用费收入。特许权使用费收入是指纳税人提供或转让专利权、非专利技术、商标权、著作权及其他特许权的使用权而取得的收入。

（8）接受捐赠收入。接受捐赠收入是指纳税人接受的货币性和非货币性捐赠收入。

（9）其他收入。其他收入是指除上述各项收入之外的其他各种收入，包括【□ A. 逾期未退包装物押金收入　B. 固定资产出租收入　C. 已作坏账损失处理后又收回的应收款项　D. 企业资产溢余收入】、确实无法偿付的应付款项、债务重组收入、补贴收入、违约金收入、汇兑收益等。

参考答案：ACD

【经典试题】

（多项选择题）1. 根据我国《企业所得税暂行条例》及其实施细则的规定，纳税人取得的下列收入中，应计入应纳税所得额的有（　　）。

A. 银行存款利息收入　　B. 金融债券利息收入

C. 国债利息收入　　D. 国家重点建设债券利息收入

（多项选择题）2. 根据企业所得税法律制度的规定，下列各项中，在计算应纳税所得额时，（　　）应计入收入总额。

A. 销售货物收入　　　　　　　　　　　　B. 提供劳务收入

C. 确实无法偿付的应付款项　　　　　　　D. 包装物押金收入

（判断题）3. 企业计算应纳所得税时，纳税人取得的股息、红利收入，不需缴纳企业所得税。（　　）

（判断题）4. 纳税人接受捐赠的货币性收入属于应税收入，而非货币性资产不属于应税收入。（　　）

（计算分析题）5. 某化工厂 2008 年度有关经营情况如下：

全年实现产品销售收入 8 000 万元，固定资产盘盈收入 50 万元，其他业务收入 20 万元，国债利息收入 20 万元；应结转产品销售成本 5 000 万元；应缴纳增值税 80 万元，消费税 150 万元，城市维护建设税 20 万元；发生产品销售费用 300 万元；发生财务费用 15 万元（其中因逾期归还银行贷款，支付银行罚息 4 万元）；发生管理费用 915 万元（其中新产品研究开发费用 100 万元）；发生营业外支出 100 万元（其中因污染环境被环保部门罚款 20 万元）。

要求：

（1）计算收入总额；

（2）简要分析并计算应税扣除项目合计；

（3）计算应缴纳的企业所得税。

参考答案：1. ABD（2001 年考试真题）　2. ABCD　3. ×　4. ×

5.（1）收入总额＝8 000＋50＋20＋20＝8 090（万元）。

（2）产品销售成本、消费税、城建税、销售费用、财务费用、管理费用均是可以直接扣除的，营业外支出中的环保罚款属于行政罚款，不能税前扣除；管理费用中的新产品研发费用可以加计扣除 50%，加计扣除额＝100×50%＝50 万元。增值税属于价外税金，不能在税前扣除。税前扣除项目合计＝5 000＋150＋20＋300＋15＋915＋50＋100－20＝6 530 万元。

（3）应缴纳的企业所得税＝（8 090－20－6 530）×25%＝385（万元）。

考点 5：企业的不征税收入和免税收入

重点等级：☆☆☆☆

1. 不征税收入

不征税收入，是指从性质上不属于企业营利性活动带来的经济利益、不负有纳税义务并不作为应纳税所得额组成部分的收入。《企业所得税法》规定，收入总额中的不征税收入包括Ⅰ【□ A. 财政拨款　B. 国债利息收入　C. 企业债权利息收入　D. 依法收取并纳入财政管理的行政事业性收费、政府性基金】以及国务院规定的其他不征税收入。

2. 免税收入

免税收入是指属于企业的应税所得但按照税法规定免予征收企业所得税的收入。《企业所得税法》规定的免税收入具体包括：

(1) Ⅱ【○ A. 国债利息收入 B. 教育费附加返回款 C. 因债权人原因而无法偿付的应付款 D. 接受他人捐赠的非货币资产】；

(2) 符合条件的居民企业之间的股息、红利等权益性投资收益；

(3) 在中国境内设立机构、场所的非居民企业从居民企业取得与该机构、场所有实际联系的股息、红利等权益性投资收益；

(4) 符合条件的非营利组织的收入。

参考答案：Ⅰ. AD (2008 年考试真题) Ⅱ. A

【经典试题】

(多项选择题) 1. 下列各项中，属于《企业所得税法》规定的免税收入的有(   )。

A. 符合条件的非营利组织的收入

B. 符合条件的居民企业之间的股息、红利等权益性投资收益

C. 财政拨款

D. 国债利息收入

(判断题) 2. 免税收入是指不属于企业的应税所得，按照税法规定免予征收企业所得税的收入。(   )

参考答案：1. ABD 2. ×

考点 6：企业所得税应纳税所得额中准予扣除项目

重点等级：☆☆☆☆☆

(1) 企业实际发生的与取得收入有关的、合理的支出，包括成本、费用、税金、损失和其他支出，准予在计算应纳税所得额时扣除。

①成本。成本即生产、经营成本，是指纳税人为生产、经营商品以及提供劳务等所发生的各项直接费用和各项间接费用。

②费用。费用是指纳税人为生产、经营商品以及提供劳务等所发生的销售（经营）费用、管理费用和财务费用，不包括已计入成本的有关费用。

销售费用，是指应当由纳税人负担的为销售商品而发生的费用，包括广告费、Ⅰ【□ A. 绿化费 B. 展览费 C. 保险费 D. 运输费】、装卸费、包装费、经营性租赁

费及销售部门发生的工资、福利费等费用。

管理费用，是指纳税人的行政管理部门为管理组织经营活动提供各项支援性服务而发生的费用，包括Ⅱ【□A. 劳动保护费　B. 业务招待费　C. 代销手续费　D. 工会经费】、外事费和法律、财务、资料处理及会计事务方面的成本，以及向总机构（是指同一法人的总公司性质的总机构）支付的与本身营利活动有关的合理的管理费等。

财务费用，是指纳税人为筹集经营性资金而发生的费用，包括利息净支出、汇兑净损失、金融机构手续费和其他非资本化支出。

③税金。税金是指纳税人按规定缴纳的消费税、营业税、资源税、土地增值税、关税、城市维护建设税、教育费附加等产品销售税金和附加，以及发生的房产税、车船税、土地使用税和印花税等。Ⅲ【○A. 消费税　B. 营业税　C. 增值税　D. 印花税】不在扣除之列，因为其属于价外税。

④损失。损失是指纳税人生产、经营过程中的各项营业外支出、已发生的经营亏损和投资损失及其他损失。

⑤其他支出。其他支出是指税法规定可以在计算应纳税所得额时准予扣除的其他支出。

(2) 企业发生的公益性捐赠支出，在计算企业所得税应纳税所得税额的扣除标准是Ⅳ【○A. 全额扣除　B. 在年度应纳税所得额12%以内的部分扣除　C. 在年度利润总额12%以内的部分扣除　D. 在年度应纳税所得额3%以内的部分扣除】。

(3) 计算应纳税所得额时，企业按规定计算的固定资产折旧，准予扣除。

(4) 计算应纳税所得额时，企业按规定计算的无形资产摊销费用，准予扣除。

(5) 计算应纳税所得额时，企业发生的下列支出作为长期待摊费用，按规定摊销的，准予扣除：

①已经足额提取折旧的固定资产的改建支出；

②租入固定资产的改建支出；

③Ⅴ【○A. 赞助支出　B. 联营企业的亏损　C. 企业所得税税款　D. 固定资产的大修理支出】；

④其他应该作为长期待摊费用的支出。

(6) 企业使用或销售存货，按规定计算的存货成本，准予在计算应纳税所得额时扣除。

(7) 企业转让资产的净值，准予在计算应纳税所得额时扣除。

(8) 企业的下列支出可在计算应纳税所得额时加计扣除：

①开发新技术、新产品以及新工艺发生的研究开发费用；

②安置残疾人员以及国家鼓励安置的其他就业人员所支付的工资。

(9) 创业投资企业从事国家需要重点扶持和鼓励的创业投资，可按投资额的一定比例抵扣应纳税所得额。

(10) 企业的固定资产由于技术进步等原因，确实需要加速折旧的，可缩短折旧年限或采取加速折旧的方法。

(11) 企业综合利用资源，生产符合国家产业政策规定的产品所取得的收入，可在计算应纳税所得额时减计收入。

(12) 企业购置用于环境保护、节能节水、安全生产等专用设备的投资额，可按一定比例实行税额抵免。

参考答案：Ⅰ.BCD　Ⅱ.ABD　Ⅲ.C（2004 年考试真题）　Ⅳ.C（2008 年考试真题）　Ⅴ.D

【经典试题】

(单项选择题) 1. 鑫园超市 2009 年度销售收入净额为 8 000 万元，全年发生业务招待费 35 万元，且能提供有效凭证。该超市在计算企业所得税应纳税所得额时，准予扣除的业务招待费为(　　)万元。

A. 40　　B. 35　　C. 21　　D. 24

(单项选择题) 2. A 企业 2009 年在册职工人数为 800 人，当年 A 企业发放工资 400 万元，奖金 120 万元，津贴补贴 80 万元。A 企业在计算 2009 年度应纳税所得额时，可以从收入总额中扣除的工资费用额为(　　)万元。

A. 600　　B. 520　　C. 480　　D. 576

(单项选择题) 3. 根据企业所得税法律制度的规定，下列各项中，在计算应纳税所得额时准予按一定比例扣除的公益、救济性捐赠是(　　)。

A. 纳税人直接向某学校的捐赠

B. 纳税人通过企业向自然灾害地区的捐赠

C. 纳税人通过电视台向灾区的捐赠

D. 纳税人通过民政部门向贫困地区的捐赠

(多项选择题) 4. 根据企业所得税法律制度的规定，下列各项中，纳税人在计算企业所得税应纳税所得额时准予扣除的项目有(　　)。

A. 关税　　B. 土地增值税

C. 城镇土地使用税　　D. 城市维护建设税

(多项选择题) 5. 根据企业所得税法律制度的规定，在计算企业所得税应纳税所得额时，准予从收入总额中扣除的项目有(　　)。

A. 啤酒企业的广告费

B. 化工厂为职工向保险公司购买的人寿保险

C. 房地产企业支付的银行罚息

D. 商业企业发生的资产盘亏扣除赔偿部分后的净损失

（多项选择题）6. 根据《企业所得税法》的规定，在计算企业所得税应纳税所得额时，下列项目中，（　　）准予从收入总额中扣除。

A. 啤酒企业的广告费

B. 化工厂为职工购买的财产保险

C. 房地产企业支付的银行罚息

D. 商业企业发生的资产盘亏扣除赔偿部分后的净损失

（多项选择题）7. 根据企业所得税法律制度的有关规定，下列各项中，（　　）属于计算企业应纳税所得额时准予扣除的项目。

A. 缴纳的消费税　　B. 缴纳的税收滞纳金

C. 被没收财物的损失　　D. 缴纳的财产保险费

（判断题）8. 计算应纳税所得额时，企业的固定资产折旧不得扣除。（　　）

（判断题）9. 开发新技术、新产品、新工艺发生的研究开发费用，可在计算应纳税所得额时加计扣除。（　　）

（判断题）10. 在计算应纳税所得额时，企业按照规定计算的无形资产摊销费用不得扣除。（　　）

（判断题）11. 企业的固定资产由于人为原因，需要加速折旧的，可缩短折旧年限或采取加速折旧的方法。（　　）

（计算分析题）12. 某国有工业企业在汇算清缴 2001 年度企业所得税时，对有关收支项目进行纳税调整后，得出全年应纳税所得额为 800 万元，应纳所得额为 264 万元。2002 年 3 月，该企业按上述数额汇算清缴了 2001 年度企业所得税。2002 年 5 月，税务部门在税务检查时，发现该企业以下几项业务事项：

（1）2001 年 3 月，该企业通过民政部门向灾区捐款 40 万元，在营业外支出中列支。在计算应纳税所得额时未作纳税调整。

（2）2001 年 6 月，该企业为解决职工子女上学问题，直接向某小学捐款 50 万元，在营业外支出中列支。在计算应纳税所得额时未作纳税调整。

（3）2001 年 7 月，该企业将在建工程应负担的贷款利息 10 万元计入当年财务费用。在计算应纳税所得额时未作纳税调整。（注：根据新实施条例的规定允许扣除）

已知：用于公益、救济性的捐赠，在按税法规定计算的年度所得额 3%以内的部分准予扣除；企业适用所得税税率为 33%。

要求：

（1）计算该企业 2001 年度法定公益、救济性捐赠扣除额。

（2）计算该企业 2001 年度企业所得税应纳税所得额。

（3）计算该企业 2001 年度应补缴企业所得税税额。

参考答案：1.C　2.A　3.D（2003年考试真题）　4.ABCD（2006年考试真题）　5.ACD（2005年考试真题）　6.ACD　7.AD　8.×　9.√　10.×　11.×

12.（1）该企业2001年度法定公益、救济性捐赠的扣除额：

①未扣除捐赠支出的应纳税所得额＝800＋40＋50＋10＝900（万元）；

②扣除限额＝900×3%＝27（万元）。

因此，该企业通过民政部门向灾区捐款40万元，计算应纳税所得额时，只能扣除27万元。

（2）该企业2001年度所得税应纳税所得额＝900－27＝873（万元）。

（3）该企业2001年度应纳所得税额＝873×33%＝288.09（万元）；应补缴的企业所得税税额＝288.09－264＝24.09（万元）。（2002年考试真题）

考点7：企业所得税应纳税所得额中不得扣除项目

重点等级：☆☆☆☆☆

（1）企业在计算应纳税所得额时，以下支出不得扣除：

①向投资者支付的股息、红利等权益性投资收益款项。

②企业所得税税款。

③税收滞纳金。

④罚金、罚款以及被没收财物的损失。纳税人的生产、经营因违反国家法律、法规及规章，被有关部门处以的罚金、罚款和被没收财物的损失，不得扣除；但纳税人逾期归还银行贷款，银行按规定加收的罚息，因不属于行政性罚款，故允许在税前扣除。

⑤Ⅰ【○A. 企业自行开发无形资产支出未形成资产的部分　B. 新技术、新产品、新工艺发生的研究开发费用　C. 企业发生的在年度利润总额12%以内扣除的公益性捐赠支出以外的捐赠支出　D. 发生自然灾害或意外事故损失无赔偿的部分】。

⑥赞助支出。

⑦Ⅱ【○A. 转让资产时该项资产的净值　B. 未经核定的准备金支出　C. 聘请中介机构费　D. 逾期归还银行贷款，银行按规定加收的罚息】。

⑧与取得收入无关的其他支出。

（2）企业在计算应纳税所得额时，以下固定资产不得计算折旧扣除：

①房屋、建筑物以外未投入使用的固定资产；

②以经营租赁方式租入的固定资产；

③Ⅲ【○A. 房屋、建筑物　B. 以经营租赁方式出租的固定资产　C. 已提足折旧继续使用的固定资产　D. 季节性停用的机器设备】；

④与经营活动无关的固定资产；

⑤以融资租赁方式租出的固定资产；

⑥单独估价作为固定资产入账的土地；

⑦其他不得计算折旧扣除的固定资产。

(3) 企业在计算应纳税所得额时，不得计算摊销费用扣除的无形资产包括：Ⅳ【□A. 自创商誉 B. 与经营活动无关的无形资产 C. 经营租赁方式租出固定资产的折旧费 D. 自行开发的支出已在计算应纳税所得额时扣除的无形资产】以及其他不得计算摊销费用扣除的无形资产。

(4) 企业在对外投资期间，投资资产的成本在计算应纳税所得额时不得扣除。

(5) 企业在汇总计算缴纳企业所得税时，其境外营业机构的亏损不得抵减境内营业机构的盈利。

参考答案：Ⅰ.C Ⅱ.B Ⅲ.C（2005年考试真题） Ⅳ.ABD

【经典试题】

(单项选择题) 1. 根据企业所得税法律制度的规定，下列项目中，纳税人在计算应纳税所得额时准予扣除的是(　　)。

A. 罚金　　B. 银行按规定加收的罚息

C. 税收滞纳金　　D. 罚款和被没收财物的损失

(单项选择题) 2. 根据《企业所得税法》的相关规定，不得提取折旧的固定资产包括(　　)。

A. 以经营租赁方式出租的固定资产

B. 房屋、建筑物

C. 季节性停用和大修理停用的机器设备

D. 以经营租赁方式租入的固定资产

(多项选择题) 3. 根据企业所得税法律制度的规定，下列固定资产项目中，在计算应纳税所得额时，准予扣除折旧的有(　　)。

A. 房屋、建筑物

B. 以经营租赁方式租出的固定资产

C. 以融资租赁方式租入的固定资产

D. 与经营活动无关的固定资产

(多项选择题) 4. 某企业所得税纳税人发生的下列支出中，在计算应纳税所得额时不得扣除的有(　　)。

A. 缴纳罚金10万元　　B. 直接资助某学校8万元

C. 缴纳税收滞纳金4万元　　D. 支付法院诉讼费1万元

(多项选择题) 5. 根据企业所得税法律制度的规定，下列各项中，在计算企业所得税应纳税所得额时，(　　)不准扣除。

A. 企业所得税税款

B. 购建固定资产的费用

C. 未经核定的准备金支出

D. 房屋、建筑物以外未投入使用的固定资产

(判断题) 6. 企业在汇总计算缴纳企业所得税时，境外营业机构的亏损可用以抵减境内营业机构的盈利。(　　)

参考答案：1. B（2009 年考试真题）　2. D　3. ABC（2009 年考试真题）
4. ABC（2006 年考试真题）　5. ACD　6. ×

考点 8：特别纳税调整

重点等级：☆☆☆☆

特别纳税调整是指税务机关出于实施反避税目的而对纳税人特定纳税事项所作的税务调整。

《企业所得税法》规定了转让定价的核心原则，即Ⅰ【○ A. 关联交易　B. 独立交易　C. 预约价格　D. 资本弱化】。

《企业所得税法》对关联交易的税收处理及其他反避税措施作出了规定。具体规定如下：

(1) 企业与其关联方之间的业务往来，不符合独立交易原则而减少企业或其关联方应纳税收入或所得额的，税务机关有权按照合理方法调整。

(2) 企业可以向税务机关提出与其关联业务往来的定价原则以及计算方法，税务机关与企业协商、确认后，达成预约定价安排。

关联业务往来是指具有关联关系的企业或者个人之间发生的转移资源或义务的经济业务事项。其中，关联关系是指企业或个人间具有的下列关系：Ⅱ【□ A. 在资金、经营、购销等方面，存在直接的拥有或控制关系　B. 在资金、经营、购销等方面，存在直接或者间接的拥有或控制关系　C. 直接地同为第三者所拥有或控制　D. 直接或者间接地同为第三者所拥有或控制】；以及在利益上具有相关联的其他关系。

(3) 由居民企业或由居民企业和中国居民控制的设立在实际税负明显低于Ⅲ【○ A. 10%　B. 15%　C. 20%　D. 25%】税率水平的国家（地区）的企业，并非由于合理的经营需要而对利润不作分配或减少分配的，上述利润中应归属于该居民企业的部分，应该计入该居民企业的当期收入。

(4) 企业从其关联方接受的债权性投资与权益性投资的比例超过规定标准而发生的利息支出，不得在计算应纳税所得额时扣除。

(5) 企业实施其他不具有合理商业目的的安排而减少其应纳税收入或所得额的，

税务机关有权依照合理方法调整。

参考答案：Ⅰ.B　Ⅱ.BD　Ⅲ.D

【经典试题】

（判断题）1. 企业与其关联方之间的业务往来，不符合独立交易原则而减少企业或者其关联方应纳税收入或者所得额的，税务机关有权按照合理方法调整。（　　）

（判断题）2. 企业从其关联方接受的债权性投资与权益性投资的比例超过规定标准而发生的利息支出，不得在计算应纳税所得额时扣除。（　　）

参考答案：1. √　2. √

考点9：企业的亏损弥补

重点等级：☆☆☆☆☆

纳税人发生年度亏损的，可用下一纳税年度的所得弥补；下一纳税年度的所得不足以弥补的，可逐年延续弥补，但延续弥补期最长不得超过5年。5年内不论是盈利或者亏损，都应作为实际弥补期限计算。这里所指的亏损并不是企业财务报表中反映的亏损额，而是企业财务报表中的亏损额经主管税务机关按税法规定核实调整后的金额。

亏损弥补是自亏损年度报告的下一个年度起连续Ⅰ【○ A. 3　B. 4　C. 5　D. 10】年不间断地计算。如连续发生年度亏损，必须从第一个亏损年度算起，先亏先补，按顺序连续计算亏损弥补期，不得将每个亏损年度的连续弥补期相加，更不得断开计算。

联营企业的亏损由联营企业就地依法进行弥补。投资方企业从联营企业分回的税后利润按规定应补缴所得税的，若投资方企业发生亏损，其分回的利润可先用于弥补亏损，弥补亏损后仍有余额的，再按照规定补缴企业所得税。

当企业同时具有境内、境外业务（企业境外业务在同一国家）时，Ⅱ【○ A. 境外营业机构未弥补的亏损可以由境内营业机构盈利弥补　B. 境外营业机构盈利不可以弥补境内营业机构亏损　C. 企业境外营业机构之间的盈亏可以相互弥补，但企业境内外营业机构之间的盈亏不得相互弥补　D. 境外营业机构的盈利可以弥补境内营业机构的亏损】。

纳税人可在税前弥补的亏损数额，是指经主管税务机关按照税收法规规定核实、调整后的数额。纳税人发生年度亏损，必须在年度终了后Ⅲ【○ A. 30　B. 45　C. 60　D. 90】天内，将本年度纳税申报表和财务决算报表，报送当地的主管税务机关。

参考答案：Ⅰ.C　Ⅱ.D　Ⅲ.B

【经典试题】

（单项选择题）1. 某国有企业1997年度发生亏损，根据《企业所得税暂行条例》规定，该亏损额可以用以后纳税年度的所得逐年弥补，但延续弥补的期限最长不得超过(　　)。

A. 1999年　　B. 2000年　　C. 2001年　　D. 2002年

（单项选择题）2. 某企业2003年发生亏损1 500万元，预计企业2004—2011年每年可以获得生产经营所得200万元，根据税法规定，此亏损将有(　　)万元不能在税前弥补（假设此企业每年均无纳税调整事项)。

A. 250　　B. 500　　C. 750　　D. 800

（单项选择题）3. 下列各项中，(　　)符合企业所得税亏损弥补的规定。

A. 联营企业的亏损，可由联营企业就地依法进行弥补

B. 企业境外分支机构的亏损，可用境内总机构的所得弥补

C. 投资方企业发生亏损，其分回的利润可先用于弥补亏损

D. 境外营业机构的亏损可以抵减境内营业机构的盈利

（判断题）4. 纳税人在纳税年度发生的经营亏损，可以用下一年度的所得弥补；下一纳税年度的年所得不足弥补的，可以逐年延续弥补，但是延续弥补期最长不得超过5年。(　　)

（判断题）5. 纳税人可在税前弥补的亏损数额，是指经主管税务机关按照税收法规规定核实、调整后的数额。(　　)

（判断题）6. 如连续发生年度亏损，可将每个亏损年度的连续弥补期相加。(　　)

参考答案：1. D（2002年考试真题）　2. B　3. A　4. √（2007年考试真题）
5. √　6. ×

考点10：企业所得税应纳税额的计算

重点等级：☆☆☆☆

企业的应纳税所得额乘以适用税率，减除税收优惠的规定减免和抵免的税额后的余额，为应纳税额。计算公式如下：

应纳税额＝应纳税所得额×适用税率－减免和抵免税额

（1）企业取得的下列所得已在境外缴纳的所得税税额，可从其当期应纳税额中抵免，抵免限额为该项所得按照规定计算的应纳税额；超过抵免限额的部分，可在以后5个年度内，用每年度抵免限额抵免当年应抵税额后的余额进行抵补：

①居民企业来源于中国境外的应税所得；

②非居民企业在中国境内设立机构、场所，取得发生在中国境外但与该机构、场所有实际联系的应税所得。

（2）居民企业从其直接或间接控制的外国企业分得的来源于中国境外的股息、红利等权益性投资收益，外国企业在境外实际缴纳的所得税税额中属于该项所得负担的部分，可作为该居民企业的可抵免境外所得税税额，在税法规定的抵免限额内抵免。

抵免限额是指【○ A. 可以抵免的最低限额　B. 可以抵免的最高限额　C. 境外实际缴纳税额　D. 境外应当缴纳税额】，即对跨国纳税人在外国已纳税款进行抵免的限度。

参考答案：B

【经典试题】

（单项选择题）1. 建荣公司2009年度实现利润总额为320万元，无其他纳税调整事项。经税务机关核实的2008年度亏损额为300万元。该公司2009年度应缴纳的企业所得税税额为（　　）万元。

A. 20　　B. 6.6　　C. 2　　D. 5

（单项选择题）2. 东远公司1998年经税务机关核实亏损20万元。1999年度该公司利润总额为200万元，无其他纳税调整事项。该公司适用的所得税税率为33%，1999年度该公司应纳所得税额为（　　）万元。

A. 46　　B. 59.4　　C. 66　　D. 72.6

（单项选择题）3. 某酒厂2008年全年销售额2 000万元，成本600万元，营业税金及附加540万元，按规定列支各种费用400万元。已知上述成本费用中包括新产品开发费100万元。该酒厂当年应纳企业所得税为（　　）万元（假定新产品开发费可以加计扣除50%）。

A. 45　　B. 50.5　　C. 85　　D. 102.5

（判断题）4. 外国企业在境外实际缴纳的所得税税额不得抵免。（　　）

参考答案：1. D　2. B（2000年考试真题）　3. D　4. ×

考点11：企业所得税税收优惠

重点等级：☆☆☆☆☆

税收优惠是指国家运用税收政策在税收法律、行政法规中规定对某一部分特定纳税人和课税对象给予减轻或免除税收负担的一种措施。《企业所得税法》规定，企业所得税的税收优惠方式包括免税、减税、Ⅰ【□ A. 加计扣除 B. 加速折旧 C. 减计收入 D. 税额抵免】等。

企业所得税的主要税收优惠如下：

(1) 企业的下列收入为免税收入：

① 国债利息收入；

②符合条件的居民企业之间的股息、红利等权益性投资收益；

③在中国境内设立机构、场所的非居民企业从居民企业取得与该机构、场所有实际联系的股息、红利等权益性投资收益；

④符合条件的非营利组织的收入。

(2) 可免征、减征企业所得税的企业所得包括：Ⅱ【□ A. 从事农、林、牧、渔业项目的所得 B. 从事国家重点扶持的公共基础设施项目投资经营的所得 C. 从事符合条件的环境保护、节能节水项目的所得 D. 符合条件的技术转让所得】；以及非居民企业在中国境内未设立机构、场所的，或虽设立机构、场所但是取得的所得与其所设机构、场所并没有实际联系的，其来源于中国境内的所得。

(3) 对民族自治地方的优惠政策的相关规定为：Ⅲ【□ A. 民族自治地方的自治机关对本民族自治地方的企业应缴纳的企业所得税，可以决定减征或者免征 B. 民族自治地方的自治机关对本民族自治地方的企业应缴纳的企业所得税中属于地方分享的部分，可以决定减征或者免征 C. 自治州、自治县决定减征或者免征的，须报国务院批准 D. 自治州、自治县决定减征或者免征的，须报省、自治区、直辖市人民政府批准】。

(4) 计算应纳税所得额时可加计扣除的企业支出包括：Ⅳ【□ A. 企业开发新技术、新产品、新工艺发生的研究开发费用 B. 创业投资企业从事国家需要重点扶持和鼓励的创业投资项目 C. 企业综合利用资源，生产符合国家产业政策规定的产品 D. 企业安置残疾人员及国家鼓励安置的其他就业人员所支付的工资】。

加计扣除是指按照税法规定在实际发生数额的基础上，再加成一定比例，作为计算应纳税所得额时的扣除数额的一种税收优惠措施。

(5) 企业综合利用资源，生产符合国家产业政策规定的产品所取得的收入，可在计算应纳税所得额时减计收入。

减计收入是指按照税法规定准予对经营活动取得的应税收入，按一定比例减少计算，进而减少应纳税所得额的一种税收优惠措施。

（6）企业的固定资产由于技术进步等原因，确实需要加速折旧的，可缩短折旧年限或者采取加速折旧的方法。

（7）对符合条件的小型微利企业实行20%的优惠税率，对国家需要重点扶持的高新技术企业，减按Ⅴ【○ A. 10%　B. 15%　C. 20%　D. 25%】的税率征收企业所得税。

（8）创业投资企业从事国家需要重点扶持和鼓励的创业投资，可按照投资额的一定比例抵扣应纳税所得额。

（9）企业购置用于环境保护、节能节水、安全生产等专用设备的投资额，可以Ⅵ【○ A. 加速折旧　B. 按一定比例抵免所得额　C. 按一定比例抵减收入额　D. 按一定比例抵免税额】。

（10）《企业所得税法》规定的其他税收优惠及过渡性税收优惠。

参考答案：Ⅰ. ABCD　Ⅱ. ABCD　Ⅲ. BD　Ⅳ. AD　Ⅴ. B（2008年考试真题）Ⅵ. D

【经典试题】

（多项选择题）1. 根据《企业所得税法》优惠政策的规定，企业购置用于（　　）等专用设备的投资额，可以按一定比例实行税额抵免。

A. 环境保护　　B. 节能节水　　C. 安全生产　　D. 特种工艺

（判断题）2. 国债利息收入属于不征税的收入。（　　）

（判断题）3. 加计扣除是指按照税法规定在实际发生数额的基础上，再加成一定比例，作为计算应纳税所得额时的扣除数额的一种税收优惠措施。（　　）

（判断题）4. 企业综合利用资源，生产符合国家产业政策规定的产品所取得的收入，可以在计算应纳税所得额时按一定比例实行税额抵免。（　　）

参考答案：1. ABC　2. ×　3. √　4. ×

考点12：企业所得税的征收方式

重点等级：☆☆☆☆☆

1. 企业所得税的征收方式

（1）企业所得税按纳税年度计算。纳税年度是自公历1月1日起至12月31日止。

（2）企业所得税分月或分季预缴。企业应当自月份或者季度终了之日起Ⅰ【○ A. 5日　B. 10日　C. 15日　D. 30日】内，向税务机关报送预缴企业所得税纳税申报表，预缴税款。

企业应当Ⅱ【○ A. 自年度终了之日起15日内　B. 自年度终了之日起45日内　C. 自年度终了之日起4个月内　D. 自年度终了之日起5个月内】，向税务机关报送年度企业所得税纳税申报表，并汇算清缴，结清应缴应退税款。企业在报送企业所得税纳税申报表时，应当按照规定附送财务会计报告和其他有关资料。

(3) 企业在年度中间终止经营活动的，应当自实际经营终止之日起Ⅲ【○ A. 15　B. 30　C. 45　D. 60】日内，向税务机关办理当期企业所得税汇算清缴。

企业应该在办理注销登记之前，就其清算所得向税务机关申报并依法缴纳企业所得税。

(4) 纳税人缴纳企业所得税税款，以人民币计算。所得是以人民币以外的货币计算的，应该折合成人民币计算并缴纳税款。

(5) 扣缴义务人每次代扣的税款，应当自代扣之日起Ⅳ【○ A. 30　B. 15　C. 10　D. 7】日内缴入国库，并向所在地的税务机关报送扣缴企业所得税报告表。

(6) 除国务院另有规定的之外，企业之间不得合并缴纳企业所得税。

(7) 企业向税务机关报送年度企业所得税纳税申报表时，应该就其与关联方之间的业务往来，附送年度关联业务往来报告表。

(8) 税务机关依照规定作出纳税调整，需要补征税款的，应该补征税款，并依照国务院规定加收利息。

2. 企业所得税纳税义务发生时间

企业所得税以纳税人取得应纳税所得额的计征期终了日作为纳税义务发生时间。当实行分月预缴时，每一月份的最后一日即为纳税义务发生时间；当实行分季预缴时，每一季度的最后一日即为纳税义务发生时间；而在进行年度汇算清缴时，纳税年度的最后一日即为纳税义务发生时间。

3. 企业所得税的纳税地点

(1) 除税收法律、行政法规另有规定的之外，居民企业以企业登记注册地为纳税地点；但是登记注册地在境外的，则以实际管理机构所在地为纳税地点。

(2) 非居民企业在中国境内设立机构、场所的，其所设机构、场所取得的来源于中国境内的所得，以及发生在中国境外但是与其所设机构、场所有实际联系的所得缴纳企业所得税，以机构、场所的所在地为纳税地点。非居民企业在中国境内设立两个或两个以上机构、场所的，经税务机关审核批准，可以选择由其主要机构、场所汇总缴纳企业所得税。

非居民企业在中国境内未设立机构、场所的，或虽设立机构、场所但是取得的所得与其所设机构、场所并没有实际联系的，其来源于中国境内的所得缴纳企业所得税，以扣缴义务人所在地为纳税地点。

(3) 对非居民企业应当由扣缴义务人扣缴的所得税，扣缴义务人未依法扣缴或无法履行扣缴义务的，由纳税人在所得发生地缴纳。纳税人未依法缴纳的，税务机关可从该纳税人在中国境内其他收入项目的支付人应付的款项中，追缴其应纳税款和滞纳金。

参考答案：Ⅰ.C Ⅱ.D（2009 年考试真题） Ⅲ.D Ⅳ.D

【经典试题】

（单项选择题）1. 根据《企业所得税暂行条例》及其实施细则的规定，企业所得税的征收办法是（ ）。

A. 按月征收　　B. 按季计征，分月预缴

C. 按季征收　　D. 按年计征，分月或分季预缴

（多项选择题）2. 下列关于居民纳税人缴纳企业所得税纳税地点的说法中，不正确的有（ ）。

A. 企业一般在实际经营管理地纳税

B. 企业一般在登记注册地纳税

C. 登记注册地在境外的，以登记注册地纳税

D. 登记注册地在境外的，以实际管理机构所在地纳税

（判断题）3. 企业所得税应以纳税人取得应纳税所得额的计征期终了日为纳税义务发生时间。（ ）

（判断题）4. 非居民企业在中国境内设立两个或两个以上机构、场所的，经税务机关审核批准，可以选择其中任一机构、场所汇总缴纳企业所得税。（ ）

（判断题）5. 非居民企业纳税人未依法缴纳企业所得税的，税务机关可从该纳税人在中国境内其他收入项目的支付人应付的款项中，追缴该纳税人的应纳税款。（ ）

参考答案：1. D（2003 年考试真题） 2. AC 3. √ 4. × 5. √

第二节 个人所得税法律制度

考点 1：个人所得税的纳税义务人和扣缴义务人

重点等级：☆☆☆☆

新修正的《个人所得税法》规定，个人所得税以所得人为纳税义务人，以支付所

得的单位或个人为扣缴义务人。

对纳税义务人居民和非居民身份的确定，税法采用的是【□ A. 住所　B. 工作时间　C. 工作地　D. 居住时间】两个标准。凡在中国境内有住所或者无住所而在境内居住满1年的个人，即为居民纳税义务人；凡在中国境内无住所又不居住或无住所而在中国境内居住不满1年的个人，即为非居民纳税义务人。此外，在中国境内无住所，但是居住满1年而未超过5年的个人，其来源于中国境外的所得，经主管税务机关批准，可只就由中国境内公司、企业及其他经济组织或者个人支付的部分缴纳个人所得税；居住超过5年的个人，从第六年起，应该就其来源于中国境外的全部所得纳税。

参考答案：AD

【经典试题】

（判断题）1. 在我国境内无住所但居住满1年而未超过5年的个人，其来源于中国境外的所得，经主管税务机关批准，可以只就由中国境内公司、企业以及其他经济组织或个人支付的部分缴纳个人所得税；居住超过5年的个人，从第六年起，应当就其来源于中国境内、境外的全部所得纳税。（　）

（判断题）2. 在中国境内没有住所的外籍人员，属于个人所得税的非居民纳税人。（　）

（判断题）3. 我国个人所得税法规定的居民纳税人是在中国境内有住所并且居住时间满1年的个人。（　）

（判断题）4. 港、澳、台同胞不是中国大陆居民，为非居民纳税人。（　）

参考答案：1. √　2. ×　3. ×　4. ×

考点2：个人所得税的征税对象和税目

重点等级：☆☆☆☆☆

1. 征税对象

居民纳税义务人应当就其来源于中国境内和境外的全部所得征税；非居民纳税义务人则只就其来源于中国境内所得部分征税，境外所得部分不属于我国的征税范围。

2. 税目

按应纳税所得的类别划分，现行个人所得税的应税项目，大致可分为3类，共有以下11个应税项目：

（1）工资、薪金所得。工资、薪金所得，是指个人因任职或受雇而取得的工资、薪金、奖金、年终加薪、劳动分红、津贴、补贴以及与任职或者受雇有关的其他所得。以下项目不属于工资、薪金性质的补贴、津贴，不予征收个人所得税：

①Ⅰ【○ A. 加班费　B. 特殊工种补助　C. 奖金　D. 独生子女补贴】；

②执行公务员工资制度未纳入基本工资总额的补贴、津贴差额和家属成员的副食补贴；

③托儿补助费；

④差旅费津贴、误餐补助。

（2）个体工商户的生产、经营所得。

（3）对企业、事业单位的承包经营、承租经营所得。对企业、事业单位的承包经营、承租经营所得，是指个人承包经营或承租经营以及转包、转租取得的所得。

（4）劳务报酬所得。劳务报酬所得是指个人独立从事非雇佣的各种劳务所取得的所得。包括：Ⅱ【□ A. 设计　B. 撰稿　C. 化验　D. 翻译】、装潢、安装、制图、测试、医疗、法律、会计、咨询、讲学、新闻、广播、审稿、书画、雕刻、影视、录音、录像、演出、表演、广告、展览、技术服务、介绍服务、经纪服务、代办服务及其他劳务。

（5）稿酬所得。稿酬所得是指个人因其作品以图书、报刊形式出版、发表所取得的所得。

（6）特许权使用费所得。特许权使用费所得是指个人提供专利权、商标权、著作权、非专利技术以及其他特许权的使用权取得的所得。

（7）利息、股息、红利所得。利息、股息、红利所得，是指个人拥有债权、股权所取得的利息、股息、红利所得。

（8）财产租赁所得。财产租赁所得是指个人出租建筑物、土地使用权、机器设备、车船及其他财产取得的所得。

（9）财产转让所得。个人转让有价证券、股权、建筑物、土地使用权、机器设备、车船及其他财产取得的所得属于Ⅲ【○ A. 偶然所得　B. 财产转让所得　C. 股息红利所得　D. 特权使用费所得】。

目前，国家对股票转让所得暂不征收个人所得税。对个人出售自有住房取得的所得依照“财产转让所得”征收个人所得税，但对个人转让自用5年以上并且是家庭唯一生活用房取得的所得，则继续免征个人所得税。

（10）偶然所得。偶然所得是指个人得奖、中奖、中彩及其他偶然性质的所得。

（11）经国务院财政部门确定征税的其他所得。除上述列举的各项个人应税所得外，其他确有必要征税的个人所得，则由国务院财政部门确定。个人取得的所得难以界定应纳税所得项目的，则由主管税务机关确定。

参考答案：Ⅰ.D　Ⅱ.ACD　Ⅲ.B

【经典试题】

(单项选择题) 1. 根据个人所得税法律制度的规定，个人转让房屋所得应适用的税目是(　　)。

A. 财产转让所得　　B. 特许权使用费所得

C. 偶然所得　　D. 劳务报酬所得

(单项选择题) 2. 根据个人所得税法律制度的规定，下列各项中，属于工资、薪金所得项目的是(　　)。

A. 年终加薪　　B. 托儿补助费

C. 独生子女补贴　　D. 差旅费津贴

(单项选择题) 3. 某画家2006年8月将其精选的书画作品交由某出版社出版，从出版社取得报酬10万元。该笔报酬在缴纳个人所得税时适用的税目是(　　)。

A. 工资薪金所得　　B. 劳务报酬所得

C. 稿酬所得　　D. 特许权使用费所得

(单项选择题) 4. 李老师受某出版社委托，为该出版社即将出版的一本专业书籍审稿，从出版社取得了5 000元报酬。该笔报酬在缴纳个人所得税时适用的税目属于(　　)。

A. 工资薪金所得　　B. 稿酬所得

C. 劳务报酬所得　　D. 特许权使用费所得

(多项选择题) 5. 张某于2005年以每套80万元的价格购入两套高档公寓作为投资。2006年将其中一套公寓以100万元的价格转让给谢某，从中获利20万元。根据我国税收法律制度的规定，张某出售公寓的行为应缴纳的税种有(　　)。

A. 个人所得税　　B. 营业税

C. 契税　　D. 土地增值税

(多项选择题) 6. 根据个人所得税法律制度规定，下列各项中，应当缴纳个人所得税的有(　　)。

A. 个人房产租赁所得

B. 个体工商户的生产、经营所得

C. 个人工资、薪金所得

D. 个人独资企业的生产、经营所得

(判断题) 7. 根据个人所得税有关规定，所有纳税人应对来源于中国境内和境外的全部所得征税。(　　)

(判断题) 8. 对企业、事业单位的承包经营、承租经营所得，是指个人承包经营或承租经营以及转包、转租取得的所得，不包括个人按月或者按次取得的工资、薪金性质的所得。(　　)

参考答案：1. A（2009 年考试真题）　2. A（2008 年考试真题）　3. C（2007 年考试真题）　4. C　5. ABD（2007 年考试真题）　6. ABCD（2002 年考试真题）　7. ×　8. ×

考点 3：个人所得税税率

重点等级：☆☆☆☆☆

(1) 工资、薪金所得，适用 5%～45%的超额累进税率。

(2) 个体工商户的生产、经营所得和对企事业单位的承包经营、承租经营所得，适用 5%～35%的超额累进税率。

(3) 稿酬所得，适用比例税率，税率是 20%，并按应纳税额减征 30%。

(4) 劳务报酬所得，适用比例税率，税率是 20%。对劳务报酬所得一次收入畸高的，可Ⅰ【○ A. 由税务机关依法核定其应纳税额　B. 由主管税务机关决定调整其适用的税率　C. 实行全额累进征收　D. 实行加成征收】，即个人取得劳务报酬收入的应纳税所得额一次超过 20 000～50 000 元的部分，Ⅱ【○ A. 财产租赁所得　B. 劳务报酬所得　C. 稿酬所得　D. 特许权使用费所得】依照税法规定计算应纳税额后，再依照应纳税额加征 5 成，超过 50 000 元的部分，加征 10 成。

(5) 特许权使用费所得，利息、股息、红利所得，财产租赁所得，财产转让所得，偶然所得和其他所得，适用比例税率，税率是 20%。个人出租房屋所得暂时适用 10%的税率。

自 2007 年 8 月 15 日起，对储蓄存款利息所得征收个人所得税，调减按 5%的比例税率执行。储蓄存款在 2007 年 8 月 15 日后孳生的利息所得，应Ⅲ【○ A. 免缴个人所得税　B. 按照 5%的比例税率征收个人所得税　C. 按照 10%的比例税率征收个人所得税　D. 按照 20%的比例税率征收个人所得税】。自 2008 年 10 月 9 日起，对储蓄存款利息所得暂免征收个人所得税；对证券市场个人投资者取得的证券交易结算资金利息所得，也暂免征收个人所得税。

参考答案：Ⅰ. D　Ⅱ. B　Ⅲ. B

【经典试题】

（单项选择题）1. 根据《个人所得税法》的规定，工资、薪金所得采用的税率形式是(　　)。

A. 超额累进税率　　B. 全额累进税率

C. 超率累进税率　　D. 超倍累进税率

(单项选择题) 2. 李先生本月发生的下列收入中，按总收入的20%的比例税率计算缴纳个人所得税的项目是(　　)。

A. 本月工资收入5 000元

B. 体育彩票中奖金收入1万元

C. 2008年5月11日存入银行的居民储蓄存款利息

D. 奖金收入3 000元

(单项选择题) 3. 张某业余时间承接一项设计项目，一次性取得收入50 000元，则他应纳个人所得税为(　　)。

A. 10 000元　　B. 12 000元　　C. 12 400元　　D. 15 000元

(单项选择题) 4. 某作家编写的一本书稿出版，取得稿酬收入50 000元，其应纳个人所得税为(　　)。

A. 3 300元　　B. 4 500元　　C. 4 800元　　D. 5 600元

(单项选择题) 5. 根据《个人所得税法》的规定，个体工商户生产、经营所得采用的税率形式是(　　)。

A. 超额累进税率　　B. 全额累进税率

C. 超率累进税率　　D. 超倍累进税率

(多项选择题) 6. 我国个人所得税的税率采取的形式包括(　　)。

A. 比例税率　　B. 超率累进税率

C. 超额累进税率　　D. 全额累进税率

(多项选择题) 7. 下列各项中，符合我国《个人所得税法》最新规定的包括(　　)。

A. 偶然所得以每次收入额为应纳税所得额

B. 稿酬所得按应纳税额减征30%

C. 储蓄存款利息所得，暂免征收个人所得税

D. 证券交易结算资金利息所得，暂免征收个人所得税

(多项选择题) 8. 下列各项中，符合我国《个人所得税法》规定的是(　　)。

A. 劳务报酬所得一次收入畸高的，可以实行加成征收

B. 个体工商户业主的工资支出不得在应纳税所得额中扣除

C. 保险赔款免征个人所得税

D. 对个人出租居民住房取得的所得减按10%的税率征收个人所得税

(多项选择题) 9. 下列各项中，(　　)适用超额累进税率计征个人所得税。

A. 个体工商户的生产经营所得　　B. 工资、薪金所得

C. 财产转让所得　　D. 对企事业单位的承包经营所得

(多项选择题) 10. 某演员一次取得演出收入40 000元，下列关于其应纳个人所得税的说法中，正确的有(　　)。

A. 应纳税额5 000元　　B. 应纳税额7 200元

C. 应纳税额 7 600 元　　　　　　　　D. 适用加成征收

（判断题）11. 在个人所得税征管中，对财产租赁所得一次收入畸高的，可以实行加成征收。（　　）

（判断题）12. 自 2008 年 10 月 9 日起，对储蓄存款利息所得暂免征收个人所得税。（　　）

（判断题）13. 某演员取得一次性演出收入 1.5 万元，应实行加成征收办法计算个人所得税。（　　）

（判断题）14. 个人一次性取得劳务报酬收入额超过 20 000 元，因此适用于加成征收办法计算个人所得税。（　　）

参考答案：1. A（2005 年考试真题）　2. B　3. A　4. D　5. A　6. AC
7. ABCD　8. ABCD　9. ABD　10. CD　11. ×（2005 年考试真题）
12. √　13. ×　14. √

考点 4：个人所得税计税依据

重点等级：☆☆☆☆☆

个人所得税的计税依据为个人取得的各项所得减去按规定标准扣除费用后的余额，即应纳税所得额。个人取得的应纳税所得，包括现金、实物以及有价证券。

1. 个人所得项目的扣除标准

（1）工资、薪金所得。工资、薪金所得以每月收入额减除费用 2 000 元以后的余额为应纳税所得额。

在中国境内的外商投资企业以及外国企业中工作的外籍人员，应聘在中国境内的企业、事业单位、社会团体、国家机关中工作的外籍专家，在中国境内有住所而在中国境外任职或受雇取得工资、薪金所得的人员，在 2 000 元扣除额的基础上，应再附加 2 800 元的费用扣除额。

（2）个体工商户的生产、经营所得。个体工商户的生产、经营所得以 I 【○ A. 每一纳税年度的收入总额减除成本、费用以及损失后的余额　B. 每一季度的收入总额减除成本、费用以及损失后的余额　C. 每个月的收入总额减除成本、费用以及损失后的余额　D. 每次收入额】为应纳税所得额。

个人独资企业与合伙企业比照该税目执行。个人独资企业的投资者以其全部生产经营所得为应纳税所得额；合伙企业的投资者依照合伙企业的全部生产经营所得和合伙协议约定的分配比例确定应纳税所得额，合伙协议没有约定分配比例的，则以全部生产经营所得和合伙人数量平均计算每个投资者的应纳税所得额。

（3）对企事业单位的承包、承租经营所得。对企事业单位的承包、承租经营所得以每一纳税年度的收入总额减除成本、费用以及损失后的余额为应纳税所得额。

(4) 劳务报酬所得、稿酬所得、特许权使用费所得、财产租赁所得每次收入不超过4 000元的，应减除费用800元；4 000元以上的，应减除20%的费用，其余额为应纳税所得额。

(5) 财产转让所得。财产转让所得以转让财产的收入额减除财产原值和合理费用后的余额为应纳税所得额。

(6) Ⅱ【□ A. 利息、股息、红利所得 B. 劳务报酬所得 C. 财产转让所得 D. 偶然所得和其他所得】，均以每次收入额为应纳税所得额。

除上述规定以外，对个人将其所得通过中国境内非营利的社会团体、国家机关向教育、公益事业以及遭受严重自然灾害地区、贫困地区的捐赠，Ⅲ【○ A. 捐赠额不超过应纳税所得额的10%的部分 B. 捐赠额不超过应纳税所得额的12%的部分 C. 捐赠额不超过应纳税所得额的15%的部分 D. 捐赠额不超过应纳税所得额的30%的部分】，可从其应纳税所得额中扣除。

2. 每次收入的确定

(1) 劳务报酬所得。劳务报酬所得属于一次性收入的，以取得该项收入为一次。属于同一项目连续性收入的，则以一个月内取得的收入为一次。

(2) 稿酬所得。稿酬所得每次收入的确定方法为：Ⅳ【□ A. 以每次出版发表取得的收入为一次 B. 同一作品再版取得的所得，应视作另一次稿酬所得计征个人所得税 C. 同一作品在报刊上连载取得收入，以一个月取得的收入为一次 D. 同一作品在报刊上连载取得收入，以连载完成后取得的所有收入合并为一次】。

(3) 特许权使用费所得。特许权使用费所得以一项特许权的一次许可使用所取得的收入为一次。

(4) 财产租赁所得。财产租赁所得以一个月内取得的收入为一次。

(5) 利息、股息、红利所得。利息、股息、红利所得以支付利息、股息、红利时取得的收入为一次。

(6) 偶然所得。偶然所得以每次收入为一次。

(7) 其他所得。其他所得以每次收入为一次。

参考答案：Ⅰ. A Ⅱ. AD Ⅲ. D Ⅳ. ABD

【经典试题】

(单项选择题) 1. 甲、乙、丙拟设立一合伙企业，出资比例为4∶4∶2。合伙协议约定的利润分配和亏损分担的下列表述中，不符合《合伙企业法》规定的是(   )。

A. 按4∶4∶2的比例分配损益

B. 在合伙人之间平均分配损益

C. 按 3∶3∶4 的比例分配损益

D. 利润按 3∶3∶4 的比例分配，亏损由丙承担

（单项选择题）2. 在境外工作的某中国公民，2009 年 3 月工资为 50 000 元人民币，则其 3 月份个人所得税的应纳税所得额为（　　）元。

A. 25 000　　B. 31 000

C. 35 200　　D. 45 200

（单项选择题）3. 某单位高级工程师王某于 2009 年 2 月取得特许权使用费收入 2 000元，5 月又取得一项特许权使用费收入 5 000 元。王某这两项收入应缴纳的个人所得税为（　　）元。

A. 1 040　　B. 1 160

C. 1 240　　D. 1 300

（多项选择题）4. 根据个人所得税法律制度的规定，下列各项在计算应纳税所得额时，按照定额与比例相结合的方法扣除费用的有（　　）。

A. 劳务报酬所得

B. 特许权使用费所得

C. 对企事业单位的承包、承租经营所得

D. 财产转让所得

（多项选择题）5. 下列应税项目中，（　　）按次计算征收个人所得税。

A. 股息、利息所得　　B. 财产租赁所得

C. 工资、薪金所得　　D. 特许权使用费所得

（判断题）6. 对个人通过中国境内非营利的社会团体、国家机构向教育、公益事业和遭受严重自然灾害地区、贫困地区的捐赠，可从其应纳税所得额中全额扣除。（　　）

参考答案：1. D（2006 年考试真题）　2. D　3. A　4. AB（2007 年考试真题）
5. ABD　6. ×

考点 5：个人所得税应纳税额的计算

重点等级：☆☆☆☆☆

1. 工资、薪金所得

（1）工资、薪金所得应纳税额的计算公式如下：

应纳税额＝应纳税所得额×适用税率－速算扣除数

＝（每月收入额－2 000 元或 4 800 元）×适用税率－速算扣除数

公式中的速算扣除数具体见表 5—1：

表 5—1 个人所得税税率表
（工资、薪金所得适用）

级数	全月应纳税所得额	税率（%）	速算扣除数
1	不超过500元的	5	0
2	超过500～2 000元的部分	10	25
3	超过2 000～5 000元的部分	15	125
4	超过5 000～20 000元的部分	20	375
5	超过20 000～40 000元的部分	25	1 375
6	超过40 000～60 000元的部分	30	3 375
7	超过60 000～80 000元的部分	35	6 375
8	超过80 000～100 000元的部分	40	10 375
9	超过100 000元的部分	45	15 375

（2）对个人取得全年一次性奖金等计算征收个人所得税的方法。纳税义务人取得全年一次性奖金，应单独作为一个月工资、薪金所得计算纳税，由扣缴义务人发放时代扣代缴。具体计税办法为：

①先将雇员当月内取得的全年一次性奖金，除以12个月，按其商数确定适用税率以及速算扣除数。计算公式为：

雇员当月工资薪金所得高于（或等于）税法规定的费用扣除额：

应纳税额＝雇员当月取得全年一次性奖金×适用税率－速算扣除数

雇员当月工资薪金所得低于税法规定的费用扣除额：

应纳税额＝（雇员当月取得全年一次性奖金－雇员当月工资薪金所得与费用扣除额的差额）×适用税率－速算扣除数

②雇员取得除全年一次性奖金以外的其他各种名目奖金，如半年奖、季度奖、加班奖、先进奖、考勤奖等，一律应与当月工资、薪金收入合并，按税法规定缴纳个人所得税。

（3）国家机关、事业单位、企业和其他单位在实行“双薪制”后，个人因此取得的“双薪”应计入第12个月工资，征收个人所得税。

2. 个体工商户的生产、经营所得

应纳税额＝应纳税所得额×适用税率－速算扣除数

或：

应纳税额＝（全年收入总额－成本、费用及损失）×适用税率－速算扣除数

3. 对企事业单位的承包经营、承租经营所得

应纳税额＝应纳税所得额×适用税率－速算扣除数

或：

应纳税额＝（纳税年度收入总额－必要费用）×适用税率－速算扣除数

4. 劳务报酬所得

（1）每次收入不足4 000元的：

应纳税额＝应纳税所得额×适用税率

或：

应纳税额＝（每次收入额－800）×20％

（2）每次收入在4 000元以上的：

应纳税额＝应纳税所得额×适用税率＝每次收入额×（1－20％）×20％

（3）每次收入的应纳税所得额超过20 000元的：

应纳税额＝应纳税所得额×适用税率－速算扣除数

或：

应纳税额＝每次收入额×（1－20％）×适用税率－速算扣除数

5. 稿酬所得

（1）每次收入不足4 000元的：

应纳税额＝应纳税所得额×适用税率×（1－30％）

＝（每次收入额－800）×20％×（1－30％）

（2）每次收入在4 000元以上的：

应纳税额＝应纳税所得额×适用税率×（1－30％）

＝每次收入额×（1－20％）×20％×（1－30％）

6. 特许权使用费所得

（1）每次收入不足4 000元的：

应纳税额＝应纳税所得额×适用税率＝（每次收入额－800）×20％

（2）每次收入在4 000元以上的：

应纳税额＝应纳税所得额×适用税率＝每次收入额×（1－20％）×20％

7. 利息、股息、红利所得

应纳税额＝应纳税所得额×适用税率＝每次收入额×适用税率

8. 财产租赁所得

（1）每次（月）收入不足4 000元的：

应纳税额＝[每次（月）收入额－准予扣除项目－修缮费用（800元为限）－800元]×20％

（2）每次（月）收入在4 000元以上的：

应纳税额＝{[每次（月）收入额－准予扣除项目－修缮费用（800元为限）]×（1－20％）}×20％

9. 财产转让所得

应纳税额＝应纳税所得额×适用税率

＝（收入总额－财产原值－合理费用）×20％

10. 偶然所得

应纳税额＝应纳税所得额×适用税率＝每次收入额×20％

11. 其他所得

应纳税额＝应纳税所得额×适用税率＝每次收入额×20％

【经典试题】

(单项选择题) 1. 王某于2007年9月30日存入某商业银行一笔人民币款项，同年12月30日王某将该笔存款取出，应得利息收入100元，银行在支付王某利息时应代扣代缴的个人所得税税额为(　　)元。

A. 5　　B. 10　　C. 15　　D. 20

(单项选择题) 2. 某教授完成了一本书稿，1月份第一次出版获得稿酬20 000元，7月份该书稿再版，又获得稿酬10 000元，则该教授两次所获稿酬应缴纳个人所得税(　　)元。

A. 3 360　　B. 4 000　　C. 4 240　　D. 4 500

(单项选择题) 3. 张某将多年的积蓄于2008年1月5日存入银行，2008年10月8日前孳生的存款利息收入3 000元，2008年10月9日后孳生的利息收入1 000元；另外购买国债利息收入4 000元，同时出版一书稿获稿酬18 000元，出租房屋每月获得租金收入5 000元。则张某2008年应纳个人所得税(　　)元。(假定不考虑其他税费)

A. 11 966　　B. 11 766　　C. 12 566　　D. 12 366

(单项选择题) 4. 王先生在一次有奖购物抽奖中，购买了1 000元商品，中得一台价值5 000元的液晶电视。则王先生应缴纳个人所得税税额为(　　)元。

A. 500　　B. 600　　C. 800　　D. 1 000

(判断题) 5. 张某2008年5月取得稿费收入10万元，应缴纳的个人所得税为1.12万元。(　　)

(判断题) 6. 纳税义务人取得全年一次性奖金，应单独作为一个月工资、薪金所得计算纳税，由扣缴义务人发放时代扣代缴。(　　)

(计算分析题) 7. 中国公民王某系国内某公司高级管理人员，2008年12月的收入情况如下：

(1) 当月工资薪金收入8 000元(已扣除“三险一金”等免税项目金额)，全年一次性奖金收入20 000元。

(2) 从所任职公司取得股息红利收入10 000元。

(3) 从某杂志社取得发表一篇论文的稿费收入2 000元。

(4) 从某大学取得讲座收入5 000元。

已知：

(1) 工资、薪金所适用的个人所得税税率：

级数	全月应纳税所得额	税率(%)	速算扣除数
1	不超过500元的	5	0
2	超过500～2 000元的部分	10	25
3	超过2 000～5 000元的部分	15	125
4	超过5 000～20 000元的部分	20	375
5	超过20 000～40 000元的部分	25	1 375

(2) 工资薪金所得的减除费用标准为2 000元/月。

(3) 稿酬所得、劳务报酬所得每次收入不超过4 000元的，减除费用800元；4 000元以上的，减除20%的费用。稿酬所得适用的个人所得税税率为20%，并按应纳税额减征30%。劳务报酬所得、股息红利所得适用的个人所得税税率均为20%。

(4) 假定王某取得的以上收入均由本人计算缴纳个人所得税。

要求：

(1) 计算王某当月工资薪金收入的应缴纳的个人所得税税额。

(2) 计算王某一次性奖金收入应缴纳的个人所得税税额。

(3) 计算王某当月股息红利收入应缴纳的个人所得税税额。

(4) 计算王某当月稿费收入应缴纳的个人所得税税额。

(5) 计算王某当月讲座收入应缴纳的个人所得税税额。

(综合题) 8. 中国公民赵先生2007年取得下列收入：

(1) 参加歌舞剧表演取得收入20 000元。

(2) 在英国出版画册取得稿酬250 000元，在美国参加演出取得收入10 000元，已分别缴纳个人所得税30 000元和1 500元。

(3) 取得彩票收入50 000元，赵先生当即通过民政部门向贫困地区捐赠30 000元。

(4) 转让居住2年的私有住房，取得收入300 000元，该房的购入原值150 000元，发生合理费用为21 000元；

(5) 取得购买企业债券利息5 000元；

(6) 因交通事故取得保险赔款20 000元。

要求：计算赵先生2007年应缴纳的个人所得税。

参考答案：1. A (2008年考试真题) 2. A 3. B 4. D 5. √ 6. √

7. (1) 当月工资薪金收入应缴纳的个人所得税＝(8 000－2 000)×20%－375＝825(元)。

(2) 该笔奖金适用的税率和速算扣除数为：

每月奖金平均额＝20 000/12＝1 666.67(元)。

根据工资、薪金九级超额累进税率的规定，适用的税率为10%，速算扣除数为25。

一次性奖金应纳个人所得税＝20 000×10%－25＝1 975(元)。

(3) 股息红利收入应缴纳的个人所得税＝10 000×20%＝2 000(元)。

(4) 稿费收入应缴纳的个人所得税＝(2 000－800)×20%×(1－30%)＝168(元)。

(5) 讲座收入应缴纳的个人所得税＝5 000×(1－20%)×20%＝800(元)。(2009年考试真题)

8.（1）参加歌舞剧表演的应纳税额＝20 000×（1－20%）×20%＝3 200（元）。

（2）①稿酬按中国税法规定应纳税额＝250 000×（1－20%）×20%×（1－30%）＝28 000（元），不需补税。

②演出收入按中国税法规定应纳税额＝10 000×（1－20%）×20%＝1 600（元），应补缴个人所得税100元。

（3）彩票收入的应纳税额＝（50 000－50 000×30%）×20%＝7 000（元）。

（4）转让私有住房应纳税额＝（300 000－150 000－21 000）×20%＝25 800（元）。

（5）取得购买企业债券利息应纳的个人所得税＝5 000×20%＝1 000（元）。

（6）取得保险赔款20 000元，可免征个人所得税。

赵先生应纳个人所得税＝3 200＋100＋7 000＋25 800＋1 000＝37 100（元）。

考点6：个人所得税税额扣除

重点等级：☆☆

纳税义务人从中国境外取得的所得，准予其在应纳税额中扣除已在境外缴纳的个人所得税额，但扣除额不得超过该纳税义务人境外所得依照税法规定计算的应纳税额。其中：

（1）已在境外缴纳的个人所得税额，是指个人从中国境外取得所得并在境外实际缴纳的税额，不包括纳税后又得到补偿或由他人代为承担的税额。

（2）按照个人所得税法规定计算的应纳税额，是指纳税义务人从中国境外取得的所得依照税法适用税率计算的应纳税额。该应纳税额即为扣除限额，应当分国（地区）、分项计算。

（3）个人从中国境外取得的所得在境外实际缴纳的个人所得税税额，低于依照前述规定计算出的扣除限额的，应当在中国补缴差额部分的税款；超过扣除限额的，其超过部分不得作为税额扣除，但可以在以后年度扣除限额的余额内补扣，补扣期限最长不得超过【○A.1年　B.2年　C.3年　D.5年】。

参考答案：D

【经典试题】

（判断题）已在境外缴纳的个人所得税额，是指个人从中国境外取得所得并在境

外实际缴纳的税额以及纳税后又得到补偿或由他人代为承担的税额。(　　)

参考答案：√

考点7：个人所得税减免规定

重点等级：☆☆☆☆☆

(1) 根据《个人所得税法》规定，以下各项所得免纳个人所得税：

①省级人民政府、国务院部委及中国人民解放军军以上单位，以及外国组织、国际组织颁发的科学、教育、技术、文化、卫生、体育、环境保护等方面的奖金；

②国债以及国家发行的金融债券利息；

③依照国家统一规定发给的补贴、津贴；

④福利费、抚恤金和救济金；

⑤保险赔款；

⑥军人的转业费和复员费；

⑦按照国家统一规定发给干部、职工的安家费、退职费、退休工资、离休工资和离休生活补助费；

⑧按照我国有关法律规定应予免税的各国驻华使馆、领事馆的外交代表、领事官员以及其他人员的所得；

⑨中国政府参加的国际公约和签订的协议中规定免税的所得；

⑩按照国家规定，单位为个人缴付和个人缴付的住房公积金、基本医疗保险费、基本养老保险费和失业保险费，从纳税义务人的应纳税所得额中扣除。

个人提取原提存的住房公积金、医疗保险金、基本养老保险金时，均免予征收个人所得税。

⑪个人转让自用达Ⅰ【○ A. 2 年　B. 3 年　C. 5 年　D. 8 年】以上，并且是唯一的家庭生活用房取得的所得，暂免征收个人所得税。

⑫对个人购买福利彩票、赈灾彩票、体育彩票的规定为：Ⅱ【□ A. 一次中奖收入在 1 万元以下（含 1 万元）的，减半征收个人所得税　B. 一次中奖收入在 1 万元以下（含 1 万元）的，暂免征收个人所得税　C. 一次中奖收入超过 1 万元的，超过部分征收个人所得税　D. 一次中奖收入超过 1 万元的，全额征收个人所得税】。

⑬经国务院财政部门批准免税的其他所得。

(2) 根据《个人所得税法》规定，经批准可以减征个人所得税的情况包括：Ⅲ【□ A. 残疾、孤老人员所得　B. 烈属的所得　C. 因严重自然灾害造成重大损失期间取得的所得　D. 保险赔款】；以及其他经国务院财政部门批准减税的情况。

参考答案：Ⅰ. C　Ⅱ. BD　Ⅲ. ABC

【经典试题】

(单项选择题) 1. 根据个人所得税法律制度的规定，下列个人所得中，应缴纳个人所得税的是(　　)。

A. 财产租赁所得　　B. 退休工资

C. 保险赔偿　　D. 国债利息

(单项选择题) 2. 按照我国《个人所得税法》的规定，下列利息收入中，(　　)应缴纳个人所得税。

A. 国债利息收入

B. 国家发行的金融债券利息收入

C. 教育储蓄存款利息收入

D. 储蓄存款利息收入（2008 年 10 月 9 日前孳生）

(单项选择题) 3. 根据个人所得税法律制度的规定，下列各项中，(　　)不属于个人所得税的免税项目。

A. 福利费、抚恤金、救济金

B. 彩票中奖所得

C. 保险赔款

D. 个人提取由单位和个人共同缴付的住房公积金

(单项选择题) 4. 根据《个人所得税法》的规定，下列各项中，(　　)应缴纳个人所得税。

A. 赵某获得的保险赔款

B. 孙某出租房屋所得

C. 周某领取的按照国家统一规定发给的安家费

D. 李某领取的按照国家统一规定发给的离休工资

(单项选择题) 5. 根据个人所得税法律制度的规定，个人取得的下列收入各项中，(　　)需缴纳个人所得税。

A. 离退休人员从社保部门领取的养老金

B. 工资、薪金

C. 个人取得的保险赔款

D. 个人提取由单位和个人共同缴付的住房公积金

(多项选择题) 6. 根据个人所得税法律制度的规定，下列各项中，免征个人所得税的有(　　)。

A. 离退休人员从社保部门领取的养老金

B. 个人银行储蓄存款利息

C. 个人取得的保险赔款

D. 个人提取由单位和个人共同缴付的住房公积金

（多项选择题）7. 根据《个人所得税法》的规定，下列各项所得中，免征个人所得税的包括（ ）。

A. 军人的转业费和复员费

B. 国家发行的金融债券的利息收入

C. 保险赔款

D. 某省人民政府奖励获得奥运会金牌运动员的奖金

（多项选择题）8. 根据个人所得税法律制度的规定，某企业退休职工李某 2008 年 11 月份取得下列收入中，可以免缴个人所得税的有（ ）。

A. 退休工资 1 840 元

B. 超市购物中奖收入 1 000 元

C. 稿费 1 800 元

D. 提取原提存的医疗保险金 200 元

（判断题）9. 李某购买赈灾彩票，取得一次中奖收入 5 万元，这是免征个人所得税的。（ ）

参考答案：1. A（2009 年考试真题） 2. D 3. B 4. B 5. B 6. ABCD 7. ABCD 8. AD 9. ×

考点 8：个人所得税的纳税申报与缴纳

重点等级：☆☆☆☆☆

1. 纳税申报

个人所得税实行代扣代缴、纳税义务人自行申报两种计征办法。实行代扣代缴的，以支付所得的单位或个人为扣缴义务人。

纳税义务人应按规定到主管税务机关办理纳税申报的包括：Ⅰ【□ A. 年所得 12 万元以上 B. 从中国境内两处或者两处以上取得工资、薪金所得 C. 从中国境外取得所得 D. 取得应纳税所得，没有扣缴义务人】；以及国务院规定的其他情形。

年所得 12 万元以上的纳税义务人，在年度终了后Ⅱ【○ A. 1 个月 B. 3 个月 C. 6 个月 D. 1 年】内到主管税务机关办理纳税申报。除自行申报纳税的情形以外，一律实行代扣代缴。自行申报纳税义务人，应在取得所得的所在地税务机关申报纳税。纳税义务人从中国境外取得所得的，应在户籍所在地税务机关或经常居住地税务机关申报纳税。从两处或两处以上取得所得的，选择并固定向其中一处所在地税务机关申报纳税。

2. 个人所得税纳税期限

扣缴义务人和自行申报纳税义务人每月应纳的税款，都应该在次月 7 日内缴入国库，并向税务机关报送纳税申报表。

(1) 工资、薪金所得应纳的税款，按月计征，由扣缴义务人或者纳税义务人在Ⅲ【○A. 本月　B. 本月7日　C. 次月　D. 次月7日】内缴入国库，并向税务机关报送纳税申报表。

(2) 个体工商户的生产经营所得应纳的税款，按年计算，分月预缴，由纳税义务人在次月7日内预缴，年度终了后3个月内汇算清缴，多退少补。

(3) 对企事业单位的承包经营、承租经营所得应纳的税款，按年计算，由纳税义务人在年度终了后Ⅳ【○A10.　B.15　C.30　D.60】日内缴入国库。纳税义务人在1年内分次取得承包经营、承租经营所得的，应当在每次取得所得后的7日内预缴，年度终了后Ⅴ【○A.15日　B.1个月　C.3个月　D.6个月】内汇算清缴，多退少补。

(4) 从中国境外取得所得的纳税义务人，应当在年度终了后30日内，将应纳税款缴入国库，并向税务机关报送纳税申报表。

(5) 对储蓄存款利息所得征收个人所得税，以结付利息的储蓄机构为扣缴义务人，实行代扣代缴。

(6) 外籍个人和港澳台居民个人从中国境内取得储蓄存款的利息所得，其居民国(地区)与我国(内地)签订的税收协定(包括内地与香港特别行政区和澳门特别行政区分别签订的税收安排)规定的税率低于我国法律法规规定的税率的，可以享受协定待遇，但须提交享受税收协定待遇申请表；协定税率高于我国法律法规规定的税率的，按我国法律法规规定的税率执行。

缴纳税款和报送扣缴个人所得税报告表、纳税申报表期限的最后一日，如遇公休假日，可以顺延。

参考答案：Ⅰ.ABCD　Ⅱ.B　Ⅲ.D　Ⅳ.C　Ⅴ.C

【经典试题】

(判断题) 1. 外籍个人从中国境内取得储蓄存款的利息所得，其居民国与我国签订的税收协定规定的税率高于我国法律法规规定的税率的，按税收协定的税率执行。(　)

(判断题) 2. 扣缴义务人、自行申报纳税义务人每月应纳的税款，都应当在次月5日内缴入国库，并向税务机关报送纳税申报表。(　)

(判断题) 3. 缴纳税款和报送扣缴个人所得税报告表、纳税申报表期限的最后一日，不得延误。(　)

(综合题) 4. 2008年6月10日，李某取得一笔收入，自行申报纳税。

据此，按照个人所得税法律制度的规定，李某应在什么日期之前申报纳税？如李某未在规定的日期之前申报纳税，应承担什么法律责任？

参考答案：1.×　2.×　3.×

4. 根据税收征收管理法律制度中关于个人所得税纳税期限的规定，扣缴义务人、自行申报纳税人每月应纳的税款，应当在次月7日内缴入国库，并向税务机关报送纳税申报表。所以，李某应在7月7日之前向税务机关申报纳税。

如李某未在7月7日之前申报纳税，由税务机关责令限期改正，可以处以2 000元以下的罚款；逾期不改正的，可以处以2 000元以上10 000元以下的罚款。

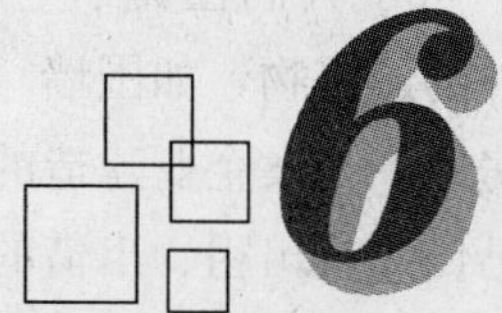

第六章　财产、行为和资源税法律制度

第一节　房产税法律制度

考点 1：房产税的概念

重点等级：☆☆☆☆

房产税是以房产为征税对象，按照房产的计税价值或房产租金收入向房产所有人或经营管理人等征收的一种税。这里所说的房产，是指以房屋形态表现的财产。房屋是指有屋面和围护结构（有墙或两边有柱），能够遮风避雨，可供人们在其中生产、工作、学习、娱乐、居住或储藏物资的场所。独立于房屋之外的建筑物，如围墙、烟囱、水塔、菜窖、室外游泳池等不属于房产税的征税对象。房地产开发企业建造的商品房，在出售前不征收房产税，但对出售前房地产开发企业已使用或出租、出借的商品房应按规定征收房产税。

征收房产税的目的是Ⅰ【□ A. 运用税收杠杆，加强对房产的管理　B. 控制固定资产投资规模　C. 配合国家房产政策的调整　D. 合理调节房产所有人和经营管理人的收入】。Ⅱ【○ A. 增值税　B. 印花税　C. 房产税　D. 消费税】税源稳定，易于控制管理，是地方财政收入的重要来源之一。1986 年 9 月 15 日国务院颁布并于同年 10 月 1 日起施行《房产税暂行条例》，同年 9 月 25 日，财政部、国家税务总局印发《关于房产税若干具体问题的解释和暂行规定》。房产税由产权所有人缴纳。产权属于全民所有的，由经营管理的单位缴纳。产权出典的，由于在房屋出典期间，产权所有人已无权支配房屋，因此，税法规定对房屋具有支配权的承典人为纳税人。

产权所有人、承典人均不在房产所在地的，或者产权未确定以及租典纠纷未解决的，房产代管人或者使用人为纳税人。租典纠纷，是指产权所有人在房产出典和租赁关系上，与承典人、租赁人发生各种争议，特别是有关权利和义务的争议悬而未决的。此外，还有一些产权归属不清的问题，也都属于租典纠纷。

参考答案：Ⅰ. ABCD　Ⅱ. C

【经典试题】

（单项选择题）1. 下列各项中，（　　）符合房产税纳税义务人的相关规定。

A. 房屋产权出典的，由出典人缴纳

B. 产权属于集体的，由承典人缴纳

C. 产权纠纷未解决的，由代管人或使用人缴纳

D. 产权属于国家所有的，不需缴纳

（判断题）2. 房产税的征税对象是房屋，由于房屋属于不动产，所以与房屋不可分割的各种附属设备也应作为房屋一并征税。上述“各种附属设备”包括独立房屋之外的建筑物，如水塔、烟囱、围墙等。（　　）

（判断题）3. 房地产开发企业建造的商品房，在出售前均不征收房产税。（　　）

（判断题）4. 个人所有的房产，除出租外，均免征房产税。（　　）

参考答案：1. C　2. ×　3. ×　4. ×

考点2：房产税的纳税人和征税范围

重点等级：☆☆☆☆☆

1. 房产税的纳税人

房产税的纳税人是在我国城市、县城、建制镇和工矿区拥有房屋产权的单位和个人。具体包括经营管理单位、承典人、Ⅰ【□ A. 产权所有人　B. 出典人　C. 房屋代管人　D. 房屋使用人】。

（1）集权属于国家所有的，其经营管理的单位为纳税人；产权属于集体和个人的，集体单位和个人为纳税人。

（2）产权出典的，承典人为纳税人。

（3）产权所有人、承典人均不在房产所在地的，或者产权未确定以及租典纠纷未解决的，房产代管人或者使用人为纳税人。

税法规定，对个人所有的非营业用的房产免征房产税。

自2009年1月1日起，Ⅱ【□ A. 外商投资企业　B. 外国企业和组织　C. 外籍个人　D. 港、澳、台同胞】依照《房产税暂行条例》缴纳房产税。

2. 房产税的征税范围

房产税的征税范围为城市、县城、建制镇和工矿区的房屋。

参考答案：Ⅰ. ACD　Ⅱ. ABCD

【经典试题】

（单项选择题）1. 根据房产税法律制度的有关规定，下列各项中，不属于房产税纳税人的是（　　）。

A. 城区房产使用人　　B. 城区房产代管人

C. 城区房屋所有人　　D. 城区房屋出典人

（单项选择题）2. 下列各项中，（　　）不应当征收房产税。

A. 城市居民出租的房产　　　B. 城市居民投资联营的房产

C. 城市居民拥有的营业用房　　D. 城市居民所有的自住用房

(单项选择题) 3. 根据房产税法律制度的规定，下列有关房产税纳税人的说法中，不正确的是(　　)。

A. 产权属于国家所有的房屋，其经营管理单位为纳税人

B. 产权出典的房屋，出典人为纳税人

C. 产权属于个人所有的营业用的房屋，该个人为纳税人

D. 产权属于集体所有的房屋，该集体单位为纳税人

(单项选择题) 4. 由房产代管人或者使用人缴纳房产税的房产是(　　)。

A. 生产企业的房产　　　B. 国家所有的房产

C. 产权所有人不在房产所在地的 D. 出典的房产

(判断题) 5. 张某将个人拥有产权的房屋出典给李某，则李某为该房屋房产税的纳税人。(　　)

(判断题) 6. 张某在2008年将他在本村价值10万元的楼房出租，取得租金收入5 000元。按照房产税从租计征的规定计算，张某当年应缴纳房产税480元。(　　)

(判断题) 7. 税法规定对房屋具有支配权的承典人为纳税人。(　　)

参考答案：1. D (2003年考试真题)　2. D　3. B　4. C　5. √ (2008年考试真题)　6. ×　7. √

考点3：房产税的计税依据

重点等级：☆☆☆☆☆

房产税以Ⅰ【□ A. 房产原值　B. 房产的计税价值　C. 房产租金收入　D. 房产市价】为计税依据。按房产计税价值征税的，称为从价计征；按房产租金收入征税的，称为从租计征。

1. 从价计征

从价计征的房产税是以Ⅱ【○ A. 房产余值　B. 房产市值　C. 房产原值　D. 房产估值】为计税依据。根据《房产税暂行条例》的规定，房产税依照房产原值一次减除Ⅲ【○ A. 5%～10%　B. 10%～15%　C. 15%～30%　D. 10%～30%】后的余值计算缴纳。

(1) 房产原值是指纳税人按照国家统一的会计制度规定，在账簿“固定资产”科目中记载的房屋原值（或原价），包括与房屋不可分割的各种附属设备或一般不单独计算价值的配套设施。

(2) 凡以房屋为载体，不可随意移动的附属设备和配套设施，如给排水、采暖、

消防、中央空调、电气及智能化楼宇设备等，无论在会计核算中是否单独记账与核算，都应计入房产原值，计征房产税。

(3) 纳税人对原有房屋进行改建、扩建的，要相应增加房屋的原值。对更换房屋附属设备和配套设施的，在将其价值计入房产原值时，可扣减原来相应设备和设施的价值；对附属设备和配套设施中易损坏、需要经常更换的零配件，更新后不再计入房产原值。

2. 从租计征

从租计征的房产税是以房屋出租取得的租金收入为计税依据。

需要注意的是，关于投资联营的房产，在计征房产税时应予以区别对待：

(1) 对以房产投资联营、投资者参与投资利润分红、共担风险的，按Ⅳ【○ A. 取得的分红　B. 房产原值　C. 房产净值　D. 房产市值】作为计税依据计缴房产税。

(2) 对以房产投资收取固定收入、不承担经营风险的，由于实际上是以联营名义取得房屋租金，因此应当根据《房产税暂行条例》的有关规定，以出租方取得的租金收入为计税依据计缴房产税。

此外，对于属于融资租赁性质的房屋，与一般房屋出租的“租金”内涵不同，应以房屋余值计算征收房产税。至于租赁期内房产税的纳税人，由当地税务机关根据实际情况确定。

参考答案：Ⅰ.BC　Ⅱ.A　Ⅲ.D　Ⅳ.B

【经典试题】

(多项选择题) 1. 房产税的计税依据包括(　　)。

A. 融资租赁房屋的，以房产原值计税

B. 租入房产的，以租金计税

C. 出租房产的，以租金计税

D. 联营投资房产，共担投资风险的，以房产原值计税

(判断题) 2. 凡以房屋为载体，不可随意移动的附属设备和配套设施，无论在会计核算中是否单独记账与核算，都应计入房产原值，计征房产税。(　　)

(判断题) 3. 融资租赁的房屋，应按照支付的房屋租金计算征收房产税。(　　)

(判断题) 4. 按房产租金收入征税的，称为从价计征；按房产计税价值征税的，称为从租计征。(　　)

参考答案：1. CD　2. √ (2009 年考试真题)　3. ×　4. ×

考点 4：房产税的税率

重点等级：☆☆☆

我国现行房产税采用Ⅰ【○ A. 超额累进税率　B. 超率累进税率　C. 定额税率　D. 比例税率】。

（1）从价计征的，税率为 1.2%，即按房产原值一次减除 10%～30%后的余值的 1.2%计征；从租计征的，税率为 12%，即按房产出租的租金收入的 12%计征。

（2）从 2001 年 1 月 1 日起，对个人按市场价格出租的居民住房，用于居住的，可暂减按Ⅱ【○ A. 1.2%　B. 1.5%　C. 2.4%　D. 4%】的税率征收房产税。

参考答案：Ⅰ.D　Ⅱ.D

【经典试题】

（单项选择题）下列各项中，（　　）不属于现行房产税的税率。

A. 1.2%　B. 4%　C. 12%　D. 15%

参考答案：D

考点 5：房产税应纳税额的计算

重点等级：☆☆☆☆☆

1. 从价计征房产税应纳税额的计算

从价计征是按房产的原值减除一定比例后的余值计征，其计算公式为：

应纳税额＝应税房产原值×（1－扣除比例）×1.2%

2. 从租计征房产税应纳税额的计算

从租计征是按房产的租金收入计征，其计算公式为：

应纳税额＝租金收入×12%（或 4%）

【经典试题】

（单项选择题）1. 某企业 2008 年度自有生产用房原值 5 000 万元，账面已提折旧 1 000 万元。已知房产税税率为 1.2%，当地政府规定计算房产余值的扣除比例为 30%。该企业 2008 年度应缴纳的房产税税额为（　　）万元。

A. 18　B. 33.6　C. 42　D. 48

（单项选择题）2. 某企业一幢房产原值 600 000 元，已知房产税税率为 1.2%，当地规定的房产税扣除比例为30%，该房产年度应缴纳的房产税税额为(　　)元。

A. 9 360　　B. 7 200　　C. 5 040　　D. 2 160

(单项选择题) 3. 张某自有房产原值总计500万元，其中100万元用于自己居住，200万元用于经营咖啡馆，其余房产用于出租，每月取得租金15万元。已知该地区规定按照房产原值一次扣除20%后的余值计税，则张某2008年应纳房产税额为(　　)。

A. 14.40万元　　B. 16.32万元

C. 20.32万元　　D. 23.52万元

(单项选择题) 4. 某单位2008年3月1日的房产原值为3 000万元，6月1日将其中原值为1 000万元的门市房出租给某商场，月租金5万元。当地政府规定允许按房产原值减除20%后的余值计税，则该单位当年应缴纳房产税(　　)万元。

A. 4.8　　B. 24　　C. 27.6　　D. 28.8

(单项选择题) 5. 王某拥有两处房产，一处原值80万元的房产供自己和家人居住，另一处原值30万元的房产于2009年1月1日出租给李某居住，按市场价每月取得租金收入1 800元。王某当年应缴纳的房产税应为(　　)。

A. 420元　　B. 432元　　C. 542元　　D. 792元

(单项选择题) 6. 某企业有一处房产原值500万元，2009年5月1日用于投资联营（收取固定收入，不承担联营风险），投资期为5年。已知该企业当年取得固定收入20万元，当地政府规定的扣除比例为20%。该企业2009年应缴纳的房产税为(　　)。

A. 805万元　　B. 10.6万元

C. 4.4万元　　D. 28.6万元

(计算分析题) 7. 某企业拥有房产原值5 000万元，年初原值为500万元的房产对外投资，每年取得固定收益50万元；年初将原值为1 000万元的房产对外投资，并与对方共担风险，且房产已过户到被投资企业名下。当年3月1日又将其中原值为1 000万元的房产对外出租，当年取得租赁收入30万元。已知当地的扣除比例为30%，请计算企业当年应当缴纳的房产税。

(计算分析题) 8. 越秀企业2008年初共有房产原值1 000万元，当年房产使用情况如下：

(1) 将一栋原值800万元的办公楼用于投资联营（收取固定收入，不承担联营风险），投资期为3年。已知该企业当年取得固定收入50万元。

(2) 将原值200万元、占地面积500平方米的一栋仓库出租给某商场存放货物，租期1年，每月租金收入1.5万元。

要求：计算该企业2008年应缴纳的房产税。（房产税计算余值的扣除比例为20%）

参考答案：1. C（2009 年考试真题） 2. C（2008 年考试真题） 3. D 4. C 5. D 6. C

7. 自用房产应缴纳的房产税：

(5 000－500－1 000－1 000) ×（1－30%）×1.2%＋1 000×（1－30%）×1.2%×3/12＝23.1（万元）。

对于以房产投资联营，投资者参与利润分红，共担风险的，以房产的原值作为计税依据，由被投资方缴纳房产税。对于以房产投资，收取固定收入，不承担联营风险的，实际是以联营名义取得房产租金，应按照出租的房产对待，以租金收入为计税依据，由房产提供者缴纳房产税。

对外投资取得固定收益应缴纳的房产税：50×12%＝6（万元）；

对外出租房产应缴纳的房产税：30×12%＝3.6（万元）；

企业当年应当缴纳的房产税＝23.1＋6＋3.6＝32.7（万元）。

8.（1）以房产投资联营，不担风险，只收取固定收入，应由出租方按租金收入计缴房产税。该企业此项业务应纳房产税＝50×12%＝6（万元）。

（2）出租房产应缴纳的房产税＝1.5×12×12%＝2.16（万元）。

（3）2008 年应缴纳房产税＝6＋2.16＝8.16（万元）。

考点 6：房产税纳税义务发生时间、纳税地点和纳税期限

重点等级：☆☆☆☆

1. 纳税义务发生时间

（1）纳税人将原有房产用于生产经营，从生产经营之月起，缴纳房产税。

（2）纳税人自行新建房屋用于生产经营，从建成之次月起，缴纳房产税。

（3）纳税人委托施工企业建设的房屋，从办理验收手续之次月起，缴纳房产税。

（4）纳税人购置新建商品房，自房屋交付使用之次月起，缴纳房产税。

（5）纳税人购置存量房，自办理房屋权属转移、变更登记手续，房地产权属登记机关签发房屋权属证书之次月起，缴纳房产税。

（6）纳税人出租、出借房产，自交付出租、出借房产之次月起，缴纳房产税。

（7）房地产开发企业自用、出租、出借本企业建造的商品房，自房屋使用或交付之次月起，缴纳房产税。

2. 纳税地点

房产税在房产所在地缴纳。房产不在同一地方的纳税人，应按房产的坐落地点分别向房产所在地的税务机关申报纳税。

3. 纳税期限

房产税实行按年计算、分期缴纳的征收方法，具体纳税期限由【○ A. 省、自治

区、直辖市国税机关 B. 省、自治区、直辖市地税机关 C. 县级以上税务机关 D. 省、自治区、直辖市人民政府】确定。

参考答案：D

【经典试题】

(单项选择题) 1. 根据房产税法律制度的规定，下列各项中，不符合房产税纳税义务发生时间规定的是(　　)。

A. 纳税人将原有房产用于生产经营，从生产经营之次月起，缴纳房产税

B. 纳税人自行新建房屋用于生产经营，从建成之次月起，缴纳房产税

C. 纳税人委托施工企业建设的房屋，从办理验收手续之次月起，缴纳房产税

D. 纳税人购置新建商品房，自房屋交付使用之次月起，缴纳房产税

(判断题) 2. 纳税人将原有房产用于生产经营，从生产经营之次月起，缴纳房产税。(　　)

(判断题) 3. 某企业 6 月份购置新建商品房用于经营，7 月份交付使用，该购置的新建商品房今年应缴纳 4 个月的房产税。(　　)

(判断题) 4. 纳税人购置存量房，自办理房屋权属转移、变更登记手续，房地产权属登记机关签发房屋权属证书之次月起，缴纳房产税。(　　)

(判断题) 5. 纳税人出租、出借房产，自交付出租、出借房产之月起，缴纳房产税。(　　)

参考答案：1. A　2. ×　3. ×　4. √　5. ×

第二节　车船税法律制度

考点 1：车船税的纳税人和征税范围

重点等级：☆☆☆☆

1. 车船税的纳税人

车船税的纳税人，是指在中国境内拥有或者管理的车辆、船舶的单位和个人。车辆所有人或者管理人未缴纳车船税的，使用人应当代为缴纳车船税。有租赁关系，拥有人与使用人不一致时，如车辆拥有人未缴纳车船税的，使用人应当代为缴纳车船税。

外商投资企业、外国企业、华侨和香港、澳门、台湾同胞投资兴办的企业，外籍人员和香港、澳门、台湾同胞等适用《车船税暂行条例》，属于车船税的纳税人。

从事机动车交通事故责任强制保险业务的保险机构为机动车车船税的扣缴义务人。

2. 车船税的征税范围

车船，是指依法应当在车船管理部门登记的车船。车船税的征税范围包括依法在公安、交通、农业等车船管理部门登记的车船，具体包括：载客汽车（含电车）、载货汽车（含半挂牵引车、挂车）、【□ A. 专业作业车 B. 三轮汽车 C. 摩托车 D. 低速货车】、轮式专用机械车和船舶（包括机动船舶和非机动驳船）。

参考答案：ABCD

【经典试题】

（单项选择题）1. 下列各项中，（ ）不属于车船税的纳税人。

A. 拥有机动车辆的外商投资企业

B. 拥有机动车辆的外籍人员

C. 拥有机动车辆的机关单位

D. 从事机动车交通事故责任强制保险业务的保险机构

（多项选择题）2. 下列纳税主体中，属于车船税纳税人的有（ ）。

A. 在中国境内拥有并使用船舶的国有企业

B. 在中国境内拥有并使用车辆的外籍个人

C. 在中国境内拥有并使用船舶的内地居民

D. 在中国境内拥有并使用车辆的外国企业

（判断题）3. 车船发生租赁关系，拥有人与使用人不一致时，且租赁双方未商定纳税人的，由车船拥有人缴纳车船税。（ ）

（判断题）4. 从事机动车交通事故责任强制保险业务的保险机构为机动车车船税的扣缴义务人。（ ）

参考答案：1. D 2. ABCD（2009 年考试真题） 3. × 4. √

考点 2：车船税的计税依据、税率和应纳税额的计算

重点等级：☆☆☆☆☆

1. 车船税的计税依据

车船税的计税依据按车船的种类和性能分别确定为Ⅰ【□ A. 辆 B. 载重吨位

C. 自重吨位　D. 净吨位】。

(1) Ⅱ【□A. 载客汽车　B. 摩托车　C. 载货汽车　D. 电车】，以每辆为计税依据。

(2) 载货汽车、三轮汽车、低速货车，按自重每吨为计税依据。

(3) Ⅲ【○A. 电车　B. 摩托车　C. 船舶　D. 载货汽车】，按净吨位每吨为计税依据。

2. 车船税的税率

车船税采用Ⅳ【○A. 超额累进税率　B. 定额税率　C. 比例税率　D. 超率累进税率】。根据《车船税暂行条例》的规定，对应税车船实行有幅度的定额税率，即对各类车船分别规定一个最低到最高限度的年税额，同时授权国务院财政部门、税务主管部门可以根据实际情况在法定的税目范围和税额幅度内划分子税目，并明确车辆的子税目税额幅度和船舶的具体适用税额，如载客汽车每年税额为60～660元；车辆的具体适用税额由Ⅴ【○A. 区级人民政府　B. 县级人民政府　C. 市级人民政府　D. 省级人民政府】在规定的子税目税额幅度内确定。

3. 车船税应纳税额的计算

车船税应纳税额的计算公式为：

(1) 载客汽车和摩托车的应纳税额＝辆数×适用年税额；

(2) 载货汽车、三轮汽车、低速货车的应纳税额＝自重吨位数×适用年税额；

(3) 船舶的应纳税额＝净吨位数×适用年税额；

(4) Ⅵ【□A. 载货汽车　B. 非机动驳船　C. 挂车　D. 拖船】的应纳税额＝净吨位数×适用年税额×50%。

参考答案：Ⅰ.ACD　Ⅱ.ABD　Ⅲ.C　Ⅳ.B　Ⅴ.D　Ⅵ.BD

【经典试题】

(单项选择题) 1. 根据车船税法律制度的规定，下列各项中，属于载货汽车计税依据的是(　　)。

A. 排气量　B. 自重吨位　C. 净吨位　D. 购置价格

(单项选择题) 2. 2007年某企业拥有3辆载客汽车，5辆载货汽车，其自重吨位分别为4吨(2辆)、6吨(3辆)。当地车船税的年税额为：载客汽车每辆500元，载货汽车自重每吨100元。则2007年该公司应纳车船税为(　　)元。

A. 3 500　B. 4 100　C. 5 000　D. 6 200

(多项选择题) 3. 下列各项中，(　　)符合车船税的有关规定。

A. 电车，以“辆”为计税依据　B. 摩托车，以“辆”为计税依据

C. 船舶，以“载重吨位”为计税依据　D. 低速货车，以“自重吨位”为计税依据

(判断题) 4. 载客汽车和摩托车的应纳税额＝辆数×适用年税额。(　　)

（计算分析题）5. 某公司拥有并使用以下车辆和船舶：

（1）从事运输的自重为3吨的三轮汽车10辆；

（2）自重5吨载货卡车5辆；

（3）净吨位为5吨的拖船3艘；

（4）3辆客车，载客人数为30人。

当地政府规定，载货汽车的车辆税额为80元/吨，载客30人客车税额为600元/辆，船舶每年税额8元/吨。

要求：计算该公司当年应纳车船税。

参考答案：1. B（2008年考试真题） 2. B 3. ABD 4. √

5.（1）从事运输用的自重为3吨的三轮汽车10辆：3×80×10=2 400（元）；

（2）自重5吨载货卡车5辆：5×80×5=2 000（元）；

（3）净吨位为5吨的拖船3艘：5×3×8×50%=60（元）；

（4）3辆载客人数为30人的客车：600×3=1 800（元）。

企业共纳车船税=2 400+2 000+60+1 800=6 260（元）。

考点3：车船税纳税义务发生时间、纳税地点和纳税期限

重点等级：☆☆☆☆

1. 纳税义务发生时间

车船税的纳税义务发生时间为车船管理部门核发的车船登记证书或者Ⅰ【○ A. 车船上路行驶的次月 B. 行驶证中记载日期的当月 C. 行驶证中记载日期的次月 D. 车船上路行驶的当月】。

2. 纳税地点

车船税的纳税地点由Ⅱ【○ A. 省、自治区、直辖市国税机关 B. 省、自治区、直辖市地税机关 C. 省、自治区、直辖市人民政府 D. 县级以上税务机关】根据当地实际情况确定。跨省、自治区、直辖市使用的车船，纳税地点为Ⅲ【○ A. 车船的登记地 B. 车船的购买地 C. 车船的使用地 D. 车船的生产地】。

3. 纳税期限

车船税按年申报缴纳。具体纳税期限由Ⅳ【○ A. 省、自治区、直辖市国税机关 B. 省、自治区、直辖市人民政府 C. 省、自治区、直辖市地税机关 D. 县级以上税务机关】确定。

参考答案：Ⅰ. B Ⅱ. C Ⅲ. A Ⅳ. B

【经典试题】

（判断题）1. 对企业购入并办理注册登记后，暂未使用的车辆不需缴纳车船税。（　　）

（判断题）2. 车船税按月申报缴纳。（　　）

参考答案：1. ×　2. ×

第三节　印花税法律制度

考点 1：印花税的纳税人

重点等级：☆☆☆☆

印花税的纳税人，是指在中国境内书立、领受、使用税法所列举凭证的单位和个人。根据书立、领受、使用应税凭证的不同，纳税人可分为【□ A. 立合同人　B. 立账簿人　C. 立据人　D. 领受人】和使用人等。

（1）立合同人。立合同人是指合同的当事人，即对凭证有直接权利义务关系的单位和个人。当事人的代理人有代理纳税义务。

（2）立账簿人。立账簿人是指开立并使用营业账簿的单位和个人。

（3）立据人。立据人是指书立产权转移书据的单位和个人。

（4）领受人。领受人是指领取并持有权利、许可证照的单位和个人。

（5）使用人。使用人是指在国外书立、领受，但在国内使用应税凭证的单位和个人。

参考答案：ABCD

【经典试题】

（单项选择题）1. 根据印花税法律制度的规定，下列各项中，属于印花税纳税人的是（　　）。

A. 合同的双方当事人　　B. 合同的担保人

C. 合同的证人　　D. 合同的鉴定人

（单项选择题）2. 中外合资企业领取的工商营业执照为印花税的应税凭证，其印花税的纳税人应为(　　)。

A. 被批准设立的中外合资企业　　　　B. 代办设立手续的中介机构

C. 中外合资企业的中方投资人　　　　D. 审批中外合资企业的外经贸部门

(多项选择题) 3. 李某2000年3月以60万元的价格购买了两套公寓作为投资，2005年5月以50万元的价格将其中一套公寓出售给郑某。郑某在此次房屋交易中应缴纳的税种有(　　)。

A. 印花税　　B. 契税　　C. 营业税　　D. 土地增值税

参考答案：1. A（2008年考试真题）　2. A　3. AB（2005年考试真题）

考点2：印花税的征税范围

重点等级：☆☆☆☆☆

印花税的征税范围具体包括：合同类、产权转移书据、营业账簿、权利证照、许可证照及经财政部确定征税的其他凭证。

（1）合同类。包括购销、加工承揽、建设工程勘察设计、建筑安装工程承包、财产租赁、货物运输、仓储保管、借款、财产保险、技术合同或具有合同性质的凭证。融资租赁合同属于借款合同。

（2）产权转移书据。产权转移书据是指单位和个人产权的买卖、继承、赠与、交换、分割等所立的书据，包括Ⅰ【□ A. 财产所有权　B. 版权　C. 商标专用权　D. 专利权】、专有技术使用权等转移时所书立的转移书据。税法规定，土地使用权出让合同、土地使用权转让合同、商品房销售合同按照产权转移书据征收印花税。自2008年9月19日起，对买卖、继承、赠与所书立的A股、B股股权转让书据的出让方按1‰的税率征收证券（股票）交易印花税，对受让方不再征税。从2008年11月1日起，对个人销售或购买住房暂免征收印花税。

（3）营业账簿。营业账簿按其反映内容的不同，可分为记载资金的账簿和其他账簿。记载资金的账簿，是指反映生产经营单位资本金额增减变化的账簿；其他账簿，是指除上述账簿以外的有关其他生产经营活动内容的账簿，包括日记账簿和各种明细分类账簿。

（4）权利证照、许可证照。包括政府部门发给的Ⅱ【○ A. 土地使用权出让合同　B. 土地使用权转让合同　C. 商品房销售合同　D. 房屋产权证】、工商营业执照、商标注册证、专利证、Ⅲ【○ A. 卫生许可证　B. 土地使用证　C. 外汇许可证　D. 税务登记证】等。

（5）经财政部确定征税的其他凭证。

需要说明的是，在境外书立、领受但在我国境内使用、在我国境内具有法律效力、受我国法律保护的凭证，也属于印花税征税范围。

纳税人以电子形式签订的上述各类应税凭证，按规定征收印花税。

参考答案：Ⅰ.ABCD Ⅱ.D Ⅲ.B

【经典试题】

（单项选择题）1. 根据印花税法律制度的有关规定，下列凭证中，（　　）不属于印花税的征税范围。

A. 企业签订的融资租赁合同　　B. 企业填制的限额领料单

C. 企业签订的借款合同　　D. 企业领取的工商营业执照

（单项选择题）2. 王某2009年3月销售自有住房一套，其销售住房应缴纳的税金有（　　）。

A. 印花税　　B. 营业税

C. 契税　　D. 土地增值税

（多项选择题）3. 根据印花税法律制度的规定，下列各项中，属于印花税征税范围的有（　　）。

A. 工商营业执照　　B. 土地使用权出让合同

C. 土地使用证　　D. 商品房销售合同

（多项选择题）4. 下列各项中，（　　）属于印花税的征税范围。

A. 产权转移书据　　B. 技术合同

C. 营业账簿　　D. 权利、许可证照

（多项选择题）5. 赵某2000年1月以20万元的价格购买了两套公寓作为投资，2008年6月以50万元的价格将其中一套公寓出售给张某，签订了产权转移书据。张某在此次房屋交易中应缴纳的税种有（　　）。

A. 契税　　B. 印花税

C. 营业税　　D. 土地增值税

（多项选择题）6. 根据印花税的相关规定，下列各项中，属于借款合同的有（　　）。

A. 银行同业拆借合同　　B. 银行存款日记账

C. 银行与借款人签订的借款合同　　D. 融资租赁合同

（判断题）7. 2009年对个人销售或购买住房暂免征收印花税。（　　）

（判断题）8. 自2008年9月19日起，对买卖、继承、赠予所书立A股、B股股权转让书据的出让方和受让方按1‰税率征收证券（股票）交易印花税。（　　）

（判断题）9. 纳税人以电子形式签订的印花税各类应税凭证，由于没有纸质合同，所以不需缴纳印花税。（　　）

（判断题）10. 在境外书立、领受但在我国境内使用、在我国境内具有法律效力、受我国法律保护的凭证，也属于印花税征税范围。（　　）

参考答案：1. B　2. B　3. ABCD（2009 年考试真题）　4. ABCD　5. AB　6. CD　7. √　8. ×　9. ×　10. √

考点 3：印花税的税率

重点等级：☆☆☆☆☆

印花税的税率的形式包括Ⅰ【□ A. 定额税率　B. 超额累进税率　C. 比例税率　D. 全额累进税率】。

1. 比例税率

对载有金额的凭证，如各类合同、资金账簿等，采用Ⅱ【○ A. 超额累进税率　B. 定额税率　C. 比例税率　D. 超率累进税率】。在印花税的 13 个税目中，Ⅲ【□ A. 各类合同　B. 具有合同性质的凭证　C. 产权转移书据　D. 营业账簿中记载资金的账簿】，适用比例税率。

（1）借款合同，适用税率为 0.05‰；

（2）购销合同、建筑安装工程承包合同、技术合同等，适用税率为 0.3‰；

（3）加工承揽合同、建设工程勘察设计合同、货物运输合同、产权转移书据合同、记载资金数额的营业账簿等，适用税率为 0.5‰；

（4）财产租赁合同、仓储保管合同、财产保险合同等，适用税率为 1‰。

（5）因股票买卖、继承、赠与而书立“股权转让书据”（包括 A 股和 B 股），适用税率为Ⅳ【○ A. 0.05‰　B. 0.5‰　C. 0.3‰　D. 1‰】。此税率系后增加的，《印花税税目税率表》上没有此税率。

2. 定额税率

为了简化征管手续，便于操作，对无法计算金额的凭证，或虽载有金额，但作为计税依据不合理的凭证，采用定额税率，以件为单位缴纳一定数额的税款。Ⅴ【□ A. 权利、许可证照　B. 合同类凭证　C. 营业账簿中除记载资金的账簿外的其他账簿　D. 营业账簿中记载资金的账簿】，均为按件贴花，税额为每件 5 元。

参考答案：Ⅰ. AC　Ⅱ. C　Ⅲ. ABCD　Ⅳ. D　Ⅴ. AC

【经典试题】

（多项选择题）1. 根据税收法律制度的规定，下列各项中，规定了比例税率和定额税率两种税率形式的税种有(　　)。

A. 印花税　　B. 消费税　　C. 房产税　　D. 营业税

（判断题）2. 对无法计算金额的凭证，或虽载有金额，但作为计税依据不合理的

凭证，采用定额税率，以件为单位缴纳一定数额的税款。( )

参考答案：1. AB（2006 年考试真题） 2. √

考点 4：印花税的计税依据

重点等级：☆☆☆☆☆

《印花税暂行条例》按照应税凭证种类，对计税依据分别规定如下：

(1) 合同类。合同或具有合同性质的凭证，以凭证所载金额作为计税依据。具体包括购销合同中记载的购销金额、加工承揽合同中的加工或承揽收入、建设工程勘察设计合同中的收取费用、建筑安装工程合同中的承包金额、财产租赁合同中的租赁金额、货物运输合同中的运输费用（运费收入）、仓储保管费用、借款合同中的借款金额、保险合同中的保险费等。合同上的“金额”、“费用”应当全额计税，不得作任何扣除。

载有两个或两个以上应适用不同税目税率经济事项的同一凭证，如分别记载金额的，应分别计算应纳税额，相加后按合计税额贴花；如未分别记载金额的，Ⅰ【○ A. 从低适用税率 B. 从高适用税率 C. 按各税率平均值 D. 按双方协商确定税率】计算贴花。

(2) 营业账簿中记载资金的账簿，以Ⅱ【□ A. 实收资本 B. 长期投资 C. 资本公积 D. 盈余公积】两项的合计金额为计税依据。

(3) 不记载金额的工商营业执照、Ⅲ【□ A. 企业承包合同 B. 专利证 C. 记载资金的营业账簿 D. 房屋产权证】等权利许可证照，以及日记账簿和各种明细分类账簿等辅助性账簿，以凭证或账簿的件数作为计税依据。

(4) 地方税务机关可以核定纳税人印花税计税依据的情形包括：Ⅳ【□ A. 未按规定建立印花税应税凭证登记簿 B. 未如实登记和完整保存应税凭证 C. 拒不提供应税凭证或不如实提供应税凭证致使计税依据明显偏低 D. 采用按期汇总缴纳办法的，未按地方税务机关规定的期限报送汇总缴纳印花税情况报告，经地方税务机关责令限期报告，逾期仍不报告的或者地方税务机关在检查中发现纳税人有未按规定汇总缴纳印花税情况】。

参考答案：Ⅰ. B Ⅱ. AC Ⅲ. BD Ⅳ. ABCD

【经典试题】

（单项选择题）1. 下列关于印花税计税依据的说法中，不正确的是( )。

A. 财产租赁合同中的租赁金额 B. 购销合同中记载的购销金额

C. 货物运输合同中的运输费用　　D. 借款合同中的借款本利合计金额

（多项选择题）2. 根据印花税法律制度的规定，下列各项中，以所载金额作为计税依据缴纳印花税的有(　　)。

A. 产权转移书据　　B. 借款合同

C. 财产租赁合同　　D. 工商营业执照

（判断题）3. 仓储保管费用以“金额”、“费用”作为计税依据的，应当全额计税，不得作任何扣除。(　　)

（判断题）4. 印花税同一应税凭证载有两个或两个以上经济事项而适用不同税目税率，如分别记载金额的，应分别计算应纳印花税额，按相加后的合计税额贴花；如未分别记载金额，按税率高的计税贴花。(　　)

参考答案：1. D　2. ABC（2008 年考试真题）　3. √　4. √

考点 5：印花税应纳税额的计算

重点等级：☆☆☆☆

（1）实行比例税率的凭证，印花税应纳税额的计算公式为：

应纳税额＝应税凭证计税金额×比例税率

（2）实行定额税率的凭证，印花税应纳税额的计算公式为：

应纳税额＝应税凭证件数×定额税率

（3）营业账簿中记载资金的账簿，印花税应纳税额的计算公式为：

应纳税额＝（实收资本＋资本公积）×0.5‰

其他账簿按件贴花，每件 5 元。

【经典试题】

（单项选择题）1. 甲公司向乙汽车运输公司租入 50 辆载重汽车，双方签订的合同中规定，50 辆载重汽车的总价值为 500 万元，租期 1 个月，租金为 50 万元。则甲公司应缴纳的印花税额为(　　)元。

A. 200　　B. 300　　C. 400　　D. 500

（单项选择题）2. 甲、乙双方签订一份仓储保管合同，合同上注明货物金额 100 万元、保管费用 5 万元，印花税税率为 1‰，则双方共应缴纳的印花税为(　　)元。

A. 100　　B. 200　　C. 1 000　　D. 2 500

（单项选择题）3. 某企业 2007 年实收资本为 500 万元，资本公积为 450 万元。该企业 2006 年资金账簿上已按规定贴印花 3 000 元，税率为 0.5‰，则该企业 2007 年应纳印花税为(　　)元。

A. 1 500　　B. 1 750　　C. 2 000　　D. 3 500

（计算分析题）4. 风华企业 2007 年有关资料如下：

（1）实收资本比 2006 年增加 50 万元。

（2）与银行签订三年期借款合同，借款金额 100 万元，年利率 5%。

（3）与海丰公司签订以货换货合同，风华企业的货物价值 300 万元，海丰公司的货物价值 400 万元。

（4）与铁路部门签订运输合同，载明运输费及保管费共计 30 万元。

要求：根据上述资料，回答下列问题：

（1）计算该企业 2007 年实收资本增加应纳印花税（产权转移书据印花税税率为 0.5‰）；

（2）计算该企业 2007 年借款合同应纳印花税（借款合同印花税税率为 0.05‰）；

（3）计算该企业 2007 年以货换货合同应纳印花税（购销合同印花税税率为 0.3‰）；

（4）计算该企业 2007 年铁路运输合同应纳印花税（运输合同印花税税率为 0.5‰，保管合同印花税税率为 1‰）；

（5）计算该企业 2007 年应缴纳的印花税。

参考答案：1. D　2. A　3. B

4.（1）实收资本增加应纳印花税＝500 000×0.5‰＝250（元）。

（2）借款合同应纳印花税＝1 000 000×0.05‰＝50（元）。

（3）以货换货合同应纳印花税＝（3 000 000＋4 000 000）×0.3‰＝2 100（元）。

（4）铁路运输合同应纳印花税＝300 000×1‰＝300（元）。

（5）该企业 2008 年应缴纳的印花税＝250＋50＋2 100＋300＝2 700（元）。

考点 6：印花税纳税义务发生时间、纳税地点和纳税期限

重点等级：☆☆☆☆

1. 纳税义务发生时间

印花税应当在书立或领受时贴花。具体是指在 I 【□ A. 证照领受时　B. 合同签订时　C. 合同生效时　D. 账簿启用时】贴花。如果合同是在国外签订，并且不便在国外贴花的，应在将合同带入境时办理贴花纳税手续。

2. 纳税地点

印花税一般实行就地纳税。对地方主办、不涉及省际关系的订货会、展销会上所签合同的印花税，其纳税地点由各省、自治区、直辖市人民政府自行确定；对于全国性商品物资订货会（包括展销会、交易会等）上所签订合同应纳的印花税，由纳税人回其所在地后及时办理贴花完税手续。

3. 纳税期限

印花税的纳税方法较其他税种不同，其特点是由纳税人根据税法规定，自行计算应纳税额，自行购买印花税税票，自行完成纳税义务；同时，对特殊情况采取特定的纳税贴花方法。税法规定，印花税应税凭证应在书立、领受时即行贴花完税，不得延至凭证生效日期贴花。同一种类应纳印花税凭证若需要频繁贴花的，纳税人可向当地税务机关申请按期汇总缴纳印花税，经税务机关核准发给许可证后，按税务机关确定的限期（最长不超过1个月）汇总计算纳税。

参考答案：ABD

【经典试题】

（判断题）1. 某外商在境外取得一项专利权，同年将此项专利用于其在中国的独资企业，该项专利权在中国使用时可以不贴花。（　　）

（判断题）2. 印花税由纳税人根据税法规定，自行计算应纳税额，自行购买印花税税票，自行完成纳税义务。（　　）

（判断题）3. 同一种类应纳印花税凭证若需要频繁贴花的，纳税人可向当地税务机关申请按期汇总缴纳印花税，经税务机关核准发给许可证后，按税务机关确定的限期，最长不超过3个月汇总计算纳税。（　　）

（判断题）4. 税法规定，印花税应税凭证应在书立、领受时即行贴花完税，不得延至凭证生效日期贴花。（　　）

参考答案：1. × 2. √ 3. × 4. √

第四节　契税法律制度

考点1：契税的概念、纳税人和征税范围

重点等级：☆☆☆☆☆

1. 契税的概念

契税是指国家在土地、房屋权属转移时，按照当事人双方签订的合同（契约）以及所确定价格的一定比例，向权属承受人征收的一种税。

2. 契税的纳税人

契税的纳税人，是指在我国境内承受土地、房屋权属转移的单位和个人。契税由权属的承受人缴纳。这里所说的“承受”，是指以Ⅰ【□ A. 受让 B. 购买 C. 受赠 D. 交换】等方式取得的土地、房屋权属的行为。

3. 契税的征税范围

契税以在我国境内转移土地、房屋权属的行为作为征税对象。土地、房屋权属未发生转移的，不征收契税。契税的征税范围主要包括：

(1) 国有土地使用权出让。国有土地使用权出让是指土地使用者向国家交付土地使用权出让费用，国家将国有土地使用权在一定年限内让与土地使用者的行为。

(2) 土地使用权转让。土地使用权转让是指土地使用者以Ⅱ【□ A. 出售 B. 赠与 C. 交换 D. 转移】或者其他方式将土地使用权转移给其他单位和个人的行为。土地使用权的转让不包括农村集体土地承包经营权的转移。

(3) 房屋买卖。房屋买卖是指房屋所有者将其房屋出售，由承受者交付货币、实物、无形资产或其他经济利益的行为。

(4) 房屋赠与。房屋赠与是指房屋所有者将其房屋无偿转让给受赠者的行为。

(5) 房屋交换。房屋交换是指房屋所有者之间相互交换房屋的行为。

除以上情形外，在实际中还有其他一些转移土地、房屋权属的形式，如以土地、房屋权属作价投资、入股；以土地、房屋权属抵债；以获奖方式承受土地、房屋权属；以预购方式或者预付集资建房款方式承受土地、房屋权属等。对于这些转移土地、房屋权属的形式，可以分别视同土地使用权转让、房屋买卖或者房屋赠与征收契税。再如土地使用权受让人通过完成土地使用权转让方约定的投资额度或投资特定项目，以此获取低价转让或无偿赠与的土地使用权的，属于契税征收范围。此外，公司增资扩股中，对以土地、房屋权属作价入股或作为出资投入企业的，征收契税；企业破产清算期间，对非债权人承受破产企业土地、房屋权属的，视具体情况征收、减半征收或免征契税。

因典当、法定继承、分拆（分割）、出租或者抵押等形式而发生的土地、房屋权属变动的，不属于契税的征税范围。

参考答案：Ⅰ. ABCD Ⅱ. ABC

【经典试题】

(单项选择题) 1. 根据法律制度的规定，下列各项中，应缴纳契税的是(　　)。

A. 承包者获得农村集体土地承包经营权　　B. 企业受让土地使用权

C. 企业将厂房抵押给银行　　D. 个人承租居民住宅

(单项选择题) 2. 下列属于契税纳税义务人的有(　　)。

A. 土地、房屋抵债的抵债方　　B. 房屋赠与中的受赠方

C. 房屋赠与中的赠与方　　　　　　　　D. 土地、房屋投资的投资方

(单项选择题) 3. 下列各项应按规定征收契税的是(　　)。

A. 房屋赠与　　　　　　　　　　　　　B. 房产典当

C. 房屋出租　　　　　　　　　　　　　D. 房地产继承

(单项选择题) 4. 下列不属于契税的征税范围的是(　　)。

A. 国有土地使用权出让　　　　　　　　B. 土地使用权转让、出售

C. 土地所有权的转让　　　　　　　　　D. 房屋产权买卖

(单项选择题) 5. 某公司其一设计人员奖励住宅一套，市场价格 50 万元。该设计人员随后以 60 万元的价格将奖励住宅出售，当地契税适用税率为 4%，则该设计人员应缴纳的契税为(　　)万元。

A. 0　　　　B. 2　　　　C. 2.5　　　　D. 3

(多项选择题) 6. 根据《契税暂行条例》的规定，下列各项中，属于契税征税对象的有(　　)。

A. 房屋买卖　　　　　　　　　　　　　B. 国有土地使用权出让

C. 房屋赠与　　　　　　　　　　　　　D. 农村集体土地承包经营权转移

(多项选择题) 7. 根据《契税暂行条例》的规定，下列各项中，(　　)属于契税的征收范围。

A. 国有土地使用权出租　　　　　　　　B. 法定继承房屋

C. 接受他人赠与的房屋　　　　　　　　D. 接受他人房屋作价投资入股

(多项选择题) 8. 李某于 2008 年以 100 万元的价格购入一套高档公寓作为投资。2009 年将其以 120 万元的价格转让给王某，从中获利 20 万元，根据我国税收法律制度的规定，李某出售公寓的行为应缴纳的税种包括(　　)。

A. 个人所得税　　　　　　　　　　　　B. 营业税

C. 契税　　　　　　　　　　　　　　　D. 土地增值税

(判断题) 9. 契税的纳税人是在我国境内转让土地、房屋权属的单位和个人。(　　)

(判断题) 10. 境内承受转让土地、房屋权属的单位和个人为契税的纳税人，不包括外商投资企业和外国企业。(　　)

(判断题) 11. 企业破产清算期间，对债权人承受破产企业土地、房屋权属的，征收契税。(　　)

(判断题) 12. 土地、房屋权属变动中的各种形式，包括典当、继承、出租或者抵押等，均属于契税的征税范围。(　　)

(判断题) 13. 公司增资扩股中，对以土地、房屋权属作价入股或作为出资投入企业的，不属于契税征收范围。(　　)

参考答案：1. B（2009 年考试真题） 2. B 3. A 4. C 5. B 6. ABC（2002 年考试真题） 7. CD 8. AB 9. ×（2008 年考试真题） 10. × 11. × 12. × 13. ×

考点 2：契税的计税依据

重点等级：☆☆☆☆☆

（1）买卖。Ⅰ【□ A. 土地使用权出售 B. 国有土地使用权出让 C. 房屋交换 D. 房屋买卖】，以成交价格作为计税依据。成交价格是指土地、房屋权属转移合同确定的价格，包括承受者应交付的Ⅱ【□ A. 货币 B. 实物 C. 无形资产 D. 其他经济利益】。

（2）赠与。土地使用权赠与、房屋赠与，由征收机关参照土地使用权出售、房屋买卖的市场价格核定。

（3）交换。土地使用权交换、房屋交换，以所交换的土地使用权、房屋的价格差额为计税依据。交换价格不相等的，由多交付货币、实物、无形资产或其他经济利益的一方缴纳契税；交换价格相等的，免征契税。

（4）划拨土地使用权，经批准转让房地产时，以Ⅲ【□ A. 补缴的土地使用权出让费用 B. 土地使用权市场价格 C. 土地收益 D. 土地使用权协商价格】作为计税依据。

为防止纳税人隐瞒、虚报成交价格以逃避税款，对成交价格明显低于市场价格而无正当理由的，或所交换的土地使用权、房屋价格的差额明显不合理并且无正当理由的，征收机关参照市场价格核定计税依据。

参考答案：Ⅰ. ABD Ⅱ. ABCD Ⅲ. AC

【经典试题】

（判断题）1. 甲企业以价值 300 万元的办公用房与乙企业互换一处厂房，并向乙企业支付差价款 100 万元。在这次互换中，乙企业不需缴纳契税，应由甲企业缴纳。（ ）

（判断题）2. 房屋交换时，交换价格相等的，免征契税。（ ）

（判断题）3. 土地使用权赠与、房屋赠与，由征收机关参照土地使用权出售、房屋买卖的市场价格核定。（ ）

（判断题）4. 土地使用权交换中，契税由收取货币或其他经济利益的土地出让方缴纳。（ ）

(判断题) 5. 土地使用权出售时，应以其成交价格作为计税依据计算缴纳契税。(　　)

参考答案：1. √ (2007 年考试真题)　2. √　3. √　4. ×　5. √

考点 3：契税的税率及应纳税额的计算

重点等级：☆☆☆☆☆

1. 契税的税率

契税采用比例税率，并实行 3%～5%的幅度税率。具体税率由 I 【○ A. 省、自治区、直辖市国税机关　B. 省、自治区、直辖市地税机关　C. 县级以上税务机关　D. 省、自治区、直辖市人民政府】在幅度税率规定范围内，按照本地区的实际情况确定，以适应不同地区纳税人的负担水平和调控房地产交易的市场价格。

2. 应纳税额的计算

契税应纳税额依照省、自治区、直辖市人民政府确定的适用税率和税法规定的计税依据计算征收。其计算公式为：

应纳税额＝计税依据×税率

参考答案：D

【经典试题】

(单项选择题) 1. 林某有面积为 140 平方米的住宅一套，价值 96 万元。黄某有面积为 120 平方米的住宅一套，价值 72 万元。两人进行房屋互换，差价部分黄某以现金补偿林某。已知契税适用税率为 3%，黄某应缴纳的契税税额为(　　)万元。

A. 4.8　　B. 2.88　　C. 2.16　　D. 0.72

(单项选择题) 2. 赵某接受他人捐赠房屋一套，该房屋原来的建筑成本为 10 万元，目前市场价为 30 万元，赵某接受捐赠后又支出装修费 5 万元，契税税率为 5%，则赵某应交契税(　　)万元。

A. 1.0　　B. 1.5　　C. 2.0　　D. 2.5

(单项选择题) 3. 某企业 2009 年 1 月以 5 000 万元购得某一写字楼作为办公室使用，该写字楼原值 8 000 万元，累计折旧 2 000 万元。如果适用的契税税率为 3%，该企业应缴契税(　　)万元。

A. 105　　B. 115　　C. 120　　D. 150

（单项选择题）4. 甲、乙两单位互换经营性用房，甲的房屋价格为 500 万元，乙的房屋价格为 800 万元，当地契税税率为 3%，则下列对契税的处理正确的是(　　)。

A. 甲交 8 万元　B. 甲交 9 万元　C. 乙交 8 万元　D. 乙交 9 万元

（计算分析题）5. 某房地产公司 2008 年发生两笔互换房产的业务，并均已办理了相关手续。第一笔业务换出的房产价值 500 万元，换进的房产价值 1 000 万元；第二笔业务换出的房产价值 800 万元，换进的房产价值 500 万元。

要求：计算该公司应缴纳的契税。(已知当地政府规定的契税税率为 3%)

参考答案：1. D（2008 年考试真题）　2. B　3. D　4. B

5. (1) 因为契税是以房屋产权的承受者为纳税人的，该公司换进的房产应缴纳契税＝（1 000－500）×3%＝15 万元。

(2) 第二笔业务不用缴纳契税。因为对于房屋交换的，由多交付货币、实物、无形资产或其他经济利益的一方缴纳契税。本题中，由于第二笔业务换出的房产价值为 800 万元，换进的房产价值为 500 万元，故该公司不用支付补价，因此不用缴纳契税。

考点 4：契税纳税义务发生时间、纳税地点和纳税期限

重点等级：☆☆☆

1. 契税的纳税义务发生时间

契税纳税义务发生的时间，是纳税人签订土地、房屋权属转移合同的Ⅰ【○ A. 当天　B. 次天　C. 当月　D. 次月】，或者纳税人取得其他具有土地、房屋权属转移合同性质凭证的Ⅱ【○ A. 当天　B. 次天　C. 当月　D. 次月】。

2. 契税纳税地点

契税实行属地征收管理。纳税人发生契税纳税义务时，应向土地、房屋所在地的税收征收机关申报纳税。

3. 契税纳税期限

纳税人应当自纳税义务发生之日起Ⅲ【○ A. 7 日　B. 10 日　C. 15 日　D. 30 日】内，向土地、房屋所在地的税收征收机关办理纳税申报，并在税收征收机关核定的期限内缴纳税款。

参考答案：Ⅰ. A　Ⅱ. A　Ⅲ. B

第五节　城镇土地使用税法律制度

考点 1：城镇土地使用税的纳税人和征税范围

重点等级：☆☆☆☆☆

1. 城镇土地使用税的纳税人

城镇土地使用税是以城镇土地为征收对象，对拥有土地使用权的单位和个人征收的一种税。城镇土地使用税的纳税人，是指在税法规定的征税范围内使用土地的单位和个人。单位，包括国有企业、集体企业、Ⅰ【□ A. 私营企业　B. 股份制企业　C. 外商投资企业　D. 外国企业】、其他企业和事业单位、社会团体、国家机关、军队以及其他单位。个人，包括个体工商户以及其他个人。

国家对城镇土地使用税的纳税人，根据用地者的不同情况分别确定如下：

（1）城镇土地使用税由拥有使用权的单位或个人缴纳。

（2）拥有土地使用权的纳税人不在土地所在地的，由代管人或实际使用人缴纳。

（3）土地使用权未确定或权属纠纷未解决的，由实际使用人纳税。

（4）土地使用权共有的，纳税人为Ⅱ【○ A. 共有各方　B. 税务机关核定的某一单位　C. 其主管部门　D. 其中实际占用土地面积最大的单位】。

外商投资企业和外国企业也是城镇土地使用税的纳税人，这是Ⅲ【○ A. 2006 年 1 月 1 日　B. 2007 年 1 月 1 日　C. 2008 年 1 月 1 日　D. 2009 年 1 月 1 日】起开始执行的新政策。

2. 城镇土地使用税的征税范围

根据《城镇土地使用税暂行条例》的规定，城镇土地使用税的征税对象包括：Ⅳ【□ A. 农村的土地　B. 县城的国家所有、集体所有的土地　C. 建制镇、工矿区的国家所有、集体所有的土地　D. 市区的国家所有和集体所有的土地】。城镇土地使用税的征税范围为Ⅴ【□ A. 城市　B. 县城　C. 建制镇　D. 工矿区】。

城市，是指国务院批准设立的市。城市的征税范围包括市区和郊区。县城，是指县人民政府所在地。县城的征税范围为县人民政府所在地的城镇。建制镇，是经省级人民政府批准设立的建制镇。建制镇的征税范围为镇人民政府所在地的地区，但不包括镇政府所在地所辖行政村。工矿区，是指工商业比较发达，人口比较集中，符合国务院规定的建制镇标准，但尚未设立建制镇的大中型工矿企业所在地。

参考答案：Ⅰ. ABCD　Ⅱ. A　Ⅲ. B　Ⅳ. BCD　Ⅴ. ABCD

【经典试题】

(多项选择题) 1. 城镇土地使用税的纳税义务人通常包括( )。

A. 拥有土地使用权的单位和个人

B. 拥有土地使用权的单位和个人不在土地所在地时的土地实际使用人和代管人

C. 土地使用权未确定或权属纠纷未解决时的实际使用人

D. 土地使用权共有时的共有各方

(多项选择题) 2. 根据城镇土地使用税法律制度的有关规定,下列各项中,( )应征收城镇土地使用税。

A. 某县居民的居住地

B. 某县人民政府所在地的城镇土地

C. 某市郊区外资企业生产车间用地

D. 某市一大型超市用地

(判断题) 3. 我国目前只对国家所有的土地征收城镇土地使用税,对集体所有的土地不征收城镇土地使用税。( )

(判断题) 4. 在房产税征收范围中,城市是指国务院批准设立的市,城市的征税范围不包括郊区在内。( )

(判断题) 5. 城市是指国务院批准设立的市,城市的征税范围包括郊区。( )

参考答案:1. ABCD 2. BCD 3. ×(2006 年考试真题) 4. × 5. √

考点 2:城镇土地使用税的计税依据

重点等级:☆☆☆☆

城镇土地使用税的计税依据是纳税人Ⅰ【○ A. 建筑面积 B. 使用面积 C. 居住面积 D. 实际占用的土地的面积】。具体确定办法如下:

(1) 凡由省级人民政府确定的单位组织测定土地面积的,以测定的土地面积为准。

(2) 尚未组织测定,但纳税人持有政府部门核发的土地使用证书的,以证书确定的土地面积为准。

(3) 尚未核发土地使用证书的,应由纳税人Ⅱ【○ A. 待核发土地使用证后再缴纳 B. 以测定的土地面积为准 C. 请中介机构确定 D. 据实申报土地面积,待核发土地使用证书后再作调整】。

参考答案:Ⅰ. D(2007 年考试真题) Ⅱ. D

【经典试题】

(多项选择题) 1. 下列关于城镇土地使用税的计税依据的说法中，正确的有(　　)。

A. 城镇土地使用税以纳税人实际占用的土地面积（平方米）为计税依据

B. 纳税人实际占用的土地面积，是指由省、自治区、直辖市人民政府确定的单位组织测定的土地面积

C. 尚未组织测量，但纳税人持有政府部门核发的土地使用证书的，以证书确认的土地面积为准

D. 尚未核发土地使用证书的，应由纳税人据实申报土地面积，据以纳税，待核发土地使用证以后再作调整

(判断题) 2. 城镇土地使用税的纳税人，在尚未取得土地使用证书之前，不需缴纳城镇土地使用税。(　　)

参考答案：1. ABCD　2. ×

考点 3：城镇土地使用税的税率

重点等级：☆☆☆☆☆

Ⅰ【○ A. 车船税　B. 印花税　C. 土地使用税　D. 城建税】采用定额税率，即采取有幅度的差别税额。按大、中、小城市和县城、建制镇、工矿区分别规定每平方米城镇土地使用税年应纳税额。大、中、小城市以公安部门登记在册的非农业正式户口人数为依据，按照国务院颁布的《城市规划条例》中规定的标准划分。市区及郊区非农业人口在 50 万以上的为大城市；市区及郊区非农业人口在 20 万～50 万之间的为中等城市；市区及郊区非农业人口在 20 万以下的为小城市。其中大城市城镇土地使用税每平方米年税额为Ⅱ【○ A. 1.2～30 元　B. 1.2～15 元　C. 1.5～30 元　D. 2.5～30 元】；中等城市为Ⅲ【○ A. 1.2～30 元　B. 1.2～24 元　C. 1.5～30 元　D. 2.5～30 元】；小城市为Ⅳ【○ A. 0.9～18 元　B. 1.2～15 元　C. 1.5～30 元　D. 2.5～30 元】；县城、建制镇、工矿区为Ⅴ【○ A. 0.6～12 元　B. 0.9～18 元　C. 1.5～30 元　D. 2.5～30 元】。

城镇土地使用税规定幅度税额，而且每个幅度税额的差距为Ⅵ【○ A. 5 倍　B. 10 倍　C. 15 倍　D. 20 倍】。

参考答案：Ⅰ. C　Ⅱ. C　Ⅲ. B　Ⅳ. A　Ⅴ. A　Ⅵ. D

【经典试题】

（判断题）城镇土地使用税规定幅度税额，按大、中、小城市和县城、建制镇、工矿区分别规定单位税额。（　　）

参考答案：√

考点 4：城镇土地使用税应纳税额的计算

重点等级：☆

城镇土地使用税是以纳税人实际占用的土地面积为计税依据，按照规定的适用税额计算征收。其应纳税额计算公式为：

年应纳税额＝实际占用应税土地面积（平方米）×适用税额

【经典试题】

（单项选择题）某公司 2008 年实际占地面积为 2 000 平方米，2008 年 5 月该企业为扩大生产，根据有关部门的批准，新征用非耕地 3 000 平方米。该公司所处地段适用年税额 5 元/平方米。则该公司 2008 年应缴纳城镇土地使用税（　　）万元。

A. 1.0　　B. 1.5　　C. 2.5　　D. 1.875

参考答案：D

考点 5：城镇土地使用税纳税义务发生时间、纳税地点和纳税期限

重点等级：☆☆☆☆

1. 城镇土地使用税纳税义务发生时间

（1）纳税人购置新建商品房，自房屋交付使用之次月起，缴纳城镇土地使用税。

（2）纳税人购置存量房，自办理房屋权属转移、变更登记手续、房地产权属登记机关签发房屋权属证书之次月起，缴纳城镇土地使用税。

（3）纳税人出租、出借房产，自交付出租、出借房产之次月起，缴纳城镇土地使用税。

（4）房地产开发企业自用、出租、出借本企业建造的商品房，自房屋使用或交付之次月起，缴纳城镇土地使用税。

(5) 纳税人新征用的耕地，自批准征用之日起满1年时，开始缴纳城镇土地使用税。

(6) 纳税人新征用的非耕地，自批准征用次月起，缴纳城镇土地使用税。

2. 纳税地点

城镇土地使用税在土地所在地缴纳。

纳税人使用的土地在同一省、自治区、直辖市管辖范围内，纳税人跨地区使用的土地，其纳税地点由各省、自治区、直辖市地方税务局确定；不属于同一省、自治区、直辖市管辖的，由纳税人分别向土地所在地税务机关缴纳城镇土地使用税。

3. 纳税期限

城镇土地使用税实行Ⅰ【○ A. 按年　B. 按季　C. 按月　D. 按日】计算、分期缴纳的征收方法，具体纳税期限由Ⅱ【○ A. 省、自治区、直辖市国税机关　B. 省、自治区、直辖市人民政府　C. 省、自治区、直辖市地税机关　D. 县级以上税务机关】确定。

参考答案：Ⅰ.A　Ⅱ.B

【经典试题】

(多项选择题) 1. 下列关于城镇土地使用税纳税义务发生时间的叙述正确的是(　　)。

A. 纳税义务人新征用的非耕地，自批准征用的次月起缴纳土地使用税

B. 房地产企业出租本企业建造的商品房，自交付出租之次月起，缴纳土地使用税

C. 纳税人购置存量房，自办理房产权属转移变更手续，签发权属证书之日起，缴纳土地使用税

D. 纳税人购置新建商品房，自房屋交付使用之次月起，缴纳土地使用税

(判断题) 2. 纳税人新征用的耕地，自批准征用次月起，缴纳城镇土地使用税。(　　)

(判断题) 3. 纳税人购置存量房，自办理房屋权属转移、变更登记手续、房地产权属登记机关签发房屋权属证书之次月起，缴纳城镇土地使用税。(　　)

(判断题) 4. 纳税人出租、出借房产，自交付出租、出借房产之月起，缴纳城镇土地使用税。(　　)

参考答案：1. ABD　2. ×　3. √　4 ×

第六节　城市维护建设税法律制度

考点 1：城市维护建设税的概念

重点等级：☆

城市维护建设税，是指以单位和个人实际缴纳的【□ A. 增值税　B. 印花税　C. 消费税　D. 营业税】（以下简称“三税”）的税额为计税依据而征收的一种税。城市维护建设税具有如下特征：一是具有附加税性质。它以纳税人实际缴纳的“三税”税额为计税依据，附加于“三税”税额，本身并没有类似于其他税种的特定、独立的征税对象。二是具有特定目的。城市维护建设税税款专门用于城市的公用事业和公共设施的维护建设。

1985 年 2 月 8 日，国务院发布并于同年 1 月 1 日起实施《城市维护建设税暂行条例》；同年 2 月 15 日和 3 月 22 日，财政部先后印发《关于〈城市维护建设税暂行条例〉执行日期等问题的通知》、《关于贯彻执行〈中华人民共和国城市维护建设税暂行条例〉几个具体问题的规定》。此后，财政部、国家税务总局又陆续发布了一些有关城市维护建设税的规定、办法，这些法律文件构成了我国城市维护建设税法律制度。

参考答案：ACD

考点 2：城市维护建设税的纳税人和征税范围

重点等级：☆☆☆☆

城市维护建设税以缴纳增值税、消费税、营业税的单位和个人为纳税义务人，包括【□ A. 私营企业　B. 国有企业　C. 外商投资企业　D. 集体企业】、股份制企业、其他企业和行政事业单位、军事单位、社会团体、其他单位，以及个体工商户和其他个人。

目前，中外合资企业、外商投资企业和外国企业缴纳“三税”，但不缴纳城市维护建设税。纳税人进口货物行为缴纳增值税和消费税，但不缴纳城市维护建设税。

参考答案：ABD

【经典试题】

（多项选择题）1. 下列关于城市维护建设税的说法中正确的有（　）。

A. 进口货物行为不征收城市维护建设税

B. 外商投资企业、外国企业不征收城市维护建设税

C. 对出口产品退还增值税、消费税的，不退还已缴纳的城市维护建设税

D. 对出口产品退还增值税、消费税的，退还已缴纳的城市维护建设税

（判断题）2. 城市维护建设税没有独立的征税对象，它以纳税人实际缴纳的“三税”税额为计税依据，具有附加税性质。（　）

（判断题）3. 凡缴纳增值税、消费税、营业税的单位和个人，也均应缴纳城市维护建设税。（　）

（判断题）4. 城市维护建设税以“三税”税额为计税依据并同时征收，如果要免征或者减征“三税”，也要同时免征或者减征城市维护建设税。（　）

参考答案：1. ABC　2. √　3. ×　4. √

考点3：城市维护建设税的计税依据

重点等级：☆☆☆☆

城市维护建设税的计税依据是Ⅰ【○ A. 纳税人实际缴纳的“三税”税额　B. 纳税人应当缴纳的“三税”税额　C. 纳税人被处罚的“三税”罚款　D. 纳税人因“三税”加收的滞纳金】。其中的“三税”税额指的是Ⅱ【□ A. 缴纳的增值税税额　B. 缴纳的消费税税额　C. 缴纳的营业税税额　D. 缴纳的所得税税额】。

纳税人违反“三税”有关税法而加收的滞纳金和罚款，是税务机关对纳税人违法行为的经济制裁，不作为城市维护建设税的计税依据，但纳税人在被查补纳“三税”和被处以罚款时，应同时对其逃漏的城市维护建设税进行补税、征收税收滞纳金和罚款。

城市维护建设税以“三税”税额为计税依据并同时征收，如果要免征或者减征“三税”，也要同时免征或者减征城市维护建设税。

对出口产品退还增值税、消费税的，不退还已缴纳的城市维护建设税。自2005年1月1日起，经国家税务总局正式审核批准的当期免抵的增值税税额应纳入城市维护建设税和教育费附加的计税范围。

参考答案：Ⅰ. A　Ⅱ. ABC（2003年考试真题）

【经典试题】

（判断题）1. 对出口产品退还增值税、消费税的，不退还已缴纳的城市维护建设税。（ ）

（判断题）2. 经国家税务总局正式审核批准的当期免抵的增值税税额，应纳入城市维护建设税和教育费附加的计税范围。（ ）

参考答案：1. √ 2. √

考点 4：城市维护建设税的税率和应纳税额的计算

重点等级：☆☆☆☆☆

城市维护建设税的税率，是指纳税人应缴纳的城市维护建设税税额与纳税人实际缴纳的“三税”税额之间的比率。

（1）根据城市维护建设税按纳税人所在地的不同，设置了三档地区差别比例税率，即：

①纳税人所在地为市区的，税率为 7%；

②纳税人所在地为县城、镇的，税率为Ⅰ【○ A. 1% B. 3% C. 5% D. 7%】；

③纳税人所在地不在市区、县城或者镇的，税率为Ⅱ【○ A. 1% B. 3% C. 5% D. 7%】。

（2）城市维护建设税的适用税率应当按纳税人所在地的规定税率执行。但是，对下列情况，可按缴纳“三税”所在地的规定税率就地缴纳城市维护建设税：

①由受托方代扣代缴、代收代缴“三税”的单位和个人，其代扣代缴、代收代缴的城市维护建设税按受托方所在地适用税率执行。

②流动经营等无固定纳税地点的单位和个人，在经营地缴纳“三税”的，其城市维护建设税的缴纳按经营地适用税率执行。

（3）由于城市维护建设税实行纳税人所在地差别比例税率，在计算应纳税额时，应注意根据纳税人所在地来确定适用税率。城市维护建设税纳税人的应纳税额大小是由纳税人实际缴纳的“三税”税额决定的，其计算公式为：

$$应纳税额=\left(\begin{matrix}实际缴纳的\\增值税税额\end{matrix}+\begin{matrix}实际缴纳的\\消费税税额\end{matrix}+\begin{matrix}实际缴纳的\\营业税税额\end{matrix}\right)\times 适用税率$$

参考答案：Ⅰ. C Ⅱ. A

【经典试题】

（单项选择题）1. 某企业 3 月份销售应税货物缴纳增值税 34 万元、消费税 12 万元，出售房产缴纳营业税10万元、土地增值税4万元。已知该企业所在地适用的城市维护建设税税率为7%。该企业3月份应缴纳的城市维护建设税税额为(　　)万元。

A. 4.20　　B. 3.92　　C. 3.22　　D. 2.38

(单项选择题) 2. 某企业地处市区，本月缴纳增值税50万元，营业税10万元，企业所得税15万元。该企业应缴纳的城市维护建设税是(　　)万元。(市区的城市维护建设税税率为7%)

A. 1.7　　B. 2.5　　C. 4.2　　D. 5.4

(判断题) 3. 由受托方代征代扣增值税、消费税、营业税的单位和个人，其代征代扣的城市维护建设税适用委托方所在地的税率。(　　)

(判断题) 4. 流动经营等无固定纳税地点的单位和个人，在经营地缴纳"三税"的，其城市维护建设税的缴纳按经营地适用税率执行。(　　)

(判断题) 5. 由于城市维护建设税实行纳税人所在地差别比例税率，在计算应纳税额时，应注意根据纳税人所在地来确定适用税率。(　　)

参考答案：1. B (2007年考试真题)　2. C　3. ×　4. √　5. √

第七节　车辆购置税法律制度

考点1：车辆购置税的纳税人和征税范围

重点等级：☆☆☆☆

1. 车辆购置税的纳税人

车辆购置税的纳税人，是指在中华人民共和国境内购置《车辆购置税暂行条例》规定的车辆（以下简称应税车辆）的单位和个人。这里所说的购置，包括 Ⅰ【□ A. 自产　B. 承租　C. 获奖　D. 进口】、受赠、购买或者以其他方式取得并自用应税车辆的行为；单位，包括国有企业、集体企业、私营企业、股份制企业、外商投资企业、外国企业以及其他企业和事业单位、社会团体、国家机关、部队以及其他单位；个人，包括个体工商户以及其他个人。购置已征车辆购置税的车辆，不再征收车辆购置税。

2. 车辆购置税的征税范围

《车辆购置税暂行条例》规定，车辆购置税的征税范围包括：Ⅱ【□ A. 汽车　B. 摩托车　C. 电车　D. 挂车】、农用运输车。

参考答案：Ⅰ. ACD Ⅱ. ABCD

【经典试题】

（单项选择题）1. 下列各项中，（ ）需要缴纳车辆购置税。

A. 汽车行经销的车辆　　B. 进口销售的车辆

C. 自产自用的车辆　　D. 购置已征车辆购置税的车辆

（多项选择题）2. 2008 年 10 月 20 日，张某在一次彩票抽奖中获得一辆小轿车，张某获奖后自用该轿车。根据税收法律制度的规定，张某获奖并自用该轿车应缴纳的税种有（ ）。

A. 个人所得税　　B. 契税

C. 车船税　　D. 车辆购置税

（多项选择题）3. 根据《车辆购置税暂行条例》的规定，下列行为属于车辆购置税应税行为的有（ ）。

A. 自产自用应税车辆　　B. 销售应税车辆

C. 购买使用应税车辆　　D. 以获奖方式取得并自用应税车辆

（判断题）4. 购置已征车辆购置税的车辆，不再缴纳车辆购置税。（ ）

参考答案：1. C 2. ACD 3. ACD 4. √

考点 2：车辆购置税的计税依据

重点等级：☆☆☆☆☆

1. 计税依据

车辆购置税的计税依据是车辆的计税价格。根据《车辆购置税暂行条例》的规定，车辆购置税的计税价格根据不同情况，按照下列规定来确定：

（1）纳税人购买自用的应税车辆的计税价格，为纳税人购买应税车辆而支付给销售者的全部价款和价外费用，不包括增值税税款。这里所说的价外费用，是指销售方在价外向购买方收取的Ⅰ【□ A. 手续费　B. 基金　C. 违约金　D. 包装费】、运输费、保管费、代收款项、代垫款项和其他各种性质的价外收费，但不包括增值税税款。其计算公式为：

计税价格＝（全部价款＋价外费用）/（1＋增值税税率或征收率）

（2）纳税人进口自用的应税车辆的计税价格的计算公式为：

计税价格＝关税完税价格＋关税＋消费税

（3）纳税人自产、受赠、获奖或者以其他方式取得并自用的应税车辆的计税价格，为Ⅱ【○ A. 市场价格　B. 评估价格　C. 由主管税务机关参照最低计税价格核定　D. 同类车辆中的最高计税价格】。这里所说的最低计税价格，是指国家税务总局参照应税车辆市场平均交易价格规定的不同类型应税车辆的最低计税价格。

2. 最低计税价格

根据国家税务总局的规定，有关车辆的最低计税价格按如下办法确定：

(1) 国产车辆的最低计税价格，暂按交通部于2000年印发的《关于核定部分国产车辆和进口车辆计征车辆购置附加费最低征费额的通知》中规定的最低征费额换算确定。换算公式为：

最低计税价格＝最低征费额÷10%

(2) 进口车辆的最低计税价格，暂按国家税务总局规定的《进口车辆最低计税价格目录》执行。

(3) 对已经缴纳车辆购置税并办理了登记注册手续的车辆，其发动机和底盘发生更换的，其最低计税价格按同类型新车最低计税价格的Ⅲ【○ A. 20%　B. 30%　C. 50%　D. 70%】计算。

(4) 免税、减税车辆因转让、改变用途等原因不再属于免税、减税范围，需要依法缴纳车辆购置税的，最低计税价格按以下公式计算：

$$最低计税价格=\frac{同类型新车}{最低计税价格}\times\left(1-\frac{已使用年限}{规定使用年限}\right)\times 100\%$$

其中，规定使用年限为：国产车辆按10年计算；进口车辆按15年计算。超过规定使用年限的车辆，不再征收车辆购置税。

(5) 非贸易渠道进口车辆的最低计税价格，为同类型新车的最低计税价格。但非贸易渠道进口的旧车，其车辆购置税计税价格按照下列公式计算：

计税价格＝关税完税价格＋关税＋消费税

纳税人购买自用或者进口自用应税车辆，申报的计税价格低于同类型应税车辆的最低计税价格，又无正当理由的，按照最低计税价格征收车辆购置税。

参考答案：Ⅰ. ABCD　Ⅱ. C　Ⅲ. D

【经典试题】

(多项选择题) 1. 下列关于车辆购置税计税依据的说法中，正确的有(　　)。

A. 纳税人进口自用的应税车辆的计税价格公式为：计税价格＝(关税完税价格＋关税)÷(1－消费税税率)

B. 纳税人自产自用的应税车辆的计税价格，由主管税务机关参照最低计税价格核定

C. 纳税人购买自用的应税车辆的计税价格，为纳税人购买应税车辆而支付给销售者的全部价款，但不包括价外支付的费用

D. 非贸易渠道进口车辆的最低计税价格，一般情况下为同类型新车的最低计税价格

（判断题）2. 车辆购置税的纳税人购买自用的应税车辆的计税价格，为纳税人购买应税车辆而支付给销售者的全部价款和价外费用，不包括增值税税款。（　）

（判断题）3. 根据车辆购置税法律制度的规定，纳税人免税、减税车辆因转让、改变用途等原因不再属于免税、减税范围，均不再征收车辆购置税。（　）

（判断题）4. 纳税人购买自用或者进口自用应税车辆，申报的计税价格低于同类型应税车辆的最低计税价格，又无正当理由的，按照最低计税价格征收车辆购置税。（　）

参考答案：1. ABD　2. √　3. ×　4. √

考点3：车辆购置税的税率和应纳税额的计算

重点等级：☆☆☆☆

1. 车辆购置税的税率

车辆购置税的税率采用固定比例税率，税率为Ⅰ【○ A. 5%　B. 10%　C. 15%　D. 20%】。

车辆购置税税率的调整，由Ⅱ【○ A. 国务院　B. 国家税务总局　C. 全国人民代表大会　D. 全国人大常委会】决定并公布。

2. 车辆购置税应纳税额的计算

车辆购置税实行从价定率的办法计算应纳税额，其应纳税额的计算公式为：

应纳税额＝计税价格×税率

纳税人以外汇结算应税车辆价款的，按照申报纳税之日中国人民银行公布的人民币基准汇价，折合成人民币计算应纳税额。

参考答案：Ⅰ. B　Ⅱ. A

【经典试题】

（单项选择题）1. 某公司经批准进口小轿车1辆，该辆车关税完税价格为人民币14.3万元，缴纳关税4.1万元。已知该小轿车适用的消费税税率为5%，车辆购置税税率为10%。该辆进口小轿车应缴纳的车辆购置税税额为（　）。

A. 15 730元　B. 16 958元　C. 17 237元　D. 19 368元

（多项选择题）2. 某企业进口自用小汽车一辆，关税完税价格为60万元，关税

税率为30%，消费税税率为9%。进口环节应缴纳的税金为(　　)。

A. 车辆购置税8.57万元　　B. 进口消费税7.02万元

C. 进口增值税14.45万元　　D. 进口关税18万元

(计算分析题) 3. 尚宇公司2007年购置自用小轿车5辆，每辆含增值税的价款为300 000元；购置自用载货汽车4辆，每辆含增值税的价款为70 000元；进口自用摩托车8辆，每辆关税完税价格为5 000元。试求其应纳车辆购置税税额。(提示：摩托车关税税率为6%，摩托车消费税税率为10%，车辆购置税税率为10%)

参考答案：1. D　2. ABCD

3. (1) 购置小轿车应纳车辆购置税＝(300 000÷1.17)×10%×5＝128 205.1(元)。

(2) 购置载货汽车应纳车辆购置税＝(70 000÷1.17)×10%×4＝23 931.62(元)。

(3) 进口摩托车应纳关税＝5 000×6%×8＝2 400(元)；

应纳车辆购置税＝(5 000×8＋2 400)÷(1－10%)×10%＝4 711.11(元)。

考点4：车辆购置税纳税义务发生时间、纳税地点和纳税期限

重点等级：☆☆☆

1. 车辆购置税纳税义务发生时间和纳税期限

纳税人购买自用应税车辆的，应当自购买之日起60日内申报纳税；进口自用应税车辆的，应当自进口之日起Ⅰ【○ A. 10日　B. 30日　C. 60日　D. 90日】内申报纳税；自产、受赠、获奖或者以其他方式取得并自用应税车辆的，应当自取得之日起Ⅱ【○ A. 10日　B. 15日　C. 30日　D. 60日】内申报纳税。

2. 纳税地点

纳税人购置应税车辆，应当向车辆登记注册地的主管税务机关申报纳税；购置不需要办理车辆登记注册手续的应税车辆，应当向纳税人所在地的主管税务机关申报纳税。

参考答案：Ⅰ. C　Ⅱ. D

【经典试题】

(判断题) 纳税人购买自用应税车辆的，应当自购买之日起30日内申报缴纳车辆购置税。(　　)

参考答案：×

第八节 土地增值税法律制度

考点 1：土地增值税的纳税人

重点等级：☆☆☆

土地增值税的纳税人是指转让国有土地使用权、地上的建筑物及其附着物并取得收入的单位和个人。这里所说的单位，包括【□ A. 各类企业 B. 事业单位 C. 国家机关 D. 社会团体】及其他组织；个人，包括个体经营者及其他个人。外商投资企业、外国企业、外国驻华机构，以及外国公民、华侨和港、澳、台同胞等，均属纳税人之列。区分土地增值税的纳税人与非纳税人的关键在于看其是否因转让房地产的行为而取得了收益，只要以出售或其他方式有偿转让房地产而取得收益的单位和个人，就是土地增值税的纳税人。

参考答案：ABCD

【经典试题】

（判断题）1. 土地增值税的纳税义务人为转让国有土地使用权、地上的建筑物及其附着物并取得收入的单位和个人。个人包括个体经营者及其他个人。（ ）

（判断题）2. 外商投资企业、外国企业、外国驻华机构，以及外国公民、华侨和港、澳、台同胞等，不属于土地增值税的纳税人。（ ）

参考答案：1. √ 2. ×

考点 2：土地增值税的征税范围

重点等级：☆☆☆

（1）根据《土地增值税暂行条例》及其实施细则的规定，土地增值税的征税范围包括：

①【○ A. 受让国有土地使用权 B. 出让国有土地使用权 C. 出租房屋 D. 转让

国有土地使用权】。

②地上的建筑物及其附着物连同国有土地使用权一并转让。

(2) 准确界定土地增值税的征税范围十分重要。在实际工作中，可以通过以下几条标准来判定：

①转让的土地使用权必须是国家所有。

②土地使用权、地上的建筑物及其附着物的产权必须发生转让。

③必须取得转让收入。

因此，以继承、赠与方式无偿转让房地产的行为以及房地产出租、抵押等未转让房产产权、土地使用权的行为不属于土地增值税的征税范围。

参考答案：D

【经典试题】

(单项选择题) 1. 下列各项中，(　　)应当缴纳土地增值税。

A. 继承房地产　　B. 出租房屋

C. 出售房屋　　D. 以房地产作抵押向银行贷款

(判断题) 2. 房地产出租、抵押等未转让房产产权、土地使用权的行为不属于土地增值税的征税范围。(　　)

参考答案：1. C　2. √

考点 3：土地增值税的增值额

重点等级：☆☆

土地增值税的计税依据是纳税人转让房地产所取得的增值额。

土地增值税的增值额是指纳税人转让房地产所取得的收入（包括货币收入、实物收入和其他收入）减去取得土地使用权时所支付的土地价款、土地开发成本、地上建筑物成本及有关费用、销售税金等规定的扣除项目后的余额。如果纳税人转让房地产的收入减除规定的扣除项目后没有余额，则不需要缴纳土地增值税。

增值额的计算公式为：

增值额＝转让房地产取得的收入－扣除项目

根据《土地增值税暂行条例》的规定，按照房地产评估价格计算征收土地增值税的情形包括：【□ A. 隐瞒、虚报房地产成交价格的　B. 提供的扣除项目金额不实的　C. 多次逃避税款的　D. 转让房地产的成交价格低于房地产评估价格，又无正当理由的】。

参考答案：ABD

【经典试题】

（单项选择题）土地增值税的纳税人隐瞒、虚报房地产成交价格的，按照（　　）计算征收。

A. 隐瞒、虚报的房地产成交价格加倍　　B. 提供的扣除项目金额加倍

C. 最高一档税率　　D. 房地产评估价格

参考答案：D

考点 4：土地增值税的扣除项目

重点等级：☆☆☆☆

根据《土地增值税暂行条例》的规定，土地增值税的扣除项目包括：Ⅰ【□ A. 旧房及建筑物的评估价格　B. 新建房及配套设施的成本、费用　C. 取得土地使用权所支付的金额　D. 开发土地的成本、费用】，以及与转让房地产有关的税金和财政部规定的其他扣除项目。

取得土地使用权所支付的金额，是指纳税人为取得土地使用权所支付的地价款和按国家统一规定缴纳的有关费用。凡通过行政划拨方式无偿取得土地使用权的企业和单位，则以转让土地使用权时按规定补交的出让金及有关费用作为取得土地使用权所支付的金额。

开发土地和新建房及配套设施（简称“房地产开发”）的成本，是指纳税人在房地产开发项目中实际发生的成本（简称“房地产开发成本”），包括Ⅱ【□ A. 土地征用及拆迁补偿费　B. 前期工程费　C. 建筑安装工程费　D. 基础设施费】、公共配套设施费、开发间接费用。

开发土地和新建房及配套设施的费用（简称“房地产开发费用”），是指与房地产开发项目有关的销售费用、管理费用和财务费用。新建房是指建成后未使用的房产。凡是已使用一定时间或达到一定磨损程度的房产均属于旧房。

旧房及建筑物的评估价格，是指在转让已使用的房屋及建筑物时，由政府批准设立的房地产评估机构评定的重置成本价乘以成新度折扣率后的价格。

与转让房地产有关的税金，是指在转让房地产时已缴纳的Ⅲ【□ A. 营业税　B. 城市维护建设税　C. 印花税　D. 教育费附加】，可予以扣除。

此外，纳税人转让旧房及建筑物时因计算纳税的需要而对房地产进行评估，其支付的评估费用允许在计算土地增值额时予以扣除。

参考答案：Ⅰ.ABCD Ⅱ.ABCD Ⅲ.ABCD

【经典试题】

（多项选择题）1. 在计算土地增值税应纳税额时，纳税人为取得土地使用权支付的地价款准予扣除。这里的地价款是指(　　)。

A. 以协议方式取得土地使用权的，为支付的土地出让金

B. 以转让方式取得土地使用权的，为实际支付的地价款

C. 以拍卖方式取得土地使用权的，为支付的土地出让金

D. 以行政划拨方式取得土地使用权变更为有偿使用的，为补交的土地出让金

（判断题）2. 根据土地增值税法律制度的规定，房地产开发费用是指与房地产开发项目有关的销售费用、管理费用和财务费用。(　　)

（判断题）3. 与转让房地产有关的税金允许在计算土地增值额时予以扣除。(　　)

参考答案：1. ABCD 2. √ 3. √

考点5：土地增值税的税率

重点等级：☆☆☆☆

《土地增值税暂行条例》规定，土地增值税实行四级超率累进税率，具体税率如下：

（1）增值额未超过扣除项目金额50％的部分，税率为Ⅰ【○ A. 30％　B. 40％　C. 50％　D. 60％】；

（2）增值额超过扣除项目金额50％、未超过扣除项目金额100％的部分，税率为Ⅱ【○ A. 30％　B. 40％　C. 50％　D. 60％】；

（3）增值额超过扣除项目金额100％、未超过扣除项目金额200％的部分，税率为Ⅲ【○ A. 30％　B. 40％　C. 50％　D. 60％】；

（4）增值额超过扣除项目金额200％的部分，税率为Ⅳ【○ A. 30％　B. 40％　C. 50％　D. 60％】。

上述四级超率累进税率，每级“增值额未超过扣除项目金额”的比例均包括本比例数。

参考答案：Ⅰ.A Ⅱ.B Ⅲ.C Ⅳ.D

【经典试题】

(单项选择题) 1. 下列各项中，属于土地增值税的税率形式是(　　)。

A. 全额累进税率　　B. 定额税率

C. 超额累进税率　　D. 超率累进税率

(多项选择题) 2. 下列税种中，(　　)实行定额税率计算应纳税额。

A. 土地增值税　　B. 车船税

C. 资源税　　D. 城镇土地使用税

参考答案：1. D（2006 年考试真题）　2. BCD

考点 6：土地增值税应纳税额的计算

重点等级：☆☆☆☆

根据《土地增值税暂行条例》的规定，土地增值税按照纳税人转让房地产所取得的增值额和规定的税率计算征收。在转让房地产的增值额确定之后，按照规定的四级超率累进税率，以增值额中属于每一税率级别部分的金额乘以该级的税率，再将由此而得出的每一级的应纳税额相加，得到的总数就是纳税人应缴纳的土地增值税税额。

土地增值税的计算公式是：

应纳税额 $=\sum$(每级距的土地增值额×适用税率)

为了简便土地增值税的计算，一般可采用速算扣除法计算，即可按总的增值额乘以适用的税率减去扣除项目金额与速算扣除系数乘积的简单方法，直接得出土地增值税的应纳税额，具体的计算公式分别是：

(1) 增值额未超过扣除项目金额 50%的：

土地增值税税额=增值额×30%

(2) 增值额超过扣除项目金额 50%、未超过 100%的：

土地增值税税额=增值额×40%－扣除项目金额×5%

(3) 增值额超过扣除项目金额 100%、未超过 200%的：

土地增值税税额=增值额×50%－扣除项目金额×15%

(4) 增值额超过扣除项目金额 200%的：

土地增值税税额=增值额×60%－扣除项目金额×35%

以上公式中的 5%、15%和 35%均为速算扣除系数。

【经典试题】

(单项选择题) 1. 某企业 2007 年转让一幢新建办公楼获得收入 5 000 万元，该办公楼建造成本和相关费用共 3 700 万元，缴纳与转让办公楼相关的税金为 277.5 万元，则该企业应缴纳土地增值税(　　)万元。

A. 98.75　　B. 100.50　　C. 306.75　　D. 406.50

(单项选择题) 2. 某企业 2007 年转让一栋办公楼，获得转让收入 400 万元，缴纳相关税费共 25 万元。该办公楼原造价 300 万元，如果按现行市场价来计算，建造同样的办公楼需 800 万元，该办公楼经评估还有四成新，则该企业转让办公楼应缴纳土地增值税(　　)万元。

A. 16.5　　B. 18.5　　C. 20.0　　D. 25.0

(单项选择题) 3. 某单位转让一幢位于城区的旧办公楼，原造价 500 万元，经房地产评估机构评定其重置成本为 2 000 万元，成新度折扣率为七成，转让价格为 2 000 万元，支付有关税费 500 万元，转让项目应纳土地增值税为(　　)。

A. 50 万元　　B. 90 万元　　C. 30 万元　　D. 40 万元

(计算分析题) 4. 海南市某房地产公司建造商业楼一幢，建楼的有关费用如下：

(1) 支付地价款 100 万元；

(2) 土地征用及拆迁补偿费 100 万元；

(3) 前期工程费 150 万元；

(4) 基础设施费 180 万元；

(5) 建筑安装工程费 1 200 万元；

(6) 公共配套设施费 160 万元；

(7) 允许扣除的房地产开发费用和其他扣除项目合计 1 300 万元。

该房地产开发企业将商品房卖出，取得收入 5 000 万元，并按规定缴纳了营业税、城建税和教育费附加，其中已知城建税和教育费附加为 30 万元。

要求：计算应缴纳的土地增值税。

(计算分析题) 5. 海茂公司转让一幢办公楼取得收入 1 200 万元。已知该公司为取得土地使用权所支付的金额为 60 万元，房地产开发成本为 300 万元，房地产开发费用为 50 万元（经税务机关批准可全额扣除)，与转让房地产有关的税金为 80 万元。

已知土地增值税超率累进税率如下：增值额未超过扣除项目金额 50% 的部分，税率为 30%；增值额超过扣除项目金额 50%、未超过扣除项目金额 100% 的部分，税率为 40%；增值额超过扣除项目金额 100%、未超过扣除项目金额 200% 的部分，税率为 50%。

要求：计算海茂公司应纳土地增值税税额。

参考答案：1. C　2. A　3. C

4. 应纳营业税 = 5 000 × 5% = 250 (万元)。

应纳城建税和教育费附加 30 万元。

计算土地增值税时单独作为税金项目扣除的项目金额 = 250 + 30 = 280 (万元)。

地价款 100 万元。

允许扣除的房地产开发成本＝100＋150＋180＋1 200＋160＝1 790（万元）。

计算土地增值税时，允许扣除的房地产开发费用和其他扣除项目合计 1 300 万元。

收入总额 5 000 万元。

扣除项目金额＝100＋1 790＋280＋1 300＝3 470（万元）。

增值额＝5 000－3 470＝1 530（万元）。

增值额占扣除项目金额比率＝1 530÷3 470×100％＝44.09％，适用土地增值税率 30％。

应纳土地增值税＝1 530×30％＝459（万元）。

5.（1）土地增值额＝1 200－（60＋300＋50＋80）＝710（万元）。

（2）扣除项目金额＝60＋300＋50＋80＝490（万元）。

（3）增值额与扣除项目之比＝710÷490＝144.9％。

（4）应纳土地增值税＝710×50％－490×15％＝281.5（万元）。

考点 7：土地增值税纳税义务发生时间

重点等级：☆☆☆

土地增值税的纳税人应在转让房地产合同签订之日起的Ⅰ【○ A. 2 日　B. 3 日　C. 5 日　D. 7 日】内，到房地产所在地主管税务机关办理纳税申报，同时向税务机关提交房屋及建筑物产权、土地使用权证书，土地转让、房产买卖合同，房地产评估报告及其他与转让房地产有关的资料，然后在税务机关核定的期限内缴纳土地增值税。纳税人因经常发生房地产转让行为而难以在每次转让后申报的，可按月或按各省、自治区、直辖市和计划单列市地方税务局规定的期限缴纳。纳税人选择定期申报方式的，应向纳税所在地的地方税务机关备案，定期申报方式确定后，Ⅱ【○ A. 半年　B. 1 年　C. 2 年　D. 3 年】之内不得变更。经税务机关审核同意后，可以定期进行纳税申报，具体期限由税务机关根据情况确定。

参考答案：Ⅰ.D　Ⅱ.B

【经典试题】

（判断题）纳税人因经常发生房地产转让行为而难以在每次转让后申报的，可按月或按各省、自治区、直辖市和计划单列市地方税务局规定的期限缴纳。（　　）

参考答案：√

第九节 资源税法律制度

考点1：资源税的纳税人及征税范围

重点等级：☆☆☆☆

1. 资源税的纳税人

根据《资源税暂行条例》的规定，资源税的纳税人是指在中华人民共和国境内开采应税矿产品或生产盐的单位和个人。

2. 资源税的征收范围

我国目前资源税的征税范围仅包括矿产品和盐类，具体包括【□ A. 原油 B. 天然气 C. 煤炭 D. 其他非金属矿原矿】、黑色金属矿原矿、有色金属矿原矿、盐七类。

（1）原油。原油是指开采的天然原油，不包括人造石油。

（2）天然气。天然气是指专门开采或与原油同时开采的天然气，暂不包括煤矿生产的天然气。

（3）煤炭。煤炭是指原煤，不包括洗煤、选煤及其他煤炭制品。

（4）其他非金属矿原矿。其他非金属矿原矿是指原油、天然气、煤炭和井矿盐以外的非金属矿原矿。

（5）黑色金属矿原矿。

（6）有色金属矿原矿。

（7）盐：包括固体盐、液体盐（卤水）。

3. 减征或免征资源税

根据《资源税暂行条例》的规定，纳税人有下列情形之一的，减征或免征资源税：

（1）开采原油过程中用于加热、修井的原油，免税。

（2）纳税人开采或生产应税产品过程中，因意外事故或自然灾害等原因遭受重大损失的，由省、自治区、直辖市人民政府酌情决定减税或免税。

（3）国务院规定的其他减税、免税项目。

中外合作开采陆上石油资源，征收矿区使用费，暂不征收资源税。

参考答案：ABCD

【经典试题】

（单项选择题）1. 根据资源税法律制度的规定，下列各项中，不属于资源税征税范围的是（　　）。

A. 天然气　　B. 地下水　　C. 原油　　D. 液体盐

（单项选择题）2. 根据资源税法律制度的规定，下列各项中，（　　）不属于资源税的征税范围。

A. 开采的天然原油　　B. 煤矿生产的天然气

C. 与原油同时开采的天然气　　D. 黑色金属矿原矿

（多项选择题）3. 依据我国《资源税暂行条例》及其实施细则的规定，下列单位和个人的生产经营行为应当缴纳资源税的包括（　　）。

A. 冶炼企业进口矿石　　B. 个体经营者开采煤矿

C. 军事单位开采石油　　D. 中外合作开采陆上石油资源

（多项选择题）4. 下列各项中，符合资源税法律制度规定的说法包括（　　）。

A. 煤矿生产的天然气暂不征收资源税

B. 中外合作开采石油资源暂不征收资源税

C. 开采原油过程中用于加热、修井的原油，免征资源税

D. 资源税采用定额税率，从量定额征收

（判断题）5. 资源税仅对在中国境内开采或生产应税产品的单位和个人征收，对进口的矿产品和盐不征收。（　　）

参考答案：1. B（2007 年考试真题）　2. B　3. BC　4. ABCD　5. √

考点 2：资源税的计税依据

重点等级：☆☆

资源税的课税数量是计算资源税应纳税额的计税依据。《资源税暂行条例》及其实施细则对资源税的课税数量作出的规定包括：【□ A. 纳税人开采或生产应税产品销售的，以销售数量为课税数量　B. 纳税人开采或者生产应税产品自用的，以自用数量为课税数量　C. 扣缴义务人代扣代缴资源税的，以收购未税矿产品的数量为课税数量　D. 原油中的稠油、高凝油与稀油划分不清或不容易划分的，一律按原油的数量为课税数量】；纳税人不能准确提供应税产品销售数量或移送使用数量的，以应税产品的产量或主管税务机关确定的折算比例换算成的数量为课税数量。

参考答案：ABCD

【经典试题】

(单项选择题)某油田3月份生产原油5 000吨，当月销售3 000吨，加热、修井自用100吨。已知该油田原油适用的资源税单位税额为8元/吨。该油田3月份应缴纳的资源税税额为(　　)元。

A. 40 000　　B. 24 800　　C. 24 000　　D. 23 200

参考答案：C (2009年考试真题)

考点3：资源税应纳税额的计算

重点等级：☆☆

资源税的应纳税额按照应税产品的课税数量和规定的单位税额计算。资源税应纳税额的计算公式为：

应纳税额＝课税数量×单位税额

代扣代缴应纳税额＝收购未税矿产品的数量×适用的单位税额

在计算资源税应纳税额时，还应注意：

(1) 纳税人开采或生产不同税目应税产品的，应当分别核算不同税目应税产品的征税数量；未分别核算或不能准确提供不同税目应税产品的征税数量的，从高适用税额。

(2) 纳税人的减税、免税项目，应当单独核算征税数量；未单独核算或不能准确提供征税数量的，不予减税或免税。

【经典试题】

(单项选择题) 1. 某油田5月份生产原油50万吨(单位资源税额8元/吨)，其中出售25万吨，用于加热耗用原油5万吨。当月在采油过程中回收并销售伴生天然气1 000万立方米(单位资源税额6元/千立方米)。则该公司9月份应交资源税(　　)万元。

A. 206　　B. 256　　C. 280　　D. 320

(计算分析题) 2. 鹏达石油公司2008年5月份生产原油200万吨(单位税额8元/吨)，其中销售了160万吨，用于加热、修井的原油10万吨，当月单独开采并销售天然气80 000万立方米，另外在采油过程中回收并销售伴生天然气5 000万立方米(单位税额8元/千立方米)。

要求：计算鹏达石油公司2008年5月份应纳资源税税额。

参考答案：1. A

2. (1) 原油计税数量 160 万吨，原油应纳资源税税额＝160×8＝1 280（万元）。

(2) 天然气应纳资源税税额＝80×8＋5×8＝680（万元）。

(3) 油田应纳资源税税额＝1 280＋680＝1 960（万元）。

考点 4：纳税人销售资源税产品的纳税义务发生时间

重点等级：☆☆

（1）纳税人采取分期收款结算方式销售应税产品的，其纳税义务发生时间为销售合同规定的收款日期的当天。

（2）纳税人采取预收货款结算方式销售应税产品的，其纳税义务发生时间为发出应税产品的当天。

（3）纳税人采取其他结算方式销售应税产品的，其纳税义务发生时间为【□ A. 收到货款的当天　B. 收讫销售款的当天　C. 取得索取销售款凭据的当天　D. 发货的当天】。

（4）纳税人自产自用应税产品的纳税义务发生时间为移送使用应税产品的当天。

（5）扣缴义务人代扣代缴税款的纳税义务发生时间为支付首笔货款或者开具应支付货款凭据的当天。

参考答案：BC

【经典试题】

（多项选择题）根据资源税法律制度的规定，关于资源税纳税义务发生时间的下列表述中，正确的有（　　）。

A. 采用分期收款结算方式销售应税产品的，为发出应税产品的当天

B. 采用预收货款结算方式销售应税产品的，为收到货款的当天

C. 自产自用应税产品的，为移送使用应税产品的当天

D. 扣缴义务人代扣代缴税款的纳税义务发生时间为支付首笔货款的当天

参考答案：CD（2008 年考试真题）

考点5：纳税地点

重点等级：☆☆☆☆

(1) 凡是缴纳资源税的纳税人，都应当向应税产品的Ⅰ【□ A. 使用所在地 B. 销售所在地 C. 开采所在地 D. 生产所在地】主管税务机关缴纳税款。

(2) 如果纳税人在本省、自治区、直辖市范围内开采或者生产应税产品，其纳税地点需要调整的，由所在地省、自治区、直辖市Ⅱ【○ A. 财政机关 B. 审计机关 C. 税务机关 D. 工商管理机关】决定。

(3) 如果纳税人应纳的资源税属于跨省开采，其下属生产单位与核算单位不在同一省、自治区、直辖市的，其开采的矿产品一律在开采地纳税，其应纳税款由独立核算、自负盈亏的单位按照开采地的实际销售量（或者自用量）及适用的单位税额计算划拨。

(4) 扣缴义务人代扣代缴的资源税也应当向收购地主管税务机关申报缴纳。

参考答案：Ⅰ.CD Ⅱ.C

【经典试题】

(判断题) 1. 扣缴义务人代扣代缴的资源税应当向收购地主管税务机关申报缴纳。(　　)

(判断题) 2. 如果纳税人应纳的资源税属于跨省开采，其下属生产单位与核算单位不在同一省，则其开采的矿产品在核算地纳税。(　　)

参考答案：1.√ 2.×

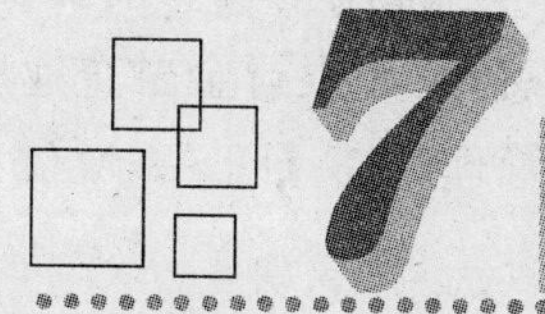

第七章　税收征收管理法律制度

第一节　税收征收管理概述

考点1：税收征收管理体制

重点等级：☆☆☆

国家税务局系统主要负责以下税种的征收和管理：①铁道部、各银行总行、保险总公司集中缴纳的营业税、所得税和城市维护建设税；②进口产品增值税、消费税，直接对台贸易调节税（委托海关代征）；③地方银行和外资银行及非银行金融企业所得税；④海洋石油企业所得税、资源税；⑤出口产品退税的管理；⑥【□ A. 增值税　B. 消费税　C. 中央企业所得税　D. 烟叶税】等。

地方税务局系统主要负责以下税种的征收和管理（不包括已明确由国家税务局系统负责征收的地方税部分）：①营业税；②屠宰税；③土地增值税；④城市维护建设税；⑤车船税；⑥房产税；⑦印花税；⑧资源税；⑨城镇土地使用税等。

《国务院关于印发所得税收入分享改革方案的通知》规定，自2002年1月1日起，在工商行政管理部门办理设立（开业）登记的企业，除特殊规定之外，其企业所得税由国家税务局负责征收管理，企业所得税中央与地方按照一定比例分享。

除税务机关之外，海关也负责部分税种的征收管理工作。海关系统主要负责以下税收的征收和管理：①进出口关税；②对入境旅客行李物品以及个人邮递物品征收的进口关税；③委托代征的进口环节消费税、增值税和船舶吨税等。

参考答案：ABC

【经典试题】

（多项选择题）1. 某大型超市在2007年度缴纳的下列税种中，属于地方税务局征收的有(　　)。

A. 增值税　　B. 房产税　　C. 印花税　　D. 车船税

（判断题）2. 目前，我国企业所得税均由国家税务局负责征收管理，企业所得税中央与地方按一定比例分享。(　　)

参考答案：1. BCD（2008年考试真题）　2. ×

考点 2：税务机关的权利和义务

重点等级：☆☆☆☆

1. 税务机关的权利

作为国家税收征收管理的职能部门，税务机关享有的行政权利主要包括：

（1）税务管理。税务管理包括对纳税人进行税务登记管理、账簿和凭证管理以及纳税申报管理等。

（2）税款征收。税款征收是税务机关拥有的最基本、最主要的权力。税款征收权主要包括：①依法计征权。②核定税款权。③税收保全和强制执行权。经县以上税务局（分局）局长批准，税务机关可以采取税收保全措施和强制执行措施征收税款。④追征税款权。

（3）在法律、行政法规规定的权限内，对纳税人的减、免、退税以及延期缴纳税款的申请予以审批。

（4）税务检查。税务检查是税务机关查处税收违法行为的职权，包括查账权、场地检查权、询问权、责成提供资料权以及存款账户核查权等。

（5）行政处罚。行政处罚是对税收违法行为依照法定标准予以行政制裁的权力，如罚款等。

（6）其他权利。如委托代征权、估税权、代位权与撤销权、阻止欠税纳税人离境的权力、定期对纳税人欠缴税款情况予以公告的权力以及上诉权等。

2. 税务机关的义务

税收征收管理机关在行使职权时，也要承担的相应的义务，包括：【□ A. 宣传税法，辅导纳税人依法纳税　B. 保密义务　C. 受理减、免、退税及延期缴纳税款申请　D. 为纳税人办理税务登记、开具完税凭证】；此外，还要承担进行回避的义务及其他义务，如出示税务检查证明的义务、多征税款立即返还的义务、实施税收保全中的义务、保护纳税人合法权益的义务以及受理税务行政复议的义务等。

参考答案：ABCD

【经典试题】

（多项选择题）1. 根据《税收征收管理法》的规定，下列各项中，属于税务机关职权的有（　　）。

A. 税务检查　　B. 税务代理　　C. 税务处罚　　D. 税款征收

（多项选择题）2. 根据我国《税收征收管理法》及其实施细则的规定，税务机关在实施税务检查中，可以采取的措施有（　　）。

A. 检查纳税人会计资料

B. 检查纳税人存放地的应纳税商品

C. 检查纳税人托运、邮寄应纳税商品的单据、凭证

D. 经法定程序批准，查核纳税人在银行的存款账户

（综合题）3. 2008 年 7 月，某市税务机关在对甲公司 2007 年度的纳税情况依法进行税务检查时，发现 A 公司有逃避纳税义务的行为，并有明显的转移、隐匿应纳税收入的迹象。税务机关责令 A 公司于 2008 年 7 月 11 日至 7 月 20 日限期补税，但 A 公司在 7 月 20 日期限届满后，仍拒绝补税。经市地方税务局局长批准，税务机关决定对 A 公司采取税收强制执行措施。

要求：根据税收征收管理法律制度的规定，分析回答以下问题：

（1）税务机关在对 A 公司进行税务检查时，应当出示哪些证件、文件？

（2）税务机关决定对 A 公司采取税收强制执行措施是否符合法律规定？并说明理由。

（3）税务机关可以采取哪些强制执行措施？

（4）如果 A 公司对税务机关的强制执行措施不服，可以通过什么途径保护自己的权益？

参考答案：1. ACD（2003 年考试真题） 2. ABCD（2001 年考试真题）

3.（1）税务机关在对 A 公司进行税务检查时，应当出示税务检查证和税务检查通知书。

（2）税务机关决定对 A 公司采取税收强制执行措施符合规定。根据规定，税务机关对纳税人以前纳税期的纳税情况依法进行审查时，如发现纳税人有逃避纳税义务行为，并有明显的转移、隐匿应纳税商品、收入迹象的，经县以上税务局（分局）局长批准，可以对其采取税收保全措施或者强制执行措施。

（3）税收强制执行措施包括：

①书面通知纳税人开户银行从其存款中扣缴税款；

②依法拍卖或者变卖其价值相当于应纳税款的商品、货物，以拍卖或者变卖所得抵缴税款。

（4）如果 A 公司对税务机关的强制执行措施不服，可以依法申请行政复议，也可以依法向人民法院提起诉讼。

考点 3：纳税人、扣缴义务人的义务

重点等级：☆

纳税人、扣缴义务人的义务包括：【□ A. 按期办理纳税申报的义务　B. 回避义务　C. 滞纳税款须缴纳滞纳金的义务　D. 要求保密的义务】。此外，纳税人、扣缴

义务人的义务还包括：按期办理税务登记并按规定使用税务登记证件的义务；按期缴纳或解缴税款的义务；按规定设置账簿，并正确使用、保管有关凭证的义务；接受税务检查的义务；纳税人、扣缴义务人、纳税担保人同税务机关在纳税上发生争议时，必须先依照税务机关的纳税决定缴纳或者解缴税款及滞纳金，或者提供相应的担保，然后才可以申请行政复议和起诉；其他义务，如向税务机关报告的义务、欠缴税款数额较大的纳税人在处分其不动产或者大额资产之前应当向税务机关报告等。

参考答案：AC

第二节 税务管理

考点 1：税务登记范围、税务登记证件及使用

重点等级：☆☆☆☆

1. 税务登记范围

企业，企业在外地设立的分支机构和从事生产、经营的场所，个体工商户和从事生产、经营的事业单位（以下简称从事生产、经营的纳税人），均应该办理税务登记。

根据税收法律、行政法规的规定负有扣缴税款义务的扣缴义务人（国家机关除外）应该办理扣缴税款登记。

2. 税务登记证件及使用

税务登记证件包括税务登记证及其副本和临时税务登记证及其副本。扣缴税款登记证件包括扣缴税款登记证及其副本。

纳税人办理【□ A. 领购发票 B. 申请减税 C. 开立银行账户 D. 设置账簿】事项时，必须提供税务登记证件。

纳税人办理其他税务事项时，应该出示税务登记证件，经税务机关核准相关信息后再办理手续，具体包括：

（1）申请减税、免税、退税；

（2）申请办理延期申报、延期缴纳税款；

（3）办理停业、歇业；

（4）申请开具外出经营活动税收管理证明；

（5）其他有关税务事项。

纳税人应该按国家有关规定，持税务登记证件，在银行或其他金融机构开立基本存款账户和其他存款账户，并自开立基本存款账户或其他存款账户之日起 15 日内，

将其全部账号向主管税务机关报告；发生变化的，则应该自变化之日起15日内，向主管税务机关书面报告。

纳税人应该按照国务院税务主管部门的规定使用税务登记证件。税务登记证件不得转借、涂改、损毁、买卖或伪造。

税务机关对税务登记证件实行定期验证和换证制度。纳税人应该在规定的期限内持有关证件到主管税务机关办理验证或换证手续。

纳税人应该将税务登记证件正本在其生产、经营或办公场所公开悬挂，接受税务机关检查。纳税人遗失税务登记证件的，应该在15日内书面报告主管税务机关，并登报声明作废。

参考答案：AC

【经典试题】

（单项选择题）1. 某股份公司是从事生产经营的增值税一般纳税人，按国家规定，应持税务登记证件开立银行账号，并将(　　)报告税务机关。

A. 开立银行账号的时间　　B. 开立基本存款户的时间

C. 开立的基本存款账户　　D. 开立的全部银行账户

（单项选择题）2. 下列各项中，(　　)不需要办理税务登记。

A. 从事生产经营的事业单位　B. 取得工资、薪金的个人

C. 个体工商户　　D. 企业在外地设立的分支机构

（判断题）3. 根据税收法律、行政法规的规定负有扣缴税款义务的扣缴义务人，包括国家机关，均应当办理扣缴税款登记。(　　)

（判断题）4. 税务登记证件不得转借、涂改、损毁、买卖或者伪造。(　　)

（判断题）5. 纳税人应当在规定的期限内持有关证件到主管税务机关办理验证或者换证手续。(　　)

参考答案：1. D　2. B　3. ×　4. √　5. √

考点2：设立税务登记

重点等级：☆☆☆☆☆

设立税务登记，是指纳税人依法成立并经工商行政管理机关登记之后，为确认纳税人的身份，纳入国家税务管理体系而到税务机关进行的登记。

1. 办理设立税务登记的地点

从事生产、经营的纳税人，向生产、经营所在地税务机关办理税务登记。

税务机关对纳税人税务登记地点发生争议的，由其共同的上级税务机关指定管辖。

2. 申报办理税务登记的时限要求

(1) 从事生产、经营的纳税人领取工商营业执照（含临时工商营业执照）的，应该Ⅰ【○ A. 自领取工商营业执照之日起 15 日内　B. 自领取工商营业执照之日起 30 日内　C. 自领取工商营业执照之日起 2 个月内　D. 自领取工商营业执照之日起 3 个月内】申报办理税务登记，税务机关核发税务登记证及副本（纳税人领取临时工商营业执照的，税务机关核发临时税务登记证及副本）；

(2) 从事生产、经营的纳税人未办理工商营业执照但经有关部门批准设立的，应该Ⅱ【○ A. 自有关部门批准设立之日起 30 日内　B. 自纳税义务发生之日起 30 日内　C. 自有关部门批准设立之日起 15 日内　D. 自纳税义务发生之日起 15 日内】申报办理税务登记，税务机关核发税务登记证及副本；

(3) 从事生产、经营的纳税人未办理工商营业执照也未经有关部门批准设立的，应该自纳税义务发生之日起 30 日内申报办理税务登记，税务机关核发临时税务登记证及副本；

(4) 有独立的生产经营权、在财务上独立核算并定期向发包人或者出租人上交承包费或租金的承包承租人，应该自承包承租合同签订之日起 30 日内，向其承包承租业务发生地税务机关申报办理税务登记，税务机关核发临时税务登记证及副本；

(5) 从事生产、经营的纳税人外出经营，自其在同一县（市）实际经营或者提供劳务之日起，在连续的 12 个月内累计超过Ⅲ【○ A. 60 日　B. 120 日　C. 180 日　D. 240 日】的，应该自期满之日起 30 日内，向生产、经营所在地税务机关申报办理税务登记，税务机关核发临时税务登记证及副本；

(6) 境外企业在中国境内承包建筑、安装、装配、勘探工程和提供劳务的，应该自项目合同或协议签订之日起Ⅳ【○ A. 10 日　B. 15 日　C. 30 日　D. 60 日】内，向项目所在地税务机关申报办理税务登记，税务机关核发临时税务登记证及副本。

(7) 非从事生产经营但依照规定负有纳税义务的单位和个人，除国家机关、个人和无固定生产经营场所的流动性农村小商贩之外，均应该自纳税义务发生之日起 30 日内，向纳税义务发生地税务机关申报办理税务登记，税务机关核发临时税务登记证及副本。

3. 申报办理税务登记需提供的资料及《税务登记表》填写内容

纳税人在申报办理税务登记时，应该根据不同情况向税务机关如实提供如下证件和资料：Ⅴ【□ A. 工商营业执照或其他核准执业证件　B. 有关合同、章程、协议书　C. 组织机构统一代码证书　D. 法定代表人或负责人或业主的居民身份证、护照或者其他合法证件】。

其他需要提供的有关证件、资料，则由省、自治区、直辖市税务机关确定。

纳税人在申报办理税务登记时，应该如实填写《税务登记表》。《税务登记表》的主要内容包括：（1）单位名称、法定代表人或者业主姓名及其居民身份证、护照或者其他合法证件的号码；（2）住所、经营地点；（3）登记类型；（4）核算方式；（5）生产经营方式；（6）生产经营范围；（7）注册资金（资本）、投资总额；（8）生产经营期限；（9）财务负责人、联系电话；（10）国家税务总局确定的其他有关事项。

4. 税务登记证件的发放

纳税人提交的证件和资料齐全并且《税务登记表》的填写内容符合规定的，税务机关应该及时发放税务登记证件。

纳税人提交的证件和资料不齐全或者《税务登记表》的填写内容不符合规定的，税务机关应该当场通知其补正或者重新填报。纳税人提交的证件和资料明显有疑点的，税务机关应该进行实地调查，核实后予以发放税务登记证件。

已办理税务登记的扣缴义务人应该Ⅵ【○ A. 自扣缴义务发生之日起 10 日　B. 自扣缴义务发生之日起 15 日　C. 自扣缴义务发生之日起 30 日　D. 自扣缴义务发生之日起 60 日】内，向税务登记地税务机关申报办理扣缴税款登记。税务机关在其税务登记证件上登记扣缴税款事项，不再发给扣缴税款的登记证件。根据税收法律、行政法规的规定可以不办理税务登记的扣缴义务人，应该自扣缴义务发生之日起Ⅶ【○ A. 10 日　B. 20 日　C. 30 日　D. 60 日】内，向机构所在地税务机关申报办理扣缴税款登记。税务机关核发扣缴税款登记证件。

参考答案：Ⅰ. B　Ⅱ. A　Ⅲ. C　Ⅳ. C　Ⅴ. ABCD　Ⅵ. C　Ⅶ. C

【经典试题】

（判断题）1. 非从事生产经营但依照规定负有纳税义务的单位和个人均应当自纳税义务发生之日起 30 日内，向纳税义务发生地税务机关申报办理税务登记。（　）

（判断题）2. 有独立的生产经营权、在财务上独立核算并定期向发包人或者出租人上交承包费或租金的承包、承租人，应该自承包、承租合同生效之日起 30 日内，向其承包、承租业务发生地税务机关申报办理税务登记。（　）

（判断题）3. 纳税人提交的证件和资料不齐全或者《税务登记表》的填写内容不符合规定的，税务机关必须当场通知其重新填报。（　）

参考答案：1. ×　2. ×　3. ×

考点 3：变更税务登记

重点等级：☆☆☆

变更税务登记是指纳税人办理设立税务登记后，因登记内容发生变化，需要对原有登记内容进行更改，因而向主管税务机关申请办理的税务登记。

（1）纳税人已在工商行政管理机关办理变更登记的，应该自工商行政管理机关变更登记之日起30日内，向原税务登记机关如实提供以下证件、资料，申报办理变更税务登记：①工商登记变更表以及工商营业执照；②纳税人变更登记内容的有关证明文件；③税务机关发放的原税务登记证件（登记证正、副本以及税务登记表等）；④其他有关资料。

（2）纳税人按照规定不需要在工商行政管理机关办理变更登记，或其变更登记的内容与工商登记内容无关的，应当自税务登记内容实际发生变化之日起30日内，或自有关机关批准或者宣布变更之日起30日内，持以下证件到原税务登记机关申报办理变更税务登记：①纳税人变更登记内容的有关证明文件；②税务机关发放的原税务登记证件（登记证正、副本以及税务登记表等）；③其他有关资料。

纳税人提交的有关变更登记的证件、资料齐全的，应如实填写《税务登记变更表》，经税务机关审核，符合规定的，税务机关予以受理；不符合规定的，税务机关应通知其补正。

税务机关应当【○ A. 自纳税人申报之日起15日　B. 自受理之日起15日　C. 自纳税人申报之日起30日　D. 自受理之日起30日】内，审核办理变更税务登记。

参考答案：D

【经典试题】

（判断题）1. 从事生产、经营的纳税人税务登记事项发生变化的，应当自向税务机关办理税务变更登记之日起30日内向工商行政管理机关登记变更。（　）

（判断题）2. 纳税人按照规定不需要在工商行政管理机关办理变更登记，或其变更登记的内容与工商登记内容无关的，必须自税务登记内容实际发生变化之日起30日内，持有关证件到原税务登记机关申报办理变更税务登记。（　）

参考答案：1. ×　2. ×

考点4：外出经营报验登记

重点等级：☆☆☆

外出经营报验登记，是指从事生产经营的纳税人到外县（市）进行临时性的生产经营活动时，按照规定向经营地税务机关申报办理的一种税务登记手续。

纳税人到外县（市）临时从事生产经营活动的，应该在外出生产经营以前，持税务登记证向主管税务机关申请开具《外出经营活动税收管理证明》（以下简称《外管证》）。

税务机关依照一地一证的原则，核发《外管证》，《外管证》的有效期限一般为Ⅰ【○ A. 30 日　B. 45 日　C. 60 日　D. 90 日】，最长不得超过 180 日。在同一地累计超过 180 日的，应该在营业地办理税务登记手续。

纳税人应当在Ⅱ【○ A. 有效期届满后 10 日　B. 有效期届满后 15 日　C. 有效期届满后 30 日　D. 有效期届满后 45 日】内，持《外管证》回原税务登记地税务机关办理《外管证》缴销手续。

参考答案：Ⅰ. A　Ⅱ. A

【经典试题】

（判断题）从事生产经营的纳税人到外县（市）进行临时性的生产经营活动的，应视同取得经营收入或经常性的应税行为，进行纳税申报。(　　)

参考答案：×

考点 5：注销税务登记

重点等级：☆☆☆☆

注销税务登记是指纳税人由于法定原因终止纳税义务时，向原税务机关申请办理的取消税务登记的手续。办理注销税务登记之后，该当事人不再接受原税务机关的管理。

纳税人发生解散、破产、撤销及其他情形，依法终止纳税义务的，应该在向工商行政管理机关或其他机关办理注销登记前，持有关证件和资料向原税务登记机关申报办理注销税务登记。按规定不需要在工商行政管理机关或其他机关办理注册登记的，应该自有关机关批准或宣告终止之日起 15 日内，持有关证件和资料向原税务登记机关申报办理注销税务登记。

纳税人被工商行政管理机关吊销营业执照或者被其他机关予以撤销登记的，应该自营业执照被吊销或被撤销登记之日起 15 日内，向原税务登记机关申报办理注销税务登记。

纳税人因住所、经营地点变动，涉及改变税务登记机关的，应该在向工商行政管理机关或其他机关申请办理变更、注销登记前，或住所、经营地点变动前，持有关证件和资料，向原税务登记机关申报办理注销税务登记，并自注销税务登记之日起 30 日内向迁达地税务机关申报办理税务登记。

境外企业在中国境内承包建筑、安装、装配、勘探工程以及提供劳务的，应当在项目完工、离开中国前Ⅰ【○ A. 10 日　B. 15 日　C. 20 日　D. 30 日】内，持有关证件和资料，向原税务登记机关申报办理注销税务登记。

纳税人办理注销税务登记之前，应该向税务机关提交相关证明文件和资料，Ⅱ【□ A. 结清应纳税款、多退（免）税款、滞纳金和罚款　B. 提供清缴欠税的纳税担保　C. 缴纳不超过10 000元的保证金　D. 缴销发票、税务登记证件和其他税务证件】，经税务机关核准后，办理注销税务登记手续。

参考答案：Ⅰ.B　Ⅱ.AD

【经典试题】

（判断题）1. 办理注销税务登记后，该当事人就不再接受原税务机关的管理。（　）

（判断题）2. 纳税人被工商行政管理机关吊销营业执照或者被其他机关予以撤销登记的，应当自营业执照被吊销或被撤销登记之日起 30 日内，向原税务登记机关申报办理注销税务登记。（　）

参考答案：1. √　2. ×

考点 6：税务登记的管理

重点等级：☆☆☆☆

1. 证照管理

税务机关应该加强税务登记证件的管理，采取实地调查和上门验证等方法，或结合税务部门和工商部门之间以及国家税务局（分局）、地方税务局（分局）之间的信息交换比对进行税务登记证件的管理。

税务登记证式样改变，需统一换发税务登记证的，应由Ⅰ【○ A. 国务院关税税则委员会　B. 国家税务总局　C. 国务院　D. 地方税务局】确定。

纳税人、扣缴义务人遗失税务登记证件的，应该自遗失税务登记证件之日起Ⅱ【○ A. 15 日　B. 30 日　C. 45 日　D. 60 日】内，书面报告主管税务机关，如实填写《税务登记证件遗失报告表》，并将纳税人的名称、税务登记证件名称、税务登记证件号码、税务登记证件有效期、发证机关名称在税务机关认可的报刊上作遗失声明，凭报刊上刊登的遗失声明向主管税务机关申请补办税务登记证件。

2. 非正常户处理

已办理税务登记的纳税人未按规定期限申报纳税，在税务机关责令其限期改正后，逾期不改的，税务机关应当派员进行实地检查，查无下落并无法强制其履行纳税义务的，由检查人员制作《非正常户认定书》，存入纳税人档案，税务机关暂停其税务登记证件、发票领购簿和发票的使用。

纳税人被列入非正常户超过Ⅲ【○ A.1个月 B.2个月 C.3个月 D.4个月】的，税务机关可以宣布其税务登记证件失效，其应纳税款的追征仍然按照《税收征收管理法》及其实施细则的规定执行。

参考答案：Ⅰ.B Ⅱ.A Ⅲ.C

【经典试题】

（判断题）纳税人已办理税务登记，但未按规定期限申报纳税，在税务机关责令其限期改正后，逾期不改的，税务机关应当派员实地检查。（ ）

参考答案：√

考点7：设置账簿的范围

重点等级：☆☆☆☆

（1）从事生产、经营的纳税人应该Ⅰ【□ A. 自领取营业执照之日起15日内 B. 自发生纳税义务之日起15日内 C. 自领取营业执照之日起30日内 D. 自发生纳税义务之日起30日内】，按照国家有关规定设置账簿。所谓账簿，是指总账、明细账、日记账以及其他辅助性账簿。

（2）生产经营规模小又确无建账能力的纳税人，可聘请经批准从事会计代理记账业务的专业机构或经税务机关认可的财会人员代为建账和办理账务。聘请上述机构或人员有实际困难的，则经县以上税务机关批准，可按税务机关的规定，建立收支凭证粘贴簿、进货销货登记簿或使用税控装置。

（3）扣缴义务人应该自税收法律、行政法规规定的扣缴义务发生之日起Ⅱ【○ A.10日 B.15日 C.30日 D.60日】内，按所代扣、代收的税种分别设置代扣代缴、代收代缴税款账簿。

纳税人、扣缴义务人会计制度健全，且能通过计算机正确、完整计算其收入和所得或代扣代缴、代收代缴税款情况的，其计算机输出的完整的书面会计记录，可以视同会计账簿。而纳税人、扣缴义务人会计制度不健全，不能通过计算机正确、完整计算其收入和所得或代扣代缴、代收代缴税款情况的，应该建立总账及与纳税或代扣代缴、代收代缴税款有关的其他账簿。

参考答案：Ⅰ.AB Ⅱ.A

【经典试题】

（判断题）1. 生产经营规模小又确无建账能力的纳税人，可聘请经批准从事会计代理记账业务的专业机构或者其他财会人员代为建账和办理账务。（　　）

（判断题）2. 纳税人、扣缴义务人无论会计制度是否健全，都应建立会计账簿。（　　）

参考答案：1. ×　2. ×

考点 8：对纳税人财务会计制度及其处理办法的管理

重点等级：☆☆☆☆

（1）纳税人的财务、会计制度及其处理办法是进行会计核算的依据，直接关系到计税依据是否真实合理。从事生产、经营的纳税人应该自领取税务登记证件之日起【○ A. 7 日　B. 15 日　C. 30 日　D. 45 日】内，将其财务、会计制度或财务、会计处理办法报送主管税务机关备案。

（2）纳税人使用计算机记账的，应该在使用前将会计电算化系统的会计核算软件、使用说明书及有关资料报送主管税务机关备案。纳税人建立的会计电算化系统应该符合国家有关规定，并能正确、完整核算其收入或所得。

（3）纳税人、扣缴义务人的财务、会计制度或财务、会计处理办法与国务院或国务院财政、税务主管部门有关税收规定相抵触的，按照国务院或国务院财政、税务主管部门有关税收规定计算应纳税款、代扣代缴和代收代缴税款。

（4）账簿、会计凭证和报表应该使用中文。民族自治地方可同时使用当地通用的一种民族文字。外商投资企业和外国企业可同时使用一种外国文字。

参考答案：B（2005 年考试真题）

【经典试题】

（判断题）1. 账簿、会计凭证和报表，必须使用中文。（　　）

（判断题）2. 纳税人使用计算机记账的，应当在使用前将会计电算化系统的会计核算软件、使用说明书及有关资料报送主管税务机关备案。（　　）

（判断题）3. 外商投资企业和外国企业可同时使用多种外国文字。（　　）

参考答案：1. ×　2. √　3. ×

考点 9：发票的领购

重点等级：☆☆☆☆

1. 领购发票的对象

依法办理税务登记的单位和个人，在领取税务登记证件之后，可向主管税务机关申请领购发票。依法不需办理税务登记但需要使用发票的单位，可按照规定程序向主管税务机关申请领购发票。

临时到本省、自治区、直辖市行政区域以外从事经营活动的单位或个人，应该凭所在地税务机关的证明，向经营地税务机关申请领购经营地的发票。临时在本省、自治区、直辖市以内跨市、县从事经营活动领购发票的办法，则应由省、自治区、直辖市税务机关规定。税务机关收取保证金应该开具收据。

2. 领购发票的程序

申请领购发票的单位和个人必须先提出购票申请，提供Ⅰ【□ A. 税务登记证件 B. 经办人身份证明 C. 工商营业执照 D. 财务印章或发票专用章印模】，经主管税务机关审核后，发给发票领购簿。

税务机关对外省、自治区、直辖市来本辖区从事临时经营活动的单位和个人申请领购发票的，可要求其提供保证人或根据所领购发票的票面限额及数量交纳不超过10 000元的保证金，并限期缴销发票。按期缴销发票的，解除保证人的担保义务或退还保证金；未按期缴销发票的，则由保证人或以保证金承担法律责任。

需要临时使用发票的单位和个人，Ⅱ【○ A. 需先提出书面申请，才可办理 B. 先需先提供有关证明文件，才可办理 C. 应凭所在地税务机关的证明，才可办理 D. 可直接向税务机关申请办理】。凡需向税务机关申请开具发票的单位和个人，均应提供发生购销业务，提供、接受服务或其他经营活动的书面证明。对税法规定应该缴纳税款的，税务机关应该在开具发票的同时征税。

参考答案：Ⅰ. ABD（2007 年考试真题） Ⅱ. D

【经典试题】

（判断题）1. 税务机关对外省、自治区、直辖市来本辖区从事临时经营活动的单位和个人申请领购发票的，可以要求其提供保证人或者根据所领购发票的票面限额及数量交纳不超过 1 万元的保证金，并限期缴销发票。（ ）

（判断题）2. 临时到本省、自治区、直辖市以外地区从事经营活动的单位或个人，凭所在地税务机关证明，可向经营地税务机关申请领购经营地的发票。（ ）

（判断题）3. 对税法规定应当缴纳税款的，税务机关应当在开具发票之前先征税。（ ）

参考答案：1. √（2007 年考试真题）　2. √（2006 年考试真题）　3. ×

考点 10：发票的开具和保管

重点等级：☆☆☆☆

销售商品、提供服务及从事其他经营活动的单位和个人，对外发生经营业务收取款项，收款方应当向付款方开具发票；收购单位和扣缴义务人支付个人款项时，应由付款方向收款方开具发票。所有单位和从事生产、经营活动的个人在购买商品、接受服务以从事其他经营活动支付款项时，应该向收款方取得发票。取得发票时，不得要求变更品名及金额。不符合规定的发票，不得作为财务报销的凭证；任何单位和个人有权拒收。不符合规定的发票是指Ⅰ【□ A. 开具或取得的发票未经税务机关监制　B. 填写项目不齐全　C. 内容不真实，字迹不清楚　D. 没有加盖财务印章或发票专用章】，伪造、作废以及其他不符合税务机关规定的发票。

填开发票的单位和个人应当在发生经营业务确认营业收入时开具发票。未发生经营业务一律不准开具发票。

开具发票应该使用中文。民族自治地区可同时使用当地通用的一种民族文字。外商投资企业和外国企业可同时使用一种外国文字。

任何单位和个人不得转借、转让、代开发票；未经税务机关批准，不得拆本使用发票；不得自行扩大专业发票使用范围。禁止倒买倒卖发票、发票监制章和发票防伪专用品。

开具发票的单位和个人应该建立发票使用登记制度，设置发票登记簿，并定期向主管税务机关报告发票的使用情况。开具发票的单位和个人应该按照税务机关的规定妥善存放和保管发票，不得丢失。已开具的发票存根联和发票登记簿应当保存Ⅱ【○ A. 3 年　B. 5 年　C. 10 年　D. 15 年】。保存期满，报经税务机关查验后再销毁。发票丢失，应当于丢失当日书面报告主管税务机关，并在报刊和电视等传播媒介上公告声明作废。

参考答案：Ⅰ. ABCD　Ⅱ. B（2003 年考试真题）

【经典试题】

（判断题）1. 填开发票的单位和个人应在发生经营业务确认营业收入时开具发票。未发生经营业务一律不准开具发票。（　　）

（判断题）2. 开具发票必须使用中文。（　　）

（判断题）3. 如遇特殊情况，单位可将发票进行转让。（　　）

（综合题）4. 某市甲公司于 2006 年 3 月 1 日丢失一本普通发票。该公司于 3 月

10日到主管税务机关递交了发票遗失书面报告，并在该市报纸上公开声明作废。同年4月5日，市税务机关在对甲公司进行检查时，发现该公司存在如下问题：

(1) 未按规定建立发票保管制度；

(2) 将2002年度开具的发票存根联销毁；

(3) 有两张已作账务处理的发票票物不符。

税务机关在对相关发票进行拍照和复印时，该公司以商业机密为由拒绝。

经税务机关核实，甲公司通过销毁发票存根联、开具票物不符发票等手段，共计少缴税款30万元（占应纳税额的20%）。

根据以上情况，市税务机关除责令其限期补缴少缴的税款30万元外，还依法对其进行了相应的处罚。

甲公司一直拖延缴纳税款，市税务机关在多次催缴无效的情况下，经局长批准于6月18日查封了甲公司的一处房产，准备以拍卖所得抵缴税款。

甲公司认为该房产已于4月22日抵押给乙公司作为合同担保，并依法办理了抵押物登记，税务机关无权查封该房产。据此，甲公司向上级税务机关提出行政复议。

要求：根据税收征收管理法律制度的规定，回答下列问题：

(1) 甲公司丢失发票的补救措施是否有不符合法律规定之处？说明理由。

(2) 甲公司拒绝税务机关对相关发票进行拍照和复印是否符合法律规定？说明理由。

(3) 甲公司少缴税款30万元属于何种行为？是否构成犯罪？

(4) 税务机关在甲公司拖延缴纳税款，经多次催缴无效的情况下，是否可以查封其财产，以拍卖所得抵缴税款？说明理由。

(5) 甲公司认为其房产已抵押，税务机关无权查封其房产的观点是否符合法律规定？说明理由。

参考答案：1. √　2. ×　3. ×

4. (1) 该公司于3月10日才到主管税务机关递交发票遗失书面报告不符合规定。根据规定，发票丢失，应于丢失“当日”书面报告主管税务机关，并在报刊和电视等传播媒介上公告声明作废。本题中，丢失发票的时间是2006年3月1日，因此在3月10日才到主管税务机关递交发票遗失书面报告是不符合规定的。

(2) 甲公司拒绝税务机关对相关发票进行拍照和复印不符合法律规定。根据规定，税务机关在查处发票案件时，对与案件有关的情况和资料，可以记录、录音、录像、照相和复制。

(3) 甲公司少缴税款30万元属于逃税行为，已经构成了犯罪。

（4）税务机关在甲公司拖延缴纳税款，经多次催缴无效的情况下，可以查封其财产，以拍卖所得抵缴税款。根据规定，从事生产、经营的纳税人未按照规定的期限缴纳税款，由税务机关责令限期缴纳，逾期仍未缴纳的，经“县以上”税务局（分局）局长批准，税务机关可以查封其价值相当于应纳税款的商品、货物或者其他财产，以拍卖或者变卖所得抵缴税款。本题中，市税务机关已经责令其限期补缴少缴的税款，但甲公司仍未缴纳，那么在经多次催缴无效的情况下可以查封其财产，以拍卖所得抵缴税款。

（5）甲公司的观点不符合法律规定。根据规定，纳税人欠缴的税款发生在纳税人以其财产设定抵押、质押或者纳税人的财产被留置之前的，税收应当先于抵押权、质权和留置权执行。本题中，市税务机关在同年 4 月 5 日进行纳税检查时发现甲公司的欠税行为，而甲公司在 4 月 22 日将该房产抵押给乙公司作为合同担保，说明欠税的行为发生在该房产设定抵押之前，因此，税务机关有权查封其房产并以其拍卖所得抵缴税款。（2007 年考试真题）

考点 11：发票的检查

重点等级：☆☆☆☆

根据《发票管理办法》及其实施细则的规定，税务机关在发票管理中有权进行以下各项检查：

（1）检查印制、领购、开具、取得和保管发票的情况；

（2）调出发票查验；

（3）查阅、复制与发票有关的凭证、资料；

（4）向当事各方询问与发票有关的问题和情况；

（5）在查处发票案件时，对与案件有关的情况和资料，可以记录、录音、录像、照相和复制。

印制、使用发票的单位和个人，必须接受税务机关依法检查，如实反映情况，并提供有关资料，不得拒绝、隐瞒。税务人员进行检查时，应该出示税务检查证。

税务机关需要将已开具的发票调出查验时，应该向被查验的单位和个人开具发票换票证。被调出查验发票的单位和个人不得拒绝接受。发票换票证Ⅰ【○ A. 仅限于在本县（市）　B. 仅限于在本省内　C. 仅限于在临近省、市　D. 全国】范围内使用。需要调出外县（市）的发票查验时，应该与该县（市）税务机关联系，使用当地的发票换票证。发票的真伪应由税务机关鉴定。

税务机关需要将空白发票调出查验时，应该开具收据；经查无问题的，应当及时发还。

单位和个人从中国境外取得的与纳税有关的发票或凭证，税务机关在纳税审查时有疑义的，可要求其提供境外公证机构或注册会计师的确认证明，经税务机关审核认可后，才可作为记账核算的凭证。

税务机关在发票检查中需要核对发票存根联和发票联填写情况时，可向持有发票或发票存根联的单位发出“发票填写情况核对卡”，有关单位应该在接到税务机关“发票填写情况核对卡”后Ⅱ【○ A. 10 日　B. 15 日　C. 30 日　D. 45 日】内如实填写有关情况报回。

参考答案：Ⅰ.A　Ⅱ.B

【经典试题】

（多项选择题）1. 根据税收征收管理法律制度的规定，税务机关在对纳税人进行发票检查中有权采取的措施有（　　）。

A. 调出发票查验

B. 查阅、复制与发票有关的凭证、资料

C. 向当事人各方询问与发票有关的问题和情况

D. 检查领购、开具和保管发票的情况

（判断题）2. 税务机关需要将已开具的发票调出查验时，纳税人有权拒绝。（　　）

（判断题）3. 单位和个人从中国境外取得的与纳税有关的发票或者凭证，可直接作为记账核算的凭证。（　　）

参考答案：1. ABCD（2006 年考试真题）　2. ×　3. ×

考点 12：账簿、凭证等涉税资料的保存和管理

重点等级：☆☆

从事生产、经营的纳税人、扣缴义务人必须按照国务院财政、税务主管部门规定的保管期限保管账簿、记账凭证、完税凭证以及其他有关资料。账簿、记账凭证、报表、完税凭证、发票、出口凭证以及其他有关涉税资料应该保存【○ A. 3 年　B. 5 年　C. 10 年　D. 20 年】，法律、行政法规另有规定的除外。上述资料应该合法、真实、完整，不得伪造、变造或擅自损毁。

参考答案：C

【经典试题】

（判断题）从事生产、经营的纳税人必须按国务院财政、税务主管部门规定的保管期限保管账簿、记账凭证和完税凭证。（　）

参考答案：√

考点 13：纳税申报的概念、方式及其他要求

重点等级：☆☆☆☆

1. 纳税申报的概念

纳税申报是指纳税人按照税法规定，定期就计算缴纳税款的有关事项向税务机关提交书面报告的一种法定手续。

纳税人必须按照法律、行政法规规定或者税务机关依照法律、行政法规的规定确定的申报期限、申报内容如实办理纳税申报，报送纳税申报表、财务会计报表及税务机关根据实际需要要求纳税人报送的其他纳税资料。

扣缴义务人必须按照法律、行政法规规定或者税务机关依照法律、行政法规的规定确定的申报期限、申报内容如实报送代扣代缴、代收代缴税款报告表及税务机关根据实际需要要求扣缴义务人报送的其他有关资料。

2. 纳税申报的方式

纳税申报方式是指纳税人和扣缴义务人在纳税申报期限内，依照规定到指定税务机关进行申报纳税的形式。纳税申报的方式主要包括：Ⅰ【□ A. 自行申报　B. 代理申报　C. 邮寄申报　D. 数据电文】。

（1）自行申报。自行申报也称直接申报，是指纳税人、扣缴义务人按照规定的期限自行直接到主管税务机关（报税大厅）办理纳税申报手续。Ⅱ【○ A. 自行申报　B. 邮寄申报　C. 数据电文　D. 简易申报】是目前主要的纳税申报方式。

（2）邮寄申报。邮寄申报是指经税务机关批准，纳税人、扣缴义务人使用统一规定的纳税申报特快专递专用信封，通过邮政部门办理交寄手续，并以邮政部门收据作为申报凭据的方式。这种申报方式比较适宜边远地区的纳税人。

（3）数据电文。数据电文是指以税务机关确定的电话语音、电子数据交换和网络传输等电子方式进行纳税申报。

（4）其他方式。《税收征收管理法》及其实施细则规定，实行定期定额缴纳税款的纳税人还可实行简易申报、简并征期等申报纳税的方式。

除上述方式外，纳税人、扣缴义务人还可委托注册税务师等有税务代理资质的中介机构或他人代理申报纳税。

3. 纳税申报的其他要求

(1) 纳税人、扣缴义务人不论当期是否发生纳税义务，除经税务机关批准的以外，均应按照规定办理纳税申报或报送代扣代缴、代收代缴税款报告表。

(2) 纳税人享受减税、免税待遇的，在减税、免税期间应该按照规定办理纳税申报。

(3) 纳税人、扣缴义务人按照规定的期限办理纳税申报或报送代扣代缴、代收代缴税款报告表确有困难，需要延期的，应该在规定的期限内向税务机关提出书面延期申请，经税务机关核准，在核准的期限内办理。

参考答案：Ⅰ.ABCD Ⅱ.A

【经典试题】

(多项选择题) 1. 办理纳税申报的对象有(　　)。

A. 负有纳税义务的单位和个人

B. 享有减税、免税待遇的单位和个人

C. 负有代扣代缴、代收代缴义务的单位和个人

D. 取得临时应税收入或发生临时应税行为的单位和个人

(判断题) 2. 纳税人享受减税、免税待遇的，在减税、免税期间应当按照规定办理纳税申报。(　　)

(判断题) 3. 纳税人、扣缴义务人按照规定的期限办理纳税申报或者报送代扣代缴、代收代缴税款报告表不得延期。(　　)

(判断题) 4. 邮寄申报比较适宜边远地区的纳税人。(　　)

参考答案：1. ABCD　2. √ (2005 年考试真题)　3. ×　4. √

第三节　税款征收

考点 1：税款的确定方式及缴纳方式

重点等级：☆☆☆☆

1. 税款的确定方式

(1) 查账征收。查账征收是指税务机关对财务健全的纳税人，依据其报送的纳税

申报表、财务会计报表和其他有关纳税资料，计算应纳税款，填写缴款书或完税证，由纳税人到银行划解税款的征收方式。查账征收方式较为规范，符合课税法定性的基本原则，适用于经营规模较大、财务会计制度健全、能够如实核算和提供生产经营情况、正确计算应纳税款的纳税人。

（2）查定征收。对账务不全，但能控制其材料、产量或进销货物的纳税单位或个人，由税务机关依据正常条件下的生产能力对其生产的应税产品查定产量、销售额并据以征收税款的征收方式是Ⅰ【○ A. 查账征收 B. 查定征收 C. 查验征收 D. 定期定额征收】。这种征收方式适合于生产经营规模较小、产品零星、税源分散、会计账册不健全的小型厂矿及作坊。

（3）查验征收。查验征收是指税务机关对纳税人的应税商品、产品，通过查验数量，按市场一般销售单价计算其销售收入，并据以计算应纳税款的一种征收方式。Ⅱ【○ A. 查账征收 B. 查定征收 C. 查验征收 D. 定期定额征收】方式适合于纳税人财务制度不健全，生产经营不固定，零星分散、流动性大的税源。

（4）定期定额征收。Ⅲ【○ A. 定期定额征收 B. 查验征收 C. 查定征收 D. 查账征收】是指对小型个体工商户在一定经营地点、一定经营时期、一定经营范围内的应纳税经营额（包括经营数量）或者所得额（简称定额）进行核定，并以此为计税依据确定其应纳税额的一种征收方式。这种征收方式适合于经主管税务机关认定及县以上税务机关（含县级）批准的生产经营规模小，达不到《个体工商户建账管理暂行办法》规定的设置账簿标准，难以查账征收，且不能准确计算计税依据的个体工商户（包括个人独资企业，简称定期定额户）。

2. 税款的缴纳方式

税款的缴纳方式包括以下几种：

（1）纳税人直接向国库经收处缴纳。

（2）税务机关自收税款并办理入库手续。

（3）代扣代缴。

（4）代收代缴。

（5）委托代征。

参考答案：Ⅰ.B（2006年考试真题） Ⅱ.C Ⅲ.A

【经典试题】

（多项选择题）下列各项中，属于税款缴纳方式的包括（ ）。

A. 纳税人直接向国库经收处缴纳 B. 税务机关自收税款并办理入库手续

C. 代扣代缴和代收代缴 D. 委托代征

参考答案：ABCD

考点 2：核定应纳税额的对象

重点等级：☆☆☆☆

《税收征收管理法》规定，纳税人有以下情形之一的，税务机关有权核定其应纳税额：

（1）按照法律、行政法规的规定可以不设置账簿的；

（2）按照法律、行政法规的规定应该设置但未设置账簿的；

（3）发生纳税义务，但未按照规定的期限办理纳税申报，经税务机关责令限期申报，逾期仍不申报的；

（4）虽设置账簿，但账目混乱或成本资料、收入凭证、费用凭证残缺不全，难以查账的；

（5）未按照规定办理税务登记的从事生产、经营的纳税人和临时经营的纳税人；

（6）【□ A. 擅自销毁账簿或者拒不提供纳税资料的　B. 企业刚刚开业，申报收入少　C. 企业财务总监离职，未确定接班人的　D. 纳税人申报的计税依据明显偏低，又无正当理由的】。

参考答案：AD

【经典试题】

（单项选择题）1. 某酒店 2007 年 12 月份取得餐饮收入 5 万元，客房出租收入 10 万元，该酒店未在规定期限内进行纳税申报，经税务机关责令限期申报，逾期仍未申报。根据税收征收管理法律制度的规定，税务机关有权对该酒店采取的税款征收措施是(　　)。

A. 采取税收保全措施　　B. 责令提供纳税担保

C. 税务人员到酒店直接征收税款　　D. 核定其应纳税额

（多项选择题）2. 根据《税收征收管理法》的规定，下列情形中，税务机关有权核定纳税人应纳税额的有(　　)。

A. 有偷税、骗税前科的　　B. 拒不提供纳税资料的

C. 按规定应设置账簿而未设置的　　D. 虽设置账簿，但账目混乱，难以查账的

（判断题）3. 根据《税收征收管理法》的规定，对纳税人有过逃税行为的，税务机关有权核定纳税人应纳税额。(　　)

参考答案：1. D（2008 年考试真题）　2. BCD（2003 年考试真题）　3. ×

考点 3：关联企业纳税调整

重点等级：☆☆☆☆

纳税人与关联企业业务往来时，应该按照独立企业之间的业务往来收取或支付价款、费用；不按照独立企业之间的业务往来收取或支付价款、费用，而减少其应纳税的收入或所得额的，税务机关有权进行合理调整。

1. 关联企业

关联企业是指有以下关系之一的公司、企业及其他经济组织：

（1）在资金、经营、购销等方面，存在直接或者间接的拥有或者控制关系；

（2）直接或者间接地同为第三者所拥有或者控制；

（3）在利益上具有相关联的其他关系。

纳税人有义务就其与关联企业之间的业务往来，向当地税务机关提供有关的价格和费用标准等资料。

2. 适用纳税调整的情形

纳税人与其关联企业之间的业务往来有以下情形之一的，税务机关可以调整其应纳税额：

（1）购销业务未按独立企业之间的业务往来作价；

（2）融通资金所支付或收取的利息超过或低于没有关联关系的企业之间所能同意的数额，或者利率超过或低于同类业务的正常利率；

（3）提供劳务，未按独立企业之间业务往来收取或支付劳务费用；

（4）转让财产、提供财产使用权等业务往来，未按独立企业之间业务往来作价或收取、支付费用；

（5）未按独立企业之间业务往来作价的其他情形。

3. 税务机关调整应纳税额的方法

纳税人有上述所述情形时，税务机关可以按以下方法调整计税收入额或所得额：

（1）按独立企业之间进行的相同或者类似业务活动的价格；

（2）按再销售给无关联关系的第三者的价格所应取得的收入和利润水平；

（3）按成本加合理的费用和利润；

（4）按其他合理的方法。

纳税人与其关联企业未按照独立企业之间的业务往来支付价款、费用的，税务机关自该业务往来发生的纳税年度起【○ A. 6 个月　B. 1 年　C. 2 年　D. 3 年】内进行调整；有特殊情况的，可以自该业务往来发生的纳税年度起 10 年内进行调整。

参考答案：D

【经典试题】

(多项选择题) 1. 税务机关可以调整计税收入额或所得额的方法有(　　)。

A. 按独立企业之间进行的相同或者类似业务活动的价格

B. 按再销售给无关联关系的第三者的价格所应取得的收入和利润水平

C. 按成本加合理的费用和利润

D. 按企业之间业务往来的劳务费用

(多项选择题) 2. 下列企业或者个人符合税法中所指的具有关联关系的是(　　)。

A. 在资金方面存在直接控制关系　　B. 经营方面存在间接拥有关系

C. 长年具有购销业务的客户　　D. 直接或者间接地同为第三者所拥有

(判断题) 3. 购销业务未按独立企业之间的业务往来作价的，税务机关可以调整其应纳税额。(　　)

参考答案：1. ABC　2. ABD　3. √

考点 4：责令缴纳、加收滞纳金

重点等级：☆☆☆☆

纳税人未按规定期限缴纳税款的，扣缴义务人未按规定期限解缴税款的，税务机关可责令其限期缴纳，并从滞纳税款之日起，按日加收滞纳税款【○ A. 万分之一　B. 万分之五　C. 千分之一　D. 千分之二】的滞纳金。

加收滞纳金的起止时间，应为法律、行政法规规定或税务机关依照法律、行政法规的规定确定的税款缴纳期限届满次日起至纳税人、扣缴义务人实际缴纳或解缴税款之日止。

参考答案：B（2007 年考试真题）

【经典试题】

(单项选择题) 1. 东强公司将税务机关确定的应于 2000 年 3 月 5 日缴纳的税款 12 万元拖至 3 月 25 日缴纳，根据《税收征收管理法》的规定，税务机关依法加收该公司滞纳税款的滞纳金为(　　)万元。

A. 0.12　　B. 1.2　　C. 0.48　　D. 4.8

(单项选择题) 2. 某啤酒厂 2009 年 5 月 20 日将 4 月份应纳的增值税 50 万元、消费税 80 万元，向当地国税局缴纳，其同时应缴纳税收滞纳金为(　　)元。

A. 3 800　　　B. 5 200　　　C. 6 500　　　D. 9 000

(多项选择题) 3. 根据我国《税收征收管理法》的规定，税务机关在税款征收中，根据不同情况有权采取的措施有(　　)。

A. 加收滞纳金　B. 追征税款　　C. 核定应纳税额　D. 吊销营业执照

(判断题) 4. 对逃税行为加收滞纳金，应当自税款当期应纳之日起至实际缴纳或者解缴税款之日止。(　　)

参考答案：1. A　2. C　3. ABC (2000 年考试真题)　4. ×

考点 5：适用纳税担保的情形及范围

重点等级：☆☆☆☆

1. 适用纳税担保的情形

(1) 税务机关有根据认为从事生产、经营的纳税人有逃避纳税义务行为的，可以在规定的纳税期之前，责令限期缴纳应纳税款；在限期内发现纳税人有明显转移、隐匿其应纳税的商品、货物及其他财产或应纳税收入的迹象的，责成纳税人提供纳税担保；

(2) 欠缴税款、滞纳金的纳税人或其法定代表人需要出境的；

(3) 纳税人同税务机关在纳税上发生争议而未缴清税款，需要申请行政复议的；

(4) 税收法律、行政法规规定可提供纳税担保的其他情形。

扣缴义务人、纳税担保人同税务机关发生争议，在申请行政复议之前，也须解缴税款及滞纳金或提供相应的担保。纳税担保人需要提供纳税担保的，只能选择抵押或者质押方式，不适用保证方式。

2. 纳税担保的范围

纳税担保的范围包括【□ A. 税款　B. 滞纳金　C. 罚款　D. 实现税款、滞纳金的费用】。

用于纳税担保的财产、权利的价值不得低于应该缴纳的税款、滞纳金，并应考虑相关的费用。纳税担保的财产价值不足以抵缴税款、滞纳金的，税务机关应该向提供担保的纳税人或者纳税担保人继续追缴。用于纳税担保的财产、权利的价格估算，除法律、行政法规另有规定的之外，参照同类商品的市场价、出厂价或评估价进行估算。

参考答案：ABD

【经典试题】

(单项选择题) 1. 税务机关对在纳税期之前有逃避纳税义务行为的从事生产、经营的纳税人所采取的税款征收措施为(　　)。

A. 税收优先权措施　　B. 加收税收滞纳金

C. 税收强制执行措施　　D. 责令限期缴纳应纳税款

(判断题) 2. 纳税担保人同税务机关发生争议，在申请行政复议之前，也须提供相应的担保。(　　)

(判断题) 3. 用于纳税担保的财产、权利的价格估算，均应参照同类商品的市场价、出厂价或评估价进行估算。(　　)

参考答案：1. D　2. √　3. ×

考点6：纳税保证

重点等级：☆☆☆☆☆

纳税保证是指纳税保证人向税务机关保证，当纳税人未按照税收法律、行政法规规定或者税务机关确定的期限缴清税款、滞纳金时，由纳税保证人按照约定履行缴纳税款及滞纳金的行为。纳税保证为连带责任保证，纳税人和纳税保证人对所担保的税款和滞纳金承担连带责任。

国家机关、学校、幼儿园、医院等事业单位、社会团体不得作为纳税保证人。企业法人的职能部门不得为纳税保证人。企业法人的分支机构有法人书面授权的，可在授权范围内提供纳税担保。另外，有下列情形之一的，也不得作为纳税保证人：

(1) 有逃税、抗税、骗税以及逃避追缴欠税行为被税务机关、司法机关追究过法律责任未满2年的；

(2) 因有税收违法行为正在被税务机关立案处理或者涉嫌刑事犯罪被司法机关立案侦查的；

(3) 纳税信誉等级被评为C级以下的；

(4) 在主管税务机关所在地的市（地、州）没有住所的自然人或者税务登记不在本市（地、州）的企业；

(5) 无民事行为能力或者限制民事行为能力的自然人；

(6) 与纳税人存在担保关联关系的；

(7) 有欠税行为的。

税务机关自纳税人应缴纳税款的期限届满之日起Ⅰ【○ A. 15日　B. 30日　C. 60日　D. 90日】内有权要求纳税保证人承担保证责任，缴纳税款、滞纳金。纳税保证期间内税务机关未通知纳税保证人缴纳税款以及滞纳金以承担保证责任的，纳税保证人免除担保责任。

纳税保证人应当自收到税务机关的纳税通知书之日起Ⅱ【○ A. 15日　B. 30日　C. 45日　D. 60日】内履行保证责任，缴纳税款及滞纳金。纳税保证人未按规定的履行保证责任的期限缴纳税款以及滞纳金的，由税务机关发出责令限期缴纳通知书，责令纳税保证人在限期 15 日内缴纳；逾期仍未缴纳的，经Ⅲ【○ A. 县以上税务局（分局）局长　B. 市以上税务局（分局）局长　C. 省以上税务局局长　D. 国家税务总局局长】批准，对纳税保证人采取强制执行措施。

参考答案：Ⅰ.C　Ⅱ.A　Ⅲ.A

【经典试题】

（单项选择题）1. 税务机关对外地来本辖区从事临时经营活动的单位和个人申请领购发票的，可以要求其提供保证人领购发票。下列单位或组织（　　）不能作为保证人。

A. 有限责任公司　　B. 外贸企业

C. 国家机关　　D. 生产企业

（多项选择题）2. 纳税担保的具体方式有（　　）。

A. 纳税保证　　B. 纳税质押

C. 纳税抵押　　D. 纳税留置

（多项选择题）3. 下列单位中，（　　）不得作为纳税保证人。

A. 企业法人的职能部门

B. 股份制企业

C. 纳税信誉等级被评为 C 级以下的单位

D. 幼儿园

（判断题）4. 企业法人的分支机构有法人书面授权的，可以在授权范围内提供保证。（　　）

（判断题）5. 有逃税、抗税、骗税、逃避追缴欠税行为被税务机关、司法机关追究过法律责任未满 2 年的单位和个人不得作为纳税保证人。（　　）

参考答案：1. C　2. ABC　3. ACD　4. √（2005 年考试真题）　5. √

考点 7：纳税抵押

重点等级：☆☆☆☆

纳税抵押是指纳税人或纳税担保人不转移对所抵押财产的占有，将该财产作为税款及滞纳金的担保。纳税人逾期未缴清税款及滞纳金的，税务机关有权依法处置该财产以抵缴税款及滞纳金。提供担保的财产为抵押物，提供抵押物的纳税人或纳税担保人为抵押人，税务机关为抵押权人。

1. 可以抵押的财产

(1) 抵押人所有的房屋和其他地上定着物;

(2) 抵押人所有的机器、交通运输工具和其他财产;

(3) 抵押人依法有权处分的国有的房屋和其他地上定着物;

(4) 抵押人依法有权处分的国有的机器、交通运输工具和其他财产;

(5) 经设区的市、自治州以上税务机关确认的其他可以抵押的合法财产。

其中,以依法取得的国有土地上的房屋抵押的,该房屋占用范围内的国有土地使用权同时抵押;以乡(镇)、村企业的厂房等建筑物抵押的,其占用范围内的土地使用权同时抵押。

2. 不得抵押的财产

(1) 土地所有权;

(2) 土地使用权,但上面所述情况除外;

(3) 学校、幼儿园、医院等以公益为目的的事业单位、社会团体、民办非企业单位的教育设施、医疗卫生设施和其他社会公益设施;

(4) 经设区的市、自治州以上税务机关确认的其他不予抵押的财产。

此外,还包括【□ A. 所有权、使用权不明或有争议的财产 B. 依法被查封、扣押、监管的财产 C. 依法定程序确认违法、违章的建筑物 D. 法律、行政法规规定禁止流通的财产或不可转让的财产】。

学校、幼儿园、医院等以公益为目的的事业单位、社会团体,可以其教育设施、医疗卫生设施和其他社会公益设施以外的财产为其应缴纳的税款以及滞纳金提供抵押。

参考答案:ABCD

【经典试题】

(单项选择题) 1. 某债务人在不转移其房产占有的情况下,将该房产作为债权的担保。该种担保方式在法律上称为( )。

A. 抵押 B. 质押 C. 保证 D. 留置

(单项选择题) 2. 根据《担保法》的规定,下列各项财产中,不得用于抵押的是( )。

A. 抵押人所有的房屋和其他地上定着物

B. 抵押人所有的交通工具

C. 土地所有权

D. 抵押人依法有权处分的国有土地使用权

(多项选择题) 3. 根据税收征收管理法律制度的规定,下列财产中,可以作为纳税抵押的有( )。

A. 抵押人被查封的房屋 B. 抵押人有权处分的国有房屋

C. 抵押人被监管的财产　　　　　　　　D. 抵押人有权处分的交通运输工具

（判断题）4. 以公益为目的的事业单位（如学校、幼儿园、医院等），可以其教育设施、医疗卫生设施和其他社会公益设施以外的财产为其应缴纳的税款及滞纳金提供抵押。（　）

参考答案：1. A（2006 年考试真题） 2. C 3. BD（2007 年考试真题） 4. √

考点 8：纳税质押

重点等级：☆☆☆☆

纳税质押是指经税务机关同意，纳税人或者纳税担保人将其动产或权利凭证移交税务机关占有，将该动产或权利凭证作为税款及滞纳金的担保。纳税人逾期未缴清税款以及滞纳金的，税务机关有权依法处置该动产或者权利凭证以抵缴税款以及滞纳金。纳税质押分为动产质押和权利质押。动产质押包括现金及其他除不动产外的财产提供的质押。汇票、支票、本票、债券和存款单等权利凭证可以质押。

纳税人在规定的期限内缴清税款及滞纳金的，税务机关应当自纳税人缴清税款及滞纳金之日起Ⅰ【○ A. 1 个工作日　B. 3 个工作日　C. 5 个工作日　D. 7 个工作日】内返还质物，解除质押关系。纳税人在规定的期限内未缴清税款以及滞纳金的，税务机关应该依法拍卖、变卖质物，抵缴税款、滞纳金。

纳税担保人以其动产或财产权利为纳税人提供纳税质押担保的，纳税人在规定的期限内缴清税款以及滞纳金的，税务机关应该在Ⅱ【○ A. 2 个工作日　B. 3 个工作日　C. 5 个工作日　D. 7 个工作日】内将质物返还给纳税担保人，解除质押关系。纳税人在规定的期限内未缴清税款及滞纳金的，税务机关应当在期限届满之日起Ⅲ【○ A. 5 日　B. 10 日　C. 15 日　D. 30 日】内书面通知纳税担保人自收到纳税通知书之日起 15 日内缴纳担保的税款及滞纳金。纳税担保人未按前述规定期限缴纳所担保的税款及滞纳金的，由税务机关责令限期在 15 日内缴纳；缴清税款及滞纳金的，税务机关自纳税担保人缴清税款以及滞纳金之日起 3 个工作日内返还质物，解除质押关系；逾期仍未缴纳的，经县以上税务局（分局）局长批准，税务机关依法拍卖、变卖质物，抵缴税款及滞纳金。

参考答案：Ⅰ. B　Ⅱ. B　Ⅲ. C

【经典试题】

（单项选择题）1. 甲公司与乙企业在签订合同时约定，由乙企业将一张 1 万元的国债单据交付甲公司作为合同的担保。该种担保方式在法律上称为（　）。

A. 抵押　　B. 动产质押　　C. 留置　　D. 权利质押

（判断题）2. 纳税质押指的是纳税人或纳税担保人不转移对税法所列财产的占有，将该财产作为税款及滞纳金的担保。（　）

（判断题）3. 纳税人在规定的期限内未缴清税款及滞纳金的，税务机关应当在期限届满之日起 15 日内书面通知纳税担保人自收到纳税通知书之日起 15 日内缴纳担保的税款及滞纳金。（　）

参考答案：1. D（2003 年考试真题）　2. ×　3. √

考点 9：适用税收保全的情形

重点等级：☆☆☆☆

Ⅰ【○ A. 纳税人账目混乱难以查账的　B. 纳税人未按规定期限办理纳税申报，经税务机关限期申报，逾期仍不申报的　C. 具有税法规定情形的纳税人应提供纳税担保的　D. 税务机关责令具有税法规定情形的从事生产、经营的纳税人提供纳税担保而纳税人拒绝提供纳税担保或无力提供纳税担保的】，经县以上税务局（分局）局长批准，税务机关可以采取的税收保全措施有：Ⅱ【□ A. 书面通知纳税人开户银行从其存款中直接扣缴税款　B. 拍卖纳税人的价值相当于应纳税款的商品、货物或其他财产　C. 书面通知纳税人开户银行冻结纳税人的金额相当于应纳税款的存款　D. 扣押、查封纳税人的价值相当于应纳税款的商品、货物或者其他财产】。

纳税人在规定限期内缴纳税款的，税务机关必须立即解除税收保全措施；限期期满仍未缴纳税款的，经县以上税务局（分局）局长批准，税务机关可书面通知纳税人开户银行或其他金融机构从其冻结的存款中扣缴税款，或依法拍卖或者变卖所扣押、查封的商品、货物或其他财产，以拍卖或者变卖所得抵缴税款。

参考答案：Ⅰ. D　Ⅱ. CD（2009 年考试真题）

【经典试题】

（判断题）1. 税收保全措施对从事生产经营的纳税人、扣缴义务人和纳税担保人均适用。（　）

（判断题）2. 税收保全措施是税收强制执行措施的必要前提，税收强制执行措施是税收保全措施的必然结果。（　）

（判断题）3. 对纳税人采取税收保全措施，必须经税务机关向人民法院提出申请后，由人民法院批准执行。（　）

（综合题）4. 天翼有限责任公司成立以来，经济效益一直很好，但是在纳税问题上，天翼公司却经常拖欠税款。2009 年 4 月，税务机关在依法进行的税务检查过程中，发现天翼公司有逃避纳税义务的行为，为了保证天翼公司 2009 年上半年的税款能够按时缴纳，税务机关责令其在 6 月份缴纳 2009 年上半年税款。在此期间内，税务机关发现天翼公司有明显的转移财产的行为。税务机关首先通知天翼公司提供纳税担保，但该公司一直置之不理。无奈之下，税务机关扣押了天翼公司的一批价值相当于应纳税款的货物。

要求：根据以上情况，回答下列问题：

（1）税务机关是否有权扣押天翼公司的货物？请说明理由。

（2）天翼公司对于税务机关扣押货物的行为，依法可以采取什么方法维护自己的权利？

（3）税务机关扣押货物后，应当如何处理本案？请说明理由。

参考答案：1.× 2.× 3.×

4.（1）税务机关有权扣押天翼公司的货物。根据《税收征收管理法》的规定，如果税务机关发现纳税人有逃避纳税义务的行为，可以在规定的纳税期之前，责令其限期缴纳税款。如果在限期内发现纳税人有转移财产的行为，可以责令纳税人提供担保，否则，税务机关可以实行税收保全措施。在本案中，税务机关采取的扣押天翼公司货物的措施属于实施税收保全措施。

（2）天翼公司可以向作出税收保全措施的税务机关的上一级机关申请复议，对于复议决定不服的，可以向人民法院提起行政诉讼；也可以不经过行政复议，直接向人民法院提起行政诉讼。

（3）税务机关采取税收保全措施后，如果纳税人在规定的期限内缴纳了税款，税务机关必须立即解除税收保全措施。如果纳税人在规定的期限内未能缴纳税款，税务机关可以采取税收强制执行措施。

考点 10：适用强制执行的情形

重点等级：☆☆☆☆

《税收征收管理法》规定，从事生产、经营的纳税人、扣缴义务人未按规定期限缴纳或者解缴税款，纳税担保人未按规定期限缴纳所担保的税款，由税务机关责令限期缴纳，逾期仍未缴纳的，经 I【○ A. 国家税务局局长 B. 省税务局局长 C. 市税务局局长 D. 县以上税务局（分局）局长】批准，税务机关可以采取以下强制执行措施：

（1）书面通知其开户银行或者其他金融机构从其存款中扣缴税款；

（2）扣押、查封、依法拍卖或者变卖其价值相当于应纳税款的商品、货物或者其他财产，以拍卖或者变卖所得抵缴税款。

税务机关采取强制执行措施时，对上述纳税人、扣缴义务人及纳税担保人未缴纳的滞纳金同时强制执行。个人及其所扶养家属维持生活必需的住房及用品，不在强制执行措施的范围之内。

参考答案：D

【经典试题】

（单项选择题）1. 根据《税收征收管理法》的规定，下列各项中，属于税收强制执行措施的是（　　）。

A. 注销纳税人税务登记证

B. 书面通知纳税人开户银行或其他金融机构冻结纳税人相当于应纳税款的存款

C. 扣押、查封、依法拍卖或者变卖其价值相当于应纳税款的商品、货物或者其他财产，以拍卖或者变卖所得抵缴税款

D. 扣押、查封纳税人的商品、货物或者其他财产

（单项选择题）2. 根据《税收征收管理法》的规定，下列各项中，属于强制执行措施的是（　　）。

A. 查封纳税人价值相当于应纳税款的货物

B. 书面通知其开户银行或者其他金融机构从其存款中扣缴税款

C. 暂扣纳税人营业执照

D. 书面通知纳税人开户银行冻结其存款中相当于税款的部分

（判断题）3. 对纳税人实施税收强制执行措施时，纳税人的所有财产均在强制执行措施的范围之内。（　　）

参考答案：1. C　2. B　3. ×

考点 11：阻止出境

重点等级：☆

欠缴税款的纳税人或其法定代表人在出境前未按规定结清应纳税款、滞纳金或提供纳税担保的，税务机关可通知出境管理机关阻止其出境。

【经典试题】

（判断题）某球员转会国外某俱乐部，在出境时，税务机关以其尚未结清应纳税款，又未提供担保为由，通知海关阻止其出境，税务机关的做法是正确的。（　　）

参考答案：√（2005年考试真题）

考点12：税收优先权、代位权与撤销权

重点等级：☆☆☆☆

1. 税收优先权

（1）税务机关征收税款，税收优先于无担保债权（法律另有规定的除外）。

（2）纳税人欠缴的税款发生在纳税人以其财产设定抵押、质押或者纳税人的财产被留置之前的，税收应当先于抵押权、质权和留置权执行。

（3）纳税人欠缴税款，同时又被行政机关决定处以罚款、没收违法所得的，税收优先于罚款、没收违法所得。

2. 税收代位权与撤销权

为了防止欠税的纳税人借债权债务关系逃避纳税，《税收征收管理法》引入了《合同法》中的代位权与撤销权概念，规定：欠缴税款的纳税人因怠于行使其到期债权，或者放弃到期债权，或者无偿转让财产，或者以明显不合理的低价转让财产而受让人知道该情形，对国家税收造成损害的，税务机关可按照《合同法》的规定行使【□A. 不安抗辩权　B. 代位权　C. 撤销权　D. 后履行抗辩权】。欠缴税款的纳税人怠于行使其到期债权，对国家税收造成损害的，税务机关可向法院请求以自己的名义代位行使纳税人的债权，但是该债权专属于纳税人自身的除外。欠缴税款的纳税人放弃其到期债权或无偿转让其财产，对国家税收造成损害的，税务机关可请求法院撤销纳税人的行为。欠缴税款的纳税人以明显不合理的低价转让财产，对国家税收造成损害，而受让人知道该情形的，税务机关也可请求法院撤销纳税人的行为。

税务机关行使代位权、撤销权的，不免除欠缴税款的纳税人尚未履行的纳税义务以及应承担的法律责任。

参考答案：BC

【经典试题】

（单项选择题）1. 甲与乙订立买卖合同，合同到期，甲按约定交付了货物，但乙以资金紧张为由迟迟不支付货款。之后，甲了解到，乙借给丙的一笔款项已到期，但乙一直不向丙催讨欠款，于是，甲向人民法院请求以甲的名义向丙催讨欠款。甲请求人民法院以自己的名义向丙催讨欠款的权利在法律上称为（　　）。

A. 代位权　　B. 不安抗辩权　　C. 撤销权　　D. 后履行抗辩权

（多项选择题）2. 下列项目中，可以实行税款优先原则的有（　　）。

A. 税收优先于无担保债权，无论法律是否有规定

B. 当纳税人发生的欠税在前时，税收优先于抵押权

C. 纳税人欠税，同时被公安机关决定处以罚款时，税收优先于罚款

D. 纳税人欠税，同时被工商局处以罚款时，税款优先于罚款

（判断题）3. 税务机关行使代位权，可以免除欠缴税款的纳税人尚未履行的纳税义务和应承担的法律责任。（　　）

（判断题）4. 纳税人欠缴的税款发生在纳税人以其财产设定抵押之后的，税收应当先于抵押权执行。（　　）

（判断题）5. 欠缴税款的纳税人怠于行使其到期债权，税务机关可以向法院提出请求，以税务机关的名义代替纳税人行使该债权，向债务人追要这笔欠款。（　　）

参考答案：1. A（2004 年考试真题）　2. BCD　3. ×（2009 年考试真题）
4. ×（2006 年考试真题）　5. √

考点 13：税款的追缴与退还

重点等级：☆☆☆☆☆

为了体现税收法定性原则，对纳税人多缴的税款要予以退还，对纳税人少缴的税款要予以追缴。

（1）纳税人超过应纳税额缴纳的税款，税务机关发现后应该立即退还；纳税人Ⅰ【○ A. 自结算缴纳税款之日起 1 年内　B. 自结算缴纳税款之日起 2 年内　C. 自结算缴纳税款之日起 3 年内　D. 自结算缴纳税款之日起 4 年内】发现的，可向税务机关要求退还多缴的税款并加算银行同期存款利息，税务机关及时查实后应当立即退还；涉及从国库中退库的，按照法律、行政法规有关国库管理的规定退还。

税务机关发现纳税人多缴税款的，应该自发现之日起Ⅱ【○ A. 3 日　B. 5 日　C. 10 日　D. 15 日】内办理退还手续；纳税人发现多缴税款，要求退还的，税务机关应该自接到纳税人退还申请之日起 30 日内查实并办理退还手续。

加算银行同期存款利息的多缴税款退税，不包括依法预缴税款形成的结算退税、出口退税和各种减免退税。退税利息按税务机关办理退税手续当天中国人民银行规定的活期存款利率计算。

（2）因税务机关的责任而致使纳税人、扣缴义务人未缴或少缴税款的，税务机关在 3 年内可要求纳税人、扣缴义务人补缴税款，但不得加收滞纳金。因纳税人、扣缴义务人计算错误等失误（指非主观故意的计算公式运用错误以及明显的笔误），未缴或少缴税款的，税务机关在 3 年内可以追征税款及滞纳金；有特殊情况的，追征期可

以延长到Ⅲ【○ A. 5 年　B. 6 年　C. 8 年　D. 10 年】。

对逃税、抗税、骗税的，税务机关追征其未缴或少缴的税款、滞纳金或所骗取的税款，不受前述规定期限的限制，即税务机关可以Ⅳ【○ A. 3 年内可以要求补征　B. 3 年内可以追征　C. 3 年至 10 年内追征　D. 无限期追征】。

(3) 应退税款与欠缴税款的相互抵扣。在规定的期限内，纳税人多缴税款应当予以退还，少缴税款应当补缴。另外，《税收征收管理法实施细则》规定，当纳税人既有应退税款又有欠缴税款的，税务机关可将应退税款和利息先抵扣欠缴税款；抵扣后有余额的，再退还纳税人。

参考答案：Ⅰ. C（2002 年考试真题）　Ⅱ. C　Ⅲ. A　Ⅳ. D

【经典试题】

(多项选择题) 1. 下列关于税务机关税款追征期规定的说法中，正确的有(　　)。

A. 一般情况追征期为 3 年

B. 特殊情况追征期为 5 年

C. 特殊情况追征期为 20 年

D. 对纳税人逃税骗税少缴的税款无限期追征

(多项选择题) 2. 下列各项税款中，税务机关可以无限期追征的有(　　)。

A. 纳税人逃税的税款

B. 纳税人抗税的税款

C. 纳税人骗税的税款

D. 纳税人未缴或者少缴的税款在 5 万元以上的

(判断题) 3. 纳税人多缴税款自结算缴纳税款之日起 5 年内发现的，可以向税务机关要求退还多缴的税款并加算银行同期贷款利息。(　　)

(判断题) 4. 因税务机关责任，致使纳税人、扣缴义务人未缴或者少缴税款的，税务机关在 3 年内可要求纳税人、扣缴义务人补缴税款以及滞纳金。(　　)

(判断题) 5. 当纳税人既有应退税款又有欠缴税款的，应先退还纳税人多缴的税款，再补缴所欠税款。(　　)

参考答案：1. ABD　2. ABC　3. ×（2008 年考试真题）　4. ×　5. ×

考点 14：纳税人涉税事项的公告与报告

重点等级：☆☆☆☆

(1) 县及县以上税务机关应该定期在办税场所或广播、电视、报纸、期刊、网络等新闻媒体上公告纳税人的欠缴税款情况。

(2) 欠缴税款数额较大、在Ⅰ【○ A.1万元以上　B.2万元以上　C.5万元以上　D.10万元以上】的纳税人在处分其不动产或大额资产之前，应该向税务机关报告。

(3) 纳税人有欠税情形而以其财产设定抵押、质押的，应该向抵押权人、质权人说明其欠税情况。抵押权人、质权人可要求税务机关提供有关的欠税情况。

(4) 纳税人有合并、分立情形的，应该向税务机关报告，并依法缴清税款。纳税人合并时未缴清税款的，应该由合并后的纳税人继续履行未履行的纳税义务；纳税人分立时未缴清税款的，分立后的纳税人对未履行的纳税义务应该承担连带责任。

(5) 发包人或出租人应该自发包或出租之日起Ⅱ【○ A.10日　B.15日　C.30日　D.60日】内将承包人或承租人的有关情况向主管税务机关报告。发包人或出租人不报告的，发包人或出租人与承包人或承租人承担纳税连带责任。

参考答案：Ⅰ.C　Ⅱ.C

【经典试题】

(判断题) 1. 纳税人分立时未缴清税款的，分立后的纳税人对未履行的纳税义务应当承担连带责任。(　　)

(判断题) 2. 纳税人合并时未缴清税款的，应当由合并后的纳税人继续履行未履行的纳税义务。(　　)

参考答案：1.√ (2004年考试真题)　2.√

第四节　税务检查

考点：税务检查的范围

重点等级：☆☆☆☆

(1) 检查纳税人的账簿、记账凭证、报表及有关资料，检查扣缴义务人代扣代缴、代收代缴税款账簿、记账凭证及有关资料。

(2) 到【□ A. 货物存放地　B. 纳税人经营场所　C. 纳税人生活区　D. 纳税

人生产地】检查纳税人应纳税的商品、货物或其他财产，检查扣缴义务人与代扣代缴、代收代缴税款有关的经营情况。

（3）责成纳税人、扣缴义务人提供与纳税或代扣代缴、代收代缴税款有关的文件、证明材料和有关资料。

（4）询问纳税人、扣缴义务人与纳税或代扣代缴、代收代缴税款有关的问题和情况。

（5）到车站、码头、机场、邮政企业及其分支机构检查纳税人托运、邮寄应纳税商品、货物或其他财产的有关单据、凭证和有关资料。

（6）经县以上税务局（分局）局长批准，凭全国统一格式的检查存款账户许可证明，查询从事生产、经营的纳税人、扣缴义务人在银行或其他金融机构的存款账户。税务机关在调查税收违法案件时，经设区的市、自治州以上税务局（分局）局长批准，可查询案件涉嫌人员的储蓄存款。

税务机关依法进行税务检查时，有权向有关单位和个人调查纳税人、扣缴义务人及其他当事人与纳税或代扣代缴、代收代缴税款有关的情况，有关单位和个人有义务向税务机关如实提供有关资料和证明材料，不得拒绝、隐瞒。

税务机关调查税务违法案件时，对与案件有关的情况和资料，可以记录、录音、录像、照相及复制。税务机关查询所获得的资料，不得用于税收以外的其他用途。

参考答案：ABD

【经典试题】

（多项选择题）1. 根据税收征收管理法律制度的规定，税务机关在实施税务检查时，可以采取的措施有（　　）。

A. 检查纳税人会计资料

B. 检查纳税人货物存放地的应纳税商品

C. 检查纳税人托运、邮寄应纳税商品的单据、凭证

D. 经法定程序批准，查询纳税人在银行的存款账户

（判断题）2. 税务机关调查税务违法案件时，对与案件有关的情况和资料，可以记录、录音、录像、照相和复制。（　　）

（判断题）3. 税务机关依法进行税务检查，向有关单位和个人调查纳税人、扣缴义务人及其他当事人与纳税或代扣代缴、代收代缴税款有关的情况时，有关单位和个人必须如实提供有关资料和证明材料，不得拒绝、隐瞒。（　　）

参考答案：1. ABCD（2007 年考试真题）　2. √　3. √

第五节 违反税收法律制度的法律责任

考点 1：违反税务管理和逃避税务机关追缴欠税行为的法律责任

重点等级：☆☆☆☆

1. 违反税务管理行为的法律责任

(1) 纳税人有以下行为之一的，由税务机关责令限期改正，可处 2 000 元以下罚款；情节严重的，处 2 000 元以上 10 000 元以下罚款：

①未按照规定的期限申报办理税务登记、变更或者注销登记的；

②未按照规定设置、保管账簿或者保管记账凭证和有关资料的；

③未按照规定将财务、会计制度或者财务、会计处理办法和会计核算软件报送税务机关备查的；

④未按规定将其全部银行账号向税务机关报告的；

⑤未按规定安装、使用税控装置，或者损毁或擅自改动税控装置的；

⑥纳税人未按规定办理税务登记证件验证或换证手续的。

(2) 纳税人不办理税务登记的，由税务机关责令限期改正；逾期不改的，经税务机关提请，Ⅰ【○ A. 处以 2 000 元以上 10 000 元以下罚款　B. 由工商行政管理机关吊销其营业执照　C. 没收其经营所得　D. 由公安机关查封其财产】。

纳税人未按规定使用税务登记证件，或者转借、涂改、损毁、买卖及伪造税务登记证件的，处 2 000 元以上 10 000 元以下罚款；情节严重的，处 10 000 元以上50 000 元以下罚款。

(3) 扣缴义务人未按规定设置、保管代扣代缴、代收代缴税款账簿或保管代扣代缴、代收代缴税款记账凭证及有关资料的，由税务机关责令限期改正，可处 2 000 元以下罚款；情节严重的，处 2 000 元以上 5 000 元以下罚款。

(4) 纳税人未按规定的期限办理纳税申报和报送纳税资料的，或扣缴义务人未按规定的期限向税务机关报送代扣代缴、代收代缴税款报告表和有关资料的，由税务机关责令限期改正，可处 2 000 元以下罚款；情节严重的，可处 2 000 元以上 10 000 元以下罚款。

2. 逃避税务机关追缴欠税行为的法律责任

纳税人欠缴应纳税款，采取转移或隐匿财产的手段，妨碍税务机关追缴欠缴的税款的，由税务机关追缴欠缴的税款及滞纳金，并Ⅱ【○ A. 处欠缴税款 50%以上 5 倍以下的罚款　B. 处欠缴税款 50%以上 3 倍以下的罚款　C. 处欠缴税款 30%以上 5 倍以下的罚款　D. 处欠缴税款 30%以上 3 倍以下的罚款】；构成犯罪的，则依法追究刑事责任。

根据《刑法》第203条的规定，构成逃避追缴欠税罪的，数额在1万元以上不满10万元的，处3年以下有期徒刑或拘役，并处或单处欠缴税款1倍以上5倍以下罚金；数额在10万元以上的，处3年以上7年以下有期徒刑，并处欠缴税款1倍以上5倍以下罚金。

扣缴义务人应扣未扣、应收而不收税款的，由税务机关向纳税人追缴税款，对扣缴义务人处应扣未扣、应收未收税款50%以上3倍以下的罚款。

参考答案：Ⅰ.B（2009年考试真题） Ⅱ.A

【经典试题】

（多项选择题）1. 纳税人下列各项行为，可按“由税务机关责令限期改正，逾期不改正的，可以处以2 000元以下的罚款，情节严重的，处以2 000元以上10 000元以下的罚款”规定处理的有（　　）。

A. 未按照规定的期限申报办理税务登记

B. 未按照规定设置、保管账簿

C. 规定期限内不缴纳税款的行为

D. 未按照规定将财务、会计制度报送税务机关备查

（多项选择题）2. 根据我国《税收征收管理法》的规定，对扣缴义务人应扣未扣的税款，下列说法中正确的有（　　）。

A. 由税务机关向扣缴义务人追缴税款

B. 由税务机关向纳税人追缴税款

C. 对扣缴义务人处以应扣未扣税款50%以上3倍以下的罚款

D. 对纳税人处以未缴税款50%以上3倍以下的罚款

（判断题）3. 纳税人欠缴应纳税款，采取转移或者隐匿财产的手段，致使税务机关无法追缴欠缴的税款数额在1万元以上的，应追究其刑事责任。（　　）

（判断题）4. 纳税人转借、涂改、损毁、买卖及伪造税务登记证件，情节严重的，可追究其刑事责任。（　　）

参考答案：1. ABD　2. BC　3. √（2002年考试真题）　4. ×

考点2：逃税、抗税行为的法律责任

重点等级：☆☆☆☆☆

1. 逃税行为的法律责任

逃税，是指纳税人采取伪造、变造、隐匿、擅自销毁账簿、记账凭证，或者在账

簿上多列支出或者不列、少列收入，或经税务机关通知申报而拒不申报或者进行虚假的纳税申报的手段，不缴或者少缴应纳税款的行为。

纳税人逃税的，由税务机关追缴其不缴或少缴的税款、滞纳金，并处不缴或少缴的税款50%以上5倍以下的罚款；构成犯罪的，还要依法Ⅰ【○ A. 追缴税款 B. 加收滞纳金 C. 罚款 D. 追究刑事责任】。

纳税人、扣缴义务人编造虚假计税依据的，由税务机关责令限期改正，并处Ⅱ【○ A.3万元以下 B.3万元以上5万元以下 C.5万元以下 D.10万元以下】罚款。

纳税人不进行纳税申报，不缴或少缴应纳税款的，由税务机关追缴其不缴或少缴的税款、滞纳金，并处不缴或者少缴的税款50%以上5倍以下的罚款。

根据《刑法修正案（七）》的规定，原《刑法》第201条规定的偷税罪已更名为逃税罪，具体修改为："纳税人采取欺骗、隐瞒手段进行虚假纳税申报或者不申报，逃避缴纳税款数额较大并且占应纳税额10%以上的，处Ⅲ【○ A.3年以下有期徒刑或拘役 B.2年以下有期徒刑或拘役 C.3年以上5年以下有期徒刑 D.3年以上7年以下有期徒刑】，并处罚金；数额巨大并且占应纳税额30%以上的，处3年以上7年以下有期徒刑，并处罚金。扣缴义务人采取前款所列手段，不缴或者少缴已扣、已收税款，数额较大的，依照前款的规定处罚。对多次实施前两款行为，未经处理的，按照累计数额计算。有第一款行为，经税务机关依法下达追缴通知后，补缴应纳税款，缴纳滞纳金，已受行政处罚的，不予追究刑事责任；但是，5年内因逃避缴纳税款受过刑事处罚或者被税务机关给予二次以上行政处罚的除外。"

2. 抗税行为的法律责任

抗税，是指纳税人、扣缴义务人Ⅳ【○ A. 擅自销毁账簿、记账凭证，不缴应纳税款的 B. 在账簿上少列收入，少缴应纳税款的 C. 进行虚假的纳税申报，少缴应纳税款的 D. 以暴力、威胁方法拒不缴纳应纳税款的】行为。

根据《刑法》第202条的规定，构成抗税罪的，处Ⅴ【○ A.3年以下有期徒刑或者拘役 B. 处2年以下有期徒刑或者拘役 C.3年以上5年以下有期徒刑 D.5年以下有期徒刑或者拘役】，并处拒缴税款1倍以上5倍以下罚金；情节严重的，处3年以上7年以下有期徒刑，并处拒缴税款1倍以上5倍以下罚金。

参考答案：Ⅰ.D Ⅱ.C Ⅲ.A Ⅳ.D Ⅴ.A

【经典试题】

（多项选择题）1. 根据税收征收管理法律制度的规定，纳税人发生逃税行为时，税务机关可以行使的权力有（　　）。

A. 追缴税款　　B. 加收滞纳金　　C. 处以罚款　　D. 处以罚金

（多项选择题）2. 根据《刑法》的规定，下列各项中，属于逃税行为的有（ ）。

A. 纳税人虚假纳税申报，不缴或少缴应纳税款

B. 纳税人在账簿上多列支出，不缴或少缴应纳税款

C. 纳税人隐匿账簿、记账凭证，不缴或少缴应纳税款

D. 纳税人伪造账簿、记账凭证，不缴或少缴应纳税款

（判断题）3. 逃税数额在10万元以上的纳税人，应承担刑事责任。（ ）

（综合题）4. 丰海企业2009年按规定的时间向税务机关进行了纳税申报，并缴纳了当年的营业税和所得税。该企业纳税申报有关资料如下：

该企业2009年营业收入为1 523 000元，营业成本为1 263 000元，缴纳的营业税为76 150元，缴纳的所得税为45 962.5元。2010年，税务机关对丰海企业2009年纳税情况进行税务检查，在检查中发现该企业通过虚假发票等手段，隐瞒实际收入和支出的情况。经查实丰海企业2009年实际收入为1 849 000元，营业成本为1 185 000元。该企业适用的营业税税率为5%，适用的所得税税率为25%。

要求：根据税收征收管理法律制度，分析该企业在税收上属于何种行为？应如何进行处理？（本题不考虑税收滞纳金的缴纳和其他税种）

参考答案：1. ABC 2. ABCD 3. ×

4. （1）该企业的行为属于逃税行为。

（2）该企业逃税数额如下：

少缴营业税额＝（1 849 000－1 523 000）×5%＝16 300（元）；

少缴所得税额＝（1 849 000－1 185 000－1 849 000×5%）×25%
－45 962.5
＝96 925（元）；

该企业逃税数额合计＝16 300＋96 925＝113 225（元）。

（3）该企业2009年应纳税额＝76 150＋45 962.6＋113 225＝235 337.5（元）。

该企业逃税数额占应纳税额的比例为113 225÷235 337.5×100%＝48.11%。

根据《税收征收管理法》和《刑法修正案（七）》的规定，纳税人采取欺骗、隐瞒手段进行虚假纳税申报或者不申报，逃避缴纳税款数额较大并且占应纳税额10%以上的，处3年以下有期徒刑或者拘役，并处罚金；数额巨大并且占应纳税额30%以上的，处3年以上7年以下有期徒刑，并处罚金。丰海企业逃税数额较大，且达应纳税额的48.11%，构成逃税罪。经税务机关依法下达追缴通知后，应补缴税款113 225元，缴纳滞纳金，已受行政处罚的，不予追究刑事责任。

考点3：其他税收违法行为的法律责任

重点等级：☆☆☆☆☆

(1) 纳税人、扣缴义务人在规定期限内不缴或少缴应纳或应解缴的税款，经税务机关责令限期缴纳，逾期仍未缴纳的，税务机关除依照《税收征收管理法》的规定，采取强制执行措施追缴其不缴或少缴的税款外，并处不缴或少缴的税款50%以上5倍以下的罚款。

(2) 非法印刷、转借、倒卖、变造或伪造完税凭证的，由税务机关责令改正，处2 000元以上1万元以下的罚款；情节严重的，处1万元以上5万元以下的罚款；构成犯罪的，依法追究刑事责任。

(3) 银行及其他金融机构未按《税收征收管理法》的规定在从事生产、经营的纳税人的账户中登录税务登记证件号码，或未按规定在税务登记证件中登录从事生产、经营的纳税人的账户账号的，由税务机关责令其限期改正，处Ⅰ【○ A. 1 000元以上1万元以下罚款　B. 3 000元以上2万元以下罚款　C. 2 000元以上2万元以下罚款　D. 5 000元以上2万元以下罚款】；情节严重的，处2万元以上5万元以下罚款。

(4) 为纳税人、扣缴义务人非法提供银行账户、发票、证明或其他方便，导致未缴、少缴税款或骗取国家出口退税款的，税务机关除没收其违法所得外，可以处未缴、少缴或骗取的税款1倍以下罚款。

(5) 税务机关按《税收征收管理法》的规定，到车站、码头、机场、邮政企业及其分支机构检查纳税人有关情况，有关单位拒绝的，由税务机关责令改正，可以处Ⅱ【○ A. 5 000元以下罚款　B. 1万元以下罚款　C. 2万元以下罚款　D. 1万元以上5万元以下罚款】；情节严重的，处1万元以上5万元以下罚款。

(6) 纳税人、扣缴义务人逃避、拒绝或以其他方式阻挠税务机关检查的，由税务机关责令改正，可以处1万元以下罚款；情节严重的，处1万元以上5万元以下罚款；构成犯罪的，依法追究刑事责任。

(7) 从事生产经营的纳税人、扣缴义务人有法律规定的税收违法行为，拒不接受税务机关处理的，税务机关可以收缴其发票或停止向其发售发票。

(8) 税务代理人违反税收法律、行政法规，造成纳税人未缴或者少缴税款的，除由纳税人缴纳或补缴应纳税款、滞纳金外，对税务代理人处纳税人未缴或少缴税款Ⅲ【○ A. 30%以上2倍以下罚款　B. 30%以上3倍以下罚款　C. 50%以上3倍以下罚款　D. 50%以上5倍以下罚款】。

《税收征收管理法》规定，违反税收法律、行政法规应当给予行政处罚的行为，在Ⅳ【○ A. 3年　B. 5年　C. 10年　D. 20年】内未被发现的，不再给予行政处罚。

纳税人、扣缴义务人、纳税担保人同税务机关在纳税上发生争议时，必须先按照税务机关的纳税决定缴纳或解缴税款、滞纳金或提供相应的担保，然后可以依法申请行政复议；对行政复议决定不服的，可以依法向人民法院起诉。

当事人对税务机关的Ⅴ【□ A. 强制执行措施　B. 税收保全措施　C. 征税提示　D. 处罚决定】不服的，可以依法申请行政复议，也可以依法向人民法院起诉。当事人对税务机关的处罚决定逾期不申请行政复议也不向人民法院起诉，又不履行的，作出处罚决定的税务机关可以采取强制执行措施或申请人民法院强制执行。

参考答案：Ⅰ.C　Ⅱ.B　Ⅲ.C　Ⅳ.B　Ⅴ.ABD

【经典试题】

（单项选择题）1. 根据《税收征收管理法》的规定，纳税人逃避、拒绝、阻挠税务机关检查时，税务机关有权采取的措施是（　　）。

A. 责令改正并可处以罚款　　B. 查封账簿

C. 冻结纳税人在银行的存款　　D. 移送司法机关

（多项选择题）2. 纳税人非法印制、转借、倒卖、变造或者伪造完税凭证，应承担的法律责任有（　　）。

A. 由税务机关责令改正，处 2 000 元以上 1 万元以下的罚款

B. 情节严重的，处 1 万元以上 2 万元以下的罚款

C. 情节严重的，处 1 万元以上 5 万元以下的罚款

D. 构成犯罪的，依法追究刑事责任

（判断题）3. 当事人对税务机关的处罚决定逾期不申请行政复议也不向人民法院起诉，又不履行的，作出处罚决定的税务机关可以采取强制执行措施或者申请人民法院强制执行。（　　）

（判断题）4. 纳税人、扣缴义务人、纳税担保人同税务机关在纳税上发生争议时，必须先依照税务机关的纳税决定缴纳或者解缴税款及滞纳金或者提供相应的担保，然后可以依法申请行政复议。（　　）

（判断题）5. 为纳税人非法提供银行账户的，税务机关除没收其违法所得外，可以处未缴、少缴或骗取的税款 5 倍以下罚款。（　　）

参考答案：1. A（2003 年考试真题）　2. ACD　3. √　4. √　5. ×

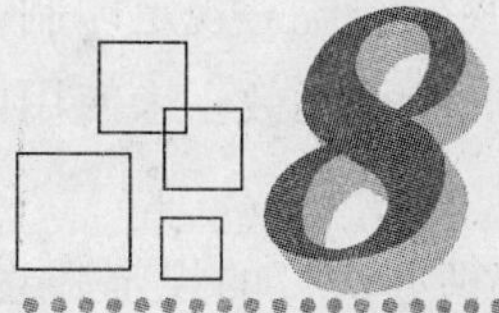

第八章　支付结算法律制度

第一节 支付结算概述

考点：办理支付结算的基本要求

重点等级：☆☆☆☆☆

办理支付结算时应符合下列基本要求：

（1）单位、个人和银行办理支付结算，必须使用按中国人民银行统一规定印制的票据和结算凭证。未使用按中国人民银行统一规定印制的票据，票据无效；未使用中国人民银行统一规定格式的结算凭证，银行不予受理。

（2）单位、个人和银行应当按照《人民币银行结算账户管理办法》的规定开立、使用账户。在银行开立存款账户的单位和个人办理支付结算，账户内须有足够的资金保证支付。除国家法律、行政法规另有规定外，银行不得为任何单位或者个人查询账户情况，不得为任何单位或者个人冻结、扣划款项，不得停止单位、个人存款的正常支付。

（3）票据和结算凭证上的签章和其他记载事项应当真实，不得伪造、变造。

①伪造，是指无权限人假冒他人或虚构他人名义签章的行为。

②变造，是指无权更改票据内容的人对票据上签章以外的记载事项加以改变的行为。变造票据的方法多是在合法票据的基础上，对票据加以剪接、挖补、覆盖、涂改，从而非法改变票据的记载事项。

票据和结算凭证的 I 【□ A. 金额 B. 出票或签发日期 C. 收款人名称 D. 付款人名称】不得更改，更改的票据无效；更改的结算凭证，银行不予受理。对票据和结算凭证上的其他记载事项，原记载人可以更改，更改时应当由原记载人在更改处签章证明。票据和结算凭证上的签章，为签名、盖章或者签名加盖章。单位、银行在票据上的签章和单位在结算凭证上的签章，为该单位、银行的盖章加其法定代表人或其授权的代理人的签名或盖章。个人在票据和结算凭证上的签章，应为该个人本名的签名或盖章。

（4）填写票据和结算凭证的收款人名称、出票日期、金额等应当规范。规范填写票据和结算凭证时应注意以下事项：

①收款人名称。单位和银行的名称应当记载全称或者规范化简称。如“中国银行业监督管理委员会”的规范化简称为“银监会”。

②出票日期。票据的出票日期必须使用中文大写。为防止变造票据的出票日期，在填写月、日时，月为壹、贰和壹拾的，日为壹至玖和壹拾、贰拾、叁拾的，应在其

前加“零”；日为拾壹至拾玖的，应在其前加“壹”。如3月20日，应写成Ⅱ【○ A. 零叁月零贰拾日 B. 零叁月贰拾日 C. 叁月零贰拾日 D. 叁月贰拾日】。

③金额。票据和结算凭证金额以中文大写和阿拉伯数码同时记载，二者必须一致，二者不一致的Ⅲ【○ A. 可以在票据上进行更改 B. 以中文大写为准 C. 票据无效 D. 以票据上较小的金额为准】；二者不一致的结算凭证，银行不予受理。

参考答案：Ⅰ. ABC Ⅱ. C（2007年考试真题） Ⅲ. C

【经典试题】

（单项选择题）1. 根据支付结算法律制度的规定，下列关于票据填写要求的表述中，不正确的是（ ）。

A. 单位名称应当记载全称或者规范化简称

B. 银行名称应当记载全称或者规范化简称

C. 出票日期可以选择使用中文大写或阿拉伯数码

D. 金额以中文大写和阿拉伯数码同时记载，二者必须一致

（单项选择题）2. 某公司签发一张商业汇票。根据《票据法》的规定，该公司的下列签章行为中，正确的是（ ）。

A. 公司盖章

B. 公司法定代表人李某盖章

C. 公司法定代表人李某签名加盖章

D. 公司盖章加公司法定代表人李某盖章

（单项选择题）3. 下列各项中，（ ）不符合票据和结算凭证的填写要求。

A. 中文大写金额数字到“角”为止，在“角”之后没有写“整”字

B. 票据的出票日期使用阿拉伯数字填写

C. 阿拉伯小写金额数字前填写了人民币符号

D. “2月12日”出票的票据，票据的出票日期填写为“零贰月壹拾贰日”

（单项选择题）4. 根据我国《支付结算办法》的规定，下列各项中，（ ）属于票据和结算凭证上不得更改的项目。

A. 收款日期　　B. 出票日期

C. 背书日期　　D. 承兑日期

（多项选择题）5. 根据《支付结算办法》的规定，下列各项中，属于无效票据的有（ ）。

A. 更改签发日期的票据

B. 更改收款单位名称的票据

C. 中文大写金额和阿拉伯数码金额不一致的票据

D. 出票日期使用中文大写，但该中文大写未按要求规范填写的票据

（多项选择题）6. 下列各项中，属于违反支付结算规定的行为有（　　）。

A. 企业法人内部独立核算的单位以其名义在银行开业基本存款账户

B. 单位签发没有真实债权债务关系的商业承兑汇票

C. 银行办理空头汇款

D. 单位签发没有资金保证的支票

（多项选择题）7. 下列选项中，（　　）属于变造票据。

A. 变更票据金额　　B. 变更票据上的签章

C. 变更票据上的到期日　　D. 变更票据上的付款日

（判断题）8. 支票上的收款人名称不得更收，更改的支票无效。（　　）

（判断题）9. 法人和其他单位在票据和结算凭证上的签章，为该法人或单位的公章或财务专用章，加上其法定代表人或者其授权的代理人的签名或盖章。（　　）

（判断题）10. 变更票据上的金额，属于票据的伪造，而不属于票据的变造。（　　）

（判断题）11. 票据和结算凭证的金额、出票或者签发日期、收款人名称不得更改，更改的票据无效；更改的结算凭证，银行不予受理。（　　）

参考答案：1. C（2009 年考试真题）　2. D（2005 年考试真题）　3. B　4. B
5. ABC（2001 年考试真题）　6. BCD（2000 年考试真题）
7. ACD　8. √（2005 年考试真题）　9. √（2002 年考试真题）
10. ×　11. √

第二节　银行结算账户

考点 1：银行结算账户的开立

重点等级：☆☆☆☆☆

存款人应在注册地或住所地开立银行结算账户。符合异地（跨省、市、县）开户条件的，也可以在异地开立银行结算账户。

存款人申请开立银行结算账户时，应填制开立银行结算账户申请书。银行应对存款人的开户申请书填写的事项和相关证明文件的真实性、完整性、合规性进行认真审查。审查后符合开立相应账户条件的，应办理开户手续，并履行向人民银行备案程序；需要核准的，应及时报送人民银行核准。需要中国人民银行核准的账户包括【○ A. 个人银行结算账户　B. 一般存款账户　C. 基本存款账户　D. 除预算单位专用存款账户以外的其他专用存款账户】、临时存款账户（因注册验资和增资验资开立的除外）、预算单位专用存款账户和合格境外机构投资者在境内从事证券投资开立的人民币特殊账户和人民币结算资金账户（简称 QFII 专用存款账户）。符合开立Ⅱ【□ A. 基本存款账户　B. 一般存款账户　C. 其他专用存款账户　D. 个人银行结算账户】条件的，银行应办理开户手续，并于开户之日起Ⅲ【○ A. 3 个工作日内　B. 4 个工作日内　C. 5 个工作日内　D. 7 个工作日内】向中国人民银行当地分支行备案。

中国人民银行应于Ⅳ【○ A. 2 个工作日内　B. 3 个工作日内　C. 5 个工作日内　D. 7 个工作日内】，对银行报送的核准类账户的开户资料的合规性予以审核，符合开户条件的，予以核准，颁发基本或临时或专用存款账户开户许可证；不符合开户条件的，应在开户申请书上签署意见，连同有关证明文件一并退回报送银行，由报送银行转送开户申请人。

开户许可证有正本和副本之分，正本由申请人保管；副本由申请人开户银行留存。开户许可证的记载事项包括"开户许可证"字样、Ⅴ【□ A. 开户许可证编号　B. 开户核准号　C. 中国人民银行当地分支行账户管理专用章　D. 核准日期】、存款人名称、存款人的法定代表人或单位负责人姓名、开户银行名称、账户性质、账号。临时存款账户开户许可证还应注明临时存款账户的有效期限。

开立银行结算账户时，银行应与存款人签订银行结算账户管理协议，明确双方的权利与义务。银行应建立存款人预留签章卡片，并将签章式样和有关证明文件的原件或复印件留存归档。

存款人在申请开立单位银行结算账户时，其申请开立的银行结算账户的账户名称、出具的开户证明文件上记载的存款人名称以及预留银行签章中公章或财务专用章的名称应保持一致，另有规定的情况除外。

存款人开立单位银行结算账户，Ⅵ【○ A. 自正式开立之日起 1 个工作日后　B. 自正式开立之日起 2 个工作日后　C. 自正式开立之日起 3 个工作日后　D. 自正式开立之日起 5 个工作日后】，方可使用该账户办理付款业务，但注册验资的临时存款账户转为基本存款账户和因借款转存开立的一般存款账户除外。

参考答案：Ⅰ. C　Ⅱ. BCD　Ⅲ. C　Ⅳ. A　Ⅴ. ABCD　Ⅵ. C（2008 年考试真题）

【经典试题】

（判断题）1. 存款人只能在注册地开立一个基本存款账户，不能在异地开立银行结算账户。（　　）

（判断题）2. 开户许可证有正本和副本之分，正本由申请人开户银行保管；副本由申请人留存。（　　）

参考答案：1. ×　2. ×

考点2：银行结算账户的变更

重点等级：☆☆

根据账户管理的要求，存款人的下列账户资料变更后，应及时向开户银行办理变更手续，填写变更银行结算账户申请书。属于申请变更单位银行结算账户的，应加盖单位公章；属于申请变更个人银行结算账户的，应加其个人签章：

（1）存款人的账户名称。

（2）单位的法定代表人或主要负责人。

（3）地址等其他开户资料。

存款人更改名称，但不改变开户银行及账号的，应于Ⅰ【○ A.2个工作日 B.3个工作日 C.5个工作日 D.7个工作日】内向开户银行提出银行结算账户的变更申请，并出具有关部门的证明文件。

单位的法定代表人或主要负责人、住址以及其他开户资料发生变更时，应于Ⅱ【○ A.3个工作日 B.5个工作日 C.7个工作日 D.10个工作日】内书面通知开户银行并提供有关证明。

属于变更开户许可证记载事项的，存款人办理变更手续时，应交回开户许可证，由中国人民银行当地分支行换发新的开户许可证。

参考答案：Ⅰ.C Ⅱ.B

考点3：银行结算账户的撤销

重点等级：☆☆☆☆☆

银行在收到存款人撤销银行结算账户的申请后，对于符合销户条件的，应在Ⅰ【○ A.2个工作日内 B.3个工作日内 C.5个工作日内 D.7个工作日内】办理撤销手续。

存款人撤销银行结算账户，必须与开户银行核对银行结算账户存款余额，交回各种重要空白票据及结算凭证和开户许可证，银行核对无误后方可办理销户手续。

有以下情形之一的，存款人应向开户银行提出撤销银行结算账户的申请：

（1）被撤并、解散、宣告破产或关闭的。

（2）注销、被吊销营业执照的。

（3）因迁址需要变更开户银行的。

（4）其他原因需要撤销银行结算账户的。

存款人有以上第Ⅱ【□ A.（1）项 B.（3）项 C.（2）项 D.（4）项】情形的，应于Ⅲ【○ A.3个工作日 B.5个工作日 C.7个工作日 D.10个工作日】内向开户银行提出撤销银行结算账户的申请，并且撤销银行结算账户时，应先撤销Ⅳ【□ A. 一般存款账户　B. 基本存款账户　C. 专用存款账户　D. 临时存款账户】，将这些账户资金转入基本存款账户后，方可办理基本存款账户的撤销。银行得知存款人有以上第（1）、（2）项情形，存款人超过规定期限未主动办理撤销银行结算账户手续的，银行有权停止其银行结算账户的对外支付。存款人因以上第（3）、（4）项情形撤销基本存款账户后，需要重新开立基本存款账户的，应在撤销其原基本存款账户后Ⅴ【○ A. 3 日内　B. 5 日内　C. 7 日内　D. 10 日内】申请重新开立基本存款账户。

存款人尚未清偿其开户银行债务的，不得申请撤销该账户。对于按照账户管理规定应撤销而未办理销户手续的单位银行结算账户，银行应通知该单位银行结算账户的存款人自发出通知之日起Ⅵ【○ A. 10 日　B. 30 日　C. 60 日　D. 90 日】内办理销户手续，逾期视同自愿销户，未划转款项列入久悬未取专户管理。存款人撤销核准类银行结算账户时，应交回开户许可证。

参考答案：Ⅰ. A　Ⅱ. AC　Ⅲ. B　Ⅳ. ACD　Ⅴ. D　Ⅵ. B

【经典试题】

（判断题）1. 存款人尚未清偿其开户银行债务的，可以先申请撤销该账户，在 5 天内还清银行债务。（　）

（判断题）2. 银行得知存款人宣告破产时，存款人超过规定期限未主动办理撤销银行结算账户手续的，银行有权停止其银行结算账户的对外支付。（　）

参考答案：1. ×　2. √

考点 4：基本存款账户的概念和使用

重点等级：☆☆☆☆

1. 基本存款账户的概念

存款人因办理日常转账结算和现金收付需要开立的银行结算账户是【○ A. 基本存款账户　B. 一般存款账户　C. 专用存款账户　D. 临时存款账户】。

可以申请开立基本存款账户的存款人主要有 12 类：企业法人；非法人企业；机关、事业单位；团级（含）以上军队、武警部队及分散执勤的支（分）队；社会团体；民办非企业组织；异地常设机构；外国驻华机构；个体工商户；居民委员会、村民委员会、社区委员会；单位设立的独立核算的附属机构，包括食堂、招待所、幼儿园；其他组织，即按照现行的法律、法规规定可以成立的组织，如业主委员会、村民小组等组织。

2. 基本存款账户的使用

基本存款账户是存款人的主办账户，一个单位只能开立一个基本存款账户。存款人日常经营活动的资金收付及其工资、奖金和现金的支取，应通过基本存款账户办理。存款人通过基本存款账户提取和使用现金不得违反《现金管理暂行条例》的规定。

参考答案：A（2006 年考试真题）

【经典试题】

（多项选择题）1. 根据规定，可以申请开立基本存款账户的存款人包括(　　)。

A. 事业单位　　B. 村民委员会

C. 连级以上武警部队单位　　D. 个体工商户

（多项选择题）2. 下列存款人，可以申请开立基本存款账户的是(　　)。

A. 社会团体　　B. 民办非企业组织

C. 异地常设机构　　D. 外国驻华机构

（多项选择题）3. 下面可以申请开立基本存款账户的有(　　)。

A. 企业法人　　B. 招待所

C. 机关　　D. 业主委员会

（判断题）4. 一个单位在几家银行都开户的，可以在其中一家或两家银行开设基本存款账户，支取现金。(　　)

（判断题）5. 存款人通过基本存款账户提取和使用现金不得违反《现金管理暂行条例》的规定。(　　)

参考答案：1. ABD　2. ABCD　3. ABCD　4. ×　5. √

考点 5：一般存款账户的概念、开户证明文件和使用

重点等级：☆☆☆☆☆

1. 一般存款账户的概念

一般存款账户是存款人因借款或其他结算需要，在基本存款账户开户银行以外的银行营业机构开立的银行结算账户。

2. 一般存款账户的开户证明文件

存款人申请开立一般存款账户，应按规定向银行出具其Ⅰ【□ A. 单位印章　B. 开立基本存款账户规定的证明文件　C. 基本存款账户开户许可证　D. 借款合同】等有关证明。

3. 一般存款账户的使用

一般存款账户用于办理Ⅱ【□ A. 借款转存 B. 借款归还 C. 现金支取 D. 现金缴存】。一般存款账户可以办理现金缴存，但不得办理现金支取。

参考答案：Ⅰ. BCD Ⅱ. ABD（2005 年考试真题）

【经典试题】

（判断题）1. 一般存款账户既可办理现金缴存，也可办理现金支取。（ ）

（判断题）2. 单位的工资、奖金等现金的支取可以通过一般存款账户办理。（ ）

（综合题）3. 汇明公司在甲银行开立基本存款账户。2008 年 7 月，汇明公司发生的结算业务如下：

(1) 7 月 3 日，汇明公司与乙银行签订短期借款合同后，持相关开户资料向乙银行申请开立了一般存款账户。

(2) 7 月 8 日，汇明公司派出出纳王某到乙银行购买现金支票并办理提取现金业务。

(3) 7 月 10 日，汇明公司出纳王某填写一张金额为420 000元的转账支票（以下简称 A 支票）交采购员李某支付洪鑫公司货款。由于粗心，王某误将收款人“洪鑫公司”写为“洪金公司”；李某发现后，要求王某更正；王某随即将支票上的“金”改为“鑫”，并在更正处盖章。李某将该支票交给了洪鑫公司。

(4) 7 月 14 日，洪鑫公司将 A 支票退回，要求汇明公司重新签发一张转账支票。出纳王某重新填写一张转账支票（以下简称 B 支票）交给洪鑫公司。当日，洪鑫公司持 B 支票到甲银行办理支票转账，甲银行审核 B 支票时发现汇明公司银行存款账户余额不足支付支票金额，遂将 B 支票退还给洪鑫公司，并提请中国人民银行对汇明公司予以处罚。洪鑫公司持退回的 B 支票要求汇明公司付款并予以赔偿，汇明公司承诺在 7 月 17 日前支付洪鑫公司货款。

(5) 7 月 15 日，为筹集资金，汇明公司将一张银行承兑汇票向甲银行申请办理贴现。该汇票出票日期为 2008 年 4 月 25 日，到期日为 2008 年 7 月 25 日，金额100 000元。汇明公司将实际获得的贴现票据款存入其在甲银行的基本存款账户。

(6) 7 月 17 日，洪鑫公司持 B 支票到甲银行办理支票转账，取得了货款。

已知：甲银行年贴现利率为 2.16%；经计算并确定的贴现天数为 10 天；一年按 360 天计算。

要求：根据支付结算法律制度的规定，回答下列问题：

(1) 汇明公司在乙银行开立一般存款账户是否符合法律规定？说明理由。

(2) 汇明公司到乙银行购买现金支票并办理提取现金业务是否符合法律规定？说明理由。

(3) 汇明公司出纳王某更改A支票收款人“洪金公司”为“洪鑫公司”的做法是否符合法律规定？说明理由。

(4) 汇明公司银行存款账户余额不足，仍然签发B支票给洪鑫公司导致洪鑫公司不能如期取得B支票款项，属于什么行为？中国人民银行可以对其予以何种处罚？洪鑫公司是否有权要求汇明公司予以赔偿？说明理由。

(5) 计算汇明公司办理银行承兑汇票贴现时向银行支付的贴现利息和实际获得的贴现金额，列出计算过程。

(综合题) 4. A企业的有关情况如下：

①2008年1月，A企业从其一般存款账户支取工资、奖金120万元，并支取现金10万元。

②2008年2月，A企业因增资申请开立临时存款账户。

③2008年3月，A企业将20万元的销货收入存入其单位卡账户，并从单位卡中支取现金5万元。

要求：根据支付结算法律制度的规定，分别回答下列问题：

(1) 根据本题要点①所提示的内容，指出A企业的做法是否符合法律规定？并说明理由。

(2) 根据本题要点②所提示的内容，A企业因增资申请开立临时存款账户时，是否需要中国人民银行的核准？并说明理由。

(3) 根据本题要点③所提示的内容，指出A企业的做法是否符合法律规定？并说明理由。如果A企业的做法不符合规定，应承担何种法律责任？

参考答案：1. ×（2007年考试真题） 2. ×（2001年考试真题）

3. (1) 汇明公司在乙银行开立一般存款账户符合法律规定。根据规定，一般存款账户是指存款人因借款或者其他结算需要，在基本存款账户开户银行以外的银行营业机构开立的银行结算账户。本题中，汇明公司在甲银行已经开立了基本存款账户，因借款合同在乙银行开立一般存款账户是符合规定的。

(2) 汇明公司到乙银行购买现金支票并办理提取现金业务不符合法律规定。根据规定，一般存款账户可以办理现金缴存，但是不得办理现金支取。本题中，汇明公司不能在乙银行支取现金。

(3) 汇明公司出纳王某更改A支票收款人“洪金公司”为“洪鑫公司”的做法不符合法律规定。根据规定，票据的出票金额、出票日期和收款人名称不得更改，更改的票据无效；对票据上其他记载事项，原记载人可以更改，更改时应在更改处签章证明。本题中，汇明公司出纳将收款人名称填写错误，按照规定，是不得在票据上直接修改的，其做法不符合法律规定。

(4) 汇明公司银行存款账户余额不足，仍然签发B支票给洪鑫公司导致洪鑫公司不能如期取得B支票款项，属于签发空头支票的行为。根据规定，单位和个人签发空头支票，不以骗取财物为目的的，由中国人民银行处以票面金额5%但不低于1 000元的罚款；持票人有权要求出票人赔偿支票金额2%的赔偿金。所以，洪鑫公司有权要求汇明公司给予赔偿。

(5) 支付给银行的贴现利息＝100 000×2.16%÷360×10＝60（元）；汇明公司实际获得的贴现金额＝100 000－60＝99 940（元）。(2009年考试真题)

4. (1) A企业的做法不符合规定。根据规定，存款人工资、奖金的支取只能通过基本存款账户办理。一般存款账户可以办理现金缴存，但不得办理现金支取。

(2) 不需要。根据规定，因注册验资和增资验资开立的临时存款账户不需要中国人民银行核准。

(3) A企业的做法不符合规定。根据规定，单位卡账户的资金一律从其基本存款账户转账存入，不得存取现金，不得将销货收入存入单位卡账户。A企业应承担的法律责任为：给予警告并处以5 000元以上3万元以下的罚款。

考点6：专用存款账户的概念、适用范围和使用

重点等级：☆☆☆☆☆

1. 专用存款账户的概念

根据《人民币银行结算账户管理办法》的规定，存款人按照法律、行政法规和规章，对其特定用途资金进行专项管理和使用而开立的银行结算账户是Ⅰ【○ A. 基本存款账户 B. 一般存款账户 C. 专用存款账户 D. 临时存款账户】。

2. 专用存款账户的适用范围

(1) 基本建设资金。

(2) 更新改造资金。

(3) 财政预算外资金。

(4) 粮、棉、油收购资金。

(5) 证券交易结算资金。

(6) 期货交易保证金。

(7) 信托基金。

(8) 金融机构存放同业资金。

(9) 政策性房地产开发资金。

(10) 单位银行卡备用金。

(11) 住房基金。

(12) 社会保障基金。

(13) 收入汇缴资金和业务支出资金。

(14) 党、团、工会设在单位的组织机构经费。

(15) 其他需要专项管理和使用的资金。

3. 专用存款账户的使用

(1) 单位银行卡账户的资金Ⅱ【□ A. 必须由其基本存款账户转账存入 B. 必须由其一般存款账户转账存入 C. 不得办理现金收付业务 D. 不得办理银行转账业务】。

(2) Ⅲ【□ A. 财政预算外资金 B. 工会经费专用账户 C. 证券交易结算资金 D. 信托基金专用存款账户】和期货交易保证金不得支取现金。

(3) Ⅳ【□ A. 基本建设资金 B. 更新改造资金 C. 政策性房地产开发资金 D. 金融机构存放同业资金】账户需要支取现金的，应在开户时报中国人民银行当地分支行批准。

(4) 粮、棉、油收购资金，社会保障基金，住房基金和党、团、工会经费等专用存款账户支取现金应按照国家现金管理的规定办理。

(5) 收入汇缴账户除向其基本存款账户或预算外资金财政专用存款户划缴款项外，只收不付，不得支取现金。业务支出账户除从其基本存款账户拨入款项外，只付不收，其现金支取必须按照国家现金管理的规定办理。

参考答案：Ⅰ. C Ⅱ. AC Ⅲ. ACD Ⅳ. ABCD

【经典试题】

(单项选择题) 1. 根据《银行账户管理办法》的规定，企业对基本建设资金可以申请开立的银行账户是( )。

A. 基本存款账户　　B. 专用存款账户

C. 一般存款账户　　D. 临时存款账户

(多项选择题) 2. 根据《人民币银行结算账户管理办法》的规定，可以申请开立专用存款账户的存款人包括( )。

A. 金融机构存放同业资金

B. 财政预算外资金

C. 社会保障基金

D. 单位银行卡备用金

(判断题) 3. 期货交易保证金账户可以支取现金。( )

(判断题) 4. 专用存款账户均不得用于提取现金。( )

参考答案：1. B (2000 年考试真题)　2. ABCD　3. ×　4. ×

考点 7：预算单位零余额账户的设立、使用和管理

重点等级：☆☆☆

（1）预算单位使用财政性资金，应当按照规定的程序和要求，向财政部门提出设立零余额账户的申请，财政部门同意预算单位开设零余额账户后通知代理银行。

（2）代理银行根据《人民币银行结算账户管理办法》的规定，具体办理开设预算单位零余额账户业务，并将所开账户的开户银行名称、账号等详细情况书面报告财政部门和中国人民银行，由财政部门通知一级预算单位。

（3）预算单位根据财政部门的开户通知，具体办理预留印鉴手续。印鉴卡内容如有变动，预算单位应及时通过一级预算单位向财政部门提出变更申请，办理印鉴卡更换手续。

（4）一个基层预算单位开设Ⅰ【○ A. 一个　B. 二个　C. 三个　D. 四个】零余额账户。

（5）预算单位零余额账户用于财政授权支付，可以Ⅱ【□ A. 办理转账、提取现金等结算业务　B. 向本单位按账户管理规定保留的相应账户划拨工会经费、住房公积金及提租补贴　C. 向上级主管单位账户划拨资金　D. 向所属下级单位账户划拨资金】，以及划拨财政部门批准的特殊款项，不得违反规定向本单位其他账户和上级主管单位、所属下级单位账户划拨资金。

参考答案：Ⅰ. A　Ⅱ. AB

【经典试题】

（判断题）预算单位零余额账户可以提取现金，也可以存入现金。（　）

参考答案：×

考点 8：临时存款账户

重点等级：☆☆☆☆

1. 临时存款账户的概念

临时存款账户是存款人因临时需要并在规定期限内使用而开立的银行结算账户。

2. 临时存款账户的适用范围

（1）设立临时机构，如工程指挥部、筹备领导小组等。

（2）异地临时经营活动，例如异地建筑施工及安装活动等。

(3)注册验资、增资。

3. 临时存款账户的开户证明文件

存款人申请开立临时存款账户，应向银行出具如下证明文件：

(1)临时机构，应出具其驻在地主管部门同意设立临时机构的批文。

(2)异地建筑施工及安装单位，应出具其营业执照正本或其隶属单位的营业执照正本以及施工及安装地建设主管部门核发的许可证或建筑施工及安装合同。

(3)异地从事临时经营活动的单位，应出具其营业执照正本以及临时经营地工商行政管理部门的批文。

(4)注册验资，应出具工商行政管理部门核发的企业名称预先核准通知书或有关部门的批文。

其中，Ⅰ【□ A. 临时机构 B. 异地建筑施工及安装单位 C. 异地从事临时经营活动的单位 D. 注册验资】，还应出具其基本存款账户开户许可证。

对于合格境外机构投资者在境内从事证券投资开立的人民币特殊账户和人民币结算资金账户，均纳入Ⅱ【○ A. 临时存款账户 B. 基本存款账户 C. 一般存款账户 D. 专用存款账户】管理。其开立人民币特殊账户时，应出具Ⅲ【○ A. 国家外汇管理部门 B. 证券管理部门 C. 工商行政管理部门 D. 县级以上人民政府财政部门】的批复文件；开立人民币结算资金账户时，应出具证券管理部门的证券投资业务许可证。

4. 临时存款账户的使用

临时存款账户用于办理临时机构以及存款人临时经营活动发生的资金收付。临时存款账户应根据有关开户证明文件确定的期限或存款人的需要确定其有效期限，最长不得超过2年。临时存款账户支取现金，应按照国家现金管理的规定办理。注册验资的临时存款账户在验资期间只收不付。

参考答案：Ⅰ. BC Ⅱ. D Ⅲ. A

【经典试题】

(多项选择题) 1. 根据《人民币银行结算账户管理办法》的规定，下列各项活动中，存款人可以申请开立临时存款账户的是( )。

A. 设立工程指挥部　　B. 设立筹备领导小组

C. 异地建筑施工及安装活动　　D. 注册验资

(判断题) 2. 临时存款账户的有效期最长不得超过5年。( )

(判断题) 3. 注册验资的临时存款账户在验资期间只收不付。( )

参考答案：1. ABCD 2. × 3. √

考点 9：个人银行结算账户的使用

重点等级：☆☆☆☆☆

（1）个人银行结算账户用于办理个人转账收付和现金存取。

（2）可以转入个人银行结算账户的款项有：①工资、奖金收入。②稿费、演出费等劳务收入。③债券、期货、信托等投资的本金和收益。④个人债权或产权转让收益。⑤个人贷款转存。⑥证券交易结算资金和期货交易保证金。⑦继承、赠与款项。⑧保险理赔、保费退还等款项。⑨纳税退还。⑩农、副、矿产品销售收入。⑪其他合法款项。

（3）单位从其银行结算账户支付给个人银行结算账户的款项，每笔超过Ⅰ【○ A. 1 万元（不包含 1 万元） B. 5 万元（不包含 5 万元） C. 10 万元（不包含 10 万元） D. 20 万元（不包含 20 万元）】的，应向其开户银行提供的付款依据有：①代发工资协议和收款人清单。②奖励证明。③新闻出版、演出主办等单位与收款人签订的劳务合同或支付给个人款项的证明。④证券公司、期货公司、信托投资公司、奖券发行或承销部门支付或退还给自然人款项的证明。⑤债权或产权转让协议。⑥借款合同。⑦保险公司的证明。⑧税收征管部门的证明。⑨农、副、矿产品购销合同。⑩其他合法款项的证明。

（4）从单位银行结算账户向个人银行结算账户支付款项，对单笔超过Ⅱ【○ A. 2 万元 B. 3 万元 C. 5 万元 D. 8 万元】人民币，付款单位在付款用途栏或备注栏注明事由的，可不再另行出具付款依据。

（5）从单位银行结算账户支付给个人银行结算账户的款项应纳税的，税收代扣单位付款时应向其开户银行提供完税证明。

（6）个人持出票人为单位的支票向开户银行委托收款，将款项转入其个人银行结算账户的，或个人持申请人为单位的银行汇票和银行本票向开户银行提示付款，将款项转入其个人银行结算账户的，个人应出具（3）中第①～⑩项规定的有关收款依据。

参考答案：Ⅰ. B Ⅱ. C

【经典试题】

（多项选择题）1. 个人银行结算账户可用于办理的个人业务包括（ ）。

A. 转账收付

B. 现金存取

C. 证券交易结算资金和期货交易保证金

D. 农、副、矿产品销售收入

（多项选择题）2. 下列款项中，（ ）可以转入个人银行结算账户。

A. 工资、奖金收入

B. 稿费、演出费等劳务收入

C. 债券、期货、信托等投资的本金和收益

D. 个人债权或产权转让收益

（多项选择题）3. 可以转入个人银行结算账户的款项有（　　）。

A. 继承、赠与款项　　B. 保险理赔、保费退还等款项

C. 纳税退还　　D. 农、副、矿产品销售收入

（多项选择题）4. 单位从其银行结算账户支付给个人银行结算账户的款项，每笔超过5万元的，应向其开户银行提供的付款依据有（　　）。

A. 债权或产权转让协议　　B. 借款合同

C. 保险公司的证明　　D. 税收征管部门的证明

（判断题）5. 从单位银行结算账户支付给个人银行结算账户的款项应纳税的，税收代扣单位付款时应向其开户银行提供完税证明。（　　）

参考答案：1. ABCD　2. ABCD　3. ABCD　4. ABCD　5. √

考点 10：异地银行结算账户

重点等级：☆

1. 异地银行结算账户的适用范围

存款人可以申请开立异地银行结算账户的情形包括：【□ A. 营业执照注册地与经营地不在同一行政区域（跨省、市、县）需要开立基本存款账户的　B. 办理异地借款和其他结算需要开立一般存款账户的　C. 自然人根据需要在异地开立个人银行结算账户的　D. 异地临时经营活动需要开立临时存款账户的】；存款人因附属的非独立核算单位或派出机构发生的收入汇缴或业务支出需要开立专用存款账户的。

2. 异地银行结算账户的开户证明文件

（1）存款人需要在异地开立单位银行结算账户，除出具开立基本存款账户、一般存款账户、专用存款账户和临时存款账户规定的有关证明文件和基本存款账户开户许可证外，还应出具下列相应的证明文件：

①异地借款的存款人在异地开立一般存款账户的，应出具在异地取得贷款的借款合同。

②因经营需要在异地办理收入汇缴和业务支出的存款人在异地开立专用存款账户的，应出具隶属单位的证明。

（2）存款人需要在异地开立个人银行结算账户，应出具在住所地开立账户所需的证明文件。

参考答案：ABCD

考点 11：银行结算账户的管理

重点等级：☆☆☆☆

银行结算账户管理的基本内容有Ⅰ【□ A. 实名制管理　B. 账户变更事项的管理　C. 对账管理　D. 开户由人民银行统一管理】和存款人预留银行签章的管理。

1. 银行结算账户的实名制管理

（1）存款人应以实名开立银行结算账户，并对其出具的开户（变更、撤销）申请资料实质内容的真实性负责，法律、行政法规另有规定的除外。

（2）存款人应按照账户管理规定使用银行结算账户办理结算业务，不得出租、出借银行结算账户，不得利用银行结算账户套取银行信用或进行洗钱活动。

2. 银行结算账户变更事项的管理

存款人申请临时存款账户展期，变更、撤销单位银行结算账户以及补（换）发开户许可证的，可由法定代表人或单位负责人直接办理，也可授权他人办理。由法定代表人或单位负责人直接办理的，除出具相应的证明文件外，还应出具法定代表人或单位负责人的身份证件；授权他人办理的，除出具相应的证明文件外，还应出具法定代表人或单位负责人的身份证件及其出具的授权书，以及被授权人的身份证件。

3. 存款人预留银行签章的管理

（1）单位遗失预留公章或财务专用章的，应向开户银行出具书面申请、开户许可证、营业执照等相关证明文件；更换预留公章或财务专用章时，应向开户银行出具书面申请、原预留公章或财务专用章等相关证明文件。单位存款人申请更换预留公章或财务专用章但无法提供原预留公章或财务专用章的，应向开户银行出具Ⅱ【□ A. 原印鉴卡片　B. 开户许可证　C. 营业执照正本　D. 司法部门的证明】等相关证明文件。单位存款人可由法定代表人或单位负责人直接办理，也可授权他人办理。由法定代表人或单位负责人直接办理的，除出具相应的证明文件外，还应出具法定代表人或单位负责人的身份证件；授权他人办理的，除出具相应的证明文件外，还应出具法定代表人或单位负责人的身份证件及其出具的授权书，以及被授权人的身份证件。

（2）个人遗失或更换预留个人印章或更换签字人时，应向开户银行出具经签名确认的书面申请以及原预留印章或签字人的个人身份证件。银行应留存相应的复印件，并凭以办理预留银行签章的变更。单位存款人申请更换预留个人签章，可由法定代表人或单位负责人直接办理，也可授权他人办理。由法定代表人或单位负责人直接办理的，应出具加盖该单位公章的书面申请以及法定代表人或单位负责人的身份证件。授权他人办理的，应出具Ⅲ【□ A. 加盖该单位公章的书面申请　B. 法定代表人或单位负责人的身份证件 C. 授权书 D. 被授权人的身份证件】。无法出具法定代表人或单位负责人的身份证件的，应出具加盖该单位公章的书面申请、该单位出具的授权书以及被授权人的身份证件。

4. 银行结算账户的对账管理

银行结算账户的存款人应与银行按规定核对账务。存款人收到对账单或对账信息后，应及时核对账务并在规定期限内向银行发出对账回单或确认信息。

参考答案：Ⅰ. ABC Ⅱ. ABCD Ⅲ. ABCD

【经典试题】

（单项选择题）1. 关于存款人银行结算账户管理的下列表述中，不符合法律规定的是（ ）。

A. 存款人应以实名开立银行结算账户

B. 存款人不得出租银行结算账户

C. 存款人可以出借银行结算账户

D. 存款人不得利用银行结算账户套取银行信用

（判断题）2. 存款人申请临时存款账户展期，变更、撤销单位银行结算账户以及补（换）发开户许可证的，必须由法定代表人或单位负责人直接办理，不可授权他人办理。（ ）

（判断题）3. 单位存款人申请更换预留个人签章，可由法定代表人或单位负责人直接办理，也可授权他人办理。（ ）

参考答案：1. C（2007 年考试真题） 2. × 3. √

第三节 票据结算

考点 1：票据的概念、种类和功能

重点等级：☆☆☆☆

1. 票据的概念

票据是由出票人签发的，约定自己或委托付款人在见票时或指定的日期向收款人或持票人无条件支付一定金额的有价证券。

2. 票据的种类

我国《票据法》中的“票据”包括汇票、银行本票和支票。

3. 票据的功能

票据具有五大功能：【□ A. 支付功能　B. 汇兑功能　C. 信用功能　D. 结算功能】和融资功能。

参考答案：ABCD

【经典试题】

（单项选择题）1. 下列票据中，不属于《票据法》调整范围的是（　　）。

A. 汇票　　B. 本票　　C. 支票　　D. 发票

（多项选择题）2. 下列选项中，属于我国《票据法》所称的票据有（　　）。

A. 本票　　B. 支票　　C. 股票　　D. 发票

（判断题）3. 票据是由出票人签发的，约定自己或委托付款人在见票时或指定的日期向收款人或持票人有条件支付一定金额的有价证券。（　　）

参考答案：1. D（2007 年考试真题）　2. AB　3. ×

考点 2：票据当事人

重点等级：☆☆☆☆☆

票据当事人是在票据法律关系中，享有票据权利、承担票据义务的主体，也就是票据行为的参与者。票据当事人可分为基本当事人和非基本当事人。

1. 基本当事人

票据基本当事人是在票据作成和交付时就已经存在的当事人，包括Ⅰ【□ A. 出票人　B. 收款人　C. 付款人　D. 保证人】三种。汇票和支票的基本当事人有Ⅱ【□ A. 承兑人　B. 出票人　C. 付款人　D. 收款人】；本票的基本当事人有Ⅲ【□ A. 保证人　B. 出票人　C. 承兑人　D. 收款人】。

（1）出票人。出票人是依法定方式签发票据并将票据交付给收款人的人。银行汇票的出票人为Ⅳ【○ A. 银行　B. 出票银行　C. 个人　D. 其他组织】；商业汇票的出票人为Ⅴ【□ A. 银行以外的企业　B. 其他组织　C. 出票银行　D. 个人】；银行本票的出票人为Ⅵ【○ A. 银行　B. 出票银行　C. 其他组织　D. 企业】；支票的出票人为Ⅶ【□ A. 在银行开立支票存款账户的企业　B. 银行　C. 其他组织　D. 个人】。

（2）收款人。收款人是指票据正面记载的到期后有权收取票据所载金额的人。

（3）付款人。付款人是指由出票人委托付款或自行承担付款责任的人。商业承兑汇票的付款人是合同中应给付款项的一方当事人，也是该汇票的承兑人；银行承兑汇票的付款人是Ⅷ【○ A. 合同中应给付款项的一方当事人 B. 出票人的开户银行 C. 出票人 D. 承兑银行】；支票的付款人是出票人的开户银行；本票的付款人是出票人。

2. 非基本当事人

非基本当事人是在票据作成并交付后，通过一定的票据行为加入票据关系而享有一定权利、承担一定义务的当事人，包括Ⅸ【□ A. 承兑人 B. 背书人 C. 被背书人 D. 保证人】等。

（1）承兑人。承兑人是指接受汇票出票人的付款委托，同意承担支付票款义务的人，其为汇票的主债务人。

（2）背书人与被背书人。背书人是指在转让票据时，在票据背面或粘单上签字或盖章，并将该票据交付给受让人的票据收款人或持有人。被背书人是指被记名受让票据或接受票据转让的人。背书后，被背书人成为票据新的持有人，享有票据的所有权利。

（3）保证人。保证人是指为票据债务提供担保的人，由票据债务人以外的第三人担当。保证人在被保证人不能履行票据付款责任时，以自己的金钱履行票据付款义务，然后取得持票人的权利，再向票据债务人追索。

参考答案：Ⅰ. ABC（2009 年考试真题） Ⅱ. BCD Ⅲ. BD Ⅳ. A Ⅴ. AB Ⅵ. B Ⅶ. ACD Ⅷ. D Ⅸ. ABCD

【经典试题】

（单项选择题）1. 根据《票据法》的规定，下列各项中，（ ）不属于票据的付款人。

A. 汇票的承兑人　　B. 银行本票的出票人

C. 支票的付款人　　D. 汇票的背书人

（多项选择题）2. 下列关于票据当事人的说法中，正确的有（ ）。

A. 出票人与收款人属于本票的基本当事人

B. 商业汇票的承兑人是汇票的主债务人

C. 支票的付款人是出票人的开户银行

D. 背书人属于票据的基本当事人

（判断题）3. 票据的基本当事人，是指在票据作成和交付时就已经存在的当事人，包括出票人、承兑人和保证人。（ ）

（判断题）4. 票据背书转让后，被背书人成为票据新的持有人，享有票据的所有权利。（ ）

参考答案：1. D 2. ABC 3. × 4. √

考点3：票据权利与责任

重点等级：☆☆☆☆

1. 票据权利

票据权利是指票据持票人向票据债务人请求支付票据金额的权利，包括付款请求权和追索权。

(1) 付款请求权，是指持票人向Ⅰ【□ A. 汇票的承兑人 B. 本票的出票人 C. 支票的付款人 D. 汇票的背书人】出示票据要求付款的权利，是第一顺序权利。行使付款请求权的持票人可以是票据记载的收款人或最后被背书人；担负付款请求权付款义务的主要是主债务人。

(2) 票据追索权，是指票据当事人行使付款请求权遭到拒绝或有其他法定原因存在时，向其前手请求偿还票据金额及其他法定费用的权利，是第二顺序权利。行使追索权的当事人主要有Ⅱ【□ A. 票据记载的收款人 B. 最后被背书人 C. 代为清偿票据债务的保证人 D. 代为清偿票据债务的背书人】。

2. 票据责任

票据责任是指票据债务人向持票人支付票据金额的责任。实务中，票据债务人承担票据义务的情况有：Ⅲ【□ A. 汇票承兑人因承兑而应承担付款义务 B. 本票出票人因出票而承担自己付款的义务 C. 支票付款人在与出票人有资金关系时承担付款义务 D. 汇票、本票、支票的背书人，汇票、支票的出票人、保证人，在票据不获承兑或不获付款时承担付款清偿义务】。

参考答案：Ⅰ. ABC Ⅱ. ABCD Ⅲ. ABCD

【经典试题】

(单项选择题) 1. 下列哪种情况下，汇票持票人可以行使追索权？( )

A. 前手破产　　B. 前手以外的背书人破产

C. 承兑人破产　　D. 保证人破产

(判断题) 2. 票据因不获付款而遭退票时，持票人可以行使追索权。( )

(综合题) 3. A企业从B企业购进一批设备，价款为100万元。A企业开出一张付款期限为3个月的已承兑的商业承兑汇票给B企业，C企业在该汇票的正面记载了保证事项。B企业取得汇票后，将该汇票背书转让给了D企业。汇票到期，D企业委托银行收款时，才得知A企业的存款账户不足支付。银行将付款人未付票款通知书和该商业承兑汇票一同交给D企业。D企业遂向B企业要求付款。

要求：根据上述情况和票据法律制度的有关规定，回答下列问题：

(1) D企业在票据未获付款的情况下是否有权向B企业要求付款？为什么？

(2) D企业在B企业拒绝付款的情况下是否可向A企业、C企业要求付款？为什么？

(3) 如果C企业代为履行票据付款义务，则C企业可向谁行使追索权？为什么？

参考答案：1. C. 2 √

3. (1) D企业在票据未获支付的情况下有权向B企业要求付款。我国票据法律制度规定，持票人行使付款请求权遭到拒绝付款时，可以向其前手请求支付票据金额。

(2) D企业可以向A企业、C企业要求付款。根据票据法律制度规定，汇票的出票人、背书人、保证人、承兑人对持票人承担连带责任。持票人可以不按照汇票债务人的先后顺序，对其中任何一人、数人或者全体行使追索权。因此，D企业有权向A企业、B企业、C企业进行追索。

(3) C企业代为履行票据付款义务后，则有权向A企业进行追索。因为C企业是保证人，A企业是被保证人，保证人在被保证人不能履行票据付款的责任时，以自己的金钱履行票据付款义务，然后取得持票人的权利，可向票据债务人即A企业追索。

考点4：票据行为

重点等级：☆☆☆☆

票据行为是指票据当事人以发生票据债务为目的、以在票据上签名或盖章为权利义务成立要件的法律行为，包括Ⅰ【□ A. 出票 B. 背书 C. 承兑 D. 保证】。

1. 出票

出票是指出票人签发票据并将其交付给收款人的票据行为。

2. 背书

背书是指在票据背面或者粘单上记载有关事项并签章的票据行为。以背书转让的票据，背书应当连续。背书连续是指，在票据转让中，转让票据的背书人与受让票据的被背书人在票据上的签章依次前后衔接，即第一次背书的背书人为票据的收款人；第二次背书的背书人为第一次背书的被背书人，以此类推。

3. 承兑

承兑仅适用于Ⅱ【○ A. 银行汇票 B. 银行本票 C. 商业汇票 D. 支票】，是指汇票付款人承诺在汇票到期日支付汇票金额并签章的行为。

4. 保证

保证是指票据债务人以外的人为担保特定债务人履行票据债务而在票据上记载有

关事项并签章的行为。

参考答案：Ⅰ.ABCD（2002 年考试真题）　Ⅱ.C

【经典试题】

（判断题）1. 以下为某银行转账支票背面背书签章的示意图。该转账支票背书连续，背书有效。（　　）

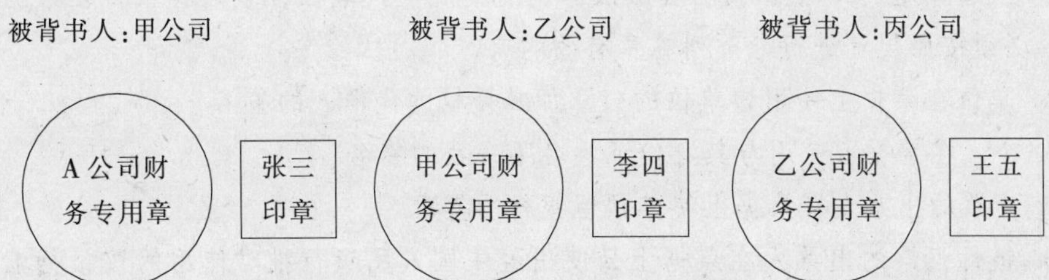

（判断题）2. 根据《票据法》的规定，承兑是指汇票付款人承诺在汇票到期日支付汇票金额并签章的行为，仅适用于商业汇票。（　　）

参考答案：1. √（2009 年考试真题）　2. √

考点 5：票据签章

重点等级：☆☆☆☆

票据签章是指票据有关当事人在票据上签名、盖章或签名加盖章的行为。票据签章是票据行为生效的重要条件，也是票据行为表现形式中必须记载的事项。

1. 不同票据行为的签章

票据上的签章因票据行为的性质不同、签章当事人的不同而不相同：①票据签发时，由出票人签章；②票据转让时，由【○ A. 出票人　B. 持票人　C. 承兑人　D. 背书人】签章；③持票人行使票据权利时，由持票人签章；④票据承兑时，由承兑人签章；⑤票据保证时，由保证人签章。

2. 签章不符合规定造成的影响

（1）出票人在票据上的签章不符合法律规定的，票据无效；

（2）背书人在票据上的签章不符合法律规定的，其签章无效，但不影响其前手符合规定签章的效力；

（3）承兑人、保证人在票据上的签章不符合法律规定的，其签章无效，但不影响其他符合规定签章的效力。

参考答案：D

【经典试题】

（多项选择题）1. 关于票据签章当事人的下列表述中，正确的有(　　)。

A. 票据签发时，由出票人签章　B. 票据转让时，由被背书人签章

C. 票据承兑时，由承兑人签章　D. 票据保证时，由保证人签章

（多项选择题）2. 根据我国金融法律制度的规定，单位、个人和银行在票据上签章时，必须按照规定进行，下列签章有效的有(　　)。

A. 单位在票据上使用该单位的公章加其授权的代理人的签名

B. 个人在票据上使用与其身份证姓名不一致的签名

C. 支票的出票人在票据上使其预留银行的签章

D. 银行汇票的出票人在票据上只使用经中国人民银行批准使用的该银行汇票专用章

（判断题）3. 出票人在票据上的签章不符合法律规定的，其签章无效，但不影响其他符合规定的签章的效力。(　　)

（判断题）4. 背书人在票据上的签章不符合法律规定的，其签章无效，且影响其前手符合规定签章的效力。(　　)

（判断题）5. 承兑人、保证人在票据上的签章不符合法律规定的，其签章无效，但不影响其他符合规定签章的效力。(　　)

参考答案：1. ACD（2009 年考试真题）　2. AC（2000 年考试真题）　3. ×　4. ×　5. √

考点 6：票据记载事项

重点等级：☆☆☆☆

票据记载事项是指依法在票据上记载票据相关内容的行为。票据记载事项一般分为Ⅰ【□A. 必须记载事项　B. 相对记载事项　C. 任意记载事项　D. 不产生票据法上的效力的记载事项】等。

1. 必须记载事项

必须记载事项是指《票据法》明文规定必须记载的，如不记载票据即为无效的事项。例如，表明票据种类的事项，必须记明“汇票”、“本票”、“支票”，否则票据无效。

2. 相对记载事项

《票据法》规定了相对记载事项。相对记载事项可以记载，也可以不记载。记载

的，按照记载的具体事项履行权利和义务；未记载的，适用法律的统一认定。例如，《票据法》规定背书由背书人签章并记载背书日期；背书未记载日期的，视为在Ⅱ【○ A. 票据出票日　B. 票据保证日　C. 票据到期日　D. 票据付款日】前背书。

3. 任意记载事项

任意记载事项是指《票据法》不强制当事人必须记载而允许当事人自行选择，不记载时不影响票据效力，记载时则产生票据效力的事项。例如，出票人在汇票上记载"不得转让"字样的，汇票不得转让，其中的"不得转让"事项即为任意记载事项。

4. 不产生票据法上的效力的记载事项

除了必须记载事项、相对记载事项、任意记载事项外，票据上还可以记载其他一些事项，但这些事项不具有票据效力，被称为不产生票据法上的效力的记载事项。

参考答案：Ⅰ. ABCD　Ⅱ. C

【经典试题】

（判断题）1. 甲公司收到乙公司一张支票，该支票记载了"不得转让"字样，该记载事项不影响甲公司将该支票背书转让。（　）

（判断题）2. 相对记载事项可以记载，也可以不记载。（　）

（判断题）3. 票据上除了必须记载事项、相对记载事项、任意记载事项外，还可以记载其他一些事项，这些事项同样具有票据效力。（　）

参考答案：1. ×（2009 年考试真题）　2. √　3. ×

考点 7：票据丧失及补救

重点等级：☆☆☆☆

票据丧失，是指票据因灭失、遗失、被盗等原因而使票据权利人脱离其对票据的占有。票据一旦丧失，票据的债权人如不采取措施补救就不能阻止债务人向拾获者履行义务，从而造成正当票据权利人经济上的损失，因此，需要进行票据丧失的补救。票据丧失后，可以采取Ⅰ【□ A. 挂失止付　B. 公示催告　C. 普通诉讼　D. 仲裁】三种形式进行补救。

1. 挂失止付

挂失止付是指失票人将丧失票据的情况通知付款人或代理付款人，由接受通知的付款人或代理付款人审查后暂停支付的一种方式。只有确定付款人或代理付款人的票据丧失时，才可进行挂失止付，具体包括Ⅱ【□ A. 已承兑的商业汇票　B. 支票　C. 填明"现金"字样和代理付款人的银行汇票　D. 银行汇票】和填明"现金"字样的银行本票四种。挂失止付并不是票据丧失后采取的必经措施，而只是一种暂时的预防措施，最终还要通过申请公示催告或提起普通诉讼进行补救。

2. 公示催告

公示催告是指在票据丧失后由失票人向人民法院提出申请，请求人民法院以公告方式通知不确定的利害关系人限期申报权利，逾期未申报者，则权利失效，而由人民法院通过除权判决宣告所丧失的票据无效的一种制度或程序。根据我国票据法律制度的规定，失票人应当在通知挂失止付后的 3 日内，也可以在票据丧失后，依法向票据支付地人民法院申请公示催告。申请公示催告的主体必须是可以背书转让的票据的最后持票人。

3. 普通诉讼

普通诉讼是指以丧失票据的人为原告，以承兑人或出票人为被告，请求人民法院判决其向失票人付款的诉讼活动。如果与票据上的权利有利害关系的人是明确的，则无须公示催告，可按一般的票据纠纷向法院提起诉讼。

参考答案：Ⅰ. ABC（2008 年考试真题）　Ⅱ. ABC

【经典试题】

（判断题）1. 挂失止付并不是票据丢失后采取的必经措施，而只是一种暂时的预防措施。（　）

（综合题）2. 甲公司会计科被盗，会计人员在清点财物时，发现除现金、财务印章外，还有 5 张票据被盗，其中包括：付款方签发的尚未送交银行的现金支票 2 张、转账支票 1 张；未填明“现金”字样的银行本票 2 张。上述票据均在法定提示付款期限内。

要求：根据我国金融法律制度的规定，回答下列问题：

(1) 甲公司票据被盗后，哪些票据可以挂失止付？

(2) 甲公司对票据挂失止付后，还可以采取哪些补救措施？

(3) 如果甲公司办理票据挂失止付前，可以挂失止付的票据票款被冒领，其所造成的资金损失由谁负责？并说明理由。

参考答案：1. √

2. (1) 可以挂失止付的票据有：付款方签发的尚未送交银行的现金支票 2 张、转账支票 1 张。

(2) 甲公司对票据挂失止付后，可以采取的补救措施有：

①公示催告；

②普通诉讼或向人民法院提起民事诉讼，要求法院判令付款人向其支付票据金额。

(3) 由甲公司及其有关责任人员负责。

因为根据《支付结算办法》的规定，单位和个人对使用的支票、商业承兑汇票和银行签发的银行汇票、银行本票、银行承兑汇票，因管理不善造成丢失、被盗，发生款项冒领，造成资金损失的，应由责任单位和个人负责。

考点 8：办理银行汇票的程序

重点等级：☆☆☆☆

(1) 申请签发汇票。

申请人使用银行汇票，应向出票银行填写“银行汇票申请书”，填明收款人名称、汇票金额、申请人名称、申请日期等事项并签章，签章应为其预留银行的签章。

(2) 出票。

出票是指银行签发汇票并交付给申请人。出票银行受理银行汇票申请书，收妥款项后签发银行汇票。签发银行汇票必须记载下列事项：Ⅰ【□ A. 表明“银行汇票”的字样　B. 无条件支付的承诺　C. 出票金额　D. 付款人名称】；收款人名称；出票日期；出票人签章。缺少记载上列事项之一的，银行汇票无效。

(3) 持往异地办理结算。

申请人应将银行汇票和解讫通知一并交付给汇票上记明的收款人。收款人受理申请人交付的银行汇票时，应在出票金额以内，根据实际需要的款项办理结算，并将实际结算金额和多余金额准确、清晰地填入银行汇票和解讫通知的有关栏内。

(4) 提示付款。

见票后定期付款的银行汇票的提示付款期限为Ⅱ【○ A. 自出票日起 1 个月　B. 自出票日起 2 个月　C. 自出票日起 3 个月　D. 自出票日起 4 个月】。收款人可以将银行汇票背书转让给被背书人。持票人超过提示付款期限提示付款的，代理付款人不予受理。持票人向银行提示付款时，必须同时提交银行汇票和解讫通知。在银行开立存款账户的持票人向开户银行提示付款时，应在银行汇票背面“持票人向银行提示付款签章”处签章，该签章须与预留银行签章相同，并将银行汇票和解讫通知、进账单送交开户银行。未在银行开立存款账户的个人持票人，可以向选择的任何一家银行机构提示付款。提示付款时，应在汇票背面“持票人向银行提示付款签章”处签章，并填明本人身份证件名称、号码及发证机关，由其本人向银行提交身份证件及其复印件。

(5) 代理付款人代理付款，将款项支付给持票人。

(6) 出票银行与代理付款银行之间进行资金清算。

(7) 银行汇票的实际结算金额低于出票金额的，其多余金额由出票银行退交申请人。

参考答案：Ⅰ.ABCD Ⅱ.A（2001年考试真题）

【经典试题】

（多项选择题）1. 下列关于银行汇票办理程序的说法正确的有（　　）。

A. 收款人不可以将银行汇票背书转让给被背书人

B. 出票银行受理银行汇票申请书，收妥款项后签发银行汇票

C. 持票人超过提示付款期限提示付款的，代理付款人也应受理

D. 持票人向银行提示付款时，必须同时提交银行汇票和解讫通知

（判断题）2. 未在银行开立存款账户的见票后定期付款的银行汇票个人持票人，必须向指定的一家银行机构提示付款。（　　）

参考答案：1. BD　2. ×

考点9：商业汇票的概念

重点等级：☆☆☆☆

商业汇票是出票人签发的委托付款人在指定日期无条件支付确定的金额给收款人或者持票人的票据。商业汇票的付款人为【○ A. 承兑人　B. 出票人　C. 持票人　D. 委托人】。商业汇票分为商业承兑汇票和银行承兑汇票。

（1）商业承兑汇票由银行以外的付款人承兑。商业承兑汇票的出票人为在银行开立存款账户的法人以及其他组织，并与付款人具有真实的委托付款关系，具有支付汇票金额的可靠资金来源。

（2）银行承兑汇票由银行承兑。银行承兑汇票的出票人必须是在承兑银行开立存款账户的法人以及其他组织，并与承兑银行具有真实的委托付款关系，资信状况良好，具有支付汇票金额的可靠资金来源。

在银行开立存款账户的法人以及其他组织之间必须具有真实的交易关系或债权债务关系，才能使用商业汇票。

参考答案：A

【经典试题】

（单项选择题）1. 根据票据法律制度的规定，下列陈述正确的是（　　）。

A. 银行承兑汇票的出票人是银行

B. 商业承兑汇票的承兑人是非银行单位

C. 银行本票不允许背书转让

D. 签发支票的印章与在银行预留印鉴不符的支票是空头支票

（多项选择题）2. 下列关于商业汇票的说法中，不正确的有（　　）。

A. 商业汇票的付款人为承兑人

B. 商业汇票的出票人为付款人

C. 在银行开立存款账户的法人以及其他组织之间可任意使用商业汇票

D. 商业汇票分为商业承兑汇票和银行承兑汇票

（判断题）3. 在银行开立存款账户的法人以及其他组织之间必须具有真实的交易关系或债权债务关系，才能使用商业汇票。（　　）

参考答案：1. B　2. BC　3. √

考点 10：商业汇票承兑

重点等级：☆☆☆☆

商业汇票可以在出票时向付款人提示承兑后使用，也可以在出票后先使用再向付款人提示承兑。提示承兑，是指持票人向付款人出示汇票并要求付款人承诺付款的行为。定日付款或者出票后定期付款的商业汇票，持票人应当在汇票到期日前向付款人提示承兑。Ⅰ【○ A. 支票　B. 本票　C. 见票后定期付款的商业汇票　D. 银行汇票】，持票人应当自出票日起 1 个月内向付款人提示承兑。汇票未按照规定期限提示承兑的，持票人丧失对其前手的追索权。

商业汇票的付款人接到出票人或持票人向其提示承兑的汇票时，应当向出票人或持票人签发收到汇票的回单，记明汇票提示承兑日期并签章。付款人应当自收到提示承兑的汇票之日起Ⅱ【○ A. 2 日内　B. 3 日内　C. 5 日内　D. 7 日内】承兑或者拒绝承兑。付款人拒绝承兑的，必须出具拒绝承兑的证明。付款人承兑汇票后，应当承担到期付款的责任。

参考答案：Ⅰ. C　Ⅱ. B

【经典试题】

（单项选择题）1. 张某于 2008 年 7 月 1 日向赵某签发了一张见票后 2 个月付款的银行承兑汇票，根据《票据法》的规定，赵某应于（　　）前向付款人提示承兑。

A. 8 月 1 日　　B. 9 月 1 日　　C. 10 月 1 日　　D. 11 月 1 日

（多项选择题）2. 下列关于商业汇票提示承兑期限的表述中，符合法律规定的有（　　）。

A. 商业汇票的提示承兑期限，为自汇票到期日起10日内

B. 定日付款的商业汇票，持票人应该在汇票到期日前提示承兑

C. 出票后定期付款的商业汇票，提示承兑期限为自出票日起1个月内

D. 见票后定期付款的商业汇票，持票人应该自出票日起1个月内提示承兑

（判断题）3. 商业汇票未按照规定期限提示承兑的，持票人丧失对其前手的追索权。（　　）

（判断题）4. 商业汇票只能在出票时向付款人提示承兑后使用，不可以在出票后先使用再向付款人提示承兑。（　　）

参考答案：1. A　2. BD（2008年考试真题）　3. √（2007年考试真题）　4. ×

考点11：办理商业承兑汇票的程序

重点等级：☆☆☆☆☆

（1）签发汇票并将承兑后的汇票交收款人。商业承兑汇票可以由付款人签发并承兑，也可以由收款人签发交由付款人承兑。签发商业承兑汇票必须记载的事项有：表明“商业承兑汇票”的字样；无条件支付的委托；确定的金额；付款人名称；收款人名称；出票日期；出票人签章。“出票人签章”为该单位的财务专用章或者公章，加其法定代表人或其授权的代理人的签名或者盖章。

（2）提示付款。商业汇票的提示付款期限为自汇票到期日起10日内。持票人应在提示付款期限内通过开户银行委托收款或直接向付款人提示付款。持票人未按规定期限提示付款的，在作出说明后，承兑人或者付款人仍应当继续对持票人承担付款责任。商业汇票的付款期限，最长不得超过Ⅰ【○ A. 1个月　B. 3个月　C. 6个月　D. 9个月】。

（3）持票人开户银行向付款人开户银行发出委托收款的商业承兑汇票。

（4）付款人开户银行将商业承兑汇票留存，并及时通知付款人。

（5）付款人收到开户银行的付款通知，应在当日通知银行付款。付款人在接到通知日的次日起Ⅱ【○ A. 3日内　B. 5日内　C. 7日内　D. 10日内】（遇法定休假日顺延，下同）未通知银行付款的，视同付款人承诺付款。付款人提前收到由其承兑的商业汇票，应通知开户银行于汇票到期日付款。付款人在接到通知日的次日起3日内未通知银行付款，付款人接到通知日的次日起第4日在汇票到期日之前的，银行应于汇票到期日将票款划给持票人。

（6）付款人开户银行将票款划给持票人开户银行。

（7）银行在办理划款时，付款人存款账户不足支付的，应填制付款人未付票款通知书，连同商业承兑汇票邮寄持票人开户银行转交持票人。

（8）付款人存在合法抗辩事由拒绝支付的，应自接到通知日的次日起Ⅲ【○ A. 2

日内 B.3日内 C.5日内 D.7日内】作成拒绝付款证明送交开户银行，银行将拒绝付款证明和商业承兑汇票邮寄给持票人开户银行转交持票人。

参考答案：Ⅰ.C（2003年考试真题） Ⅱ.A Ⅲ.B

【经典试题】

（单项选择题）1.A公司从异地B公司购进电脑一批，于2008年5月1日开出了1万元的见票后3个月付款的银行承兑汇票支付该笔货款，B公司于5月10日提示承兑，则B公司最迟于2008年（ ）向承兑人提示付款。

A.5月20日 B.6月20日 C.7月20日 D.8月20日

（单项选择题）2. 某公司签发一张商业汇票。根据《票据法》的规定，该公司的下列签章行为中正确的是（ ）。

A. 公司盖章

B. 公司法定代表人李某盖章

C. 公司法定代表人李某签名加盖章

D. 公司盖章加公司法定代表人李某盖章

（判断题）3. 商业承兑汇票既可以由付款人签发，也可以由收款人签发，但银行承兑汇票只能由付款人签发。（ ）

（判断题）4. 商业汇票的提示承兑期限为自汇票到期日起10日内。（ ）

（综合题）5.2005年3月18日，长海公司从龙运公司购进一批货物，同时向龙运公司开具一张商业承兑汇票，用于货款结算。长海公司开具商业承兑汇票时，将付款人填写为“常海公司”，出票日期填写为“贰零零伍年叁月拾捌日”，收款人未填写。后经财务部韩某核对，发现付款人名称填写有误，韩某遂将“常”字改为“长”字，交予龙运公司。

要求：根据上述情况和票据法律制度的有关规定，回答下列问题：

（1）长海公司开具商业承兑汇票未填写收款人名称是否影响该票据效力？并说明理由。

（2）指出长海公司在汇票出票日期填写中的错误，并写出正确的填写格式。

（3）指出长海公司在更改付款人名称行为中的不当之处，并说明理由。

参考答案：1.D 2.D 3.√（2004年考试真题） 4.×

5.（1）长海公司开具商业承兑汇票未填写收款人名称影响票据效力。根据《票据法》的规定，收款人名称是商业承兑汇票的必须记载事项或绝对记载事项，未填写收款人名称，商业承兑汇票无效。

（2）该商业汇票出票日期的月、日填写错误。正确的填写格式应为：贰零零伍年零叁月壹拾捌日。

(3) 长海公司更改付款人名称未予以签章或盖章是错误的。根据票据法律制度的规定，票据上的付款人可以更改，更改时应当由原记载人在更改处签章或盖章。

考点 12：办理银行承兑汇票的程序

重点等级：☆☆☆☆

(1) 出票并申请承兑。银行承兑汇票应由Ⅰ【○ A. 银行 B. 出票人 C. 承兑人 D. 在承兑银行开立存款账户的存款人】签发。银行承兑汇票必须记载的事项除Ⅱ【○ A. 无条件支付的委托 B. 表明“银行承兑汇票”的字样 C. 确定的金额 D. 付款人名称】外，其他与商业承兑汇票相同。

(2) 承兑。银行承兑汇票的出票人或持票人向银行提示承兑时，银行信贷部门负责按照有关规定和审批程序，对出票人的资格、资信、购销合同和汇票记载的内容进行认真审查，必要时可由出票人提供担保。符合规定和承兑条件的，与出票人签订承兑协议。银行承兑汇票的承兑银行应按票面金额向出票人收取Ⅲ【○ A. 0.5‰ B. 1‰ C. 1.5‰ D. 2‰】的手续费。

(3) 出票人将银行承兑后的商业汇票交付收款人。

(4) 提示付款（程序同商业承兑汇票）。

(5) 持票人开户银行向付款人开户银行发出委托收款的银行承兑汇票。

(6) 付款人开户银行将银行承兑汇票留存，并及时通知出票人交存票款，出票人应于汇票到期前将票款足额交存其开户银行。银行承兑汇票的出票人于汇票到期日未能足额交存票款时，承兑银行除凭票向持票人无条件付款外，对出票人尚未支付的汇票金额按照每天Ⅳ【○ A. 0.3‰ B. 0.5‰ C. 1‰ D. 1.5‰】计收利息。

(7) 承兑银行应在汇票到期日或到期日后的见票当日支付票款，将票款划给持票人开户银行。银行承兑汇票的承兑银行存在合法抗辩事由拒绝支付的，应自接到银行承兑汇票的次日起Ⅴ【○ A. 3 日内 B. 5 日内 C. 7 日内 D. 10 日内】作成拒绝付款证明，连同银行承兑汇票邮寄给持票人开户银行转交持票人。

(8) 持票人开户银行将票款划给持票人。

参考答案：Ⅰ.D Ⅱ.B Ⅲ.A Ⅳ.B Ⅴ.A

【经典试题】

(单项选择题) A、B 公司签订买卖合同，合同标的额为 10 万元。2008 年 1 月 10 日，买方 A 公司签发一张 2008 年 3 月 1 日到期的银行承兑汇票；3 月 1 日，承兑申请人 A 公司的银行账户上无足够资金，尚缺 5 万元。直到 2008 年 3 月 31 日，A 公司存入 8 万元。则对 A 公司计收的罚息应为（　　）元。

A. 300　　B. 450　　C. 500　　D. 750

参考答案：D

考点 13：商业汇票贴现

重点等级：☆☆☆

1. 贴现的概念

贴现是指票据持有人在票据未到期前为获得现金向银行贴付一定利息而发生的票据转让行为。通过贴现，贴现银行获得票据的所有权。

2. 贴现的基本规定

（1）贴现条件。商业汇票的持票人向银行办理贴现必须具备下列条件：①持票人是在银行开立存款账户的企业法人以及其他组织；②与出票人或者直接前手之间具有真实的商品交易关系；③提供与其直接前手之间进行商品交易的发票和商品发运单据复印件。

（2）贴现利息的计算。贴现的期限从其贴现之日起至汇票到期日止。实付贴现金额按票面金额扣除贴现日至汇票到期前 1 日的利息计算。承兑人在异地的，贴现的期限以及贴现利息的计算应另加【○ A. 1 天　B. 2 天　C. 3 天　D. 5 天】的划款日期。

（3）贴现的收款。贴现到期，贴现银行应向付款人收取票款。不获付款的，贴现银行应向其前手追索票款。贴现银行追索票款时可从贴现申请人的存款账户直接收取票款。

参考答案：C

【经典试题】

（单项选择题）1. 甲公司向乙企业购买一批原材料，开出一张票面金额为 30 万元的银行承兑汇票。出票日期为 2 月 10 日，到期日为 5 月 10 日。4 月 6 日，乙企业持此汇票及有关发票和原材料发运单据复印件向银行办理了贴现。已知同期银行年贴现率为 3.6%，一年按 360 天计算，贴现银行与承兑银行在同一城市。根据票据法律制度的有关规定，银行实付乙企业贴现金额为（　　）元。

A. 301 680　　B. 298 980　　C. 298 950　　D. 298 320

（多项选择题）2. 下列关于商业汇票贴现的说法中，正确的有（　　）。

A. 贴现到期，贴现银行不获付款的，贴现银行应向出票人追索票款

B. 贴现的商业汇票，持票人与出票人应具有真实的商品交易关系

C. 贴现后的商业汇票，所有权属于贴现银行

D. 贴现期限，从汇票出票日起至到期日止

参考答案：1. B（2008 年考试真题） 2. BC

考点 14：银行本票的概念及办理程序

重点等级：☆☆☆☆

1. 银行本票的概念

银行本票是银行机构签发的，承诺自己在见票时无条件支付确定的金额给收款人或者持票人的票据。银行本票可以用于转账，注明“现金”字样的银行本票可以用于支取现金。单位和个人在同一票据交换区域需要支付各种款项，均可以使用银行本票。

2. 办理银行本票的程序

(1) 申请签发本票。申请人使用银行本票，应向银行填写银行本票申请书。

(2) 出票。出票银行受理银行本票申请书，收妥款项签发银行本票。签发银行本票必须记载以下事项：Ⅰ【□ A. 表明“银行本票”的字样 B. 无条件支付的委托 C. 确定的金额 D. 无条件支付的承诺】；收款人名称；出票日期；出票人签章。

出票银行必须具有支付本票金额的可靠资金来源，并保证支付。出票银行在银行本票上签章后交给申请人。

(3) 交付收款人或背书转让。申请人应将银行本票交付给本票上记明的收款人。收款人可以将银行本票背书转让给被背书人。

(4) 提示付款。银行本票的提示付款期限是Ⅱ【○ A. 自出票日起最长不得超过 1 个月 B. 自出票日起最长不得超过 2 个月 C. 自出票日起最长不得超过 3 个月 D. 自出票日起最长不得超过 6 个月】。持票人超过提示付款期限不获付款的，在票据权利时效内向出票银行作出说明，并提供本人身份证件或单位证明，可持银行本票向出票银行请求付款。

在银行开立存款账户的持票人向开户银行提示付款时，应在银行本票背面“持票人向银行提示付款签章”处签章，签章须与预留银行签章相同，并将银行本票、进账单送交开户银行。银行审查无误后办理转账。

未在银行开立存款账户的个人持票人，凭注明“现金”字样的银行本票向出票银行支取现金的，应在银行本票背面签章，记载本人身份证件名称、号码及发证机关，并交验本人身份证件及其复印件。

(5) 银行本票见票即付。本票的出票人在持票人提示见票时，必须承担付款的责任。

（6）代理付款银行与出票银行之间进行资金清算。

参考答案：Ⅰ.ACD　Ⅱ.B

【经典试题】

（单项选择题）1. 下列关于银行本票性质的表述中，不正确的是（　　）。

A. 银行本票的付款人见票时必须无条件付款给持票人

B. 持票人超过提示付款期限不获付款的，可向出票银行请求付款

C. 银行本票不可以背书转让

D. 注明“现金”字样的银行本票可以用于支取现金

（多项选择题）2. 下列有关银行本票性质的说法中，正确的有（　　）。

A. 银行本票不可以用于支取现金

B. 持票人超过提示付款期限不获付款的，可向出票银行请求付款

C. 银行本票的付款人见票时必须无条件付款给持票人

D. 银行本票可以背书转让

（判断题）3. 银行本票的申请人将本票交付给收款人后，收款人不能将银行本票背书转让给被背书人。（　　）

参考答案：1. C（2007 年考试真题）　2. BCD　3. ×

考点 15：支票的概念、种类及适用范围

重点等级：☆☆☆

1. 支票的概念

根据《支付结算办法》的规定，由出票人签发的、委托办理票据业务的银行在见票时无条件支付确定的金额给收款人或者持票人的票据是Ⅰ【○ A. 银行汇票　B. 银行本票　C. 支票　D. 汇票】。支票的基本当事人包括Ⅱ【□ A. 出票人　B. 付款人　C. 收款人　D. 承兑人】。出票人即存款人，是在批准办理支票业务的银行机构开立可以使用支票的存款账户的单位和个人；付款人是出票人的开户银行；持票人是票面上填明的收款人，也可以是经背书转让的被背书人。

2. 支票的种类

支票分为现金支票、转账支票和普通支票三种。支票上印有“现金”字样的为现金支票，现金支票只能用于支取现金。支票上印有“转账”字样的为转账支票，转账支票只能用于转账。支票上未印有“现金”或“转账”字样的为普通支票，普通支票可以用于支取现金，也可以用于转账。在普通支票左上角划两条平行线的，为划线支

票。划线支票只能用于转账，不得支取现金。

3. 支票的适用范围

单位和个人在同一票据交换区域的各种款项结算，均可以使用支票。

参考答案：Ⅰ.C　Ⅱ.ABC

【经典试题】

（判断题）划线支票既能用于转账，又可以支取现金。（　　）

参考答案：×

考点 16：办理支票的程序

重点等级：☆☆☆☆☆

(1) 出票。签发支票必须记载的事项有：表明“支票”的字样；无条件支付的委托；确定的金额；付款人名称；出票日期；出票人签章。支票的金额、Ⅰ【○ A. 付款人名称　B. 出票日期　C. 收款人名称　D. 出票人签章】可以由出票人授权补记，未补记前不得背书转让和提示付款。出票人可以在支票上记载自己为收款人。支票的出票人签发支票的金额不得超过付款时其在付款人处实有的存款金额。

支票上的出票人签章，出票人为单位的，为与该单位在银行预留签章一致的财务专用章或者公章，加其法定代表人或者其授权的代理人的签名或者盖章；出票人为个人的，为与该个人在银行预留签章一致的签名或者盖章。支票出票人的预留银行签章是银行审核支票付款的依据。出票人不得签发与其预留银行签章不符的支票。

(2) 提示付款。支票的提示付款期限为Ⅱ【○ A. 自出票日起 10 日内　B. 自出票日起 1 个月内　C. 自出票日起 2 个月内　D. 自出票日起 6 个月内】；异地使用的支票，其提示付款的期限由中国人民银行另行规定。超过提示付款期限的，付款人可以不予付款。持票人可以委托开户银行收款（借记支票）或直接向付款人提示付款（贷记支票）。用于支取现金的支票仅限于收款人向付款人提示付款。

持票人委托开户银行收款时，应作委托收款背书，在支票背面“背书人签章”栏签章、记载“委托收款”字样、背书日期，在被背书人栏记载开户银行名称，并将支票和填制的进账单送交开户银行。持票人持用于转账的支票向付款人提示付款时，应在支票背面“背书人签章”栏签章，并将支票和填制的进账单送交出票人开户银行。收款人持用于支取现金的支票向付款人提示付款时，应在支票背面“收款人签章”处签章，持票人为个人的，还需交验本人身份证件，并在支票背面注明证件名称、号码及发证机关。

出票人必须按照签发的支票金额承担保证向持票人付款的责任。出票人在付款人处的存款足以支付支票金额时，付款人应当在见票当日足额付款。如出票人在付款人处的存款不足以支付支票金额时，则属于签发空头支票行为，应承担法律责任。

(3) 出票人开户银行（付款人）与持票人开户银行之间清算资金。

(4) 持票人收妥票款。持票人开户银行将票款收入到持票人存款账户。

参考答案：Ⅰ.C（2006 年考试真题）　Ⅱ.A（2007 年考试真题）

【经典试题】

（单项选择题）1. 根据《票据法》的规定，下列关于支票的说法中，正确的是(　　)。

A. 支票的收款人不能由出票人授权补记

B. 支票可以背书转让

C. 支票的提示付款期限为出票日起 1 个月

D. 持票人提示付款时，支票的出票人账户金额不足的，银行应先向持票人支付票款

（多项选择题）2. 下面属于签发支票必须记载的事项有(　　)。

A. 表明“支票”的字样　　B. 无条件支付的委托

C. 确定的金额　　D. 付款人名称

（判断题）3. 支票的出票人签发支票的金额不得超过付款时在付款人处实有的存款金额。(　　)

（判断题）4. 支票上的出票人签章，出票人为单位的，为与该单位在银行预留签章一致的财务专用章或者公章加其法定代表人或者其授权的代理人的签名或者盖章。(　　)

（判断题）5. 出票人不可以在支票上记载自己为收款人。(　　)

（综合题）6. 2007 年 1 月 10 日，A、B 两个企业签订了 500 万元的买卖合同。根据合同约定，B 企业于 1 月 20 日向 A 企业发货后，A 企业向 B 企业签发了 500 万元的支票，出票日期为 2008 年 2 月 1 日，付款人为 C 银行。但 A 企业在支票上未记载支票金额，授权 B 企业补记。B 企业在支票上补记金额后，于 2008 年 2 月 8 日向 C 银行提示付款，但 A 企业的银行账户上只有 100 万元。

要求：根据支票法律制度的规定，分析回答下列问题：

(1) A 企业在出票时未记载金额即将支票交给 B 企业，该支票是否有效？并说明理由。

(2) 对于 A 企业签发空头支票的行为，应承担何种法律责任？

(3) 如果持票人 B 企业于 2008 年 2 月 18 日向 C 银行提示付款，出票人 A 企业的票据责任能否解除？并说明理由。

（综合题）7. A公司向B公司购买一批货物，于3月18日签发一张转账支票给B公司用于支付货款，但A公司在支票上未记载收款人名称，约定由B公司自行填写。B公司取得支票后，在支票收款人处填写上B公司名称，并于3月25日将该支票背书转让给C公司。C公司于4月1日向付款银行提示付款。A公司在付款银行的存款足以支付支票金额。

要求：根据上述情况和《票据法》的有关规定，回答下列问题：

(1) A公司签发的未记载收款人名称的支票是否有效？并说明理由。

(2) A公司签发的支票能否向付款银行支取现金？并说明理由。

(3) 付款银行能否拒绝向C公司付款？并说明理由。

参考答案：1. B　2. ABCD　3. √　4. √　5. ×

6. (1) 该支票有效。根据规定，支票的金额、收款人名称可以由出票人授权补记。

(2) 对A企业签发空头支票的行为，按票面金额对其处以5%但不低于1 000元的罚款；同时处以2%的赔偿金，赔偿收款人。

(3) 出票人A企业的票据责任不能解除。根据规定，支票的持票人应当自出票日起10日内提示付款，超过提示付款期限的，付款人可以不予付款，但出票人仍应当对持票人承担票据责任。

7. (1) 支票有效。根据《票据法》的规定，支票的收款人名称可以由出票人授权补记。

(2) 不能支取现金。根据《票据法》的规定，转账支票只能用于转账，不能用于支取现金。

(3) 银行可以拒绝付款。根据《票据法》的规定，支票的提示付款期限为自出票之日起10日。在本题中，C公司于4月1日向银行提示付款，已经超过了法定的提示期限，故银行可以拒绝付款。

第四节　银行卡结算

考点1：银行卡的分类

重点等级：☆☆☆☆

(1) 银行卡按是否具有透支功能分为信用卡和借记卡。信用卡可以透支，借记卡不具备透支功能。

①信用卡按是否向发卡银行交存备用金分为Ⅰ【□ A. 贷记卡 B. 转账卡 C. 专用卡 D. 准贷记卡】两类。Ⅱ【○ A. 贷记卡 B. 专用卡 C. 转账卡 D. 储值卡】，是指发卡银行给予持卡人一定的信用额度，持卡人可在信用额度内先消费、后还款的信用卡。准贷记卡，是指持卡人须先按发卡银行要求交存一定金额的备用金，当备用金账户余额不足支付时，可在发卡银行规定的信用额度内透支的信用卡。

②借记卡按功能不同分为Ⅲ【□ A. 转账卡 B. 专用卡 C. 储值卡 D. 贷记卡】。转账卡是实时扣账的借记卡，具有转账结算、存取现金和消费功能。专用卡是具有专门用途、在特定区域使用的借记卡，具有转账结算、存取现金功能。储值卡是发卡银行根据持卡人的要求将其资金转至卡内储存，交易时直接从卡内扣款的预付钱包式借记卡。

（2）银行卡按照币种不同分为人民币卡和外币卡。

（3）银行卡按发行对象不同分为单位卡（商务卡）和个人卡。

（4）银行卡按信息载体不同分为磁条卡和芯片（IC）卡。芯片（IC）卡既可应用于单一的银行卡品种，又可应用于组合的银行卡品种。

参考答案：Ⅰ. AD（2006 年考试真题） Ⅱ. A Ⅲ. ABC

【经典试题】

（判断题）1. 准贷记卡也是由商业银行发行的信用支付工具，和贷记卡不同的是它不具有透支功能。（ ）

（判断题）2. 信用卡和借记卡均可以透支。（ ）

参考答案：1. × 2. ×

考点 2：银行卡申领、注销和丧失

重点等级：☆☆☆☆☆

1. 银行卡申领

单位或个人申领信用卡，应按规定填制申请表，连同有关资料一并送交发卡银行。发卡银行可根据申请人的资信程度要求其提供担保。担保的方式可采用Ⅰ【□ A. 保证 B. 抵押 C. 留置 D. 质押】。凡在中国境内金融机构开立Ⅱ【○ A. 临时存款账户 B. 基本存款账户 C. 一般存款账户 D. 专用存款账户】的单位，应当凭中国人民银行核发的开户许可证申领单位卡；个人申领银行卡（储值卡除外），应当向发卡银行提供本人有效身份证件，经发卡银行审查合格后，为其开立记名账户。银行卡及其账户只限经发卡银行批准的持卡人本人使用，不得出租和转借。

单位人民币卡账户的资金一律从其基本存款账户转账存入，不得存取现金，不得将销货收入存入单位卡账户。单位外币卡账户的资金应从其单位的外汇账户转账存入，不得在境内存取外币现钞。个人人民币卡账户的资金以其Ⅲ【□A. 个人持有的现金 B. 工资性款项 C. 属于个人的合法劳务报酬 D. 投资回报】等收入转账存入。个人外币卡账户的资金以其个人持有的外币现钞存入或从其外汇账户（含外钞账户）转账存入，该外汇账户及存款应符合国家外汇管理局的有关规定。严禁将单位的款项转入个人卡账户存储。

2. 银行卡注销

持卡人在还清全部交易款项、透支本息和有关费用后，可申请办理销户。销户时，单位人民币卡账户的资金应当转入其基本存款账户，单位外币卡账户的资金应当转回其相应的外汇账户，不得提取现金。

3. 银行卡丧失

持卡人丧失银行卡，应立即持本人身份证件或其他有效证明，并按规定提供有关情况，向发卡银行或代办银行申请挂失，发卡银行或代办银行审核后办理挂失手续。

参考答案：Ⅰ. ABD Ⅱ. B Ⅲ. ABCD

【经典试题】

（多项选择题）1. 下列关于单位人民币卡结算使用的表述中，不符合法律规定的有（ ）。

A. 单位人民币卡账户的资金可以与其他存款账户自由转账

B. 单位人民币卡账户销户时，其资金余额可以提取现金

C. 用单位人民币卡办理商品和劳务结算时，可以透支结算

D. 不得将销货收入直接存入单位人民币卡账户

（判断题）2. 持有单位卡的信用卡用户可以向单位卡账户缴存、支取现金，但不能将销货收入的款项存入其账户。（ ）

（判断题）3. 单位人民币卡销户时，其账户资金可以转入其基本存款账户，也可以提取现金。（ ）

（判断题）4. 银行卡及其账户既可供经发卡银行批准的持卡人本人使用，也可以出租和转借。（ ）

（判断题）5. 单位外币卡账户的资金可从其单位的外汇账户转账存入，也可在境内存取外币现钞。（ ）

参考答案：1. ABC（2008 年考试真题） 2. × 3. × 4. × 5. ×

考点3：银行卡交易的基本规定

重点等级：☆☆☆☆☆

(1) 单位人民币卡可办理商品交易和劳务供应款项的结算，但不得透支。单位卡不得支取现金。

(2) 发卡银行对贷记卡的取现应当每笔进行授权，每卡每日累计取现不得超过Ⅰ【○ A. 1 000 元 B. 2 000 元 C. 3 000 元 D. 5 000 元】人民币。发卡银行应当对持卡人在自动柜员机（ATM 机）取款设定交易上限，每卡每日累计提款不得超过Ⅱ【○ A. 1 万元 B. 2 万元 C. 3 万元 D. 5 万元】人民币。储值卡的面值或卡内币值不得超过Ⅲ【○ A. 1 000 元 B. 2 000 元 C. 3 000 元 D. 5 000 元】人民币。

(3) 发卡银行应当遵守下列信用卡业务风险控制指标：同一持卡人单笔透支发生额个人卡不得超过 2 万元（含等值外币）、单位卡不得超过 5 万元（含等值外币）。同一账户月透支余额个人卡不得超过 5 万元（含等值外币），单位卡不得超过发卡银行对该单位综合授信额度的 3%。无综合授信额度可参照的单位，其月透支余额不得超过 10 万元（含等值外币）。外币卡的透支额度不得超过持卡人保证金（含储蓄存单质押金额）的Ⅳ【○ A. 50% B. 70% C. 80% D. 90%】。

(4) 准贷记卡的透支期限最长为Ⅴ【○ A. 50 天 B. 60 天 C. 90 天 D. 180 天】。贷记卡的首月最低还款额不得低于其当月透支余额的Ⅵ【○ A. 5% B. 10% C. 15% D. 20%】。

(5) 发卡银行通过以下途径追偿透支款项和诈骗款项：Ⅶ【□ A. 扣减持卡人保证金 B. 依法处理抵押物和质物 C. 向保证人追索透支款项 D. 通过司法机关的诉讼程序进行追偿】。

参考答案：Ⅰ. B Ⅱ. B Ⅲ. A Ⅳ. C Ⅴ. B Ⅵ. B Ⅶ. ABCD

【经典试题】

(单项选择题) 1. 根据《支付结算办法》的规定，信用卡按使用对象分为单位卡和个人卡，在下列(　　)情形下，持卡人可以使用单位信用卡。

A. 支取现金 1 000 元　　B. 存入销货收入的款项

C. 支付 15 万元的商品款项　　D. 购买价值 5 万元的办公设备

(单项选择题) 2. 下列有关信用卡透支额的说法中，正确的是(　　)。

A. 单位卡的同一账户透支余额不得超过发卡银行对其综合授信额度的 3%

B. 单位卡的同一持卡人单笔透支发生额不得超过 4 万元（含等值外币）

C. 个人卡的同一账户月透支余额不得超过 6 万元（含等值外币）

D. 个人卡的同一持卡人单笔透支发生额不得超过 1 万元（含等值外币）

参考答案：1. D　2. A

考点 4：银行卡计息

重点等级：☆☆☆☆

发卡银行对Ⅰ【□ A. 贷记卡　B. 准贷记卡　C. 借记卡　D. 储值卡】账户内的存款，按照中国人民银行规定的同期同档次存款利率及计息办法计付利息。发卡银行对Ⅱ【□ A. 准贷记卡　B. 借记卡　C. 贷记卡账户的存款　D. 储值卡（含 IC 卡的电子钱包）内的币值】不计付利息。

贷记卡持卡人非现金交易享受以下优惠条件：

（1）免息还款期待遇。银行记账日至发卡银行规定的到期还款日之间为免息还款期。免息还款期最长为 60 天。持卡人在到期还款日前偿还所使用全部银行款项即可享受免息还款期待遇，无须支付非现金交易的利息。

（2）最低还款额待遇。贷记卡持卡人选择最低还款额方式或超过发卡银行批准的信用额度用卡时，不再享受免息还款期待遇，应当支付未偿还部分自银行记账日起，按规定利率计算的透支利息。贷记卡持卡人支取现金、准贷记卡透支，不享受免息还款期和最低还款额待遇，应当支付现金交易额或透支额自银行记账日起，按规定利率计算的透支利息。贷记卡透支按月计收复利，准贷记卡透支按月计收单利，透支利率为日利率Ⅲ【○ A. 0.3‰　B. 0.5‰　C. 0.7‰　D. 1‰】，并根据中国人民银行的此项利率调整而调整。

发卡银行对贷记卡持卡人未偿还最低还款额和超信用额度用卡的行为，应当分别按最低还款额未还部分、超过信用额度部分的Ⅳ【○ A. 5%　B. 4%　C. 3%　D. 2%】收取滞纳金和超限费。

参考答案：Ⅰ. BC　Ⅱ. CD　Ⅲ. B　Ⅳ. A

【经典试题】

（判断题）1. 贷记卡持卡人选择最低还款额方式用卡的，不再享受免息还款期待遇。（　　）

（判断题）2. 银行贷记卡持卡人非现金交易，享受免息还款期待遇和最低还款额待遇，其中免息还款期最长为 30 天。（　　）

参考答案：1. √（2008 年考试真题）　2. ×

考点5：银行卡收费

重点等级：☆☆☆☆

1. 银行卡收单业务

银行卡收单业务是指签约银行向商户提供的本外币资金结算服务。商业银行办理银行卡收单业务应当按下列标准向商户收取结算手续费：

(1) 对宾馆、餐饮、娱乐、珠宝金饰、工艺美术品类的商户，发卡行的固定收益为交易金额的1.4%，银联网络服务费标准为交易金额的0.2%。

(2) 对一般类型的商户，发卡行的固定收益为交易金额的Ⅰ【○ A. 0.7% B. 1.4% C. 2% D. 3%】，银联网络服务费的标准为交易金额的0.1%。

2. 银行卡ATM机跨行取款业务

持卡人在他行ATM机上成功办理取款时，无论同城或异地，发卡行均按每笔Ⅱ【○ A. 1元 B. 2元 C. 3元 D. 5元】的标准向代理行支付代理手续费，同时按每笔Ⅲ【○ A. 0.2元 B. 0.4元 C. 0.6元 D. 1元】的标准向银联支付网络服务费。

参考答案：Ⅰ. A Ⅱ. C Ⅲ. C

【经典试题】

(单项选择题) 李女士使用银行卡支付旅游费1万元。根据银行卡业务管理的规定，银行办理该银行卡收单业务收取的结算手续费不得低于(　　)元。

A. 10　　B. 70　　C. 140　　D. 280

参考答案：C

第五节 结算方式

考点1：汇兑

重点等级：☆☆☆☆

1. 汇兑的概念和种类

汇款人委托银行将其款项支付给收款人的结算方式是Ⅰ【○ A. 汇兑结算方式

B. 信用证结算方式 C. 托收承付结算方式 D. 委托收款结算方式】。汇兑分为信汇和电汇两种。信汇是以邮寄方式将汇款凭证转给外地收款人指定的汇入行，而电汇是以电报方式将汇款凭证转发给收款人指定的汇入行。单位和个人各种款项的结算，均可使用Ⅱ【○ A. 汇兑结算方式 B. 信用证结算方式 C. 托收承付结算方式 D. 委托收款结算方式】。

2. 办理汇兑的程序

(1) 签发汇兑凭证。签发汇兑凭证必须记载下列事项：表明“信汇”或“电汇”的字样；无条件支付的委托；确定的金额；收款人名称；汇款人名称；汇入地点、汇入行名称；汇出地点、汇出行名称；委托日期；汇款人签章。汇兑凭证记载的汇款人、收款人在银行开立存款账户的，必须记载其账号。汇款人和收款人均为个人，需要在汇入银行支取现金的，应在信汇、电汇凭证的“汇款金额”大写栏，先填写“现金”字样，后填写汇款金额。

(2) 银行受理。汇出银行受理汇款人签发的汇兑凭证，经审查无误后，应及时向汇入银行办理汇款，并向汇款人签发汇款回单。汇款回单只能作为汇出银行受理汇款的依据，不能作为该笔汇款已转入收款人账户的证明。

(3) 汇入处理。汇入银行对开立存款账户的收款人，应将汇给其的款项直接转入收款人账户，并向其发出收账通知。

支取现金的，信汇、电汇凭证上必须有按规定填明的“现金”字样，才能办理。未填明“现金”字样需要支取现金的，由汇入银行按照国家现金管理规定审查支付。转账支付的，应由原收款人填制支款凭证，并由本人向银行交验其身份证件办理支付款项。

3. 汇兑的撤销和退汇

(1) 汇款人对汇出银行尚未汇出的款项可以申请撤销。申请撤销时，应出具正式函件或本人身份证件及原信、电汇回单。

(2) 汇入银行对于收款人拒绝接受的汇款，应即办理退汇。汇入银行对于向收款人发出取款通知，经过2个月无法交付的汇款，应主动办理退汇。

参考答案：Ⅰ. A (2005年考试真题)　Ⅱ. A

【经典试题】

(多项选择题) 1. 根据汇兑的规定，下列选项中，(　　)不属于汇出银行可以办理退汇的情形。

A. 汇款尚未汇出　　B. 收款人拒绝接受的汇款

C. 经过2个月无法交付的汇款　　D. 汇款人与收款人未达成一致退汇意见

(判断题) 2. 采用汇兑结算方式的，汇款回单可以作为该笔汇款已转入收款人账户的证明。(　　)

（判断题）3. 汇兑的汇入银行对于向收款人发出取款通知，经过1个月无法交付的汇款，应主动办理退汇。（　　）

（判断题）4. 支取现金的，信汇、电汇凭证上必须有按规定填明的“现金”字样，才能办理。（　　）

参考答案：1. AD　2. ×（2008年考试真题）　3. ×　4. √

考点2：托收承付的概念

重点等级：☆☆☆☆☆

Ⅰ【○ A. 汇兑结算　B. 信用证结算　C. 托收承付　D. 委托收款】是根据购销合同由收款人发货后委托银行向异地付款人收取款项，由付款人向银行承认付款的结算方式。托收承付结算每笔的金额起点为1万元。新华书店系统每笔的金额起点为Ⅱ【○ A. 1 000元　B. 2 000元　C. 3 000元　D. 5 000元】。

办理托收承付结算的款项，必须是商品交易以及因商品交易而产生的劳务供应的款项。代销、寄销、赊销商品的款项，不得办理托收承付结算。使用托收承付结算方式的收款单位和付款单位，必须是Ⅲ【○ A. 股份有限公司　B. 国有企业　C. 合伙企业　D. 个人独资企业】、供销合作社以及经营管理较好并经开户银行审查同意的城乡集体所有制工业企业。收付双方使用托收承付结算必须Ⅳ【○ A. 是国有企业　B. 签有符合《合同法》规定的购销合同　C. 约定采取验货付款的方式　D. 是供销合作社】，并在合同上订明使用托收承付结算方式。收付双方办理托收承付结算，必须重合同、守信用。收款人对同一付款人发货托收累计Ⅴ【○ A. 2次　B. 3次　C. 4次　D. 5次】收不回货款的，收款人开户银行应暂停收款人向该付款人办理托收；付款人累计Ⅵ【○ A. 2次　B. 3次　C. 4次　D. 5次】提出无理拒付的，付款人开户银行应暂停其向外办理托收。

收款人办理托收，必须具有商品确已发运的证件，包括铁路、航运、公路等运输部门签发的运单、运单副本和邮局包裹回执等。

参考答案：Ⅰ. C（2002年考试真题）　Ⅱ. A　Ⅲ. B　Ⅳ. B　Ⅴ. B　Ⅵ. B

【经典试题】

（单项选择题）1. 根据《支付结算办法》的规定，下列支付结算的种类中，有结算金额起点的是（　　）。

A. 委托收款　　B. 支票　　C. 托收承付　　D. 汇兑

（单项选择题）2. 根据《支付结算办法》的规定，国有工业企业之间购销商品采用托收承付结算方式的，结算款项的每笔金额起点是(　　)元。

A. 1 000　　B. 2 000　　C. 5 000　　D. 10 000

（多项选择题）3. 根据《支付结算办法》的规定，下列支付结算的种类中，没有金额起点限制的有(　　)。

A. 委托收款　　B. 支票　　C. 托收承付　　D. 汇兑

（多项选择题）4. 下列业务中，国有企业之间不能采用托收承付结算方式的有(　　)。

A. 商品寄销　　B. 由商品交易产生的劳务供应

C. 商品赊销　　D. 商品代销

（多项选择题）5. 下列关于托收承付结算方式的说法中，正确的有(　　)。

A. 适用于由商品交易产生的劳务供应　B. 适用于商品寄销

C. 适用于异地之间款项结算　　D. 适用于每笔的结算起点 10 000 元

参考答案：1. C（2004 年考试真题）　2. D（2000 年考试真题）　3. ABD（2001 年考试真题）　4. ACD（2000 年考试真题）　5. ACD

考点 3：办理托收承付的程序

重点等级：☆☆☆☆☆

1. 签发托收凭证

签发托收凭证必须记载以下事项：表明“托收”的字样；确定的金额；付款人名称及账号；收款人名称及账号；付款人开户银行名称；收款人开户银行名称；托收附寄单证张数或册数；合同名称、号码；委托日期；收款人签章。

2. 托收

收款人按照签订的购销合同发货后，委托银行办理托收。

（1）收款人应将托收凭证并附发运证件或其他符合托收承付结算要求的有关证明和交易单证送交银行。

（2）收款人开户银行接到托收凭证及其附件后，应当按照托收的范围、条件和托收凭证记载的要求认真进行审查，必要时还应查验收付款人签订的购销合同。

3. 承付

付款人开户银行收到托收凭证及其附件后，应当及时通知付款。付款人应在承付期内审查核对，安排资金。承付货款分为验单付款和验货付款两种，由收付双方商量选用，并在合同中明确规定。

验单付款的承付期为 3 天，从付款人开户银行发出承付通知的次日算起（承付期内遇法定休假日顺延）；验货付款的承付期为【○ A. 5 天　B. 7 天　C. 10 天　D. 15 天】，从运输部门向付款人发出提货通知的次日算起。付款人在承付期内，未向银行表示拒绝付款，银行即视作承付，并在承付期满的次日（遇法定休假日顺延）上午银行开始营业时，将款项划给收款人。不论验单付款还是验货付款，付款人都可以在承付期内提前向银行表示承付，并通知银行提前付款，银行应立即办理划款。

4. 逾期付款

付款人在承付期满日银行营业终了时，如无足够资金支付，其不足部分，即为逾期未付款项，按逾期付款处理。

5. 拒绝付款

对下列情况，付款人在承付期内，可向银行提出全部或部分拒绝付款：

（1）没有签订购销合同或购销合同未订明托收承付结算方式的款项。

（2）未经双方事先达成协议，收款人提前交货或因逾期交货付款人不再需要该项货物的款项。

（3）未按合同规定的到货地址发货的款项。

（4）代销、寄销、赊销商品的款项。

（5）验单付款，发现所列货物的品种、规格、数量、价格与合同规定不符，或货物已到，经查验货物与合同规定或发货清单不符的款项。

（6）验货付款，经查验货物与合同规定或与发货清单不符的款项。

（7）货款已经支付或计算有错误的款项。

6. 重办托收

收款人对被无理拒绝付款的托收款项，在收到退回的结算凭证及其所附单证后，需要委托银行重办托收。经开户银行审查，确属无理拒绝付款，可以重办托收。

参考答案：C

【经典试题】

（单项选择题）1. 2009 年 3 月 1 日，甲公司销售给乙公司一批化肥，双方协商采取托收承付验货付款方式办理货款结算。3 月 4 日，运输公司向乙公司发出提货单。乙公司在承付期内未向其开户银行表示拒绝付款。已知 3 月 7 日、8 日、14 日和 15 日为法定休假日，则乙公司开户银行向甲公司划拨货款的日期为（　　）。

A. 3 月 6 日　　B. 3 月 9 日　　C. 3 月 13 日　　D. 3 月 16 日

（单项选择题）2. 甲、乙均为国有企业，甲向乙购买一批货物，约定采用托收承付验货付款结算方式。2008 年 3 月 1 日，乙办理完发货手续，发出货物；3 月 2 日，乙到开户行办理托收手续；3 月 10 日，铁路部门向甲发出提货通知；3 月 14 日，甲向开户行表示承付，通知银行付款。则承付期的起算时间是（　　）。

A. 3 月 2 日　　B. 3 月 3 日　　C. 3 月 11 日　　D. 3 月 15 日

（单项选择题）3. A、B 公司签订买卖合同，双方约定采用托收承付、验货付款结算方式。2008 年 5 月 10 日，运输部门向付款人 A 公司发出提货通知，根据《支付结算办法》的规定，如不考虑法定节假日因素，A公司的承付期满日应为(　　)。

A. 5月16日　　B. 6月10日　　C. 5月21日　　D. 5月30日

(多项选择题) 4. 在托收承付结算方式下，付款人在承付期内可向银行提出拒绝付款的理由有(　　)。

A. 收款人在未经协商的情况下提前交货的

B. 收款人逾期交货，付款人不再需要该项货物的

C. 验货付款，经查验货物与合同规定不符的

D. 货款计算有错误的

(多项选择题) 5. 根据支付结算的有关规定，托收承付的付款人有正当理由的，可以向银行提出全部或部分拒绝付款。下列选项中，托收承付的付款人可以拒绝付款的款项有(　　)。

A. 没有签订购销合同或购销合同未订明托收承付结算方式的款项

B. 未经双方事先达成协议，收款人提前交货或因逾期交货付款人不再需要该项货物的款项

C. 货物已经依照合同规定发运到指定地址，付款人尚未提取货物的款项

D. 未按合同规定的到货地址发货的款项

(判断题) 6. 验单付款的承付期为3天，自付款人收到开户银行通知的次日起计算。(　　)

参考答案：1. D（2009年考试真题）　2. C（2008年考试真题）　3. C
4. ABCD　5. ABD　6. ×

考点4：委托收款的概念及办理委托收款的程序

重点等级：☆☆☆☆

1. 委托收款的概念

委托收款是收款人委托银行向付款人收取款项的结算方式。单位和个人凭已承兑商业汇票、债券、存单等付款人债务证明办理款项的结算，均可以使用Ⅰ【○A. 汇兑结算方式　B. 信用证结算方式　C. 托收承付结算方式　D. 委托收款结算方式】。委托收款在同城、异地均可以使用。

2. 办理委托收款的程序

(1) 签发委托收款凭证。签发委托收款凭证必须记载以下事项：表明“委托收款”的字样；确定的金额；付款人名称；收款人名称；委托收款凭据名称及附寄单证张数；委托日期；收款人签章。

委托收款以银行以外的单位为付款人的，委托收款凭证必须记载付款人开户银行名称；以银行以外的单位或在银行开立存款账户的个人为收款人的，委托收款凭证必

须记载收款人开户银行名称；未在银行开立存款账户的个人为收款人的，委托收款凭证必须记载被委托银行名称。

（2）委托。收款人办理委托收款应向银行提交委托收款凭证和有关的债务证明。

（3）付款。付款银行接到寄来的委托收款凭证及债务证明，审查无误后办理付款。

①以付款银行为付款人的，银行应当在当日将款项主动支付给收款人。

②以单位为付款人的，付款银行应及时通知付款人，需要将有关债务证明交给付款人的，应交给付款人。付款人应于接到通知的当日书面通知银行付款。付款人未在接到通知日的次日起Ⅱ【○ A.2日内 B.3日内 C.4日内 D.5日内】通知银行付款的，视同付款人同意付款，银行应于付款人接到通知日的次日起Ⅲ【○ A. 第3日上午 B. 第4日上午 C. 第5日上午 D. 第6日上午】开始营业时，将款项划给收款人。银行在办理划款时，付款人存款账户不足支付的，应通过被委托银行向收款人发出未付款项通知书。

③拒绝付款。付款人审查有关债务证明后，对收款人委托收取的款项需要拒绝付款的，可以办理拒绝付款。以银行为付款人的，应自收到委托收款及债务证明的次日起Ⅳ【○ A.2日内 B.3日内 C.5日内 D.7日内】出具拒绝证明，连同有关债务证明、凭证寄给被委托银行，转交收款人；以单位为付款人的，应在付款人接到通知日的次日起3日内出具拒绝证明，持有债务证明的，应将其送交开户银行。银行将拒绝证明、债务证明和有关凭证一并寄给被委托银行，转交收款人。

参考答案：Ⅰ.D Ⅱ.B Ⅲ.B Ⅳ.B

【经典试题】

（单项选择题）1. A公司委托B银行向C企业收取款项，C企业开户银行在债务证明到期日办理划款时，发现C企业存款账户不足支付，则C企业开户银行可采取的行为是（ ）。

A. 直接向A公司出具拒绝支付证明

B. 应通过B银行向A公司发出未付款通知书

C. 先通知C企业存足相应款项，若C企业在规定的时间内未存足款项，再向B银行出具拒绝支付证明

D. 先按委托收款凭证及债务证明标明的金额向A公司付款，然后再向C企业追索

（判断题）2. 委托收款是收款人委托银行向付款人收取款项的一种结算方式，同城不可以使用。（ ）

参考答案：1. B 2. ×

考点5：信用证的概念

重点等级：☆☆☆☆

国内信用证，简称信用证，是指开证银行依照申请人（购货方）的申请向受益人（销货方）开出的有一定金额、在一定期限内凭符合信用证规定的单据支付款项的书面承诺。我国信用证为不可撤销、不可转让的跟单信用证。

（1）不可撤销信用证，是指信用证开具后在有效期内，非经信用证各有关当事人（即开证银行、开证申请人和受益人）的同意，开证银行不得修改或者撤销的信用证。

（2）不可转让信用证，是指受益人不能将信用证的权利转让给他人的信用证。

信用证结算方式只适用于国内企业之间【○ A. 劳务供应生产的款项　B. 债权债务产生的款项　C. 一切款项　D. 商品交易产生的货款】结算，并且只能用于转账结算，不得支取现金。

参考答案：D

【经典试题】

（单项选择题）1. 关于国内信用证特征的表述中，不符合法律规定的是（　　）。

A. 国内信用证为不可撤销凭信用证

B. 受益人可以将国内信用证权利转让给他人

C. 国内信用证结算方式只适用于国内企业商品交易的货款结算

D. 国内信用证只能用于转账结算，不得支取现金

（判断题）2. 我国国内信用证开具后，在有效期内，非经信用证各有关当事人的同意，开证银行不得修改或者撤销。（　　）

（判断题）3. 信用证结算方式适用于国内企业之间劳务交易产生的货款结算，并且只能用于转账结算，不得支取现金。（　　）

参考答案：1. B（2008年考试真题）　2. √（2007年考试真题）　3. ×

考点6：办理信用证的基本程序

重点等级：☆☆☆

1. 开证

（1）开证申请。开证申请人使用信用证时，应委托其开户银行办理开证业务。开证申请人申请办理开证业务时，应当填具开证申请书、信用证申请人承诺书并提交有

关购销合同。

(2) 受理开证。开证行根据申请人提交的开证申请书、信用证申请人承诺书及购销合同决定是否受理开证业务。开证行在决定受理该项业务时，应向申请人收取不低于开证金额Ⅰ【○ A.5%　B.10%　C.20%　D.25%】的保证金，并可根据申请人资信情况要求其提供抵押、质押或由其他金融机构出具保函。

信用证的基本条款包括：开证行名称及地址；开证日期；信用证编号；不可撤销、不可转让信用证；开证申请人名称及地址；受益人名称及地址；通知行名称；信用证有效期及有效地点（信用证有效期为受益人向银行提交单据的最迟期限，最长不得超过Ⅱ【○ A.1个月　B.3个月　C.6个月　D.1年】；信用证的有效地点为信用证指定的单据提交地点，即议付行或开证行所在地）；交单期；信用证金额；付款方式；运输条款；货物描述；单据条款；其他条款；开证行保证文句。

2. 通知

通知行收到信用证，应认真审核。审核无误的，应填制信用证通知书，连同信用证交付受益人。

3. 议付

议付是指信用证指定的议付行在单证相符条件下，扣除议付利息后向受益人给付对价的行为。议付行必须是开证行指定的受益人开户行。议付仅限于延期付款信用证。受益人可以在交单期或信用证有效期内向议付行提示单据、信用证正本及信用证通知书，并填制信用证议付/委托收款申请书和议付凭证，请求议付。

议付行审核受益人提示的单据后，同意议付的，办理议付。实付议付金额按议付金额扣除议付日至信用证付款到期日前一日的利息计算，议付利率比照贴现利率。拒绝议付的，应及时作出书面拒绝议付通知，注明拒绝议付理由，通知受益人。议付行可以根据受益人的要求不作议付，仅为其办理委托收款。

议付行议付后，应通过委托收款将单据寄开证行索偿资金。议付行议付信用证后，对受益人具有追索权。到期不获付款的，议付行可从受益人账户收取议付金额。

4. 付款

受益人在交单期或信用证有效期内向开证行交单收款，应向开户银行填制委托收款凭证和信用证议付/委托收款申请书，并出具单据和信用证正本。开户银行收到凭证和单证审查齐全后，应及时为其向开证行办理交单和收款。开证行在收到议付行寄交的委托收款凭证、单据及寄单通知书或受益人开户行寄交的委托收款凭证、信用证正本单据及信用证议付/委托收款申请书的次日起5个营业日内，及时核对单据表面与信用证条款是否相符。确认无误后，对即期付款信用证，从申请人账户收取款项支付给受益人；对延期付款信用证，应向议付行或受益人发出到期付款确认书，并于到期日从申请人账户收取款项支付给议付行或受益人。

申请人交存的保证金和其存款账户余额不足支付的，开证行仍应在规定的付款时间内进行付款，对不足支付的部分作逾期贷款处理。对申请人提供抵押、质押、保函等担保的，按《担保法》的有关规定索偿。

参考答案：Ⅰ.C Ⅱ.C

【经典试题】

（单项选择题）下列关于国内信用证办理和使用要求的表述中，符合支付结算法律制度规定的是（　　）。

A. 信用证结算方式可以用于转账，也可以支取现金

B. 开证行应向申请人收取不低于开证金额30%的保证金

C. 信用证到期不获付款的，议付行可从受益人账户收取议付金额

D. 申请人交存的保证金和存款账户余额不足支付的，开证行有权拒绝付款

参考答案：C（2009年考试真题）

第六节　违反支付结算法律制度的法律责任

考点：违反支付结算法律制度的法律责任

重点等级：☆☆☆☆☆

根据《刑法》、《票据法》、《票据管理实施办法》、《支付结算办法》等法律、法规、制度的规定，单位和个人违反相关法律规定办理支付结算，应承担相应的法律责任。

（1）单位或个人签发空头支票或者签发与其预留的签章不符的支票，不以骗取财物为目的的，由中国人民银行处以票面金额5%但不低于1 000元的罚款；持票人有权要求出票人赔偿支票金额2%的赔偿金。屡次签发空头支票的，银行有权停止其支票或全部的支付结算业务；构成犯罪的，依法追究刑事责任。

（2）商业承兑汇票的付款人对到期的票据故意压票、拖延支付的，由中国人民银行处以压票、拖延支付期间内每日票据金额0.7‰的罚款；对直接负责的主管人员和其他直接责任人员给予警告、记过、撤职或者开除的处分。

（3）非经营性存款人违反规定开立银行结算账户，伪造、变造证明文件欺骗银行开立银行结算账户，违反规定不及时撤销银行结算账户的，给予警告并处以Ⅰ【○A. 1 000元　B. 2 000元　C. 3 000元　D. 5 000元】的罚款；属于经营性的存款人有

上述行为之一的，给予警告并处以 1 万元以上 3 万元以下的罚款；构成犯罪的，移交司法机关依法追究刑事责任。

（4）非经营性存款人违反规定将单位款项转入个人银行结算账户，违反规定支取现金，利用开立银行结算账户逃废银行债务，出租、出借银行结算账户，从基本存款账户之外的银行结算账户转账存入、将销货收入存入或现金存入单位信用卡账户的，给予警告并处以Ⅱ【○ A. 1 000 元　B. 2 000 元　C. 1 万元以上 3 万元以下　D. 1 万元以上 5 万元以下】罚款；经营性的存款人有上述行为的，给予警告并处以 5 000 元以上 3 万元以下的罚款。存款人法定代表人或主要负责人、存款人地址以及其他开户资料的变更事项未在规定期限内通知银行的，给予警告并处以Ⅲ【○ A. 1 000 元　B. 2 000 元　C. 3 000 元　D. 5 000 元】的罚款。

（5）存款人伪造、变造、私自印制开户许可证的，属非经营性的，处以 1 000 元罚款；属经营性的，处以Ⅳ【○ A. 5 000 元以上 1 万元以下　B. 5 000 元以上 2 万元以下　C. 1 万元以上 3 万元以下　D. 1 万元以上 5 万元以下】的罚款；构成犯罪的，移交司法机关依法追究刑事责任。

（6）伪造、变造票据、托收凭证、汇款凭证、信用证和信用卡的，处 5 年以下有期徒刑或者拘役，并处或者单处 2 万元以上 20 万元以下罚金；情节严重的，处 5 年以上 10 年以下有期徒刑，并处 5 万元以上 50 万元以下罚金；情节特别严重的，处 10 年以上有期徒刑或者无期徒刑，并处 5 万元以上 50 万元以下罚金或者没收财产。

（7）进行金融票据诈骗活动，数额较大，处Ⅴ【○ A. 5 年以下有期徒刑或者拘役　B. 5 年以上 10 年以下有期徒刑　C. 10 年以上有期徒刑　D. 15 年以上有期徒刑】，并处 2 万元以上 20 万元以下罚金；数额巨大或者有其他严重情节的，处 5 年以上 10 年以下有期徒刑，并处 5 万元以上 50 万元以下罚金；数额特别巨大或者有其他特别严重情节的，处 10 年以上有期徒刑或者无期徒刑，并处 5 万元以上 50 万元以下罚金或者没收全部财产。

（8）明知是伪造的信用卡而持有、运输的，或者明知是伪造的空白信用卡而持有、运输，数量较大的；非法持有他人信用卡，数量较大的；使用虚假的身份证明骗领信用卡的；出售、购买、为他人提供伪造的信用卡或者以虚假的身份证明骗领信用卡的；窃取、收买或者非法提供他人信用卡信息资料的，处 3 年以下有期徒刑或者拘役，并处或者单处Ⅵ【○ A. 1 万元以上 10 万元以下　B. 2 万元以上 20 万元以下　C. 5 万元以上 50 万元以下　D. 5 万元以下】罚金。数量巨大或者有其他严重情节的，处 3 年以上 10 年以下有期徒刑，并处 2 万元以上 20 万元以下罚金。

（9）使用伪造的信用卡，或者使用以虚假的身份证明骗领的信用卡的；使用作废的信用卡的；冒用他人信用卡的；恶意透支的，属于妨害信用卡管理行为。

有上述情形且诈骗活动数额较大的，处Ⅶ【○ A. 3 年以上 10 年以下有期徒刑　B. 3 年以下有期徒刑或者拘役　C. 5 年以下有期徒刑或者拘役　D. 10 年以上有期徒刑或者无期徒刑】，并处 2 万元以上 20 万元以下罚金；数额巨大或者有其他严重情节的，处5年以上10年以下有期徒刑，并处Ⅷ【○ A.1万元以上3万元以下 B.5万元以上50万元以下 C.1万元以上10万元以下 D.2万元以上20万元以下】罚金；数额特别巨大或者有其他特别严重情节的，处10年以上有期徒刑或者无期徒刑，并处5万元以上50万元以下罚金或者没收财产。

参考答案：Ⅰ.A Ⅱ.A Ⅲ.A Ⅳ.C Ⅴ.A Ⅵ.A Ⅶ.C Ⅷ.B

【经典试题】

（单项选择题）1. 甲公司销售给乙公司一批货物。甲公司按合同约定按期交货，乙公司签发一张金额为30万元的转账支票交给甲公司。甲公司到银行提示付款时，发现该支票是空头支票。根据我国《票据法》及其实施办法的规定，中国人民银行有权对乙公司处以罚款，甲公司有权要求乙公司给予经济赔偿。就乙公司签发该空头支票的行为，甲公司有权要求赔偿的最高金额应当是(　　)万元。

A. 0.06　　B. 0.15　　C. 0.6　　D. 1.5

（单项选择题）2. 商业承兑汇票的付款人对到期的票据故意压票、拖延支付的，应依法承担(　　)。

A. 票据责任　　B. 赔偿责任　　C. 刑事责任　　D. 行政责任

（单项选择题）3. 甲公司向乙公司开出面值100万元的支票，支付前欠货款，但甲公司账面无款支付，属签发空头支票。则金融管理部门有权对甲公司处以(　　)万元的罚款。

A. 5　　B. 7.5　　C. 8　　D. 10.5

（单项选择题）4. 一张金额为20万元的支票，8月1日到期，持票人向银行提示付款时，发现付款人的银行账户金额只有10万元。根据《支付结算办法》的有关规定，银行对付款人应处以的罚款数额为(　　)元。

A. 1 000　　B. 5 000　　C. 7 500　　D. 10 000

（多项选择题）5. 下列各项中，(　　)符合违反支付结算法律制度的法律责任规定。

A. 单位或个人签发空头支票，持票人有权要求出票人赔偿支票金额3%的赔偿金

B. 单位或个人签发空头支票，持票人有权要求出票人赔偿支票金额2%的赔偿金

C. 单位或个人签发空头支票，由中国人民银行对其处以票面金额5%但不低于1 000元的罚款

D. 商业承兑汇票的付款人对到期的票据故意压票拖延支付的，由中国人民银行处以压票、拖延支付期间内每日票据金额0.5‰的罚款

（判断题）6. 出票人签发空头支票或与其预留签章不符的支票，均由中国人民银

行处以票面金额5%的罚款。(　　)

(综合题) 7. 广丰机械厂服务部8月15日开出两张票据：一张为面额10 000元的支票，用于向甲宾馆支付会议费；另一张为面额200 000元的银行承兑汇票，到期日为9月5日，用于向乙公司支付材料款，该汇票已经银行承兑。

8月20日，甲宾馆向银行提示付款。银行发现该支票为空头支票，遂予以退票，并对广丰机械厂处以1 000元的罚款。甲宾馆要求广丰机械厂除支付其10 000元会议费外，还另需支付其2 000元赔偿金。

9月5日，乙公司向银行提示付款时，得知广丰机械厂的账户余额不足200 000元。

要求：根据金融法律制度的有关规定，回答下列问题：

(1) 银行对广丰机构厂签发空头支票处以1 000元罚款是否符合法律规定？并说明理由。

(2) 甲宾馆能否以广丰机械厂签发空头支票为由要求其支付2 000元赔偿金？并说明理由。

(3) 银行能否以广丰机械厂账户余额不足200 000元为由，拒绝向乙公司付款？并说明理由。

参考答案：1. C (2001年考试真题)　2. D　3. A　4. D　5. BC　6. ×

7. (1) 银行对广丰机械厂签发空头支票处以1 000元罚款符合法律规定。因为法律规定，出票人签发空头支票的，银行应予退票，并按票面金额处以5%但不低于1 000元的罚款。

(2) 甲宾馆可以以广丰机械厂签发空头支票为由要求其支付2 000元的赔偿金。因为法律规定，出票人签发空头支票的，持票人有权要求出票人赔偿支票金额2%的赔偿金，即2 000元的赔偿金。

(3) 银行不能以广丰机械厂账户余额不足200 000元为由拒绝向乙公司付款。因为根据关于银行承兑汇票的基本规定，银行承兑汇票的出票人于汇票到期日未能足额交存票款时，承兑银行除凭票向持票人无条件付款外，对出票人尚未支付的汇票金额按照每天万分之五计收利息。可见，银行是不能拒付的。

图书在版编目（CIP）数据

会计专业技术资格考试考点采分（初级）——经济法基础/张彤主编
北京：中国人民大学出版社，2009
ISBN 978-7-300-11616-7

Ⅰ. ①会…
Ⅱ. ①张…
Ⅲ. ①经济法-中国-会计-资格考核-自学参考资料
Ⅳ. ①D922.29

中国版本图书馆 CIP 数据核字（2009）第 243891 号

会计专业技术资格考试考点采分（初级）——经济法基础
主编 张 彤
Kuaiji Zhuanye Jishu Zige Kaoshi Kaodian Caifen（Chuji）——Jingjifa Jichu

出版发行 中国人民大学出版社
社　　址 北京中关村大街 31 号　　邮政编码 100080
电　　话 010－62511242（总编室）　　010－62511398（质管部）
　　　　 010－82501766（邮购部）　　010－62514148（门市部）
　　　　 010－62515195（发行公司）　　010－62515275（盗版举报）
网　　址 http：//www.crup.com.cn
　　　　 http：//www.1kao.com.cn（中国 1 考网）
经　　销 新华书店
印　　刷 北京东方圣雅印刷有限公司
规　　格 185 mm×260 mm　16 开本　　版　　次 2010 年 5 月第 1 版
印　　张 25.5　　印　　次 2010 年 5 月第 1 次印刷
字　　数 506 000　　定　　价 45.00 元